고려대학교
파안연구총서
공감 03

坡岸

1919년 보성전문, 시대·사회·문화

"1919년 3·1운동의 원천 보성전문(普成專門),
그 역사를 학문으로 조망하고 음악으로 새기다"

명순구 · 구자훈 · 김성철 · 김자중 · 류성룡 · 민경찬
배종석 · 신지영 · 이신화 · 장영수 · 한민섭 · 한용진

세창출판사

머리말

2019년 11월 9일 오후 고려대학교 법학전문대학원에서는 3·1운동 100주년 기념 학술회의 및 음악회를 개최했습니다. 주제는 "1919년 보성전문, 시대 · 사회 · 문화"였습니다. 부제는 "1919년 3·1운동의 원천 보성전문, 그 자랑스러운 역사를 학문으로 조망하고 음악으로 새기다" 였습니다.

독립운동사 · 사회문화사 · 국제정치사 등의 시각에서 3·1운동의 의미는 그야말로 묵직한 사건이며, 그 중심부에 보성전문학교가 있었습니다. 1910년 이래 보성전문 경영자 손병희는 민족대표 33인을 대표했고, 독립선언서는 보성사(보전 부속출판사)에서 인쇄했으며, 3월 1일 탑골공원에서 시위를 주도한 학생대표 강기덕은 보성전문 법과 재학생이었고, 보성전문 교장 윤익선은 '조선독립신문'을 제작하여 3·1운동의 뜻을 대중 속에 전파했습니다. 3·1운동 이후 민족대표를 포함하여 주도자 48명에 대한 재판 과정에서 허헌 변호사(보성전문 법과 제1회 졸업자)는 1심을 승소로 이끄는 등 스타로 이름을 떨쳤습니다. 1920년 보성전문 졸업생은 11명에 불과했는데, 많은 학생들이 3·1운동으로 인해 퇴학 · 구속당한 결과였습니다. 100년 전 보성전문은 3·1운동을 위한 에너지의 원천이었습니다. 보성전문의 역사를 이은 고려대학교가 오늘날 3·1운동을 각별하게 기념해야 할 이유입니다.

학술회의의 주제는 인문 · 사회과학을 넘어 건축 · 음악에 이르는 예술 분야까지 확장되어 진행되었습니다. 학술회의의 주된 흐름을 정리하면 대강 이러합니다. 첫째, 3·1운동의 가장 큰 배경으로서 국제정치적 시각을 관찰하고 3·1운동의 원인 · 결과와 관련하여 헌법 내지 공법적 의미를 검토했습니다. 둘째, 3·1운동 시대 고등교육제도 일반을 검토하고 그 토대 위에서 보성전문학교의 교육체제를 사료를 발굴하면서 관찰

했습니다. 셋째, 3·1운동 시대 보성전문에서 이루어진 교육 내용을 법학, 경영·경제학의 분야에서 검토했습니다. 넷째, 3·1운동 시대에서 역사적 의미를 가지는 특별한 분야로서 미디어, 건축, 음악을 선정하여 당시 보성전문이 담당한 각별한 역할을 학술적으로 논증했습니다.

위 학술발표 중 특히 음악 분야의 논문은 특별한 관심을 끌기에 충분했습니다. 지금까지 보성전문학교와 음악의 관계에 관한 연구는 선혀 없었습니다. 보성전문과 고려대학교에 음악 관련 학과가 없었던 것이 주된 이유였던 것 같습니다. 그런데 이번에 한국 음악학의 대가인 민경찬 교수(한국예술종합학교 소속)에게 발제를 부탁한 결과 새롭고 흥미로운 사실들이 많이 밝혀졌습니다. 그중에는 仁村 金性洙 선생이 1920년대에 창가활동을 하셨다는 사실도 있습니다. 그 시기는 仁村 선생께서 보성전문과 인연을 맺기 전입니다. 1921년 그 엄혹한 시기에 국내에서 『東西偉人唱歌』라는 창가집을 출간했는데 그 안에는 이순신 장군을 찬양하는 창가도 포함되어 있습니다. 이에 대하여 이태진 명예교수(서울대)는 당시 이순신 장군을 말한다는 것은 매우 이례적인 일이라고 평가하였답니다. "이순신"이라는 노래의 가사는 아래와 같습니다.

> 장하도다 이순신의 높은 지혜여 / 전 세계가 암흑하여 혼돈할 시에
> 철갑으로 거북선을 처음지어서 / 온 천하에 군함제조 모범되었네
>
> 망망대해 풍파 상에 꺼릴 것 없고 / 왕래 상에 사용함이 편리하도다
> 조선의 이순신은 해군에 으뜸 / 그의 지은 철갑선은 군함에 원조
>
> 서양의 영길리(英吉利)도 처음 발명해 / 넬손으로 해군대장 삼아있도다
> 군함을 새로 짓고 해전(海戰)할 때에 / 이순신의 철갑선을 원조를 삼네
>
> 장하도다 그 성공이 아름다워서 / 삼백여년 옛 사업을 오늘까지도
> 그 성명과 그 성공이 아울러 살아 / 영원토록 오래도록 전해 오도다

음악에 관한 의미있는 연구 결과를 고려대학교를 사랑하는 분들과 공유하고자 민경찬 교수의 논문 '맺음말' 부분을 아래에 옮겨 봅니다.

> 보성전문학교와 한국 근대음악과의 관련한 연구는 아직 없다. 그렇지만 본문에서 살펴본 바와 같이 3·1운동의 영향으로 전개된 '동요운동'과 '한국동요'라는 새로운 장르의 근대 노래 탄생 그리고 노래를 통한 계몽활동과 구국활동 등에 보성전문학교 출신들이 결정적인 역할을 하였다. 그런 한편, 보성전문학교 출신들이 관여한 적지 않은 노래들이 독립운동의 현장에서 독립군가와 독립운동가 등으로 불렸고, 만주에 설립된 민족학교의 교재로도 사용되었고 또 항일노래로도 불렸다. 이 외에도 우리가 몰라서 그렇지 보성전문학교와 그 출신들이 한국근대음악사에 끼친 영향은 매우 클 것으로 사료된다.
>
> 이 글은, 보성전문학교와 한국근대음악과의 관련한 연구가 가능하고 또 의미가 있는지의 여부를 타진해 보기 위한 목적을 가지고 출발하였다. 즉, 관련 연구의 완성이라기보다는 시작이라는 의미를 가지고 있었다. 그런데 그 답은 '반드시 해야 할 연구'라는 것이다. 지금까지 숨겨져 있던 보성전문학교 출신들의 제반 음악활동이 밝혀진다면 한국근대음악사가 다시 쓰여야 할 정도로 중요하기 때문이다.
>
> 이 글의 '들어가는 말'에서 "천도교 소년운동 만세! 어린이 3·1운동 만세! 어린이 해방운동 만세! 그리고 小波 · 小春 만세!"[小波와 小春은 각각 방정환(보성전문 법과 1918학번)과 김기전(보성전문 법과 1913학번)의 호]라는 윤석중 선생의 글을 인용하였다. 그런데 윤석중 선생은 小波와 小春 선생을 비롯하여 이 운동을 주도한 사람 중 상당수가 보성전문학교 출신이라는 점을 몰랐을 것이다. 알았다면 이렇게 기록했을 것이다.
>
> "천도교 소년운동 만세! 어린이 3·1운동 만세! 어린이 해방운동 만세! 小波 · 小春 만세! 그리고 보성전문학교 만세!"

위 학술회의에 이어진 음악회(주제: "3·1운동 시대, 보성전문, 천도교, 음악")에서는 민경찬 교수가 발굴한 음악 중 '이순신'을 포함하여 7곡을 선정하여 전문 성악가가 연주를 했습니다. 일제강점기 그 암울한 시대에도 민족의 영웅들을 일깨우며 미래를 기약한 선현들의 용기와 노고가 깊은 감명을 주는 시간이었습니다. 한국 음악사의 그 자랑스러운 부분에 고려대학교가 선명하게 새겨져 있다는 사실 또한 감동이었습니다.

위 행사는 고려대학교 법학전문대학원 坡岸연구기금(대하장학회 명위진 이사장 기부)이 주관했습니다. 또한 위 행사는 仁星기금(유휘성 회장 기부)의 후원으로 이루어졌습니다. 고려대학교 법학전문대학원의 학문과 문화 발전에 기여해 주신 두 분 회장님의 고귀한 뜻에 존경과 함께 깊은 감사를 드립니다. 고려대학교 법과대학교우회(회장: 이승재 교우)의 후원도 큰 힘이 되었습니다.

11월 9일 행사는 고려대학교 교육매체실에서 전 과정을 녹화하여 유튜브에 공개되었습니다. 그리고 10개의 발표문은 논문 형식으로 정리하여 이렇게 『坡岸硏究叢書 공감 제3권』으로 출간하게 되었습니다. 귀한 글을 주신 열한 분 선생님, 음악회를 지도해 주신 류경선 교수님과 품격 있는 연주를 들려주신 음악가 분들께 뜨거운 감사를 드립니다. 많은 분들의 정성이 모여 탄생한 이 결과가 귀한 뜻 그대로 잘 활용되고 고려대학교를 통하여 후세에 영원히 기억될 수 있기를 기대합니다.

“역사는 인식하는 사람들의 것”입니다. 그리고 역사는 미래를 비추는 거울입니다. 3·1운동 100주년의 시기에 고려대학교의 빛나는 역사의 일 단면을 조망한 것에 대하여 매우 뿌듯하게 생각합니다.

2020.12.

고려대학교 법학전문대학원 교수

고려대학교 파안연구기금 기획운영위원장

명 순 구

3·1운동 100주년 기념 학술회의/음악회

1919년 보성전문, 시대·사회·문화

"1919년 3·1운동의 원천, 보성전문
그 자랑스런 역사를 학문으로 조망하고 음악으로 새기다"

제1부 학술회의 2019. 11. 9.(토) 13:30~18:00 CJ법학관 지하 1층 베리타스홀

① 3·1운동 시대의 헌법의식과 헌법교육	장영수 교수
② 3·1운동 전후 고등교육제도	한용진 교수, 김자중 박사
③ 보성전문학교와 보성법률상업학교의 교육체제	명순구 교수, 한민섭 박사
④ 3·1운동 전후 법학교육과 보성전문	명순구 교수
⑤ 3·1운동 시대 국제정치적 배경과 의의	이신화 교수
⑥ 근대기업의 생성과 보성전문의 상학 교육	배종석 교수
⑦ 3·1운동 시대 출판 미디어 그룹으로서의 보성사와 보성관 그리고 보성전문학교	김성철 교수, 구자훈 박사
⑧ 3·1운동 시대 보성전문과 언어 문화: 김기전, 방정환, 박승빈을 중심으로	신지영 교수
⑨ 3·1운동 시대 보성전문과 건축	류성룡 교수
⑩ 보성전문학교와 음악: 3·1운동 전후 보성전문과 천도교 그리고 음악	민경찬 교수

제2부 음악회 2019. 11. 9.(토) 18:00~18:40 CJ법학관 지하 1층 베리타스홀

"3·1운동 시대 보성전문, 천도교, 음악"

진행: 류경선 교수 / 소프라노: 임채민 / 테너: 이희창 / 피아노: 박사라

최 고려대학교 법학전문대학원 Korea University School of Law 주관 고려대학교 법학전문대학원 파안(坡岸)연구기금 후원 고려대학교 법학전문대학원 인성(仁星)연구기금 고려대법대교우회

〈3·1운동 100주년 기념 학술회의 및 음악회 포스터〉

3·1운동 시대 보성전문, 천도교, 음악

일시: 2019년 11월 9일(토) 오후6시 장소: 고려대 CJ법학관 베리타스홀

진행: 류경선 교수 (고려대 교양교육원)

애국가

환영가

애국청년단

형제별

어린이날 노래

무궁화 강산

이순신

- 연주자 약력 -

임채민 (Soprano)
한국예술종합학교 성악과 수석졸업
불가리아 바르나 오페라하우스 세빌리아 이발사 로지나 연주

이희창 (Tenor)
Vianden in Luxembourg Festival 및 Saarburg in Germany Festival 과정 수료
한·중 교류 오페라 콘서트 협연
현) 한국예술종합학교 재학 중

박사라 (Piano)
한국예술종합학교 예술사 및 예술전문사 졸업
현) 장안대학교 외래교수

〈3·1운동 100주년 기념 행사 제2부 음악회 팸플릿〉

차 례

3·1운동 시대의 헌법의식과 헌법교육 _장영수

3·1운동 전후 고등교육제도 _한용진·김자중

3·1운동 시대 보성전문학교의 교육체계 _명순구·한민섭

3·1운동 100주년에 돌아보는 법학교육 100년
—普成專門學校와 京城專修學校를 중심으로 _**명순구**

3·1운동 시대 국제정치적 배경과 한국의 '독립외교' _**이신화**

근대기업의 생성과 보성전문의 상학 교육 _배종석

3·1운동 시대 출판 미디어 그룹으로서의 보성사와 보성관 그리고 보성전문학교 _ 구자훈 · 김성철

3·1 운동 시대 보성전문과 언어 문화
—김기전, 방정환, 박승빈을 중심으로 _신지영

지도로 보는 3·1운동 시대 종로의 보성전문 _류성룡

보성전문학교와 음악

—3·1운동 전후 보성전문과 천도교 그리고 음악 _**민경찬**

3·1운동 시대의 헌법의식과 헌법교육

장영수*

Ⅰ. 문제제기: 일제강점기, 헌법은 어떤 의미를 가질 수 있었나?

1910년 경술국치로 국권을 상실한 때부터 1945년 해방에 이르기까지 만 35년 동안의 일제강점기는 우리 역사의 치욕이었을 뿐만 아니라, 사회 · 문화의 암흑기이기도 했다. 그런 가운데 등불이 되었던 것은 국권의 회복을 위해 노력했던 수많은 선각자들이었다. 때로는 교육구국을 위해 노력하고, 때로는 무장독립투쟁을 통해 일본 제국주의를 극복하려 노력하는 가운데 민족혼이 되살아날 수 있었고, 독립을 위한 저력을 성장시킬 수 있었던 것이다.

일제강점기의 교육구국 운동은 수많은 사학의 건립을 통해 전개되었을 뿐만 아니라, 학교 밖에서도 다양한 형태의 민족계몽운동으로 나타나기도 했다. 특히 민족의 역량을 키우기 위한 신학문 전수는 매우 중요한 요소의 하나였다. 그러나 일제강점기의 열악한 상황에서 고등교육을 통해 전문적인 분야의 인재를 양성하는 것은 매우 제한적일 수밖에 없

* 고려대학교 법학전문대학원 교수.

었고, 그로 인해 보성전문학교, 연희전문학교 등 고등교육기관의 역할은 특별한 의미를 갖고 있었다.

사회의 균형 있는 발전을 위해서는 어느 전문분야인들 중요하지 않은 것이 없지만, 1905년 교육구국의 이념[1]으로 건립된 보성전문학교가 법률학(法律學)과 이재학(理財學)의 2개 과로 시작했다[2]는 것은 시사하는 바가 크다. 서구의 대학에서 철학과 신학, 법학, 의학이라는 전통적인 사대학문 이외에도 문학, 역사학, 자연과학 등에 큰 비중을 둔 것과는 달리 법학과 상학이라는 매우 실용적인 학문분야에 초점을 맞춘 것은 장기적인 시간과 노력이 소요되는 기초학문보다도 짧은 시간에 가시적인 성과를 보일 수 있었기 때문일 것이다.

이러한 노력들이 구체적인 성과를 축적하여 나라의 운명을 바꿀 수 있게 되기 이전에 경술국치로 국권이 상실되었지만, 보성전문학교는 일제강점기를 통해 계속 법학교육을 이어나갔고, 법률가들을 배출하였다. 그러나 당시 보성전문학교의 교육과정에서 헌법이 기본과목으로 편제되어 있었음[3]에도 불구하고 헌법전문가의 양성은 찾아보기 어렵다.[4]

일제강점기에도 법률가들에 대한 수요는 있었고, 판사나 검사, 변호사로서 활동하는 사람들도 있었다. 이들은 한반도에 적용되고 있던 일본의 민법과 형법 등을 공부해서 실무에 활용하였다. 하지만 일본 헌법

---

1 일제강점기에 교육구국을 기치로 내세운 사학의 건립은 전국적으로 광범위하게 전개되었다. 그중에서도 대표적인 사학의 하나가 이용익에 의해 건립된 보성학교였으며, 초기부터 인재양성을 통한 국권회복을 지향하고 있었다. 이에 관하여 상세한 것은 장영수, 고대 헌법학 100년과 한국의 헌법, 헌법학, in: 『고려대학교 법과대학 학술사 – 고대법학 100년과 한국법의 발전』(2011), 65-98(65이하)쪽 참조.

2 장영수, 앞의 글(주 1), 66쪽 참조.

3 장영수, 앞의 글(주 1), 67쪽 이하 참조.

4 실제로 해방 당시에 헌법분야의 전문가로 공인되었던 인물은 유진오 박사뿐이었다. 엄밀하게 말하자면 일제강점기 경성제국대학에서 헌법을 강의하던 일본인 교수들을 제외하면 보성전문학교에서 헌법강의를 하던 유진오 박사가 유일한 헌법전문가였던 것이다.

을 깊이 공부하고자 하는 사람은 없었고, 헌법전문가로서 활동할 수 있는 공간 또한 찾기 어려웠던 것이 당시의 상황이었다.

국권을 침탈당하고 나라를 빼앗긴 식민지 상황에서 침략자인 일본의 헌법을 공부하는 것에 대한 거부감도 적지 않았을 것이며, 애써 배운 헌법학적 전문지식을 활용할 전망이 보이지 않는다는 것도 헌법전문가 양성을 가로막는 요인이었을 것이다. 그러나 당시에도 헌법에 대한 관심이 전혀 없었던 것은 아니다. 오히려 독립에 대한 강한 열망과 희망을 가진 사람들은 독립국가를 어떻게 설계해야 하는지에 대한 고민을 하게 되었고, 이러한 고민은 어떤 헌법을 만들어야 하는지에 대한 관심과 논의로 나타나게 되었다.

어찌 보면 정상적인 상황이 아니었기 때문에 발생한 왜곡이라 할 수 있지만, 일제강점기의 헌법에 대한 관심은 대학에서보다는 오히려 독립운동가들 중심으로 더 확산되었다고 볼 수 있다. 이를 잘 보여주는 것이 1919년 3·1운동 직후 수립된 1919. 4. 11. 대한민국임시정부에서 제정된 임시헌장,[5] 그리고 1919. 9. 11. 이를 전면 수정하여 확대개편된 임시헌법[6]이다.

3·1운동을 계기로 무장독립투쟁에도 큰 변화가 일었고, 그 대표적인 것이 임시정부의 수립이라는 점은 널리 알려져 있지만,[7] 당시의 지식층에서 헌법을 어떻게 생각하고 있었으며 이를 뒷받침할 수 있는 헌법교육은 어떤 상황이었는지에 대해서는 그동안 관심에서 벗어나 있었다. 하지만 3·1운동 100주년을 맞이한 오늘날 이를 되짚어 보는 것은 단순히 역사적인 사실을 확인하려는 것이 아니라 헌법의 의미와 역할, 그리고 국가와 헌법의 긴밀한 관계를 보다 선명하게 인식할 수 있도록 하는

---

5 전문 10개조로 구성된 임시헌장은 그 구성체계 및 내용의 면에서 우리 민족 최초의 헌법전 형식의 문서라 할 수 있다.

6 제1차 개정으로 일컬어지는 1919년 9월 11일의 임시헌법은 3개 독립운동단체가 통합되면서 8개장 58개 조문으로 구체화된 것이다.

7 장영수, 『대한민국헌법의 역사』, 홍문사, 2018, 47쪽 이하 참조.

데 큰 의미를 가질 수 있을 것이다.

이러한 문제의식에 기초하여 이하에서는 먼저 국권을 상실한 상태에서 헌법이 어떤 의미를 가질 수 있는가에 대한 일반론적인 정리(II)를 하고, 그 바탕 위에서 일제강점기의 3·1운동과 국권회복을 위한 노력들 속에서 헌법은 어떤 의미를 갖고 있었는지에 대해 고찰(III)하고자 한다. 이러한 고찰은 3·1운동과 대한민국임시정부의 수립 및 임시헌법의 제정이 갖는 의미에 대한 검토(IV)와 3·1운동 시대의 헌법교육에 대한 반성적 숙고(V)로 이어질 것이다.

II. 국가가 있으면 헌법도 있다. 그러면 국권을 상실한 경우에는?

1. 헌법의 의미와 그 전제로서의 국가

헌법이란 국가공동체의 근간을 정하고 있는 최고법이다. 군주국가의 헌법과 민주국가의 헌법은 그 성격과 내용에 큰 차이를 보일 수밖에 없지만, 국가공동체의 최고법이라는 점에서는 차이가 없다. 헌법은 국가를 전제하는 것이기 때문이다.

예로부터 모든 국가는 헌법을 갖는다고 말한다. 영국과 같이 성문헌법이 없는 불문헌법국가도 나름으로 국가질서를 규율하는 최고규범, 즉 실질적 의미의 헌법을 갖고 있기 때문이다. 물론 이런 말이 통용될 수 있는 것은 근대 주권국가의 탄생 이후이다. 그 이전에는 '헌법'이라는 관념 자체가 형성되지 않았다.[8]

그런 의미에서 대한제국에도 헌법이 있었다고 말할 수 있지만, 당시

8 이에 관하여는 장영수, 앞의 책(주 7), 30쪽 이하 참조.

성문헌법은 존재하지 않았다. '홍범14조'를 최초의 성문헌법으로 보는 견해,[9] '대한국국제'[10]를 최초의 성문헌법으로 보는 견해[11]도 있다. 하지만 이를 근대적 의미의 헌법으로 보기에는 그 형식과 내용이 미비한 것이었다.[12] 하지만 성문헌법이 없다고 하더라도 영국과 마찬가지로 불문헌법은 존재하고 있었다고 볼 수 있다. 즉, 당시 대한제국을 움직이는 성문 또는 불문의 규범들이 존재하고, 이를 묶어서 헌법으로 볼 수 있다는 것이다.

그런데 헌법이 국가를 전제한다는 것은, 거꾸로 국가가 없으면 헌법도 없다는 것을 말한다. 즉, 대한제국이 존재하던 당시에는 대한제국의 (불문)헌법이 있었지만, 대한제국이 소멸한 이후에는 대한제국의 헌법은 존재할 수 없는 것이다. 물론 대한제국을 승계하는 대한민국이 건국된 이후에는 대한민국헌법이 존재한다. 그러면 그 중간의 일제강점기에는 어떤 헌법이 존재할 수 있었을까?

---

9 홍범14조는 우리 역사에서 입헌주의 정신에 입각하여 헌법으로서의 모습을 갖춘 최초의 규범이라는 주장으로는 유진오, 『신고헌법해의』, 일조각, 1959, 10쪽 이하; 김영수, 『한국헌법사』, 학문사, 2000, 170쪽 참조. 반면에 "홍범14조의 공포가 우리나라에 있어서 헌정의 씨앗을 뿌리는 계기를 마련한 것은 분명하지만 근대입헌주의적 의미에서의 헌정이 이루어지는 기틀을 마련하는 헌법제정이라고 할 수는 없다"는 견해로는 이승우, "건국헌법 이전의 한국헌정사," 『헌법학연구』 제13권 제2권, 2007, 153-198(157)쪽 참조.

10 대한국국제의 의미와 배경에 관하여는 조계원, "「대한국국제」 반포(1899년)의 정치·사상적 맥락과 함의 — '전제'(專制) 개념을 중심으로," 『한국정치학회보』 제49집 제2호(2015.6), 137-158쪽 참조.

11 김철수, 『한국헌법사』, 대학출판사 1988, 16쪽. 그 밖에 대한국국제를 —비록 근대적 의미의 헌법이라고 보기는 어렵지만— 고유 의미의 헌법으로 볼 수 있다는 견해(김영수, 『한국헌법사』, 학문사, 2000, 200쪽) 또는 전제군주제적 헌법으로 보는 견해(윤화우, "대한민국헌법사에 대한 고찰," 『평화통일연구』 제5집, 1988, 1-68(10)쪽)도 있다.

12 이에 관하여는 장영수, 앞의 책(주 7), 2018, 54쪽 이하 참조.

홍범 14조: 1895년(고종 32년) 1월 7일 반포

1. 청에 의존하는 생각을 버리고 자주 독립의 기초를 세운다
2. 왕실 전범(典範)을 제정하여 왕위 계승의 법칙과 종친과 외척과의 구별을 명확히 한다.
3. 임금은 각 대신과 의논하여 정사를 행하고, 종실(宗室), 외척의 내정 간섭을 용납하지 않는다.
4. 왕실 사무와 국정 사무를 나누어 서로 혼동하지 않는다.
5. 의정부(議政府) 및 각 아문(衙門)의 직무, 권한을 명백히 규정한다.
6. 납세는 법으로 정하고 함부로 세금을 징수하지 아니한다.
7. 조세의 징수와 경비 지출은 모두 탁지아문(度支衙門)의 관할에 속한다.
8. 왕실의 경비는 솔선하여 절약하고, 이로써 각 아문과 지방관의 모범이 되게 한다.
9. 왕실과 관부(官府)의 1년 회계를 예정하여 재정의 기초를 확립한다.
10. 지방 제도를 개정하여 지방 관리의 직권을 제한한다.
11. 총명한 젊은이들을 파견하여 외국의 학술, 기예를 견습시킨다.
12. 장교를 교육하고 징병을 실하여 군제의 근본을 확립한다.
13. 민법, 형법을 제정하여 인민의 생명과 재산을 보전한다.
14. 문벌을 가리지 않고 인재 등용의 길을 넓힌다.

대한국국제: 1899년(광무 3년) 8월 22일 반포

제1조, 대한국은 세계 만국에 공인되온 바 자주 독립하온 제국이니라.

제2조, 대한제국의 정치는 이전부터 오백년간 전래하시고 이후부터는 항만세(恒萬歲) 불변하오실 전제 정치이니라.

제3조, 대한국 대황제께옵서는 무한하온 군권을 향유하옵시느니 공법(公法)에 이르는 바 자립 정체이니라.

제4조, 대한국 신민이 대황제의 향유하옵시는 군권을 침손할 행위가 있으

면 그 행위의 사전과 사후를 막론하고 신민의 도리를 잃어버린 자로 인정할지니라.

제5조, 대한국 대황제께옵서는 국내 육해군을 통솔하옵셔서 편제(編制)를 정하옵시고 계엄·해엄을 명령하옵시니라.

제6조, 대한국 대황제께옵서는 법률을 제정하옵셔서 그 반포와 집행을 명령하옵시고 만국의 공공(公共)한 법률을 효방(效倣)하사 국내 법률로 개정하옵시고 대사·특사·감형·복권을 명하옵시느니 공법에 이른바 자정율례(自定律例)이니라.

제7조, 대한국 대황제께옵서는 행정 각 부부(府部)의 관제와 문무관의 봉급을 제정 혹은 개정하옵시고 행정상 필요한 칙령을 발하옵시느니 공법에 이른바 자행치리(自行治理)이니라.

제8조, 대한국 대황제께옵서는 문무관의 출척(黜陟)·임면을 행하옵시고 작위·훈장 및 기타 영전(榮典)을 수여 혹은 체탈(遞奪)하옵시느니 공법에 이른바 자선신공(自選臣工)이니라.

제9조, 대한국 대황제께옵서는 각 국가에 사신을 파송 주찰(駐紮)케 하옵시고 선전·강화 및 제반약조를 체결하옵시느니 공법에 이른바 자견사신(自遣使臣)이니라.

2. 일제강점기, 대한제국과 그 헌법은 존속하고 있었나?

1905년 을사조약은 형식 및 내용상 결함이 있기 때문에 무효이며, 따라서 이에 바탕을 둔 1910년 한일합방조약도 무효라는 견해가 강력한 설득력을 갖고 있다.[13] 또한 한일합방조약 자체도 절차가 불법이기 때문에 무효라는 주장도 강력하다.[14]

---

13 이에 관하여는 권석영, "한일합방조약에 대한 분석과 비판," 『한국근현대사연구』 제10집(1999.6), 398-420쪽 참조.

14 이에 관하여는 도시환, "1910년 한일병합조약 체결강제의 역사적 진실규명과 국제법적 조명," 『국제법학회논총』 제55권 제4호(2010.12), 13-47쪽 참조.

그러면 한일합방조약이 무효이기 때문에 대한제국은 소멸하지 않고 계속 존속한 것일까? 그렇다면 일제강점기에 아무런 독자적 국가조직을 갖지 못하고 있던, 즉 실체가 없었던 대한제국은 어떻게 존속했으며, 대한제국의 헌법은 또 어떠했는가?[15]

비록 1910년 한일합방조약이 무효이며,[16] 일제의 한반도 지배가 불법이라 하더라도, 일제강점기 35년 동안 한반도가 일제의 식민지였다는 사실은 달라지지 않는다. 규범적으로 한일합방조약에 의한 대한제국의 소멸이 무효라고 할지라고, 현실적으로 대한제국은 소멸한 것이다. 그러므로 일제강점기 동안 대한제국의 헌법 또한 존재할 수 없었다.[17]

1910년부터 1945년의 기간 동안 일제의 법과 권력이 한반도를 그 지배하에 두고 있었으며, 그 결과 일제의 헌법과 법률들이 한반도에 적용되었다. 비록 일정한 범위의 관습법이 독자성을 갖는 것으로 인정되었지만,[18] 독립된 주권국가가 없는 한반도에서는 일본의 헌법과 민법, 형법 등이 그대로 적용되었던 것이다.

이런 상황에서 일제의 식민지 수탈은 일본 헌법과 법률에 대한 조선인들의 부정적인 인식으로 이어졌다. 서구 열강들에 의한 제국주의적 침략이 아프리카와 아시아, 중남미에서 걸쳐 광범위하게 진행되었지만 일본과 같이 민족을 말살하려는 식민지정책은 흔치 않았고, 일본 식민

---

15 고종황제가 서거한 1919년까지 대한제국이 존속했다고 보는 견해로는 김명섭, "대한제국의 역사적 종점에 관한 재고찰," 『한국정치외교사논총』 제32집 제2호(2011. 2), 5-30쪽 참조.

16 한일합방조약은 무효인 것이 아니라 성립하지 않은 것이라는 점에서 부존재를 주장하는 견해로는 김명기, "한일합방조약의 부존재에 관한 연구," 『법조』 제60권 제4호(2011.4), 5-36쪽; 이상찬, "을사조약과 병합조약은 성립하지 않았다," 『역사비평』 제33호(1995.11), 223-248쪽 참조.

17 그 결과 일제강점기 35년 동안 우리 민족은 나라 없는 설움을 겪었으며, 독립된 주권국가의 건설을 위해 투쟁해야 했던 것이다.

18 일제가 한반도에서 관습법을 인정하면서 신관습, 신관습법의 형성을 유도·조장함으로써 식민지권력이 원하는 방향으로 통제하려 했다는 견해로는 심희기, "일제강점 초기 '식민지 관습법'의 형성," 『법사학연구』 제28호(2003·10), 5-31쪽 참조.

지 치하에서 우리 민족이 겪었던 고통은 서구 열강들의 식민지들과는 또 다른 것이었다.[19]

3. 일제강점기의 한반도에서 일본헌법은 어떤 의미였나?

일제강점기 동안 한반도는 —그 규범적 정당성과 무관하게— 사실상 일제의 식민지였다. 지속적인 일제의 수탈과 민족말살정책에 시달리던 한반도의 조선인들에게 일본헌법은 어떤 의미를 갖고 있었을까? 이와 관련하여 당시 조선인들의 태도는 크게 세 가지로 나뉠 수 있다.

첫째, 대한제국 당시에도 성문의 헌법전은 존재하지 않았기 때문에 헌법에 대한 지식이 별로 없는 대중들은 일본헌법의 의미와 기능에 대해 알지 못했고, 관심도 없었다. 일본의 형법이나 민법 등이 한반도에 적용된다는 것에 대해 거부감을 갖는 대중들은 있었으나, 일본헌법에 대해서는 뚜렷한 인식조차 없었던 것이다.

둘째, 법을 전공하였거나, 그렇지 않더라도 법에 대해 상당한 소양을 갖춘 조선인들에게 일본헌법은 곧 일본제국주의를 상징하는 것으로 느껴질 수 있었다. 그로 인해 일본헌법에 대한 거부감이 매우 컸다. 전술한 바와 같이 민법이나 형법 등의 분야와는 달리 헌법을 전문분야로 하는 헌법전문가가 배출되지 못했던 것도 이러한 거부감에서 비롯된 것이라 할 수 있다.

---

19 제국주의 국가들의 식민지 수탈은 범세계적으로 광범위하게 벌어졌지만, 일제에 의한 경제적 수탈과 인권유린, 심지어 민족말살기의 인적 수탈에 이르기까지 그 심각성은 유례를 찾기 어려운 것이었다. 토지조사를 빌미로 했던 토지약탈에서부터 산미증식계획에 따른 식민지 농업정책으로 쌀을 수탈했고, 민족산업의 발달을 억압하는 한편 남면북양정책, 국가총동원령 이후의 전방위적 수탈은 농민들의 몰락과 간도 지방으로의 이주 등을 촉진하기도 하였다. 더욱이 징병, 징용 등에 더하여 종군위안부에 이르기까지의 인적 수탈 등 일제의 수탈은 그 끝을 알 수 없었다. 이에 관하여는 장영수, 앞의 책(주 7), 58쪽 이하 참조.

셋째, 독립운동을 하는 사상가들 중에서는 일본헌법을 극복의 대상으로 여기는 이들이 있었다. 독립된 주권국가를 건설한다는 것은 곧 일본헌법을 넘어서 독자적인 헌법을 제정하는 것이며, 이를 통해 일본헌법을 극복해야 한다고 믿었던 것이다. 그로 인해 일본헌법뿐만 아니라 중국헌법, 미국헌법, 독일헌법 등에 대한 관심이 높아지기도 했다.

이러한 세 부류의 서로 다른 태도는 일제강점기라는 특수한 상황이 아니었다면 상호 교류를 통해 새로운 형태로 발전되고, 서로에게 좋은 영향을 줄 수도 있었을 것이다. 예컨대 독립운동가들의 헌법의식이 법률전문가들에게 영향을 줌으로써 헌법전문가의 배출을 자극할 수도 있었을 것이다.

그러나 당시의 시대상황은 이러한 소통을 매우 어렵게 만들었으며, 일제강점기의 헌법의식 자체가 전반적으로 매우 낮은 수준에 머물게 만들었다.

Ⅲ. 3·1운동과 국권회복 노력에서 헌법은 어떤 의미를 갖고 있었나?

1. 3·1운동의 의미와 그 배경

3·1운동의 역사적 의미에 대해서는 100년이 지난 지금까지도 다양한 평가가 엇갈리고 있다. 최근에는 운동이 아니라 혁명으로 보는 시각이 등장하는가 하면, 이를 비판하는 견해도 나오고 있다.[20] 그러나 분명한

20 예컨대 정상우, “3·1운동과 민주공화국의 탄생,” 『헌법학연구』 제25권 제1호(2019.3), 1-33(4이하)쪽에서는 3·1운동을 혁명으로 평가하고 있으나, 장영수, “대한민국임시정부 법통 계승의 의미,” 『헌법학연구』 제25권 제1호(2019.3), 35-66 (41)쪽에서는 3·1운동을 혁명으로 보는 것은 적절치 않다고 보고 있다.

것은 우리 민족이 일제 식민체제의 부당성에 항변하면서 독립을 위해 끊임없이 노력했으며, 이를 세계에 널리 알렸던 역사적 사건이 3·1운동이라는 점이다.

시기적으로 보면 1919년은 경술국치로부터 9년, 을사늑약으로부터 14년이 경과한 때이다. 이 시기까지 일제의 식민지 지배체제에 대해 대규모 저항이 없었다는 것은 일제의 통치가 안정기에 접어드는 것으로 볼 수도 있다. 그러나 3·1운동을 통해 우리 민족의 독립 의지를 세계에 알렸을 뿐만 아니라, 스스로에게도 독립에 대한 확고한 신념을 새기는 것이 될 수 있었다. 그런 의미에서 3·1운동은 독립국가로서 대한민국이 탄생할 수 있게 만든 가장 중요한 정신적 기초였다고 볼 수 있다.

또한 3·1운동은 전국 방방곡곡에서 당시 2천만 백성들이 대부분 참여하는 민족적 독립의지의 표현이었을 뿐만 아니라 비폭력의 평화적 독립운동이라는 점에서 특별한 의미를 갖는다. 폭력적 테러가 아닌 평화적 독립운동으로서 그 정당성을 확보하였고, 우리 민족의 독립 의지와 그 순수성을 세계에 알릴 수 있었던 것이다.[21] 그리고 이러한 민족적인 독립의지의 확인은 상해임시정부의 탄생을 자극하였으며, 일제강점기 전체를 통해 독립에 대한 강한 의지와 노력으로 이어졌다.[22]

---

21 3·1운동은 무장독립투쟁이 아니었기 때문에 일제를 한반도에서 몰아내고 독립을 쟁취하는 직접적 효과로 이어질 수는 없었다. 그러나 당시의 시대상황에서 3·1운동은 가장 이상적인 것일 뿐만 아니라 가장 현실적인 것이기도 했다. 만일 2천만 백성들이 무기를 들고 일어났다면 유혈충돌을 통해 한반도에서 일제를 몰아낼 수 있었을 것이다. 하지만 그 후에는 일본에서 다수의 군인들을 투입했을 것이며, 그 결과는 아마도 엄청난 인명과 재산의 희생이었을 것이다. 또한 3·1운동 당시에 유혈충돌이 있었을 경우에는 그 원인이 일제의 만행에 있었음에도 불구하고 당시 국제사회의 제국주의적 경향에 비추어 볼 때, 우리 민족의 독립투쟁이 세계인들의 공감을 얻기는 매우 어려웠을 것이다. 3·1운동이 비폭력의 평화적 독립운동이었던 것은 이상론에 치우친 것이 아니라 당시의 역사적 상황하에서는 가장 올바른 선택일 뿐만 아니라 현실적인 대안이었다고 볼 수 있는 것이다. 이에 관하여는 장영수, 앞의 책(주 7), 48쪽 참조.

22 인류 역사를 보면 외침을 받아 병합된 나라들이 적지 않았다. 그중에는 영원히 사

그런 의미에서 3·1운동은 일제강점기 독립운동의 분수령이라 볼 수 있다. 3·1운동을 계기로 전국적인 애국계몽운동이 활기를 띠게 되었으며,[23] 일제의 한반도 통치정책은 무단통치에서 이른바 문화통치로 바뀌었다.[24] 그리고 무엇보다 3·1운동이 항일무장독립운동의 분수령이 되었다.

비폭력 무저항의 독립운동이었던 3·1운동이 약화되어 가던 무장독립운동의 재결집과 재충전을 위한 결정적 계기가 되었다는 점은 아이러니하지만, 당시 만주 등지에서 활동하던 무장독립난제들에게 3·1운동은 한민족 전체의 목소리를 통해 독립운동의 정당성을 강화시키는 것이었을 뿐만 아니라, 독립운동가들이 우리 민족의 강한 독립 의지를 느꼈던 것은 독립운동의 활성화에 매우 큰 영향을 미쳤다.[25]

3·1운동은 해외의 독립운동이 활발하게 전개될 수 있도록 하는 원동

라진 나라가 있는가 하면, 다시 독립된 국가를 형성한 예들도 있다. 이러한 차이가 발생한 원인은 여러 측면에서 찾을 수 있을 것이다. 병합한 나라가 얼마나 강력한지, 합리적으로 국가운영을 하는지도 중요하고, 병합 이후에 어떤 처우를 받는지도 중요하다. 그러나 병합으로부터 독립된 나라들의 가장 중요한 특징은 독립에 대한 강력한 의지라고 할 수 있다. 물론 대부분의 병합된 나라에서 독립을 원하는 사람들도 있고, 그렇지 않은 사람들도 있을 것이다. 독립을 위한 구심점 없이 시간이 지나고, 세대가 바뀌고, 독립에 대한 의지가 점차 사라지게 되면 그 나라는 영원히 소멸하고, 역사 속에서만 그 이름이 남게 되는 것이다. 이에 관하여는 장영수, 앞의 글(주 20), 38쪽 이하 참조.

23 3·1운동 이전부터 폭넓게 확산되었던 애국계몽운동은 독립을 위한 밑거름이 되었을 뿐만 아니라, 근대화를 위한 토대가 되기도 하였다. 보성전문학교, 연희전문학교, 이화학당, 오산학교, 배재학당 등 수많은 사립학교들이 전국 각지에 설립되었고, 이 학교들을 중심으로 교육구국운동이 활발해졌다. 특히 3·1운동 이후에는 애국계몽운동이 더욱 활발해졌고, 민립대학설립운동도 전개된 바 있으나 일제의 방해로 실현되지 못했다.

24 물론 문화통치라고 해서 무단통치에 비해 인권친화적이었다는 의미는 아니다. 단지 통치의 방식이 조금 더 교묘해졌을 뿐이었다. 이에 관하여는 김정인, “3·1운동 이후 문화정치의 반동성에 대한 인식,” 『사회와 역사』 제117권(2018.3), 171- 199쪽 참조.

25 이에 관하여는 황민호 · 홍선표, 『3·1운동 직후 무장투쟁과 외교활동』, 한국독립운동사 연구소, 2008 참조.

력이 되었을 뿐만 아니라, 국내에서도 백산상회 등 기업들이나 개인들이 독립운동가들에 대해 보다 적극적이고 조직적인 지원을 하게 만드는 계기이기도 하였다.[26] 일제강점기에 일제가 보여준 군사력의 격차로 인한 두려움을 극복하고 일제에 대한 저항을 끊임없이 이어갈 수 있었던 동력이 3·1운동에서 나왔다고 해도 지나친 말은 아닐 것이다.

2. 민족계몽운동과 법의식, 헌법의식

3·1운동과 영향을 주고받으며 우리 민족의 독립의지를 더욱 날카롭게 세우도록 만든 또 하나의 요소가 민족계몽운동이었다. 보성전문학교, 연희전문학교, 이화학당, 오산학교, 배재학당 등 수많은 사립학교들이 전국 각지에 설립되었고, 이 학교들을 중심으로 교육구국운동이 활발해졌다.[27] 일제강점기의 공립학교에서는 민족교육이 현실적으로 어려웠지만, 사립학교나 야학 등을 통하여 민족의식을 고취시키는 민족계몽운동, 교육구국운동이 활발하게 전개되었던 것이다.

또한 근대적 학문과 기술, 사상들이 교육을 통해 점차 보급되었다. 특히 일제의 민족말살정책이 진행되었을 때, 국어와 국사의 연구를 통해

---

26 독립운동자금의 모금활동에 대해서는 김주용, "1920년대 초 독립운동단체의 군자금 모금활동,"『한국독립운동사연구』 제32집(2009.4), 189-218쪽 참조.

27 1920년대 초 이상재, 박은식, 송진우, 윤치호 등의 주도하에 민립대학설립운동이 전개된 바 있다. 우리 민족을 위한 민족교육의 진흥을 위해서는 고등교육기관을 설립하여 우수한 인재를 양성하는 것이 무엇보다 중요하다고 생각하여 일제의 조선총독부에 대학 설립을 요구하였으나 총독부가 이를 묵살하자 우리 손으로 대학을 설립하려는 민립대학 설립운동을 전개되었던 것이다. 이 운동은 각 지역의 유지들과 사회단체의 후원으로 한때 순조롭게 진행되었으나 일제의 방해와 계속적인 가뭄과 수해 등으로 인하여 모금이 어려워져 결국 실패로 끝났다. 이후로도 보성전문학교, 연희전문학교, 이화학당 등을 대학으로 승격시키려는 노력이 계속되었으나 일제의 방해로 실현되지 못하였다. 이러한 민족적 요청이 계속되자 일제는 1924년 경성제국대학을 설립하였지만, 그 성격은 일제에 의해 직접 관리되는 식민지학교였기 때문에 우리 민족이 기대하였던 것과는 차이가 있었다.

민족의식과 애국심을 고취시키려는 노력이 있었으며, 이러한 민족문화 수호운동은 일제의 식민지 치하에서 민족의 혼을 빼앗기지 않는 데 큰 기여를 하였다.[28] 그런 가운데 근대법과 근대법학에 대한 관심 또한 형성되었다.

그러나 일제강점기 일반 대중들의 법의식[29]은 매우 부정적이었다. 일제에 의해 이식된 근대법체계가 식민지수탈의 수단으로 인식되었으며, 권위주의적 법적용에 따른 법만능주의, 법에 대한 냉소주의가 만연하였다. 그로 인해 일제강점기 근대적 법체계의 이식은 근대적 법의식이나 권리의식을 신장시키는 데 도움이 되기는커녕, 그 과정과 운용의 피동성 및 강압성으로 말미암아 준법정신의 결여, 법의 경시풍조를 심화시켜 오히려 부정적이고 회의적인 법문화만을 남겼다는 평가도 나온다.[30]

비록 보성전문학교나 경성법학전문학교 등에서 법학교육이 실시되었지만 그 파급효는 매우 제한적이었다. 더욱이 법률가로서 활동하기 위해 판사 또는 검사로 임용되기 위해서는 조선총독부에서 시행하는 고등문관시험에 합격해야 했고, 변호사가 되기 위해서는 조선변호사시험에 합격해야 했다. 당시 일본의 법조자격과 식민지 조선의 법조 자격에는 차이가 있었고, 조선인의 법조 자격 취득에는 많은 어려움이 있었다.[31]

---

28 조선어학회에서 한글 맞춤법 통일안과 표준어를 정하여 한글의 보급과 문맹의 퇴치에 노력하였고, 박은식, 신채호, 정인보 등의 민족사학자들은 민족사의 연구 및 민족혼의 강조를 통하여 민족문화의 의미를 되새김과 더불어 우리 역사의 발전에 대한 주체성을 강조하였다.

29 넓은 의미의 법의식은 행위결정의 기준으로서 법규범과 제도에 대한 인식(인지적 관점), 법규범과 제도에 대한 일정한 가치판단(평가적 관점), 법에 대한 호감 내지 비호감 등과 같은 법감정(감정적 관점)을 포괄하는 의미로 이해될 수 있다. 이에 관하여는 김신영 · 신동준, 한국 청소년의 법의식 척도개발 및 적용에 관한 연구, (한국청소년정책연구원 연구보고서 2006.12), 8쪽 이하 참조.

30 박병호, '법사상', in: 한국민족문화대백과사전(http://encykorea.aks.ac.kr/Contents/Item/ E0022669 최종방문 2019.10.20.)

31 이에 관하여는 김병록, "식민지 조선의 법조 양성,"『법과사회』 제41호(2011.12), 197-233쪽 참조.

이러한 상황에서는 근대법 정신에 대한 이해와 공감이 가능하지 않았기 때문에 일반 대중들의 법의식 내지 헌법의식이 정상적으로 발전하는 것은 기대할 수 없었다.[32]

3. 독립운동세력들의 시대의식과 헌법의식

주목할 점은 독립운동세력들의 일부에서는 일제에 맞서기 위해 민족계몽운동을 통해 민족이 발전해야 함은 물론이고, 국제사회에서 우리 민족이 독립을 인정받을 수 있기 위해 근대국가 및 근대헌법에 대한 이해가 필요하다는 점에 대한 인식이 점차 확산되었다는 점이다. 특히 3·1운동 직후에 상해 임시정부를 수립하면서 임시헌법을 제정하였던 것은 당시 독립운동세력의 헌법의식을 확인할 수 있다는 점에서도 매우 큰 의미를 갖는다.

구한말 서구의 문물을 도입하는 과정에서 가장 충격적인 것이 근대적 과학기술과 더불어 국제법이었다고 한다. 당시 중국과의 사대주의에 익숙해 있던 조선의 지식인들에게 국제법에 따라 국가와 국가가 대등한 관계에서 조약을 체결하고, 그 조약을 준수하는 가운데 국제관계가 형성된다는 것이 얼마나 생소하고 놀라웠을지를 짐작할 수 있다.[33]

그리고 이는 헌법을 가져본 경험이 없었던 조선의 지식인들에게 헌법을 통해 국가가 구성되고 활동한다는 관념도 낯선 것이었다. 그런데 세

---

32 같은 맥락에서 일제강점기를 통해 한반도가 근대화되었다는 이른바 식민지근대화론은 근대정신이 결여되어 있다는 점에서 타당하지 않다고 본다. 일제에 의한 근대적 제도의 도입이나 산업시설의 확충 등은 —자주적 근대화가 아니었다는 점은 논외로 하더라도— 그 목적 자체가 식민지 수탈을 위한 것이었으며, 근대정신의 기초 내지 핵심이라 할 수 있는 인간존중 내지 인권보장에 대한 고려는 찾기 어려웠기 때문에 진정한 의미의 근대화라고 보기 어렵기 때문이다. 이에 관하여는 장영수, 앞의 책(주 7), 44쪽 이하 참조.

33 이에 관하여는 김효전, "근대한국에 있어서의 국제법발달," 『동아법학』 제8호(1989. 5), 1-34(2 이하)쪽 참조.

계의 변화에 눈을 뜨게 된 독립운동가들은 임시정부를 수립하면서 헌법이 필요하다는 점에 공감하고, 1919년 4월 11일 대한민국임시정부의 수립과 동시에 임시헌장을 제정할 정도로 헌법의 의미와 기능을 적극적으로 이해하고 활용하려 했던 것이다.

이러한 독립운동세력들의 헌법의식이 일시적인 것이 아니었음은 임시정부에서 이후 5차에 걸친 헌법개정이 있었다는 점, 이러한 헌법개정을 통해 그 헌법의 규율 내용이 점차 구체화되었을 뿐만 아니라, 실제 임시정부의 권력구조 변천 등을 담고 있다는 점 등에서 쉽게 확인될 수 있다. 또한 이를 통해 축적된 헌법제정 및 개정의 경험이 1948년 헌법제정에도 직·간접의 영향을 미친 것도 간과할 수 없다.[34]

IV. 3·1운동과 대한민국임시정부의 수립 및 임시헌법의 제정

1. 대한민국임시정부의 자기 이해와 1919년 4월 11일의 임시헌장

세계사에 길이 남을 평화적 독립운동이었던 3·1운동은 식민지 상태가 10년 가까이 지속되면서 많이 움츠러들던 독립운동의 불길을 다시금 거세게 지피는 강력한 동력이 되었다. 특히 민족대표 33인이 대부분 일제에 의해 구금된 상태에서도 만세운동은 전국으로 확산되면서 독립운동가들은 새로운 구심점의 필요성을 느껴서 상해 임시정부를 구성한 것으로 알려져 있다.[35]

1910년 경술국치 이후로 독립운동단체들은 많이 생겨났지만 '대한민

---

34 이에 관하여는 장영수, "임시정부헌법의 역사적 의미와 대한민국 헌법의 제정," 고려법학 제57호(2010.6), 211-243(229 이하)쪽 참조.

35 또한 3·1운동의 정신이 대한민국임시헌장에 이어지고 있다는 점에 관하여는 정상우, 앞의 글(주 20), 9쪽 이하 참조.

국'이라는 국호를 만든 것도, 그리고 대한민국'임시정부'를 자칭하는 것도 최초였으며, 그 의미는 특별했다. 한편으로는 일제의 한반도 지배가 불법적이라는 점을 밝히면서 3·1운동을 통해 나타났듯이 우리 민족이 독립을 강력하게 원하고 있음을 세계에 알리기 위해, 그리고 다른 한편으로는 국제사회의 적극적 지원을 얻기 위해서 임시정부라는 형식이 필요했던 것이다.[36]

국제사회에서 '대한민국임시정부'라는 이름으로 활동하기 위해서 헌법이 필요했기에 1919년 4월 10일 중국 상하이의 프랑스 조계인 김신부로(金神父路)에서 신익희, 조소앙 등 각 지방 출신 대표자 27명이 참석하여 제1차 대한민국 임시의정원 회의를 개최하였다. 이틀 동안 지속된 이 회의에서 임시의정원 의장에 이동녕, 부의장에 손정도 등이 선출되었고, 조소앙이 제안한 대한민국 임시헌장 전문 10조를 검토하여 일부 수정을 거친 후 통과시켰다.[37]

임시헌장의 내용은 비교적 간단하다. 그러나 홍범 14조나 대한국 국제와는 달리 헌법으로서의 기본적인 성격과 내용을 인정할 수 있을 정도로 구성되어 있다. 국호와 정치체제,[38] 임시의정원의 구성[39] 및 기본적 인권에 대한 명시[40] 등은 헌법이 갖춰야 할 가장 기본적인 요소가 무

36 이에 관하여는 장인호, "헌정사에서 1919년 대한민국임시정부헌장의 의미에 관한 연구," 『성균관법학』 제31권 제3호(2019.9), 91-132(112 이하)쪽; 조동걸, 대한민국 임시정부 in: 한국민족문화대백과사전(https://encykorea.aks.ac.kr/Contents/Item/E0015017 최종방문 2019.10. 20.) 참조.

37 초안작성자가 조소앙인지에 대해서는 논란이 있다. 이에 관하여 상세한 것은 한인섭, "대한민국은 민주공화제로 함 -대한민국 임시헌장(1919.4.11.) 제정의 역사적 의의," 서울대 법학 제50권 제3호(2009.9), 167-201(170 이하)쪽 참조.

38 임시헌장 제1조: 대한민국은 민주공화제로 함.

39 임시헌장 제2조: 대한민국은 임시정부가 임시의정원의 결의에 의하야 此를 통치함.

40 임시헌장 제3조: 대한민국의 인민은 男女貴賤及 貧富의 階級이 無하고 一切 平等임.
제4조: 대한민국의 인민은 信敎·言論·著作·出版·結社·集會·信書·住所·移轉·身體及 所有의 自由를 享有함.
제5조: 대한민국의 인민으로 公民資格이 有한 者는 選擧權及 被選擧權이 有함.

엇인지를 염두에 둔 것으로 보인다. 또한 마지막 조항에서 해방 이후 국회 소집을 규정한 것[41]도 임시정부로서의 성격을 확인하고 있는 것으로 보인다.

독립된 주권국가가 없는 상태에서 임시정부를 구성하였고, 그로 인하여 임시헌장이 우리 민족 최초의 헌법이라 지칭될 수는 없다. 하지만 임시헌장의 역사적 의미는 매우 특별한 것이다. 임시헌장은 헌법으로서의 역할을 위해 의식적으로 만든 최초의 규범이라 할 수 있으며, 임시헌장의 존재를 통해 대한민국임시정부가 법치를 지향하는 헌법국가를 실계하고 있었음을 확인할 수 있는 것이다.

2. 1919년 9월 11일의 임시헌법과 그 의미

임시정부와 그 헌법은 1919년 9월 노령에서 구성되었던 대한국민의회(大韓國民議會) 및 국내에서 비밀리에 조직되었던 한성정부(漢城政府)와 통합되면서 큰 변화를 겪게 되었다. 이를 통해 임시정부는 명실상부한 독립운동의 구심점이 될 수 있었고, 단일의 임시정부로서 독립운동의 통일성과 정통성을 확보할 수 있게 된 것이다.[42]

또한 통합과 더불어 임시헌장이 임시헌법으로 개정되었다. 10개 조로 구성되었던 임시헌장과는 달리 8개 장 58개 조문으로 구성된 임시헌법은 제1장 총강, 제2장 인민의 권리와 의무, 제3장 임시대통령, 제4장 임시의정원, 제5장 국무원, 제6장 법원, 제7장 재정, 제8장 보칙으로 구성되어 헌법의 틀을 제대로 갖추고 있다. 이는 1948년 제헌헌법의 구조

41 임시헌장 제10조: 臨時政府난 國土恢復後 滿 一個年內에 國會를 召集함.

42 대한민국임시정부는 ―중국을 제외하고는― 국제사회에서 망명정부로 폭넓게 인정받지 못하고 있었지만, 그것은 힘의 논리가 지배하던 제국주의 국가들의 외교관계에서 일본이 미쳤던 영향력 및 미국, 영국, 소련 등의 정치적 이해관계에 따른 것이었다. 그로 인하여 임시정부가 갖는 민족사적 의의와 역할을 과소평가할 수는 없을 것이다.

와도 상당한 유사성을 보인다.[43]

물론 임시헌법의 조항들 중에는 임시정부의 현실로 인하여 실제 적용되지 못하는 조항들이 많았고, 국민에 의해 선출된 대표 또는 국민투표에 의해 승인받지 못했다는 한계가 있었다. 하지만 헌법의 의미와 필요성, 헌법을 통한 국가조직의 구성 및 변경 등에 대한 인식이 더욱 뚜렷해졌음을 임시헌법을 통해 확인할 수 있는 것이다.

특히 제8장 보칙(補則)에서 국토회복 후 국회를 소집하여 헌법을 제정하되, 그 이전에는 임시헌법이 헌법과 동일한 효력을 갖는 것으로 명시하였으며, 헌법개정절차에 관한 것도 명시하였다는 점은 주목할 필요가 있다. 이후 임시헌법은 임시정부의 권력구조 변화에 따라 네 차례 더 개정되면서 더욱 상세한 규정들을 담게 되었으며, 헌법에 대한 지식과 경험을 축적시켰다.[44]

독립된 주권국가가 없는 상태에서의 임시정부 헌법이 갖는 현실적 의미는 매우 제한적일 수밖에 없었다.[45] 그러나 임시정부가 지속적인 헌법개정을 통해 헌법국가를 지향하고 있었다는 점은 매우 중요한 의미를 갖는다. 이를 통해 임시정부가 군주국가로의 회귀를 원치 않고 있었다

43 제헌헌법은 제1장 총강, 제2장 국민의 권리의무, 제3장 국회, 제4장 정부(제1절 대통령, 제2절 국무원, 제3절 행정각부), 제5장 법원, 제6장 경제, 제7장 재정, 제8장 지방자치, 제9장 헌법개정, 제10장 부칙으로 구성되었다.

44 1925년 4월 7일 제2차 개헌을 통해 정부형태는 의원내각제에 유사한 국무령제로 바뀌었고, 기본권에 관한 조항들이 삭제되었다. 또한 재정에 관한 장을 회계에 관한 장으로 바꾸었고, 광복운동자에 관한 규정을 추가하였다. 1927년 3월 5일 제3차 개헌에서는 정부형태가 국무위원제(집단지도체제)로 다시 바뀌었고, 법원에 관한 장이 삭제되고 광복운동자에 관한 규정이 강화되었다. 1940년 10월 9일의 제4차 개헌에서는 정부형태가 주석제로 변경되었으며, 헌법조항들이 과거에 비해 오히려 간략해졌다. 1944년 4월 22일의 제5차 개헌은 정부형태를 주석제로 유지하면서 부주석을 신설했고, 기본권에 관한 조항들이 부활되었다. 그 밖에 법원에 관한 장이 제5장 심판원(審判院)이라는 명칭으로 부활되었다.

45 대한민국임시정부 헌법은 그 명칭에서부터 확인되는 것처럼 잠정적인 헌법으로서의 성격을 가질 수밖에 없었다. 이에 관하여는 김영수, 『대한민국임시정부헌법론』, 삼영사, 1980, 71쪽 이하 참조.

는 점, 그리고 특정인의 카리스마를 통한 초헌법적 권위주의체제를 부정하고 있었다는 것이 분명해지며, 명칭 그대로 민주공화국에 대한 신념을 분명히 하였던 것은 해방 이후의 헌법질서 형성과정에 직접적인 영향을 미쳤다.

3. 대한민국임시정부 헌법이 헌법의식에 미친 영향

대한민국임시정부 헌법이 일제강점기의 조선인들의 헌법의식에 직접적인 영향을 미친 것으로는 보기 어렵다. 한편으로는 임시정부헌법이 대중들에게 널리 알려지지 못했던 점도 있었고, 다른 한편으로는 그 내용이 일제의 식민지였던 당시의 현실과는 동떨어진 부분들이 적지 않았기 때문이다.

실제로 대한민국임시정부 헌법은, 특히 임시정부의 조직에 관한 규정을 제외한 대부분의 조항들은 단 한 차례도 실제 적용되지 못한 것들이 많다. 그로 인하여 대한민국임시정부 헌법을 우리 민족이 직접 제정한 최초의 헌법으로 평가하는 데에는 무리가 뒤따른다.[46] 그럼에도 불구하고 다음의 몇 가지 측면에서 임시정부헌법이 헌법의식의 발전에 끼친 영향을 가볍게 볼 수는 없다.

첫째, 임시정부 요인들을 비롯한 독립운동가들, 그리고 독립운동에 직·간접으로 관여한 사람들에게 임시정부헌법은 큰 의미를 가지고 있었다. 국가의 틀을 갖추기 위해 헌법이 필요하다는 것이 널리 인정되었

46 1941년 대한민국임시정부에서 해방 이후를 대비하여 건국 강령을 채택하였던 점은, 임시정부가 국가성을 갖고 있지 못하고 있었음을 인식하고 있었던 것으로 볼 수 있다. 따라서 임시정부헌법이 정상적인 헌법이 아님을 스스로 인식하고 있었던 것으로 볼 수 있으며, 1919년 9월 11일의 임시헌법 제55조 이하에서 국토회복 후 국회를 소집하고, 국회에서 대한민국헌법을 제정하도록 규정한 것도 같은 맥락에서 이해될 수 있다, 이 조항은 1925년 4월 7일의 제2차 개정에서는 유지되고 있었으나, 이후의 개정에서는 삭제되었다.

을 뿐만 아니라, 임시정부 내에서의 권력구조 등에 관한 갈등을 해결하는 과정에서도 헌법의 개정이라는 절차가 갖는 의미가 컸기 때문이다.[47]

둘째, 도산 안창호 등 임시정부 요인들 중의 상당수는 일제강점기 민족계몽운동에 중요한 역할을 한 인물들이기도 했다. 이들의 헌법의식이 임시정부헌법을 통해 고양되었던 것은 ―비록 당시의 시대적 상황으로 인해 직접 헌법교육을 강조하는 데에는 한계가 있었지만― 중장기적으로 대중들의 헌법의식 고양에도 영향을 미칠 수 있었다.

셋째, 임시정부헌법의 경험 및 이를 통한 지도층의 고양된 헌법의식은 해방 이후의 헌법제정과정에도 큰 영향을 미쳤다. 1948년 5·10총선으로 제헌국회가 구성되고 불과 1개월여 지난 후에 헌법이 만들어질 수 있었던 것도 이들이 미군정시기부터 헌법제정을 위한 기초작업을 진행했기 때문이라는 점을 간과해서는 안 될 것이다.[48]

일제강점기라는 역사적 상황으로 인하여 임시정부헌법이 갖는 한계가 있었고, 또 해방 이후에도 미군정이 실시되면서 임시정부의 위상이 제대로 평가되지 못한 점들도 있었지만, 대한민국임시정부 및 그 헌법은 독립운동의 구심점 역할을 하였을 뿐만 아니라, 헌법의식의 고양을 통해 헌법국가 형성의 기초를 다지는 역할을 했다는 점을 높이 평가할 수 있다.[49]

---

47 임시정부헌법의 개정과정 및 내용에 관하여 상세한 것은 김영수, 『대한민국임시정부헌법론』, 삼영사, 1980 참조.

48 이에 관하여는 장영수, 앞의 책(주 7), 51쪽 이하, 64쪽 이하 참조.

49 임시정부헌법의 역사적 의의와 그 한계에 관하여는 장영수, "임시정부헌법의 역사적 의미와 대한민국 헌법의 제정," 『고려법학』 제57호(2010.6), 211-243(221이하)쪽 참조.

Ⅴ. 3·1운동 시대의 헌법교육

1. 일제강점기의 법학교육과 헌법교육

일제강점기의 조선인들에 대한 교육은 양면성을 갖고 있었다. 한편으로는 수많은 선각자들이 민족계몽을 위하여 교육구국의 이념에 헌신하였는가 하면, 다른 한편으로는 일제에 의해 이른바 황국신민화를 위한 교육[50]이 행해졌기 때문이다. 그로 인하여 당시의 교육에는 적지 않은 혼선이 있었으며, 법학교육도 예외는 아니었다.

법학교육은 법률전문가의 양성을 위한 전문교육이며, 사회 내의 갈등을 합리적으로 해소하기 위한 법적 기준에 관한 소양을 법령과 판례 및 법학이론 등을 통해 논리적 · 체계적으로 학습하며, 이를 통해 '법을 통한 정의 실현'에 이바지할 수 있도록 하는 것이다. 그러나 앞서 살펴본 바와 같이 일제강점기의 법에 대한 내용적 정당성을 믿기 어려웠고, 법조인 양성체계도 객관성과 공정성을 갖는 것이라고 보기 어려웠기 때문에 당시의 법학교육이 갖는 한계도 뚜렷했던 것이다.

그럼에도 불구하고 근대국가의 형성과 운용에 법률전문가가 차지하는 비중은 크며, 이를 위해 법률전문가를 양성하는 법학교육의 중요성 또한 결코 간과할 수 없었다. 보성전문학교가 법과를 필두로 건립되었던 것도 이를 반영하는 것이고, 일제강점기에도 꾸준히 법학교육을 통해 법률전문가들을 배출하였던 것도 이를 위한 것이었다.

물론 일본 유학을 통해 법학을 공부한 사람들도 있고, 국내에서도 경성제국대학이나 경성법학전문학교를 통해 법학교육을 받은 사람들도

---

50 당시 일제의 식민지 교육목표 및 교육정책에 관하여는 김종석, "한국근대교육과정의 변천과정(1910-1945)," 『충남대 교육연구논총』 제10권 제1호(1989.2), 81-99(83이하)쪽 참조.

있었다. 그러나 일본인 학자들 중심으로 법학교육이 전개되었던 관립학교인 경성제국대학 및 경성법학전문학교[51]의 법학교육과 사립학교인 보성전문학교의 법학교육은 그 성격의 차이가 있을 수밖에 없었다. 특히 관립학교의 법학교육은 식민지배에 필요한 최소한의 인재 양성에 그친 것으로 평가된다.[52]

반면에 사립학교인 보성전문의 경우 한일합방 이전부터 내려오는 전통에 따라 헌법강의가 계속되었다. 1905년 개교되면서 바로 헌법강의를 시작하였을 뿐만 아니라, 당시부터도 ―비록 대한제국이 명목상 독립국가로 존재하고 있었지만 국권이 쇠락하고 제한되는 상황이었고, 헌법이 제정되지 않은 상황이었기 때문에[53]― 구체적인 실정헌법의 해석론이 아니라 국가에 대한 일반적 이해, 그리고 국가권력의 구조와 행사방법, 나아가 국민의 권리 등에 대한 원론적 강의가 행해지고 있었다.[54] 그 결과 일본의 식민지지배하의 상태에서도 이러한 강의내용이 크게 달라지지 않을 수 있었던 것이다.[55]

그리고 이러한 강의의 효과 또한 분명하다. 한편으로는 수많은 보전의 교수, 학생들이 3·1운동을 비롯한 독립운동에 깊이 관여하였던 점에서 그 실질적인 의미를 찾을 수 있을 것이며, 다른 한편으로는 보전의 헌법강의가 한반도에서 한국인에 의한 헌법학의 명맥을 이을 수 있도록 하는 데 중요한 역할을 하였다는 점에서도 그 의미를 찾을 수 있다. 특

---

51 경성법학전문학교에 대해서는 김호연, “일제하 경성법학전문학교의 교육과 학생,” 한양대 석사학위논문, 2011 참조.

52 정긍식, “근대 한국 법학교육 제도사,” 『법교육연구』 제10권 제3호(2015.12), 97-140(124)쪽.

53 당시 홍범14조나 대한국 국제가 헌법적 성격을 갖는다고 평가되기도 하지만, 이들은 완결된 형태의 헌법전은 아니었기 때문에 이를 중심으로 실정헌법의 해석론을 펴는 것은 역시 가능하지 않은 상황이었다.

54 특히 당시의 헌법학자들은 조선과 같은 전제군주국의 관념에 비교적 잘 맞는다고 생각되었던 독일과 일본의 헌법을 모델로 하여 헌법이론을 전개하였다. 이에 관하여는 김효전, 『서양헌법이론의 초기수용』, 철학과현실사, 1996, 249쪽 이하 참조.

55 이에 관하여는 장영수, 앞의 글(주 1), 72쪽 참조.

히 해방후 헌법제정작업이 시작되었을 당시 한국의 유일한 헌법학자로 인정되었던 사람이 보전의 헌법교수였던 현민 유진오라는 사실은 결코 우연이 아닌 것이다.[56]

2. 헌법에 대한 관심의 부족과 그 파급효

일제강점기에 법학교육이 크게 활성화되었다고 말하기 어렵고, 그중에서도 헌법교육이 큰 반응을 일으키기 어려웠던 것은 당시의 상황에서 불가피한 일이었다. 비록 보성전문학교 등에서 나름으로 헌법교육에 비중을 두었으나, 한계는 뚜렷했다. 현실의 벽에 부딪힌 헌법이론, 남의 나라 헌법을 분석하면서 헌법의 일반이론을 이야기하고 있지만, 언제 민족해방의 그날을 맞을 수 있을지도 불투명한 상태에서 헌법에 대한 뜨거운 열기를 기대하기는 어려웠던 것이다.[57]

그로 인하여 헌법에 대한 깊이 있는 연구에도 한계가 있었을 뿐만 아니라, 헌법전문가의 양성이 활발하지 못했던 것은 매우 아쉬운 점이라 할 수 있다. 이는 민법이나 형법 등의 다른 법분야와의 비교를 통해 확인될 수 있으며, 특히 헌법의 인접분야라 할 수 있는 행정법과의 비교를 통해 당시 공법학, 특히 헌법학이 어떤 암흑기를 겪었는지가 더욱 뚜렷해진다.[58]

민사법이나 형사법과는 달리 국가기관의 구성 및 활동에 관한 법이라는 점에서 공법(公法)으로 일컬어지는 헌법과 행정법은 가장 가까운 법영역이라 할 수 있지만, 헌법이 한 국가의 최고법으로서 국가의 주권성

56 장영수, 앞의 글(주 1), 72쪽 . 당시 보성전문학교의 헌법강의 내용 및 담당자에 관하여는 장영수, 앞의 글(주 1), 73쪽 이하 참조.

57 그 점에서 임시정부 요인들이 임시정부헌법의 제정 및 개정을 통해 헌법의 의미와 역할에 대해서 적극적인 태도를 갖게 된 것과는 또 다른 측면이라 할 수 있다.

58 일제강점기의 행정법학에 관하여는 정남철, "한국 행정법학의 형성과 전개 —한말 개화기부터 광복 직후까지의 행정법학을 중심으로—," 『저스티스』 제172호 (2019.6), 142-166(150 이하)쪽 참조.

자체를 드러내는 법이라면 행정법은 그 하위에서 국가기관들의 활동방식에 관한 규율을 담고 있다는 차이를 보인다. 이러한 차이로 인해 독립된 주권국가를 갖지 못한 조선인들에게 헌법은 없었지만, 식민지 조선에서 적용되는 행정법은 존재했고, 그로 인해 —민사법이나 형사법과 유사하게— 행정법전문가의 필요성은 분명히 인정되었다.

이러한 행정법 분야에서는 특히 행정관료들을 중심으로 행정법전문가들에 대한 수요가 존재했으며, 해방 이후에는 이들을 중심으로 행정법의 이론과 실무가 함께 발전하는 모습을 보이기도 했다.[59] 하지만 헌법 분야에서는 일제강점기에 헌법실무를 담당하는 헌법전문가들이 존재할 수 없었기 때문에 보다 큰 공백이 발생하였고, 이는 해방 이후 헌법전문가의 절대적 부족으로 나타나게 되었다.

3. 해방 이후 헌법전문가의 부족과 유진오 박사의 활약

1948년 대한민국헌법의 제정은 기적같은 일로 평가되기도 한다. 제2차 세계대전 후의 대다수 신생독립국들이 외국의 헌법학자에게 헌법전의 제정을 의뢰하던 것과는 달리 대한민국헌법은 우리 손으로 직접 제정되었을 뿐만 아니라, 헌법의 체계와 내용도 상당한 정도의 완성도를 보이고 있기 때문이다. 더욱이 제헌국회가 구성되고 헌법초안이 통과되는 때까지 소요된 기간이 실제로 2개월이 채 되지 못했다는 점을 감안하면 기적이라는 평가가 과장만은 아니라고 볼 수 있을 것이다.[60]

---

59 1940년 일본 고등문관시험 행정과에 합격하였고, 해방 후에는 헌법기초위원과 행정법제국장을 역임하였던 황동준이 해방 직후에 최초의 행정법 저서인 『한국행정법총론』을 저술하였던 것은 이러한 당시의 상황을 잘 보여준다. 이에 관하여는 정남철, 앞의 글(주 58), 154쪽 이하 참조.

60 물론 헌법초안은 제헌국회의 성립 이전부터 여러 세력에 의해 암중에 만들어지고 있었으며, 유진오도 그 작업에 참여했기 때문에 단순히 국회에서 논의된 기간만으로 헌법제정의 작업을 설명하는 것은 타당하지 않을 것이다. 그러나 초안이 만

이러한 기적의 배후에는 현민 유진오의 손길이 닿아 있었다. 당시 대한민국 유일의 헌법학자였던 그는 헌법의 제정과정에서 결정적인 역할을 담당하였다. 그는 미군정청의 정권이양계획에 따라 남조선과도정부가 구성되고, 과도정부의 사법부 내에 「조선법전편찬위원회」가 조직되고 다시금 그 안에 헌법기초분과위원회가 설치되면서 유진오는 그 위원으로 활동하게 되었다. 또한 해공 신익희를 중심으로 구성되었던 행정연구회에서도 헌법의 기초작업을 함께할 것을 권유받아 당시 헌법의 기초와 관련된 중요한 움직임에 두루 관여하게 되었다.

제헌국회가 구성되고 헌법기초위원회가 설치되면서 유진오는 헌법기초 전문위원으로 위촉되었으며, 행정연구회와 함께 작업하였던 헌법초안을 제출하였다.[61] 그러나 또 다른 전문위원이었던 권승렬이 독자안을 들고 나와 대립하게 되었으며, 결국 2개의 안을 모두 국회 헌법기초위원회에 제출하는 것으로 해결되었고, 국회에서는 유진오안을 원안으로, 권승렬안[62]을 참고안으로 하여 검토를 시작하였다.[63]

당시 제헌국회에서는 3번의 독회를 통해 헌법초안을 심의하였는데, 양

들어지는 과정이나 기간도 여유로왔다고 보기는 어려울 것이며, 이러한 초안이 당시의 다양한 정치세력들이 첨예하게 대립되고 있던 상황에서 단기간 내에 합의를 도출하여 국회를 통과할 수 있었던 것도 결코 간단한 일은 아니었다.

61 유진오의 헌법초안은 널리 알려진 바와 같이 의원내각제 정부형태와 양원제 의회, 농지개혁, 중요기업의 국영 등을 주된 내용으로 하는 것으로서 바이마르헌법을 많이 참조한 것이다. 하지만 유진오의 헌법초안은 또한 당시의 시대적 상황도 많이 고려한 것이었다. 결국 이 초안은 유진오가 갖고 있던 우리 실정에 맞는 자주적 독립국가의 기본질서를 어떻게 구성하여야 하는가에 관한 신념을 구체화한 것으로 볼 수 있다. 이에 관하여는 장영수, "정치가, 행정가로서의 현민 유진오," 『고려법학』 제48호(2007.4), 489-511(495)쪽 참조.

62 유진오의 회고에 의하면, 권승렬안이라는 것도 자신이 법전편찬위원회에 제출하였던 초안을 기초로 문구를 약간 변경하고 조문을 몇 개 추가한 것에 지나지 않았다고 한다. 이에 관하여는 유진오, 『헌법기초회고록』, 일조각 1980, 48쪽 이하; 이영록, "「권승렬안」에 관한 연구," 『법과사회』 제24호, 2003, 135-160쪽 참조.

63 유진오 박사의 헌법초안에 관하여 상세한 것은 장영수, "1948년 헌법 제정의 역사적 의미," 『고려법학』 제51호(2008.10), 53-76(61 이하)쪽 참조.

원제가 단원제로 바뀌는 등의 변화가 있었고, 경제조항에 대해서는 격론이 벌어지기도 했으나 대체로 원안대로 통과되는 분위기였다. 그러나 최후의 순간에 이승만의 강력한 반대로 인하여 의원내각제 정부형태가 대통령제 정부형태로 바뀌면서 우리 헌법은 커다란 왜곡을 겪게 되었다.[64]

이후 유진오는 대통령제의 도입으로 인한 폐단을 막기 위해 긴급명령 발동을 구체화하고, 국무총리 임명에 대한 국회의 동의제도 도입, 국무위원에 대한 국무총리의 임명제청권 도입 등을 제안함으로써 대통령에 대한 견제수단을 마련하려고 노력하였으나 결국 국무위원에 대한 국무총리의 임명제청권은 인정되지 않았으며, 이에 대하여 유진오는 대통령의 전제독주의 길이 뚫려진 것으로 평가했다.[65]

VI. 맺음: 나라도, 헌법도 준비하는 자에게 길이 열린다

우리 민족의 역사는 한(恨)의 역사라고 일컬을 정도로 수많은 시련이 있었다. 그러한 시련을 극복하면서 오늘의 대한민국이 성장할 수 있었거니와 수천 년 역사의 시련들 중에서도 손꼽힐 정도의 힘든 시련이 일제강점기라 할 수 있다.

제국주의를 시대적 배경으로 일제가 한반도에 이어 중국대륙과 동남아를 침략하고, 또 승리하는 모습을 보면서, 그리고 서구의 열강들이 그러한 일본을 묵인하는 모습을 보면서 많은 조선인들이 독립의 희망을 잃고 좌절했던 것도 충분히 이해할 수 있는 일이다. 그러나 3·1운동을

64 이에 관하여는 유진오, 앞의 책(주 62), 58쪽 이하 참조. 이와 관련하여 독일에서 미국으로 망명하였던 저명한 정치학자 칼 뢰벤슈타인(Karl Loewenstein)은 한국의 지식인들이 의원내각제를 원하였으나 미군정의 영향 때문에 대통령제가 채택되었다고 평했다. K. Loewenstein, "Der Staatspräsident. Eine rechtsvergleichende Studie," AöR Bd.75(1949), S.129-192(148).

65 유진오, 앞의 책(주 62), 101쪽.

통해 우리 민족의 독립의지를 다시금 확인하였고, 대한민국임시정부를 통해 독립투쟁의 역사를 이어갔기 때문에 민족해방이 가능했고, 또 해방 이후에도 자주독립국가를 건설할 수 있었던 것이다.

비록 연합국에 의해 일제가 패망함으로써 얻어진 해방이라 하지만, 그 해방을 위한 수많은 독립투사들의 피와 땀이 없었다면 그리고 이 바탕 위에 독립국가를 제대로 만들겠다는 강한 의지가 없었다면, 제2차 세계대전 이후의 수많은 신생독립국들 중에서 대한민국이 거의 유일하게 민주정치의 발전과 경제의 부흥을 동시에 이룬 나라로 평가되는 기적은 가능하지 않았을 것이다.

독립의 그날이 요원해 보이는 순간에도 목숨을 건 독립운동이 계속되었던 것처럼, 해방 이후의 민주적 법치국가 건설을 위한 헌법의식과 헌법교육도 함께 성장했어야 했다. 비록 일제강점기의 암울한 상황과 일제의 압력으로 인해 어려움은 컸지만, 헌법전문가를 양성하여 미래를 준비하는 일이 더 활발했다면 해방 이후의 혼란도 조금은 덜했을지 모른다는 아쉬움이 남는 것이다.

그나마 일제강점기에 헌법의식과 헌법교육에서 해방 이후의 민주국가 건설을 위해 최소한의 여력을 남길 수 있었던 것은 다행이었다. 한편으로는 임시정부헌법의 제정과 개정의 경험을 통해, 다른 한편으로는 보성전문학교에서 헌법강의를 하며 헌법전문가로서의 위상을 다진 유진오 박사의 활약을 통해 우리 손으로 헌법을 제정함으로써 지속적인 발전을 위한 기초를 확보한 것은 ―비록 수많은 시행착오와 우여곡절을 겪었지만― 대한민국과 대한민국헌법의 발전을 위해 중요한 원동력이 되었던 것이다.

이러한 역사적 경험을 통해 다시 한 번 확인할 수 있듯이, 하늘은 스스로 돕는 자를 도우며, 나라의 독립도 올바른 헌법을 통한 나라의 발전도 준비하는 자에게 길이 열린다. 개인의 차원에서, 국가의 차원에서도 미래는 준비하는 자들의 몫이다.

〈참고자료 1〉 홍범 14조

- 출처_『관보』, 1894년(개국 503년) 12월 12일

(大君主 展謁 宗廟誓告文)

(維開國五百三年十二月十二日), 敢昭告于皇祖列聖之靈. 惟朕小子, 粤自沖年, 嗣守我祖宗丕丕基, 迄今三十有一載, 惟敬畏于天, 亦惟我祖宗, 時式時依, 屢遭多艱, 不荒墜厥緖. 朕小子其敢曰克享天心. 亶由我祖宗眷顧騭佑. 惟皇我祖, 肇造我王家, 啓我后人, 歷有五百三年, 逮朕之世, 時運丕變, 人文開暢, 友邦謀忠, 廷議協同, 惟自主獨立迺厥鞏固我國家, 朕小子曷不奉若天時, 以保我祖宗遺業 曷敢不奮發淬礪, 以增光我前人烈. 繼時自今, 毋他邦是恃, 恢國步于隆昌, 造生民之福祉, 以鞏固自主獨立之基. 念厥道, 毋或泥于舊, 毋忸于恬嬉, 惠迪我祖宗宏謨, 監察宇內形勢, 釐革內政, 矯厥積弊. 朕小子玆將十四條洪範, 誓告我祖宗在天之靈, 仰玆祖宗之遺烈, 克底于績. 罔或敢違, 惟明靈降鑑.

洪範

一, 割斷附依淸國慮念, 確建自主獨立基礎.

一, 制定王室典範, 以昭大位繼承曁宗戚分義.

一, 大君主御正殿視事, 政務親詢大臣裁決, 后嬪宗戚, 不容干豫.

一, 王室事務與國政事務, 須卽分離, 毋相混合.

一, 議政府及各衙門職務權限, 明行制定.

一, 人民出稅, 總由法令定率, 不可妄加名目, 濫行徵收.

一, 租稅課稅及經費支出, 總由度支衙門管轄.

一, 王室費用, 率先減節, 以爲各衙門及地方官模範.

一, 王室費及各官府費用, 豫定一年額算, 確立財政基礎.

一, 地方官制, 亟行改定, 以限節地方官吏職權.

一, 國中聰俊子弟, 廣行派遣, 以傳習外國學術技藝.

一, 教育將官, 用徵兵法, 確定軍制基礎.

一, 民法·刑法嚴明制定, 不可濫行監禁懲罰, 以保全人民生命及財産.

一, 用人不拘門地, 求士遍及朝野, 以廣人才登庸.

〈참고자료 2〉 대한국 국제

• 출처_『관보』, 1899년(광무 3년) 8월 22일

法規校正所總裁臣尹容善·議定官臣徐正淳·臣李載純·臣李鍾健·臣閔丙奭·臣李允用·臣權在衡·臣朴容大·臣李善得·臣柏卓安·臣成岐運·臣金永準·臣具禮謹奏,

邦國之始立也, 必先將政治之如何, 君權之如何, 著有一定之制, 昭示天下然後, 可使臣民, 式遵無違矣. 昔我太祖大王, 誕膺天命, 創業垂統, 而尙無此等定制頒示者, 蓋有所未遑也. 我陛下, 以上聖之姿, 建中興之業, 旣已陞進寶位, 繼又改定國號, 周雖舊邦, 其命維新. 萬億年無疆之休, 實基于是焉, 則凡先王朝, 未遑之事, 俱將有待於今日. 此法規校正所之所以設也. 而今伏奉詔勅, 自臣所商立國制, 登聞取旨者. 乃敢摭取衆議, 援照公法, 擬定國制一編, 以明本國政治之爲何樣政治, 君權之爲何等君權. 此誠法規之大頭腦, 大關鍵也. 是制一頒, 則千法萬規, 自可迎刃而破竹, 其於校正乎, 何有哉. 玆已經臣所會議, 謹將標題開錄, 伏候聖裁. 光武三年八月十七日. 奉旨以此定制頒示天下.

大韓國國制

第一條 大韓國은 世界萬國의 公認되온바 自主獨立ᄒᆞ온 帝國이니라.

第二條 大韓帝國의 政治ᄂᆞᆫ 由前則五百年傳來ᄒᆞ시고 由後則 亘萬世

不變ᄒᆞ오실 專制政治이니라.

第三條 大韓國大皇帝게옵셔ᄂᆞᆫ 無限ᄒᆞ온 君權을 享有ᄒᆞ옵시ᄂᆞ니 公法에 謂ᄒᆞᆫ바 自立政體이니라.

第四條 大韓國臣民이 大皇帝의 享有ᄒᆞ옵시ᄂᆞᆫ 君權을 侵損ᄒᆞ올 行爲가 有ᄒᆞ면 其已行未行을 勿論ᄒᆞ고 臣民의 道理ᄅᆞᆯ 失ᄒᆞᆫ 者로 認ᄒᆞᆯ지니라.

第五條 大韓國大皇帝게옵셔ᄂᆞᆫ 國內陸海軍을 統率ᄒᆞ옵셔 編制ᄅᆞᆯ 定ᄒᆞ옵시고 戒嚴解嚴을 命ᄒᆞ옵시ᄂᆞ니라.

第六條 大韓國大皇帝게옵셔ᄂᆞᆫ 法律을 制定ᄒᆞ옵셔 其頒布와 執行을 命ᄒᆞ옵시고 萬國의 公共ᄒᆞᆫ 法律을 效倣ᄒᆞ샤 國內法律도 改定ᄒᆞ옵시고 大赦·特赦·減刑·復權을 命ᄒᆞ옵시ᄂᆞ니 公法에 謂ᄒᆞᆫ바 自定律例이니라.

第七條 大韓國大皇帝게옵셔ᄂᆞᆫ 行政各府部의 官制와 文武官의 俸給을 制定或改正ᄒᆞ옵시고 行政上 必要ᄒᆞᆫ 各項勅令을 發ᄒᆞ옵시ᄂᆞ니 公法에 謂ᄒᆞᆫ바 自行治理이니라.

第八條 大韓國大皇帝게옵셔ᄂᆞᆫ 文武官의 黜陟任免을 行ᄒᆞ옵시고 爵位勳章及其他榮典을 授與或遞奪ᄒᆞ옵시ᄂᆞ니 公法에 謂ᄒᆞᆫ바 自選臣工이니라.

第九條 大韓國大皇帝게옵셔ᄂᆞᆫ 各有約國에 使臣을 派送駐紮케ᄒᆞ옵시고 宣戰講和及諸般約條ᄅᆞᆯ 締結ᄒᆞ옵시ᄂᆞ니 公法에 謂ᄒᆞᆫ바 自遣使臣이니라.

〈참고자료 3〉 大韓民國臨時憲章

• 출처_『대한민국임시정부자료집』 1(국사편찬위원회, 2005), 「大韓民國臨時憲章宣布文」)

大韓民國臨時憲章宣布文

神人一致로 中外協應하야 漢城에 起義한지 三十有日에 平和的 獨立을 三百餘州에 光復하고 國民의 信任으로 完全히 다시 組織한 臨時政府는 恒久完全한 自主獨立의 福利에 我 子孫黎民에 世傳키 爲하야 臨時議政院의 決議로 臨時憲章을 宣布하노라

第1條 大韓民國은 民主共和制로 함

第2條 大韓民國은 臨時政府가 臨時議定院의 決議에 依하야 此를 統治함

第3條 大韓民國의 人民은 男女貴賤及 貧富의 階級이 無하고 一切 平等임

第4條 大韓民國의 人民은 信敎·言論·著作·出版·結社·集會·信書·住所·移轉·身體及 所有의 自由를 享有함

第5條 大韓民國의 人民으로 公民資格이 有한 者는 選擧權及 被選擧權이 有함

第6條 大韓民國의 人民은 敎育 納稅及 兵役의 義務가 有함

第7條 大韓民國은 神의 意思에 依하야 建國한 精神을 世界에 發揮하며 進하야 人類의 文化及 平和에 貢獻하기 爲하야 國際聯盟에 加入함

第8條 大韓民國의 舊皇室을 優待함

第9條 生命刑 身體刑及 公娼制를 全廢함

第10條 臨時政府난 國土恢復後 滿 一個年內에 國會를 召集함

大韓民國 元年 四月 日
臨時議政院議長 李東寧
臨時政府國務總理 李承晚
內務總長　安昌浩
外務總長　金奎植
法務總長　李始榮
財務總長　崔在亨
軍務總長　李東輝
交通總長　文昌範

宣 誓 文

尊敬하고 熱愛하난 我 二千萬 同胞國民이어

民國 元年 三月 一日 我 大韓民族이 獨立을 宣言함으로브터 男과 女와 老와 少와 모든 階級과 모든 宗派를 勿論하고 一致코 團結하야 東洋의 獨逸인 日本의 非人道的 暴行下에 極히 公明하게 極히 忍辱하게 我民族의 獨立과 自由를 渴望하난 實思와 正義와 人道를 愛好하난 國民性을 表現한지라 今에 世界의 同情이 翕然히 我 國民에 集中하엿도다. 此時를 當하야 本政府가 全國民의 委任을 受하야 組織되엿나니 本政府가 全國民으로 더부러 專心코 戮力하야 臨時憲法과 國際道德의 命하난 바를 遵守하야 國土光復과 邦基確國의 大使命을 果하기를 玆에 宣誓하노라

同胞國民이어 奮起할지여다. 우리의 流하난 一滴의 血이 子孫萬代의 自由와 福榮의 價이요 神의 國의 建設의 貴한 基礎이니라. 우리의 人道가 마참내 日本의 野蠻을 敎化할지오 우리의 正義가 마참내 日本의 暴力을 勝할지니 同胞여 起하야 最後의 一人까지 鬪할지어다

政 綱

一. 民族平等·國家平等及 人類平等의 大義를 宣傳함

二. 外國人의 生命財産을 保護함

三. 一切 政治犯人을 特赦함

四. 外國에 對한 權利 義務난 民國政府와 締結하난 條約에 一依함

五. 絶對獨立을 誓圖함

六. 臨時政府의 法令을 違越하난 者난 敵으로 認함

大韓民國 元年 四月 日

大韓民國臨時政府

〈참고자료 4〉 大韓民國建國綱領

출처_ 韓國精神文化研究院, 『韓國獨立運動史資料集-趙素昂篇(三)』, 1997, 188-194쪽

第1章 總 綱

一. 우리나라는 우리 민족의 반만년 래로 공동한 말과 글과 국토와 주권과 경제와 문화를 가지고 공동한 민족 정긔(正氣)를 길너온 우리끼리로서 형성하고 단결한 고정적 집단의 최고 조직임

二. 우리나라의 건국정신은 삼균제도(三均制度)의 력사적 근거를 두었으니 선민(先民)의 명명(明命)한 바 「수미균평위(首尾均平位)하야 홍방보태평(興邦保太平)하리라」 하였다. 이는 사회 각층 각급의 지력(智力)과 권력(權力)과 부력(富力)의 향유(享有)를 균평하게 하야 국가를 진흥하며 태평을 보유(保維)하려 함이니 홍익인간(弘益人間)과 리화세계(理化世界)하자는 우리 민족의 직힐 바 최고(最高) 공리(公理)임

三. 우리나라의 토지제도(土地制度)는 국유(國有)에 유범(遺範)을 두었으니 선현의 통론한 바 「준성조지공분수지법(遵聖祖至公分授之法)하야 혁후인사유겸병지폐(革後人私有兼併之弊)」라 하였다. 이는 문란한 사유

제도를 국유로 환원(還元)하려는 토지혁명의 력사적 선언이다. 우리 민족은 고규(古規)와 신법(新法)을 참호(參互)하야 토지제도를 국유로 확정할 것임

四. 우리나라의 대외주권이 상실되었을 때에 순국한 선열은 우리 민족에게 동심복국(同心復國)할 것을 유촉(遺囑)하였으니 이른바 「망아동포(望我同胞)는 물망국치(勿忘國恥)하고 견인로력(堅忍努力)하야 동심동덕(同心同德)으로 이한외모(以捍外侮)하야 복아자유독립(復我自由獨立)하라」 하였다. 이는 전후 순국한 수십만 선열의 전형적(典型的) 유지(遺志)로써 현재와 장래의 민족정긔를 고동함이니 우리 민족의 로소남녀가 영세불망할 것임

五. 우리나라의 독립 선언은 우리 민족의 혁혁한 혁명의 발인이며 신천지의 개벽이니 일은바 「우리는 조국의 독립국임과 우리 민족의 자유민임을 선언하노라 이로써 세계만방에 고하야 인류평등의 대의를 천명하며 이로써 자손만대에 고하야 민족자존의 정권(正權)을 영유(永有)하라」 하였다. 이는 우리 민족의 삼일혈전을 발동한 원긔이며 동년 사월 십일일에 십삼도 대표로 조직된 림시의정원은 대한민국을 세우고 림시정부와 림시헌장 십조를 창조 발포하였으니 이는 우리 민족의 자력으로써 이족전제(異族專制)를 전복하고 오천년 군주정치의 구각(舊殼)을 파괴하고 새로운 민주제도를 건립하며 사회의 계급을 소멸하는 제일보의 착수이었다. 우리는 대중의 핏방울로 창조한 신국가 형식의 초석(礎石)인 대한민국을 절대로 옹호하며 확립함에 공동 혈전할 것임

六. 림시정부는 십삼년 사월에 대외선언을 발포하고 삼균제도의 건국원칙을 천명(闡明)하였으니 일은바 「보통선거제도를 실시하야 정권(政權)을 균(均)하고 국유제도를 채용하야 리권(利權)을 균(均)하고 공비교육으로써 학권(學權)을 균(均)하며 국내외에 대하여 민족자결의 권리를 보장하야써 민족과 민족, 국가와 국가와의 불평등을 혁제할지니 이로써 국내에 실현하면 특권계급이 곳 소망(消亡)하고 소수 민족의 침능(侵陵)

을 면하고 정치와 경제와 교육의 권리를 고로히 하야 헌질(軒輊)이 없게 하고 동족과 이족에 대하야 또한 이러하게 한다」 하였다. 이는 삼균제도의 제일차 선언이니 이 제도를 발양광대할 것임

七. 림시정부는 이상에 근거하야 혁명적 삼균제도로서 복국(復國)과 건국(建國)을 통하야 일관한 최고 공리인 정치 · 경제 · 교육의 균등과 독립 · 민주 · 균치(均治)의 삼종 방식을 동시에 실시할 것임

第2章 復　國

一. 독립을 선포하고 국호를 일정히 하야 행사하고 림시정부와 림시의정원을 세우고 림시약법과 그타 법규를 반포하고 인민의 납세와 병역의 의무를 행하며 군력과 외교와 당무와 인심이 서로 배합하야 적에 대한 혈전을 정부로서 계속하는 과정을 복국의 제일긔라 할 것임

二. 일부 국토를 회복하고 당 · 정 · 군(黨 · 政 · 軍)의 긔구(機構)가 국내에 전전(轉奠)하야 국제적 지위를 본질적으로 취득함에 충족한 조건이 성숙할 때를 복국의 제이긔라 할 것임

三. 적의 세력에 포위된 국토와 부노된 인민과 침점된 정치 · 경제와 말살된 교육과 문화 등을 완전히 탈환(奪還)하고 평등 지위와 자유 의지로써 각국 정부와 죠약을 체결할 때를 복국의 완성긔라 할 것임

四. 복국긔에는 임시략헌과 그타 반포한 법규에 의하야 림시의정원의 선거로 조직된 국무위원회로써 복국의 공무를 집행할 것임

五. 복국긔의 국가 주권은 광복운동자 전체가 대행할 것임

六. 삼균제도로써 민족의 혁명의식을 환긔하며 해내외 민족의 혁명력량을 집중하야 광복운동의 총동원을 실시하며 장교와 무장 대오를 통일 훈련하야 상당한 병액의 광복군을 곧곧마다 편성하야 혈전을 강화할 것임

七. 적의 침탈 세력을 박멸함에 일체 수단을 다하되 대중적 반항과 무장적 투쟁과 국제적 외교와 선전 등의 독립운동을 확대 강화할 것임

八. 우리 독립운동을 동정하고 원조하는 민족과 국가와 련락하여 광복운동의 력량을 확대할 것이며 적 일본과 항전하는 우방과 절실히 련락하야 항일동맹군의 구체적 행동을 취할 것임

九. 복국 임무가 완성되는 계단에 건국 임무에 소용되는 인재와 법령과 계획을 준비할 것임

十. 건국시긔에 실행할 헌법과 중앙과 지방의 정부조직법과 중앙의정원과 지방의정원의 조직급 선거법과 지방자치제도와 군사 외교에 관한 법규는 림시의정원의 긔초와 결의를 경과하야 림시정부가 이것을 반포할 것임

第3章 建 國

一. 적의 일체 통치긔구를 국내에서 완전히 박멸하고 국도(國都)를 전정(奠定)하고 중앙정부와 중앙의회의 정식 활동으로 주권을 행사하며 선거와 립법과 임관(任官)과 군사와 외교와 경제 등에 관한 국가의 정령이 자유로 행사되어 삼균제도의 강령과 정책을 국내에 취행하기 시작하는 과정을 건국의 제일긔라 함

二. 삼균제도를 골자로 한 헌법을 실시하야 정치와 경제와 교육의 민주적 시설로 실제상 균형을 도모하며 전국의 토지와 대생산긔관의 국유가 완성되고 전국 학령 아동의 전수가 고급 교육의 면비 수학이 완성되고 보통선거제도가 구속없이 완전히 실시되야 전국 각 리(里) 동(洞) 촌(村)과 면(面) 읍(邑)과 도(島) 군(郡) 부(府)와 도(道)의 자치조직과 행정조직과 민중단체와 민중조직이 완비되어 삼균제도와 배합 실시되고 경향각층의 극빈 계급의 물질과 정신상 생활정도와 문화수준이 제고 보장되는 과정을 건국의 제이긔라 함

三. 건국에 관한 일체 긔초적 시설 즉 군사 · 교육 · 행정 · 생산 · 교통 · 위생 · 경찰 · 농공상 · 외교 등 방면의 건설 긔구와 성적이 예정 계획의 과반이 성취될 때를 건국의 완성긔라 함

四. 건국기의 헌법상 인민의 긔본 권리와 의무는 좌녈 원측에 의지하고 법뉼로 녕정 시행함

가. 뇌동권 · 휴식권 · 피구제권 · 피보험권 · 면비수학권 · 참정권 · 선거권 · 피선거권 · 파면권 · 립법권과 사회 각 조직에 가입하는 권리가 있음

나. 부녀는 경제와 국가와 문화와 사회 생활상 남자와 평등 권리가 있음

다. 신체 자유와 기주 · 언론 · 지작 · 출판 · 신앙 · 집회 · 결사 · 유행 · 시위 운동 · 통신 비밀 등의 자유가 있음

라. 보통선거에는 만 십팔세 이상 남녀로 선거권을 행사하되 신앙 · 교육 · 거주 년수 · 사회출신 · 재산 상황과 과거 행동을 분별치 아니하며 선거권을 가진 만 이십삼세 이상의 남녀는 피선거권이 있으되 매 개인이 평등과 비밀과 직접으로 함

마. 인민은 법률을 직히며 세금을 밭이며 병역에 응하며 공무에 복하고 조국을 건설 보위하며 사회를 시설 지지하는 의무가 있음

바. 적에 부화한 자와 독립운동을 방해한 자와 건국강령을 반대한 자와 정신이 흠결된 자와 범죄 판결을 받은 자는 선거와 피선거권이 없음

五. 건국 시긔의 헌법상 중앙과 지방의 정치긔관은 좌녈한 원측에 의지함

가. 중앙정부는 건국 제일긔에 중앙에서 총선거한 의회에서 통과한 헌법에 의지하야 조직한 국무회의의 결의로 국무를 집행하는 전국적 최고 행정긔관임. 행정 분담은 내 · 외 · 군 · 법 · 재 · 교통 · 실업 · 교육 등 각 부로 함

나. 지방에는 도에 도정부 부 · 군 · 도에 부 · 군 · 도 정부를 두고 도에 도 의회 부 · 군 · 도에 부 · 군 · 도 의회를 둠

六. 건국시긔의 헌법상 경제체계는 국민 각개의 균등생활을 확보함과

민족 전체의 발전과 및 국가를 건립 보위함에 련환 관계를 가지게 하되 좌녈한 긔본 원측에 의지하야 경제 정책을 취행함

가. 대생산긔관의 공구와 수단을 국유로 하고 토지·광산·어업·농림·수리·소택과 수상·륙상·공중의 운수사업과 은행·전신·교통 등과 대규모의 농·공·상 긔업과 성시 공업구역의 공용적 주요 방산은 국유로 하고 소규모 혹 중등긔업은 사영으로 함

나. 적의 침점 혹 시설한 관·공·사유 토지와 어업·광산·농림·은행·회사·공장·철도·학교·교회·사찰·병원·공원 등의 방산과 긔지와 그타 경제·정치·군사·문화·교육·종교·위생에 관한 일체 사유자본과 부적자(附敵者)의 일체 소유자본과 부동산을 몰수하야 국유로 함

다. 몰수한 재산은 빈공(貧工) 빈농(貧農)과 일체 무산자의 리익을 위한 국영(國營) 혹 공영(公營)의 집단 생산긔관에 충공함을 원측으로 함

라. 토지의 상속(相續) 매매(賣買) 저압(抵押) 전양(典讓) 유증(遺贈) 전조차(轉租借)의 금지와 고리대금업과 사인의 고용농업의 금지를 원측으로 하고 두레농장·국영공장·생산소비와 무역의 합작긔구를 조직 확대하야 농공 대중의 물질과 정신상 생활정도와 문화수준을 제고함

마. 국제무역·전긔·자래수와 대규모의 인쇄·출판·전영·극장 등을 국유 국영으로 함

바. 로공(老工) 유공(幼工) 녀공(女工)의 야간 뇌동과 년령·지대·시간의 불합리한 뇌동을 금지함

사. 공인과 농인의 면비의료를 보시(普施)하야 질병 소멸과 건강 보장을 려행(勵行)함

아. 토지는 자력자경인(自力自耕人)에게 분급함을 원측으로 하되

원래의 고용농 · 소작농 · 자작농 · 소지주농 · 중지주농 등 농인 지위를 보아 저급(低級)에서붙어 우선권을 줌

七. 건국 시긔의 헌법상 교육의 긔본원측은 국민 각개의 과학적 지식을 보편적으로 균등화하기 위하야 좌녈한 원측에 의지하야 교육정책을 취행함

가. 교육종지는 삼균제도로 원측을 삼어 혁명공리의 민족정긔를 배합 발양하며 국민도덕과 생활지능과 자치능력을 양성하야 완진한 국민을 조싱함에 둠

나. 륙세붙어 십이세까지의 초등 긔본교육과 십이세 이상의 고등 긔본교육에 관한 일체 비용은 국가가 부담하고 의무로 시행함

다. 학령이 초과되고 초등 혹 고등의 긔본교육을 받지 못한 인민에게 일뉼로 면비 보습교육을 시행하고 빈한한 자제로 의식을 자비하지 못하는 자는 국가에서 대공(代供)함

라. 지방의 인구 · 교통 · 문화 · 경제 등 정형을 따라 일정한 균형적 비례로 교육긔관을 설시하되 최저한도 매 일읍 일면에 오개 소학과 이개 중학 매 일군 일도 일부에 이개 전문학교 매 일도에 일개 대학을 설치함

마. 교과서의 편집과 인쇄발행을 국영으로 하고 학생에게 무료로 분급함

바. 국민병과 상비병의 긔본 지식에 관한 교육은 전문 훈련으로 하는 이외에 매 중등학교와 전문학교의 필수과목으로 함

사. 공사학교는 일뉼로 국가의 감독을 받고 국가의 규정한 교육정책을 준수케 하며 한교(韓僑)의 교육에 대하야 국가로서 교육정책을 취행함

3·1운동 전후 고등교육제도

한용진* · 김자중**

Ⅰ. 들어가며

2019년은 3·1운동 100주년이 되는 해이다. 지난 100년 동안 한국의 역사는 외세의 피식민지 상태에서 해방과 독립, 민주화라는 파란만장한 과정을 거쳐 오늘에 이르고 있다. 그리고 그 바탕에는 민족자존의 3·1 독립정신이 도도히 흐르고 있다. 1894년 갑오개혁을 통해 본격적으로 시작된 우리나라의 근대적 학교제도[1] 역시 많은 변화가 있었다. 특히

* 고려대학교 교육학과 교수, mankong@korea.ac.kr.
** 홍익대학교 박사후 연구원, rlawkwnd@hanmail.net.

1 개항 직후 조선 정부는 수신사(修信使)·조사시찰단(朝士視察團) 등을 일본에 파견하여 근대적 고등교육제도를 살펴보도록 하였다. 또한 『한성순보(漢城旬報)』와 『한성주보(漢城週報)』 등을 통해 개화파 인사들은 국외의 고등교육제도를 국내에 소개했다. 이를 토대로 갑오개혁기에 개혁관료들은 근대적 고등교육제도를 도입하고 주로 일본의 고등교육 관련법령을 참고하여 대학과 전문학교라는 고등교육기관의 설립을 구상했다. 민간에서 설립한 전문학교 정도의 사립학교 중에는 조선인이 설립한 사립법률학교와 외국인 선교사가 설립한 학교들도 포함된다. 한용진, "기독교계 학교에 의한 근대 한국 고등교육 고찰," 『교육문제연구』 제6집, 1994, 187-192쪽; 한용진, "근대 한국고등교육체제 형성에 관한 고찰," 『교육문제

1905년 을사늑약 이후 통감부기에는 기존의 학교 체제가 위축 · 개편되면서, 초등-중등교육의 2단계만 남고 사실상 고등교육단계가 사라지게 되었다.[2] 1910년 8월 대한제국을 병탄하며 설치된 조선총독부는 대한제국의 각 사회제도를 식민지에 부합하는 형태로 개편하는 작업에 착수하였다. 1911년 8월 23일에 공포된 「제1차 조선교육령」의 교육정책은 철저히 '충량한 국민의 육성'(2조), '시세와 민도에 맞는 교육'(3조)으로 규정하였다. 즉 국가 인재양성을 위한 고등교육은 최대한 억제하면서, 기껏해야 식민통치에 요구되는 하급관리나 단순한 실업교육에 한정하는 우민화 · 차별화 정책을 시행하였던 것이다.[3] 이 과정에서 고등교육기관은 철저히 억제되었고, 1916년 4월 1일 「조선총독부전문학교관제(朝鮮總督府專門學校官制)」가 제정되기 전까지 식민지 조선에 고등교육기관은 한 곳도 인가해 주지 않았다.

3·1운동 이후 총독부는 시대적 흐름과 일본 내의 사회 분위기를 반영하여, 식민지 정책도 일정 부분 변화를 맞게 되어, 1922년에는 「제2차 조선교육령」을 반포하게 되었다. 우리 민족 내부에서도 민립대학설립운동(民立大學設立運動)이 확산되었고, 고등교육에 대한 열망을 억제하기 위하여 총독부는 1924년에 경성제국대학(京城帝國大學) 예과를 설립하게 되는데, 당시까지 식민지 조선에 세워진 전문학교는 관립 5교와 사립 3교 등 8개교뿐이었고, 학생수 역시 일본인 722명과 조선인 922명에 불과하였다.[4]

연구』 제11집, 1999, 130-133쪽; 김자중, "갑오개혁기-병합 초기(1910년대) 사립법률학교에 관한 연구," 『교육문제연구』 제70집, 2019, 124-132쪽 등 참고.

2 김자중, "일제 강점기 전문학교에 관한 연구," 고려대학교 박사학위논문, 2018, 43-50쪽.

3 한용진, "일제 식민통치하의 대학교육," 『한국사 시민강좌』 제18집, 일조각, 1996, 94-97쪽.

4 관립으로는 경성법학전문학교와 경성의학전문학교, 경성고등공업학교, 경성고등상업학교, 경성고등농림학교 등 5교이며, 사립으로는 보성전문학교, 세브란스연합의학전문학교, 연희전문학교 등 3교이다. 우마코시 도루(馬越徹) 저, 한용진 역, 『한국 근대

이 글은 3·1운동 전후 시기 조선에서의 고등교육제도와 관련하여 어떠한 일들이 벌어지고 있었는지를 살펴보는 것이 목적이다. 이를 위하여 시대에 따른 고등교육 체제의 형성과정을 살펴보고자 한다. 특히 1911년의 「제1차 조선교육령」과 1922년의 「제2차 조선교육령」을 통해 나타나는 조선총독부의 식민지 고등교육정책과 이에 대응하는 조선인들의 고등교육에 대한 열망을 확인해 볼 수 있을 것으로 기대한다.

용어 개념과 관련하여 서울대 교육연구소에서 간행된 『교육학용어사전』에 의하면 '교육제도(educational institution)'란 "교육에 관한 작용이나 활동이 법률에 의해 구체적으로 조직화된 것. 비교적 안정된 조직형태를 가지고 있는 기본적 사회제도의 하나"[5]라고 되어 있다. 즉 오늘날 대한민국의 교육제도는 헌법(憲法)과 교육법(教育法)에 의해 조직된 것이다. 또한 광의의 개념으로 교육제도는 "학교, 가정, 사회의 교육 전반의 것"을 의미하지만, 협의의 개념으로는 "학교교육제도"만을 의미하기도 한다. 이렇게 본다면 고등교육제도란 협의의 개념으로 "고등교육에 관한 작용이나 활동이 법률에 의해 구체적으로 조직화된 학교교육제도"라고 정의할 수 있다.

'고등교육'의 범주는 크게 다음 세 가지로 나누어 생각해 볼 수 있다.[6] 첫째는 '연령급별'로 전통시대의 소학-대학의 구분에 따라 8세 이상 및 15세 이상이라는 2단계로 구분하는 것이다. 이는 학교제도 발달과정에서 아직 중등교육이 형성되기 이전 시기의 고등교육을 연구할 때 요구되는 방식이다. 둘째는 '학교급별'로 초등-중등-고등(혹은 소학-중학-대학)의 3단계 학제에 따른 구분이며, 셋째는 교육내용에 따른 '수준급별' 방식으로 보편적 보통교육과 전문적 고등교육으로 이분하는 것이다. 이 글에서는 교육내용의 전문성뿐만 아니라, 고등교육법제에 의거한 초등-

대학의 성립과 전개』, 교육과학사, 2001, 122쪽.

5 서울대학교 교육연구소 편, 『교육학용어사전』, 하우, 1994, 128쪽.

6 한용진, 『근대 한국 고등교육 연구』, 고려대학교 민족문화연구원, 2012, 6-7쪽.

중등-고등의 3단계 학제를 기본으로 고등교육제도를 살펴보고자 한다.

본 연구는 문헌연구방법론을 채택하여 『관보』에 실린 '교육관련법령'과 신문, 잡지 등의 언론자료에 기반하여 연구하였다. 이는 전술한 바와 같이 고등교육제도는 고등교육 관련법령에 의해 조직된 것이며, 따라서 법령분석은 고등교육제도를 분석하는 데에 하나의 방법이 될 수 있기 때문이다. 따라서 이 글에서는 1910년대의 「제1차 조선교육령」과 「전문학교규칙(專門學校規則)」, 3·1운동 이후의 「제2차 조선교육령」과 「전문학교령(專門學校令)」, 「공립사립진문학교규정(公立私立專門學校規程)」 등을 토대로 각각의 시기의 고등교육제도를 분석하고자 한다. 글의 구성은 제II장에서는 갑오개혁 이후 조선 및 대한제국 시절의 근대적 고등교육제도의 도입과 1910년대 식민지 체제하에서 고등교육기관으로서의 전문학교 설립안을 중심으로 살펴보고, 제III장에서는 3·1운동 이후 우리나라에서 고등교육제도가 어떻게 변화되고 있는지를 분석하며, 제IV장에서는 맺음말을 통해 3·1운동 전후 고등교육제도의 변화가 갖는 교육사적 의의를 탐구해 보고자 한다.

II. 3·1운동 이전 근대적 고등교육제도의 부침

1. 개화기 조선 정부의 근대적 고등교육제도의 도입

1876년 개항 이후 갑오개혁 이전까지 구한국 외교문서를 통해 외국인 교사 고빙에 관한 교섭내용을 보면 이미 다양한 외국인들이 국내에서 활동하고 있었음을 확인할 수 있다. 조선시대에 '교사(教師)'라는 용어는 '교관(教官)'과 달리 군사 조련을 담당하는 외국인을 지칭하는 단어였으나, 개화기부터 군사 분야 이외에도 동문학(同文學)이나 육영공원(育英公院), 외국어학교(外國語學校), 의학교(醫學校) 등 근대적 학문과 기술을 가르치는 사람을 지칭하는 것으로 확대되었다[7]. 외국인 교사들이 가르치는 전문 분야는 〈표1〉에서 보는 바와 같이, 영어학교인 육영공원 이외에도 군사 분야, 정치 · 경제, 전기 · 전신, 그리고 농 · 상 · 공업 분야 등 다양한 근대적 학문을 다루고 있음을 알 수 있다. 초빙교사의 국적은 미국이 가장 많았고, 독일로부터는 화폐 발행을 맡은 전환국 총교사와 잠상(蠶桑), 화학 분야의 교사를, 영국으로부터는 영어교사를 비롯하여, 전보 · 전기 분야 및 군사(해군) 분야의 교사를 초빙하고 있다. 또한 일본과는 전환국과 군사(화약) 교사, 그리고 일어교사를 논의하였고, 청과는 영어교사와 한어 교사 초빙을 언급하고 있다. 이러한 외국인 교사에 의한 전문분야의 교육은 아직 근대적 교육제도가 제대로 형성되기 이전부터 일정 부분 고등수준의 전문교육이 진행되었음을 보여주는 것이다.

〈표1〉 신교육기(1881-1894) 국가별 초빙 교사 과목

국가	연도별 초빙 교사 및 담당 과목
미국	1885: 공업 교육(教誨工業), 육영공원 교사, 연병(練兵) 교사, 정치(政治) 교사 1886: 소학교 교사, 농상(農桑) 교사, 육군(陸軍) 교사, 1888: 육군 교사, 1889: 전등(電燈) 교사 등
독일	1885: 전환국(典圜局) 총교사(總教師), 1888: 화학(化學) 교사, 1889: 잠상(蠶桑) 교사,
영국	1886: 영어(英語) 교사, 1888: 전보국(電報局) 교사, 전기(電氣) 교사, 1891: 과목 미상 교사 2인, 1893: 수군(水軍) 교사, 총포(銃砲) 교사
일본	1886: 전환국 총교사, 1891: 기계국 화약(火藥) 교사, 1894: 일어학당 교사
청	1882: 동문학 영어 교사, 1892: 한어 교사

* 고려대학교 아세아문제연구소 편, 『구한국외교문서』, 고려대학교출판부, 1965. 국가별 항목 참고.

7 한용진 · 김자중, "근대 '교사' 개념의 수용과 변천에 관한 개념사적 고찰," 『한국교육사학』 37권 3호, 2015, 118-119쪽.

한편 갑오개혁을 통해 조선 정부는 사회 각 부문에 근대적 제도를 도입하였다.[8] 이를 주도한 세력은 소위 개혁관료(改革官僚)였다.[9] 즉 1894년 7월 27일에 김홍집(金弘集) 내각은 중앙관제를 의정부(議政府)와 궁내부(宮內府)로 분리하고, 의정부 내에 주로 개혁관료로 구성된 군국기무처(軍國機務處)와 팔아문(八衙門)을 설치했다. 이어 7월 30일에 군국기무처는 각 아문의 「관제(官制)」를 제정하여 각각의 사무분장을 규정했다.[10]

이 중 「학무아문관제」는 학무아문의 사무분장을 규정하고 있는데, 이는 성균관과 상교 · 서원 사무국(成均館及庠校書院事務局), 전문학무국(專門學務局), 보통학무국(普通學務局)으로 구성되며, 이 중 전문학무국은 대학교, 전문학교, 중학교 등의 사무를, 보통학무국은 소학교 등의 사무를 담당할 것을 규정했다. 이를 보면 갑오개혁기 초기에 개혁 관료들이 도입한 근대적 교육제도는 초등-중등-고등교육의 3단계 학제로 구성되어 있었으며, 특히 고등교육기관으로 '대학'과 '전문학교'를 규정하고 있었음을 알 수 있다.

갑오개혁 당시 개혁관료이자 학부대신(學部大臣)이었던 박정양은 1894년 9월 1일에 학무아문 관련 「고시문」을 발표하여 "본 아문은 소학교와 사범학교를 세우고 먼저 경내(京內)에서 시행한다. (중략) 대학교와 전문학교도 장차 차례로 설치한다."고 언급하였다.[11] 이는 개혁관료가 '대학'과 '전문학교'의 설립을 구상했다는 점에서, 당시 교육제도를 초등교육부터 고등교육까지 순차적으로 만들어가려 하였음을 알 수 있다. 갑오개혁 이전에 세워진 육영공원(1886)이나 연무공원(鍊武公院)(1887) 등은 외국인 교사들에 의해 외국어로 수업이 진행되는 방식의 전문교육

8 유영익, 『갑오경장연구』, 일조각, 1990, 12-20쪽.
9 왕현종, 『한국 근대국가의 형성과 갑오개혁』, 역사비평사, 2003, 148쪽.
10 『구한국관보』 1894년 6월 28일.
11 한국학문헌연구소 편, 『박정양전집 4』, 아세아문화사, 1984, 376-377쪽.

기관이었던 데 반해, 갑오개혁 이후 설립되는 법관양성소(法官養成所)는 3개월 속성과 전문교육기관이었다.

이후 광무개혁기(1896-1904)에 대한제국 정부는 초등교육기관 관련법령(「소학교령(小學校令)」)이나 중등교육기관 관련법령(「중학교관제(中學校官制)」, 「중학교규칙(中學校規則)」)을 제정하였다. 고등교육과 관련해서는 비록 고등교육 관련법령이 제정되지는 못하였지만, 「의학교관제(醫學校官制)」(1899.3.24.)와 「의학교규칙(醫學校規則)」(1899.7.5.), 그리고 「법관양성소규정(法官養成所規程)」(1903)과 「법관양성소규칙(法官養成所規則)」(1904) 등을 통해 사실상 전문학교 정도의 관립학교를 운영하고 있었다. 즉 대한제국 정부는 1899년 3월 24일에 「의학교관제」를 제정하며 설립목적을 "국민에게 내외 각종의술을 전문으로 교수하는 곳"이라고 규정했으며, 동년 7월 5일에 「의학교규칙」을 제정하며 입학자격을 원칙적으로 "중학교 졸업장"을 가진 사람이라고 규정했다.[12] 또한 대한제국 정부는 1904년 7월 30일에 「법관양성소규칙」(법부령 제2호)을 제정하며 설립목적을 "법관의 필요한 법률전문을 교수할 것"이라고 규정했으며, 1905년 3월 23일에 「법관양성소규칙」을 개정하여 입학자격을 시험합격자와 함께 "사범학교와 중학교와 외국어학교의 졸업생과 현재 관서에서 봉직하고 있는 사람은 면시허입(免試許入: 시험면제입학허용)"이라고 규정했다.[13] 이후 법관양성소의 입학자격은 1908년 3월 6일에 제정된 「법관양성소학칙(法官養成所學則)」(법부고시 1)에 의해 "관립일어학교 또는 관립고등학교를 졸업하였든지 혹은 이와 동등 이상의 학력을 가진 자"로 규정됐다.[14]

한편 이 무렵 민간에서는 대한제국 정부의 사법관과 일반문관의 임용

---

12 『구한국관보』 1899년 3월 28일, 1899년 7월 7일. 갑오 · 광무개혁기 조선 · 대한제국 정부의 고등교육제도에 대해서는 김자중, "갑오 · 광무개혁기 정부의 고등교육기관의 설립 구상과 실현," 『교육사상연구』 제32권 제4호, 2018를 참고.

13 『구한국관보』 1904년 8월 5일, 1905년 4월 12일.

14 『구한국관보』 1908년 3월 24일.

제도의 정비에 부응하여 사립법률학교(私立法律學校)를 설립하기 시작하였다. 즉 1906년 10월 31일에 제정된 「법관전고규정(法官銓考規程)」은 "각 재판소의 전임판사와 검사"의 임용자격 중 하나로 "법관양성소에서 만 2개년 이상의 과정을 졸업한 사람"과 함께 "내외법률학교에서 만 3개년 이상의 과정을 졸업한 사람"을 거론하고 이들을 "법관전고위원의 전형을 거쳐 임용"한다고 규정했으며 또한 동년 11월 14일에 제정된 「법관전고세칙(法官銓考細則)」은 상기의 임용자격 중 하나로 "법관양성소에서 만 2개년 미만(원문 그대로)의 과정을 졸업한 사람"과 함께 "내외법률학교에서 2개년 이상의 과정을 졸업한 사람" 등을 규정하였다.[15] 나아가 1905년 11월 8일에 제정된 「변호사법(辯護士法)」은 변호사의 자격 중 하나로 "변호사시험에 급제한 사람"을 규정하고 동년 11월 17일에 「변호사시험규칙(辯護士試驗規則)」을 제정하여 변호사시험의 응시자격 중 하나로 "제국(帝國)이나 외국의 법률 또는 정치전문학교에서 졸업한 사람"을 규정했다.[16]

또한 1905년 2월 26일에 제정된 「문관전고소규제(文官銓考所規制)」, 동년 4월 24일에 제정된 「문관전고소규칙(文官銓考所規則)」과 「문관전고소세칙(文官銓考所細則)」, 1906년 10월 25일에 제정된 「문관전고소시험규칙(文官銓考所試驗規則)」에 의해 문관전고제도도 재차 정비됐다.[17] 그리고 이 중 「문관전고소규칙」은 회고(2차 시험)의 시험과목으로 "정치학, 경제학, 국제법, 이학(理學)"을 규정했으며 또한 「문관전고소시험규칙」은 회고의 시험과목으로 "법학, 경제학, 현행법령" 중 수험자가 하나를 미리 택하여 수험하도록 규정했다. 이에 따라 사립법률학교 졸업자는 문관전고시험에도 일정 정도 대비할 수 있었다.

15 『구한국관보』 1906년 10월 31일, 1906년 11월 14일.
16 『구한국관보』 1905년 11월 11일, 1905년 11월 17일.
17 『구한국관보』 1905년 3월 1일, 1905년 4월 26일, 1906년 10월 27일; 정구선, 『한국근대관리임용연구』, 국학자료원, 2008, 52-55쪽.

그런데 이와 같은 사립법률학교 중 일부는 설립목적을 전문교육으로, 입학자격을 중등교육 수료로 규정했다는 점에서 사실상 전문학교 정도의 사립학교로 설립·운영되었다고 할 수 있다. 예를 들면 1905년에 설립된 양정의숙(養正義塾)은 설립목적이 "법률, 경제 등 고등학문"의 교육이었으며, 법률전문과의 입학자격이 1908년부터 시험합격자와 함께 "고등학교(중학교 정도를 포함) 정도에 상당한 졸업증서를 가진 사람은 면시(免試)"였다.[18] 마찬가지로 1905년에 설립된 한성법학교(漢城法學校)는 법학전문과(法律專門科)와 함께 중등교육과정인 예비보통과(豫備普通科)를 설치하고 예비보통과 이수자가 법학전문과에 진학하도록 하였다. 또한 1908년에 설립된 대동전문학교(大東專門學校; 이후 대동법률전문학교)는 법률과의 입학자격이 1909년부터 시험합격자와 함께 관립고등학교 또는 이와 동등 이상의 학교 졸업자는 면시였다.[19]

이와 같은 상황에서 1905년에 보성전문학교(普成專門學校)도 설립되었다. 이때 작성된 「보성전문학교규칙(普成專門學校規則)」에 의하면 교명은 "보성전문학교라 칭할 것"(제1조)이라고 되어 있고, 설립목적은 "내외국 법률과 실업학 등의 원리·원칙을 참고(叅攷)·교수하여 일반 학원의 전문학업을 양성하기로 주의할 것"(제2조)이라고 규정되어 있다. 학과는 "법률과, 이재과(理財科), 농학과, 상업과, 공업과를 전문으로 분설하여 모두 본방어(本邦語)로서 교수할 것"(제3조)이라 하였다. 이를 보면 보성전문학교의 학과는 "근대적 국가운영에 필요한 모든 분야를 망라"[20]하고 있지만, 같은 시기 설립·운영되던 전문학교 수준의 다른 사

---

18 『황성신문』 1905년 4월 1일 「학원모집광고」; 『대한매일신보』 1908년 8월 13일 「제사회 학원모집광고」.

19 1905년을 전후한 시기의 사립전문학교의 설립 배경과 현황에 대해서는 김자중, "갑오개혁기—병합 초기(1910년대) 사립법률학교에 관한 연구," 『교육문제연구』 제30권 제2호, 2019를 참고.

20 고려대학교 100년사 편찬위원회 편, 『고려대학교 100년사 1』, 고려대학교 출판부, 2008, 41쪽.

립법률학교들과 마찬가지로 법률과를 강조하였던 것으로 보인다. 수업 연한은 '2개년'(제6조)이었지만, 1907년부터는 3개년으로 연장되었다.[21] 입학자격은 "연령 20세 이상의 남자", "신체 강건하고 품행단정한 사람"과 함께 "국한문에 숙련한 사람"이라고 규정(제10조)되었다가, 1910년부터 "고등학교 졸업자 또는 이와 동등 이상의 학력이 있는 사람"이 추가되었다.[22] 이와 같이 보성전문학교는 설립목적을 전문교육으로, 입학자격을 중등교육기관 졸업 수준으로 규정하였다는 점에서 사실상 전문학교 정도의 사립학교였음을 알 수 있다. 또한 이는 보성전문학교 재학자들이 당시 법관양성소 재학자들과 활발하게 상호 교류를 했다는 점을 통해서도 확인할 수 있다. 예를 들면 보성전문학교 재학생들은 법관양성소 · 양정의숙 재학생들과 함께 1906년 6월 3일과 1907년 6월 23일에 연합토론회를 개최하였다.[23] 이 역시 보성전문학교가 사실상 전문학교 정도의 사립학교로 설립 · 운영됐다는 점을 방증하는 것이라 할 수 있다.

2. 1910년대 일제의 차별적 · 억압적 전문학교제도의 시행

1910년대에 조선총독부는 소위 '무단통치(武斷統治)'를 실시하였다. 즉 이 시기에 조선총독부는 헌병경찰제도(憲兵警察制度)를 채택하여 무력으로 식민지 조선을 지배했으며 또한 사회 각 부문에 식민본국과는 다른 차별적 · 억압적 제도를 운영하였다. 이는 교육제도의 경우에도 마찬가지였다. 병합 직후 조선총독부 내 일본인 학무관리들은 식민지 조선의 학제를 초등-중등교육의 2단계 학제로 개편하고자 하였다. 이는 통감부기 학부 내 일본인 관리들의 교육정책을 그대로 계승한 것이다. 즉 이들은 '간이 · 실용'을 표방함으로써 대한제국의 학제를 축소 개편하

21 『대한매일신보』 1907년 1월 15일 「보성전문학교학원모집광고」.
22 『대한매일신보』 1910년 3월 8일 「사립보성전문학교학원모집」.
23 『황성신문』 1906년 6월 4일 「보교토론」, 1907년 6월 25일 「삼교 토론회 성황」.

였다. 그 내용은 "정비의 기초를 보통교육에 두고 그 종업(終業) 연한을 4개년으로 단축하며 나아가 고등교육(일본의 중등교육—원문 그대로)을 받으려는 사람은 바로 같은 정도의 학교에 연락하게 해서 3년 또는 4년의 종업 연한을 끝내서 통틀어 7, 8년 후 고등교육 수료자로서 이를 사회의 실무에 종사시킬 수 있게 하는 것"이었다.[24]

당시 조선총독부 내 일본인 학무관리들의 학제개편안은 「제1차 조선교육령」의 작성에 가장 적극적으로 관여했던 구마모토 시게키치(隈本繁吉) 서기관의 여러 문서나 「제1차 조선교육령」이 제정되기 약 1개월 전인 1911년 7월 12일에 조선총독부가 작성하여 내무부 내에서 회람했던 「조선교육령제정의 건(朝鮮教育令制定ノ件)」을 통해 확인할 수 있다. 이 중 후자는 "신학제에서 교육의 대본을 나눠 보통교육 · 사범교육 · 실업교육"으로 규정하고 전문교육을 "시세의 진보와 민력의 발전에 의해 그 필요에 따라 서서히 실시를 도모해야 한다"고 언급하며 이를 학제에서 배제했다.[25]

그런데 일제는 1911년 8월 23일에 「제1차 조선교육령」을 제정하여 "교육은 이를 대별하여 보통교육, 실업교육과 전문교육으로 한다"(제4조)고 규정함으로써 갑작스럽게 식민지 조선에 전문학교제도를 도입하였다.[26] 그 이유에 대해서는 조선총독부가 "보통교육 이후 수준의 학교에 대한 처리와 통일적인 학제 수립을 위해서는 고등보통학교 교육 이후의 단계를 어떠한 형식으로든 정리"해야 했으므로 "고등보통학교 이후에 전문학교를 두어 법률학교, 사범학교, 외국어학교, 의학교 등의 여러 학교를 학제로 포섭하려 했을 것"이라는 의견[27]과 이전 시기에 대한제국 정부가 사실상 전문학교 정도의 관립학교로 설립 · 운영했던 법학

24 學部, 『韓國教育』, 1909, 3쪽.
25 朝鮮總督府, 「朝鮮教育令制定ノ件」, 1911.
26 『朝鮮總督府官報』 1911年 9月 1日.
27 강명숙, "일제시대 제1차 조선교육령 제정과 학제 개편," 『한국교육사학』 제31권 제1호, 2009, 22쪽.

교(法學校, 법관양성소의 후신)와 의학교를 의식한 것이라는 의견 등이 있다. 다만 「제1차 조선교육령」에는 아직 '대학'에 대한 어떠한 규정도 포함되어 있지 않았다.

이 교육령이 반포되기 이전에 이미 고등교육기관이었던 의학교는 조선총독부의원 부속의학강습소(「조선총독부의원관제」, 1910.9.30, 칙령 368호)로 격하되었고, 교육령 반포에 따라 1911년 10월 10일에는 성균관, 한성사범학교(漢城師範學校), 한성외국어학교(漢城外國語學校) 등 기존 대한제국 관료와 근대화에 필요한 인재양성 교육기관들이 전격적으로 폐교되었다. 또한 법조인을 양성하던 법학교는 하급 관리 양성 수준의 경성전수학교(京城專修學校, 「경성전수학교관제」, 1911.10.11, 칙령 251호)로 개편되었다. 같은 해 11월 1일에 데라우치 마사타케(寺內正毅) 총독은 각 도와 관립학교에 훈령을 공포하여 전문학교의 설립을 "보통교육의 발달을 기다린 후에 해야 함을 순서라고 인정하여 세칙의 제정은 후일로 미룬다"고 진술했다.[28]

이후 조선총독부가 고등교육 관련 법령으로 「전문학교규칙」을 제정한 것은 1915년 3월 24일이었다. 이때 데라우치 총독은 「전문학교규칙 제정 등에 관한 건(專門學校規則制定等ニ關スル件)」이라는 훈령을 발포하여, 이러한 규칙을 제정한 이유로 "바야흐로 보통교육의 시설이 진보함과 함께 법률 · 경제 · 의술 · 공업 · 농림 등에 관한 전문교육을 실시할 학교에 적용할 규정을 마련할 필요"가 있었다는 점을 거론하였다. 또한 데라우치 총독은 "민간에서 경영하려는 이러한 종류의 학교는 기초가 가장 공고하고 상당한 설비와 교원을 갖지 않으면 도저히 그 효과를 거둘 수 없으므로 사립전문학교의 설치는 특히 그 유지에 감당할 재산을 갖는 법인에 한하는 것으로 정했다"고 진술하고 있다.[29] 이 시기에 조선총독부가 「전문학교규칙」을 제정한 이유에 대해서는 조선총독부가 기

28 『朝鮮總督府官報』 1911年 11月 1日.
29 『朝鮮總督府官報』 1915年 3月 24日.

독교계의 고등교육기관 설립운동을 의식하여 기존의 고등교육억압정책을 수정한 것이라는 의견[30]과 「제1차 조선교육령」에 최종적으로 '전문학교'가 규정되기로 결정된 시기가 길게 보아도 동령이 제정되기 불과 1개월 전이었으므로 그 설립·운영의 세부사항에 대한 법적 근거를 마련하는 데에 일정 정도의 시간이 필요했을 것이라는 의견 등이 있다.

마찬가지로 일본의 식민지였던 대만의 경우, 일제는 1918년 12월 29일에 「제1차 대만교육령(臺灣教育令)」을 제정하여 "전문교육을 하는 학교를 전문학교라고 한다"(제23조)고 규정하였지만, "전문학교는 … (중략) … 관립으로 한다"(제32조)고 규정하여 '사립' 전문학교의 설립을 불허하였다. 이를 보면 일제는 각 식민지의 상황을 고려하여 사립전문학교의 설립 여부를 결정했다는 점을 알 수 있다. 즉 일제는 식민지 조선에 사실상 전문학교 정도의 사립학교로 설립·운영됐던 종교계나 일반계 사립학교의 존재와 조선인의 사립전문학교 설립 요구 또는 운동 등을 의식하여 우리에게는 사립전문학교의 설립을 허용했다고 할 수 있다.

1915년의 「전문학교규칙」에 의하면 "조선인을 교육하는 전문학교에 관해서는 특별한 규정이 있는 경우를 제외하고 본령에 의한다"(제1조)고 규정됐다. 즉 일제는 식민본국의 전문학교 관련법령인 「전문학교령」(1903)을 식민지 조선에 확대 적용하지 않고 별도의 법령을 제정한 것이다. 표면적으로 보면 그 이유는 식민지 조선의 각 학교의 수업연한이 보통학교 4년, 고등보통학교 4년으로 총 8년이었는데, 당시 일본의 전문학교는 입학자격으로 소학교 6년, 중학교 5년으로 총 11년의 수업연한 이수를 요구했으므로 양자 간에는 수업연한 3년의 차이가 있었기 때문

30 정준영, "경성제국대학과 식민지 헤게모니," 서울대학교 박사학위논문, 2009, 64-68쪽; 신주백, "식민지 조선의 고등교육체계와 문·사·철의 제도화, 그리고 식민지 공공성,"『한국교육사학』제34권 제4호, 2012, 61-63쪽; 조은진, "1910-20년대 조선의 관립전문학교 학제 형성과 운영," 서울대학교 석사학위논문, 2015, 14-15쪽.

이라고 할 수 있다. 따라서 「전문학교규칙」에 의한 전문학교와 「전문학교령」에 의한 전문학교는 '전문학교'라는 학교 명칭은 같으나 법적으로는 완전히 구별되는 교육기관이었다. 그 결과 「전문학교령」에 의한 관립 전문학교 졸업자는 「고등시험령(高等試驗令)」에 의한 고등시험의 예비시험 면제, 내무성 의사면허 수여(의학전문학교의 경우)와 같은 특권을 부여받았으나 조선에서 시행되는 「전문학교규칙」에 의한 전문학교 졸업자는 이와 같은 특권으로부터 배제되고 있었다. 이는 1910년대에 식민지 조선의 전문학교제도가 식민본국의 전문학교제도와는 다른 차별적 제도였음을 의미하는 것이다.

「전문학교규칙」은 "본령에 의해 설치하는 전문학교가 아니면 전문학교라고 칭할 수 없다"(제7조)고 규정했다. 교육과정은 "수신 · 일어 · 전문에 관한 사항과 체조로 한다"(제5조)고 규정하고 각 과목의 매주 교수시수도 수신과 체조는 각 학년 1시간, 일어는 각 학년 2시간으로 규정(별표)[31]함으로써 교육과정에 대한 통제를 실시하였다. 이에 비해 일본의 「전문학교령」에는 이와 같은 교육과정에 대한 통제 규정이 없었다. 이후 일제는 1916년 4월 1일에 「조선총독부전문학교관제」를 제정하고 관립전문학교인 경성전수학교, 경성의학전문학교, 경성공업전문학교를 설립했으며 1918년 3월 30일에 「조선총독부전문학교관제」를 개정하여, 수원농림전문학교를 설립하였다.[32]

한편 조선총독부는 「전문학교규칙」이 제정된 1915년 3월 24일에 「사립학교규칙(私立學校規則)」도 개정하였다. 이는 "전문교육을 하는 사립학교의 설립자는 그 학교를 설립 유지하는 데에 족한 재산을 갖는 재단법인임을 요한다"(제3조 2)고 규정함으로써 사립전문학교의 재단법인의 설립을 의무화하였다. 그런데 이는 일본 정부가 식민본국에서 취한 방침과 비교해볼 때 매우 억압적인 것이었다. 즉 일본 정부는 1903년에 「전

31 『朝鮮總督府官報』 1915年 3月 24日.
32 『朝鮮總督府官報』 1916年 4月 1日 號外, 1918年 4月 1日.

문학교령」을 제정한 이후 1911년 7월 29일에 「사립학교령(私立學校令)」을 개정하여 사립전문학교의 재단법인 설립을 의무화하였다.[33] 그런데 일본의 사립전문학교는 이미 일본 정부가 1896년 4월 23일에 「민법(民法)」을 제정한 이후 법인을 조직하는 경우가 적지 않았으며 그 결과 1915년에는 대부분의 사립전문학교가 재단법인으로 인가를 받은 상태였다.[34] 따라서 일본 정부가 사립전문학교의 재단법인의 설립을 의무화한 것은 위와 같은 현상을 추인하는 성격이 강했다. 이에 반해 조선총독부는 최초의 전문학교 관련법령인 「전문학교규칙」의 제정과 동시에 「사립학교규칙」을 개정하여 사립전문학교의 재단법인 설립을 의무화함으로써 사실상 이를 사립전문학교의 설립을 억압하는 일종의 '진입장벽'으로서 활용했던 것이다.[35] 또한 「사립학교규칙」은 "전문학교가 아니고 (중략) 전문교육을 하는 사립학교의 교과는 … (중략) … 전문학교규칙에 준하여 이를 정해야 한다"(제6조 2)고 규정하여 전문학교 정도의 사립학교에 대해서도 사립전문학교와 마찬가지로 교육과정에 대해 통제하였다.[36]

Ⅲ. 3·1운동 이후 고등교육정책과 고등교육제도

1. 식민지 고등교육정책의 변화

1918년 제1차 세계대전의 승전국 입장에 서게 된 일본은 식민지에 대한 민족자결주의의 국제적 흐름에도 불구하고 점차 '제국식민화'를 강화

33 『日本国官報』 1911年 7月 31日.
34 『日本国官報』 1896年 4月 27日; 天野郁夫, 『近代日本高等教育研究』, 玉川大学出版部, 1989, 230-231쪽.
35 병합 직후 일제의 전문학교제도의 도입에 대해서는 김자중, "일제 강점기 전문학교에 관한 연구," 고려대학교 박사학위논문, 2018 참조.
36 이상 『朝鮮總督府官報』 1915年 3月 24日.

하였다. 당시 일본에서 공부하던 우리나라 유학생 600여 명은 민족자결의 원칙에 따라 도쿄의 조선기독교 청년회관(YMCA)에 모여 이광수가 기초한 독립선언문을 발표하고, 이를 일본 의회에 제출함으로써 2·8독립선언을 시작하였다.[37] 뒤이어 일어난 3·1운동을 계기로 조선총독부는 식민지 지배의 안정화를 위해 기존의 '무단통치'를 소위 '문화정치(文化政治)'와 '내지연장주의(內地延長主義)'로 전환하였다. 즉 이 시기에 조선총독부는 조선인의 민족적 저항에 대응하여 기존의 헌병경찰제도 등을 폐지하고 식민본국의 제도 중 일부를 식민지 조선에도 '연장'하는 등과 같은 기만적인 정책을 실시함으로써 식민지 지배를 영속화하려 했다.

이는 교육분야에서도 마찬가지였다. 일제는 무단통치방식에 의한 우민화정책을 포기하고 이른바 문화통치방식에 의한 동화정책을 시행하고자 1919년 8월 12일에 사이토 마코토(齋藤實: 1858-1936)를 조선 총독에 임명하고, 이듬해 훈령 68호로 「임시교육조사위원회규정(臨時敎育調査委員會規程)」(1920.12.23.)을 제정함으로써 곧 교육개혁에 착수하였다. 이로부터 근 1년여가 지난 1922년 2월 6일에 칙령 19호로 공포된 「제2차 조선교육령」과 관련하여 사이토 총독은 구차한 취지의 성명을 다음과 같이 발표하였다.

> 「조선총독 유고(諭告)」
> … 그런데 종래의 조선교육령은 그 당시의 세태와 민도에 비추어 간이하게 하여 실용을 주로 하는 취지에서 나온 것으로서 능히 사회의 실정에 적합하여 문운(文運)의 융창(隆昌)에 기여한 바 적지 않았음은 세상 사람들이 모두 인정하는 바이다. 그러나 시세의 추이는 헛되이 옛것을 지키기를 허락하지 않고 반드시 이에 부응하여 적당한 개정을 하여 나날이 제도를 정비하고 시설을 완비하지 않으면 안됨은 말할 나위도 없다. 이리하여 이번에 새롭게

37 한용진, "일제 식민통치하의 대학교육," 『한국사 시민강좌』 제18집, 1996, 97-98쪽.

사범교육 및 대학교육을 추가하고…

이상의 내용을 보면 그동안 중지되었던 교사양성의 사범교육이 부활되고, 완전히 금지되었던 대학교육을 인정하게 되었음을 보여준다. 즉 이른바 문화주의라는 이름 아래 '차별' 정책은 다소 완화되었다고 하지만, 오히려 한국인의 민족분열을 조장하며 '동화' 정책을 더욱 본격화하게 되었던 것이다. 조선총독부는 1922년 2월 4일에 「제2차 조선교육령」을 제정하여 "전문학교는 전문학교령에, 대학교육과 그 예비교육은 대학령(大學令)에 의한다"(제12조)라고 규정했다. 이에 따라 식민지 조선에도 「대학령」에 의한 대학, 「전문학교령」에 의한 전문학교가 설립될 수 있는 법적 근거가 마련됐으며 이전 시기의 식민지 조선의 전문학교제도와 식민본국의 전문학교제도 간의 차별은 일정 정도 시정되었다. 이는 「제2차 조선교육령」을 통해 보통학교와 고등보통학교의 수업연한을 식민본국의 소학교와 중학교와 동일하게 각각 6년과 5년으로 규정하였기에 가능해진 것이기도 하다.

또한 「제2차 조선교육령」은 제12조에서 "이와 같은 칙령(「대학령」과 「전문학교령」-인용자) 중 문부대신의 직무는 조선총독이 이를 행한다"라고 규정하였다.[38] 즉 전문학교의 설립 및 대학예과의 교원 자격에 관하여 조선총독이 정하는 바에 따르도록 한 것이다. 「제2차 조선교육령」에서 말하는 칙령 중 「대학령」의 내용을 보면, "대학은 제국대학 기타 관립의 것 외에 본령의 규정에 의해 공립 또는 사립으로 할 수 있다"(제4조), "공립 또는 사립대학의 설립·폐지는 인가를 받아야 한다"(제8조)고 규정하고 있었으며 「전문학교령」은 "사인(私人)은 전문학교를 설립할 수 있다"(제3조), "공립 또는 사립의 전문학교의 설립·폐지는 문부대신의 인가를 받아야 한다"(제4조)고 규정하고 있었다.[39] 이에 의거하여 조

38 이상 『朝鮮總督府官報』 1922年 2月 6日.
39 『日本國官報』 1903年 3月 27日.

선총독부는 공사립전문학교의 설립 · 폐지에 대한 인가권을 행사하기 위해 1922년 3월 7일에 「공립사립전문학교규정」을 제정하였고, 1923년 11월 27일에는 「조선제국대학창설위원회규정(朝鮮帝國大學創設委員會規定)」(총독부훈령51호), 1924년 5월 2일에는 「경성제국대학관제(京城帝國大學官制)」(칙령103호)와 「경성제국대학예과규정(京城帝國大學豫科規程)」(총독부령21호), 1928년 4월 1일에는 「대학규정(大學規程)」을 제정하여 비로소 공사립의 대학과 전문학교의 설립 · 운영에 대한 세부사항을 규정하게 되었다.

이를 보면 일본 문부성의 「대학령」 및 「전문학교령」과 조선총독부의 「대학규정」 및 「공립사립전문학교규정」은 각기 상위법 · 하위법 관계였음을 알 수 있다. 이에 따라 식민지 조선에서도 「대학령」에 의한 사립대학, 「전문학교령」에 의한 사립전문학교가 설립될 수 있는 법적 조건이 마련되었고, 이로써 기존의 「전문학교규칙」은 폐지되었다. 하지만 이후에도 조선총독부는 「전문학교령」에 의한 사립전문학교의 설립은 허가하였으나 「대학령」에 의한 사립대학의 설립은 여전히 불허하였다. 즉 조선총독부는 1924년에 경성제국대학 예과, 1926년에 본과를 설립하였으나[40] 민립대학설립운동을 통해 한국인들이 만들고자 하였던 사립대학의 설립은 끝끝내 인가해 주지 않았다. 이는 일제가 사립대학의 출현을 극도로 경계하였기 때문이다.[41] 실제로 1926년에 조선총독부의 한 당국자는 기독교계 사립전문학교의 대학승격운동을 '적본주의(敵本主義)' 즉 경성제국대학에 대항하는 사립대학을 설립하려는 것으로 간주하고 이를 경계하기도 하였다.[42] 즉 이 시기에 일제는 식민본국의 「대학령」과 「전문학교령」을 식민지 조선에도 어느 정도 적용하여 양자 간의

40 일제 식민지기 경성제국대학의 설립에 대해서는 한용진, "일제 식민지 고등교육 정책과 경성제국대학의 위상," 『교육문제연구』 제8집, 1996 참고.

41 정준영, "경성제국대학과 식민지 헤게모니," 서울대학교 박사학위논문, 2009, 100쪽.

42 『朝鮮新聞』 1926年 4月 2日 「京城帝大に對抗して民立綜合大學の計畫 敵本主義と睨んで居る」.

제도적 차별은 시정하였지만, 「대학령」의 운용에 있어서는 여전히 차별적 · 억압적 방침을 유지하였던 것이다.

2. 사학의 대학 설립과 민립대학설립운동

(1) 3·1운동 이전의 사립 고등교육기관 동향

근대 한국의 고등교육은 크게 관립과 사립으로 나누어 생각해 볼 수 있다. 조선정부의 관학은 통감부 시절부터 제도적으로 위축되기 시작한 데 반해 사학은 「사립학교령」(1908)이 제정되기 이전까지는 사실상 자율적 설립 · 운영이 가능하였다. 게다가 개신교 선교사들에 의해 설립된 학교들은 미국 출신이 많았기에 유럽형의 국가주의적 '설치인가' 방식보다 미국형 자율적 '기준판정(accreditation)' 방식으로 운영되었다. 이로 인해 1910년 무렵에는 다양한 수준의 고등교육 기관들이 나타났다.[43]

대표적인 사례로서 선교계 사학으로 1897년 미국 북장로교 선교사 베어드(W.M. Baird)에 의해 평양에서 세워진 숭실학당(崇實學堂)은 이미 1905년에 '숭실학당 대학부'를 운영하였고, 동년 8월에는 장로교 선교본부로부터 숭실학당 내에 대학부의 설치에 대한 허가를 받았다. 그리고 1906년 8월부터는 감리교 선교회도 숭실학당 대학부의 경영에 참여하게 되면서, 가을에 합성숭실대학(the Union Christian College)이라는 이름으로 정식 출발하며, 1908년에는 졸업생을 배출한 것으로 되어 있다.[44] 이 학교는 1925년에 숭실전문학교(崇實專門學校)로 승격되었다.

이화학당(梨花學堂) 역시 1910년에 대학과를 설치하였는데, 학교 운영은 미국 남북 감리교 선교회와 캐나다 연합교회가 연합으로 맡아 지원

---

43 한용진, "일제 식민통치하의 대학교육," 『한국사 시민강좌』 제18집, 1996, 100쪽.

44 숭전대학교 80년사 편찬위원회 편, 『숭전대학교 80년사』, 숭전대학교 출판부, 1979, 112쪽; 한용진, 『근대 한국 고등교육 연구』, 고려대학교 민족문화연구원, 2012, 185쪽.

하였다. 하지만 별도의 인가를 받지는 못하였고, 「제2차 조선교육령」이 반포되고 난 후 1925년에 비로소 사립 이화여자전문학교(梨花女子專門學校)로 승격될 수 있었다.

선교계 사학으로 또 하나 주목할 고등교육기관으로는 1915년의 경신학교(儆新學校) 대학부를 들 수 있다. 이미 1911년 가을부터 서울에 감리교와 장로교 선교부가 연합하여 하나의 '연합기독교대학'을 운영하자는 논의가 있었고,[45] 1912년 4월 「연합대학」이 배재학당(培材學堂) 안에 설치되어 「배재대학」이라 부르게 되었다지만,[46] 장로교 측에서는 배재대학이라는 명칭과 위치에 불만을 품고 1년 만에 철수하게 되었다. 다시 1914년에 「연합기독교대학」(the Union Christian College) 계획이 논의되어, 다음 해인 1915년 4월에 종로의 기독교 청년회관(YMCA)에서 문과 · 상과 · 이과 · 농과를 둔 경신학교 대학부를 설립[47]하였는데, 이 학교는 일제하에서는 가장 빠른 1917년 4월 7일에 재단법인을 설립하여 연희전문학교(延禧專門學校)로 인가를 받게 되었다.[48]

또한 1885년 4월 알렌(H.N. Allen)의 「병원설립제안서」에 의해 최초의 근대식 왕립병원으로 설립된 광혜원(廣惠院, 이후 '제중원'으로 명칭 변경)은 1894년에 운영권이 미국 북장로교파선교회로 이관되었지만 1899년에는 '제중원의학교(濟衆院醫學校)'를 설립하여 서양 의술을 가르쳤고, 1909년에는 '사립 세브란스 의학교'로 명칭을 변경하였다.[49] 그리고 1917년 5월 14일에는 총독부의 「전문학교규칙」(1915)에 의거한 '사립 세브란스 연합의학전문학교'가 되어, 총독부의 승인을 받은 두 번째 사립 고

45 배재백년사 편찬위원회, 『배재백년사』, 배재학당, 1986, 191쪽.

46 김세환, 『배재팔십년사』, 배재학당, 1965, 353-355쪽.

47 김세환, 『배재팔십년사』, 배재학당, 1965, 354쪽; 고춘섭 저, 『경신 팔십년 약사』, 경신중고등학교, 1966, 132-133쪽.

48 연세창립 팔십주년 기념사업위원회 편, 『연세대학교사』, 연세대학교 출판부, 1971, 280쪽.

49 연세대학교 의과대학 편, 『의학백년』, 연세대학교 출판부, 1985, 10쪽; 한용진, 『근대 한국 고등교육 연구』, 고려대 민족문화연구원, 2012, 368-373쪽.

등교육기관이 되었다.

한편 보성전문학교는 전문학교를 대학으로 명칭을 바꾸기 위하여 1910년 초에 대한제국 학부에 「보성대학기성회(普成大學期成會)」라는 설립인가 신청서를 제출했으며, 이에 대해 「황성신문」(1910.3.10.)은 "금후 상과전문을 증설하고 점차 대학교를 설립하기로 협의 중"이라는 기사를 싣고 있다.[50] 하지만 비록 완전히 일제 식민지 상태로 전락된 것은 아니라 하더라도 여전히 고등교육에 대한 통감부의 영향력이 강하던 시기라 학부는 끝내 '보성대학'의 인가를 내주지는 못한 것으로 보인다.

(2) 민립대학설립운동과 민간인 사학[51]

1905년 을사늑약으로 통감정치가 시작될 때, 국권회복을 통해 독립을 지킬 수 있는 방법으로는 크게 세 가지 길이 있었다. 첫째는 직접 무기를 들고 싸우는 '의병투쟁'이었으며, 둘째는 사람들을 계몽시키면서 민족의 독립을 국내외에 호소하는 '언론투쟁', 그리고 셋째는 학교교육을 통해 민족의 실력을 양성하여 국권을 회복하려는 교육입국(教育立國)의 '교육투쟁'이었다. 민립대학설립운동은 기본적으로 위의 두 번째와 세 번째 투쟁방법과 관련하여 생겨난 국권회복을 위한 독립운동의 일환으로, 이미 대한제국 말기부터 나타나고 있었다.

특히 「독립신문(獨立新聞)」(1896-1899)의 뒤를 이어 독립협회계 인사들에 의해 창간된 「황성신문(皇城新聞)」(1898-1910)이나 영국인 베델(T. Bethell)을 사장으로 선임한 「대한매일신보(大韓每日申報)」(1904-1910) 등 민간인 신문들에 의해 애국계몽운동이 전개되었다. 그 특색은 무엇보다도 예전의 양반 특권층이 아니라 일반 백성들을 대상으로, 언론에 의해

50 『황성신문』 1910년 3월 10일자; 한용진, "일제 식민통치하의 대학교육," 『한국사 시민강좌』 제18집, 1996, 106쪽 참조.

51 한용진, "일제 식민통치하의 대학교육," 『한국사 시민강좌』 제18집, 1996, 102-107쪽에서 재인용.

'자주 · 민권 · 자강'의 여론을 형성하는 것이었다.[52] 1907년 국채보상운동은 이 두 신문사와 보성사에 본부를 두고 시작된 것이다. 즉 대한제국 정부가 일제에 빌린 1,300만 환의 외채를 정부의 힘만으로는 갚기 어렵다고 본 민간인들이 '민(民)'의 힘을 합쳐 이를 변제하려고 모금운동을 시작하여 600만 환의 국민 성금을 모았다. 하지만 1910년 대한제국이 일본에 '병합'되면서 더 이상 외채를 갚는 것이 무의미하게 되고 말았다. 결국 이 기금의 용도를 '민간이 경영하는 민립대학의 설립'으로 바꾸어 '민립대학기성회(民立大學期成會)'가 조직되었나.[53] 이 결성에 참여한 사람들로는 윤치호(尹致昊, 독립신문사 사장), 남궁억(南宮檍, 황성신문사 초대 사장), 박은식(朴殷植, 황성신문사 사장), 양기탁(梁起鐸, 대한매일신보 주필) 등으로 언론인들이 많았다. 하지만 이러한 민립대학 설립시도는 일제하 총독부의 철저한 고등교육 억제정책으로 말미암아 설립인가 신청이 각하됨으로써 좌절될 수밖에 없었다.[54]

하지만 1919년 3·1운동이 일어난 이후, 일제의 우민화 통치방침이 이른바 유화적 동화정책으로 바뀌게 되자, 한반도에도 대학을 세우자는 움직임이 다시 나타나기 시작하였다. 우선 총독부 자체가 일본의 도요대학(東洋大學) 분교설치방안을 승락하였는가 하면,[55] 1920년 9월에는 관립 종합대학 설립의 1단계로 경성의학전문학교를 대학으로 승격시키려는 계획을 갖고 있으니 양해해 달라는 입장을 취하기도 하였다.[56] 이는 기존의 「제1차 조선교육령」에는 대학에 관한 규정이 없으므로 총독에게 대학설립 인가권한이 없다는 것으로, 이로 인해 총독부는 조선교육령의 개정작업에 착수하여, 1922년 2월 6일에 「제2차 조선교육령」을

52 신용하, 『독립협회연구』, 일조각, 1976, 43쪽.
53 김기석, 『남강 이승훈』, 현대교육총서출판사, 1964, 276쪽 참고.
54 김세한, 『한서 남궁억선생의 생애』, 한서남궁억선생기념사업회, 1960, 171쪽.
55 佐藤厚, "まぼろしの東洋大学朝鮮分校," 『井上円了センター年報』, 2014, 10쪽.
56 우마코시 도루(馬越徹) 저, 한용진 역, 『한국 근대대학의 성립과 전개』, 교육과학사, 2001, 105쪽.

반포하였다.

한편 우마코시 도루(馬越徹)는 이 무렵 한국인들의 대학설립에 대한 성숙된 여건으로 다음 세 가지를 들었다.[57] 첫째로는 3·1운동 후, 조선인들의 교육열이 비약적으로 높아지게 되었고, 교육수준도 향상되었다는 점, 둘째로는 연희전문학교, 세브란스연합의학전문학교 등이 이미 「제1차 조선교육령」하의 고등교육기관으로서, 즉 전문학교로서 정식으로 인가를 받았다는 점, 그리고 셋째로는 「동아일보」, 「조선일보」 등의 민족계 신문들과 조선청년연합회(朝鮮青年聯合會) 등의 단체가 민립대학설립운동을 전면적으로 지지하고 있었다는 점 등을 들었다.

이미 1920년 6월 26일에 창립된 조선교육회(朝鮮教育會, 1922년 1월 24일, 「조선교육협회」로 명칭 변경하여 인가 받음)는 1922년 11월 23일 '조선민립대학 기성준비회'를 결성하여 구체적인 활동에 들어갔다. 이상재(李商在), 이승훈(李昇薰), 윤치호, 송진우(宋鎭禹), 유억겸(兪億兼), 신흥우(申興雨), 권동진(權東鎭), 오세창(吳世昌) 등 각계 인사들이 모임을 갖고, 「동아일보」와 「조선일보」 등 언론기관의 지원과 지방 유지들의 성원에 힘입어 이미 1923년 1월 9일에는 "삼가 아뢲니다. 이천만 부모형제자매(謹告 二千萬 父母兄弟姉妹)"라는 제목으로 발기인 선발 요령을 3개항으로 정하여 전국 각지에 발송하였다. 이러한 과정을 거쳐 1923년 3월 29일 YMCA에서 발기인 1170명 중 462명이 참가하여 조선민립대학기성회(朝鮮民立大學期成會) 발기총회가 개최되었다. 회의는 임시의장인 이상재의 사회로 조선민립대학기성회 창립을 만장일치로 가결하고, 이어서 「민립대학 취지서」를 발표하고 계획서 심의에 들어갔다.

시기적으로 일본 내에서도 「대학령」(1918)이 공포되어, 제국대학 이외에도 사립대학을 인가해 주기로 정책이 변화되었기에, 일제는 민립대학설립운동 초기에는 "매우 좋은 일이니 적극 참여하라"[58]고 한국인 관

57 우마코시 도루(馬越徹) 저, 한용진 역, 『한국 근대대학의 성립과 전개』, 교육과학사, 2001, 105쪽.

리와 군수 · 도의원들에게 권고하기도 하였다고 한다. 민립대학설립운동은 설립기금 1000만 원을 목표로 만주와 간도에서도 발기인을 선정하였고, 하와이 교민들도 동참하여 조선민립대학기성회 지부를 결성하며, 국내에서만 150만 원이 모금될 정도로 순조롭게 진행되었다. 하지만 1923년 여름의 수재와 9월의 일본 도쿄 일대의 관동대지진의 여파로 인한 경제공황, 그리고 1924년에는 다시 남부지방의 가뭄과 수재로 기금 모집이 어려워지는 등 악재가 겹치게 되었다. 또한 총독부는 이 운동이 점차 실력양성운동과 결부되어 교육을 통한 인재양성을 강조하며, 학과 설치에 있어서도 인문 · 사회과학 분야를 허용할 경우 대학이 일제의 식민통치 지배에 대한 저항의 근거지가 될 것을 두려워하였다. 결국 조선총독부는 1924년에 관립 경성제국대학 예과가 개설되면서부터 조선민립대학기성회 인사들을 미행 · 감시하고 이들의 기금모금 강연을 배일사상 고취라 하여 금지시켰다. 이에 따라 기금모집은 더욱 어려워져 결국 1907년부터 1910년 사이의 제1차 민립대학설립운동의 좌절에 이어 2차 조선민립대학 설립 역시 좌절되고 말았다.

하지만 민립대학설립운동이 완전히 무의미한 것으로 끝나지는 않았다. 1920년대 민립대학설립운동과는 별도로 사립 중앙학교를 운영하던 김성수(金性洙)는 독자적으로 민족을 위한 고등교육기관을 만들 생각을 갖고 있었다. 즉 그는 3·1운동 직후에 한양전문학교 설립계획을 만들고 있었다는 것이다.[59] 하지만 1920년 동아일보의 창간과 민립대학설립운동에 쫓기다가 다시금 이에 착수하게 된 것은 1929년 우선 중앙고등보통학교(中央高等普通學校)의 재단법인화에 착수하여 이를 달성하였다.[60] 그는 고등교육기관 설립 준비를 겸하여 1929년부터 1년 반 정도 구미 각국의 대학 순방여행을 단행하였는데, 1931년 귀국한 그를 기다리고 있었던 것은 민

---

58 애국동지후원회, 『한국독립운동사』, 애국동지후원회, 1956, 233쪽 재인용.
59 고려대학교 70년지 편집실 편, 『고려대학교 70년지』, 고려대학교, 1975, 114쪽.
60 중앙중고등학교, 『중앙60년지』, 1968, 140-145쪽.

간인계 사학을 대표하는 보성전문학교의 경영인수 요청이었다. 〈표2〉에서 볼 수 있는 것처럼, 1927년까지 총독부로부터 인가받은 사립 전문학교는 단 5개교로 4개 교육기관은 외국인 선교단체 혹은 독지가에 의해 지원을 받고 있었던 데 반해, 천도교 손병희 교주의 지원을 받던 보성전문만은 민족계 사학으로 유지되고 있었다. 비록 가장 많은 학생들이 재학하고 있었던 보성전문이지만, 학생 1인당 경상비를 비교해 보면 선교단체 지원 학교들의 절반에도 미치지 못하였다. 결국 이 시기에 보성전문학교는 이미 상당한 경영난을 겪고 있었던 것을 알 수 있다.

〈표2〉 사립전문학교의 실태(1927.5)

학교명	직원수	학생수/ 학급수	경상비/학생 1인당 경상비	설립인가
보성전문학교	18 명	248 / 6명	44,355 / 171원	1922
세브란스연합 의학전문학교	22(6) 명	92 / 4명	62,828 / 683원	1917
숭실전문학교	19 명	93 / 5명	97,635 / 1050원	1925
연희전문학교	17(15) 명	234 / 11명	182,641 / 561원	1917
이화여자전문학교	12(11) 명	101 / 9명	36,689 / 363원	1925

* 대한사립중고등학교장회, 『한국의 사학』, 민중서관, 1974, 66쪽 참고로 발췌 · 수정함.
* ( ) 속은 겸무자.

한편 1921년 4월부터 보성전문학교 재단법인 설립을 준비할 때의 발기인 중의 한 사람으로 활동하였던 김성수는 조선민립대학기성회의 회비 보관위원으로 활동한 바가 있었다. 그렇다면 그가 1932년 보성전문학교의 경영을 인수하게 되면서 민립대학 설립기금은 자연스럽게 보성전문학교의 발전에 사용된 것은 아닐까. 『고려대학교 70년지』에서는 김성수가 보성전문을 인수한 것은 민족의 최고 학부로 키우기 위한 것으로, "민립대학 운동의 정통을 계승한 민족에 봉사할 대학으로 이끌어간다"[61]고 하였다. 당시 전문학교 중에서 유일한 민간인 사립학교였기에, 보성전문학교에 민립대학 설립을 위한 기금이 사용되는 것에 반대할 사람은 아무도 없었던 것으로 추정된다.

3. 경성제국대학의 설립과 관립전문학교의 증설 억제정책

(1) 경성제국대학의 설립과정과 한국인 비율

경성제국대학 초기에 한국인들은 이 대학을 일반적으로 '조선대학'으로 불렀다고 한다. 이는 1924년 5월 2일 「경성제국대학관제」(칙령 103호)가 공포되기에 앞서, 총독부가 1923년 11월 27일에 「조선제국대학창설위원회」를 설치하였고, 같은 해 12월에는 예과 본관도 준공된 상태였기 때문이다. 특히 준공된 예과는 '조선대학예과'라든가 '조선예과대학'으로 불렀다.[62] 게다가 당시 예과생 모집요강에도 이미 「조선제국대학 예과생도모집』이라고 인쇄되었다.[63] 하지만 이러한 학교 명칭에 대하여 일본 내각 법제국은 '경성의 제국대학'이 아니라 '조선제국의 대학'으로 오해받을 소지가 있다는 이유로 반대하여, 결국 '경성제국대학'으로 교명을 변경하게 된다. 특히 민립대학설립운동이 좌절된 상태에서 국립대학이 세워지는 것이었기에 사람들은 어느 정도 이를 식민지 조선에 세워지는 '최고학부'의 대학으로 받아들인 것으로 보인다.

경성제국대학의 설립 배경과 관련하여 우마코시는 크게 네 가지 원인을 제시하고 있다.[64] 첫째는 총독부의 정책전환으로 1922년에 제정된 「제

61 고려대학교 70년지 편집실 편, 『고려대학교 70년지』, 고려대학교, 1975, 136쪽.

62 京城帝國大學同窓會 編, 『紺碧遥かに　一京城帝國大學創立五十周年記念誌』, 京城帝國大學同窓會, 1974, 10쪽.

63 『朝鮮』 제106호, 1924년 2월호. 137-142쪽; 우마코시 도루(馬越徹) 저, 한용진 역, 『한국 근대대학의 성립과 전개』, 교육과학사, 2001, 129-130쪽.

64 우마코시 도루(馬越徹) 저, 한용진 역, 『한국 근대대학의 성립과 전개』, 교육과학사, 2001, 122-123쪽.

2차 조선교육령」으로 식민지 조선에 대학을 세울 수 있게 되었다는 점이다. 둘째는 이러한 정책변화가 조선인들의 3·1운동의 영향을 받은 것이기도 하지만, 기본적으로는 1918년에 「대학령」이 제정된 이후 일본 내에서의 고등교육 확대계획을 반영한 것이라는 점이다. 셋째는 새로 부임한 사이토 마코토(齋藤實) 총독의 이른바 문화정치하에서 조선인의 교육적 에너지가 폭발하여 민족의 대학을 설립하려는 민립대학설립운동과 해외 유학생의 격증으로 나타난 뜨거운 교육열, 그리고 넷째는 조선에 와 있던 일본인을 위한 고등교육기관의 설립이 절실히 요구되었다는 점이다.

한편 남병훈은 이러한 겉으로 드러난 원인보다 제국대학 설립의 배후에는 숨겨진 동기가 두 가지가 있다고 분석하였다. 하나는 재조선 일본인 청년에게 고등교육 기회를 주기 위한 것이고, 다른 하나는 정치적 이유에 의한 것으로, 민립대학의 실현을 저지하고 한국인들 사이에 높아져가고 있는 민족주의의 싹을 꺾기 위한 것이며, 동시에 한국 청년 엘리트를 경성제국대학에 입학시켜 일본주의를 주입시키려 하였다는 것이다. 이 같은 점을 고려해 볼 때 경성제국대학의 설립목적은 표면적으로는 한국인의 높은 교육열을 반영하여 대학을 세워준다는 시혜적 의미가 있지만, 궁극적으로는 본격적으로 식민통치를 해 나가는 데 필요한 고등인력 양성이라는 측면과 이를 통해 관학 우위의 고등교육 정책구조를 강화하여 민립대학운동을 억제하려는 것이었다고 할 수 있다.[65]

〈표3〉은 제1회 경성제국대학 예과시험 합격자 내역으로 한국인 입학생은 전체 170명 중 45명으로 약 1/4에 불과하여, 민족에 따른 차별을 확실하게 보여주고 있다. 1924년 3월 31일자 「동아일보」는 입학시험의 차별대우를 신랄히 비난하면서, 충분한 실력을 가지고 있으면서도 일본어 표현력이 떨어지는 한국 학생들이 절대적으로 불리했다는 점을 지적하였다. 당시 경제적 어려움으로 외국 유학을 주저하고 있던 한국인 학

65 한용진, "일제 식민통치하의 대학교육," 『한국사 시민강좌』 제18집, 일조각, 1996, 107-108쪽.

생들과 1923년 관동대지진의 학살을 피해 일본에서 돌아온 유학생들을 포함한 많은 사람들이 경성제국대학에 지원하였는데, 예과 1회 전체 수석 합격자는 한국인 유진오였다.[66]

실제로 경성제국대학의 한국인 입학생은 대략 1/3을 넘지 않는 선에서 제한되었고 나머지 2/3는 재조선 일본인과 일본 본토에서 유학 온 일본인들이 차지하고 있었다. 하지만 전통적으로 숭문의식이 강한 한국인 학생들은 법문학부 쪽을 선호하는 경향이 있어, 1935년대 이후 졸업생 비율을 보면 법문학부의 경우 한국인 비율은 대체로 40%를 넘는 데 반해 의학부는 20% 안팎을 유지하는 데 불과하였다.

〈표3〉 제1회 경성제국대학 예과시험 합격자 내역

( )는 %

출신지 / 전공	한국인	일본인			계
		재 조선	재 일본	기타 지역	
문과 A(법학계)	10명 (22.2)	18명 (40.0)	17명 (37.8)	0	45명
문과 B(문학계)	19명 (42.2)	15명 (33.3)	11명 (24.4)	0	45명
이과(理科) (의학)	16명 (20.0)	26명 (32.5)	37명 (46.3)	1명 (1.3)	80명
계	45명 (26.5)	59명 (34.2)	65명 (38.2)	1명 (0.6)	170명

* 우마코시 도루(馬越徹) 저, 한용진 역, 『한국 근대대학의 성립과 전개』, 교육과학사, 2001, 109쪽.

(2) 관립 전문학교의 증설 억제정책

3·1운동 이후 이른바 유화적 동화정책을 펼치면서, 조선총독부는 한반도에 다양한 관립 전문학교를 설립할 계획을 세웠던 것으로 보인다. 그 배경과 관련하여 김자중은 크게 두 가지 이유를 제시하고 있다.[67] 첫

66 한용진, “일제 식민통치하의 대학교육,” 『한국사 시민강좌』 제18집, 일조각, 1996, 110쪽.

67 김자중, “일제 강점기 전문학교에 관한 연구,” 고려대학교 박사학위논문, 2018, 89-91쪽.

째는 조선총독부가 중등학교 졸업자 수의 증가와 그에 수반한 조선인 및 재조선 일본인의 관립전문학교 증설 요구를 의식했다는 것이다. 즉 1920년대 초중반에 고등보통학교나 여자고등보통학교 등 인문 중등학교가 크게 확장되면서 고등교육에 대한 수요도 같이 증가하였기에, 이에 맞춰 각종 전문학교의 설립이 시급했다는 것이다. 「동아일보」는 1921년 4월 9일자 "교육개선을 위하여"라는 기사에서, "농 · 공 · 상 · 의(醫) · 수산 · 잠사(蠶絲) 등의 전문학교를 적당한 개소에 적의(適宜)의 수를 설치할 것"을 요구하였다. 둘째는 조선총독부가 식민지 지배를 위한 전문인력을 식민지 현지에서 양성해야 할 필요를 인식하였다는 점이다. 즉 인력 수급의 문제로, 식민지 지배방식으로 '동화주의'와 '직접통치'를 실시하는 데 다수의 전문 인력이 필요하였기 때문이다.

당시 조선총독부에서 설립 계획을 수립하였던 관립전문학교로는 먼저 음악 · 미술 · 체육 분야의 전문학교가 있었다.[68] 1921년 8월에 조선총독부는 "근시 문화의 향상에 따라 점차 예술적 지식이 필요"하다는 인식하에 음악학교와 미술학교의 설립을 계획하고 "금년 중에는 예산상 관계로 인해 도저히 이의 설치를 보기 불능할지나 될 수 있는 대로 속히 이를 설립하려" 한다는 「동아일보」 1921년 8월 7일 기사가 보인다. 하지만 그 배경에는 조선인의 법학 선호를 음악과 미술 쪽으로 돌리기 위한 목적이 깔려 있었다는 것인데, 1920-30년대에는 지속적으로 예산상의 문제로 설립이 지연되다가 1938년 10월에 우선 음악학교 예산만을 계상하고 있다.[69] 또한 전시 체제하인 1939년 8월에 조선총독부는 전력

---

68 관립음악학교와 미술학교의 설립계획을 분석한 연구로는 전지영, "일제 강점기 관립음악학교 설치 및 조선 아악의 교수에 관한 논의 고찰," 『국악교육』 제37집, 한국국악교육학회, 2014; 김소연, "한국 근대 '동양화' 교육 연구," 이화여자대학교 박사학위논문, 2012 등이 있다. 김자중, "일제 강점기 전문학교에 관한 연구," 고려대학교 박사학위논문, 2018, 74쪽 각주 참고.

69 『동아일보』 1921년 8월 10일 「고래(古來) 예술보존 음악학교는 내후년부터」, 1921년 8월 16일 「미술 음악학교 계획과 이에 대한 요망」, 1938년 6월 12일 「체

증강과 체위 향상을 지도하고 또한 이후 다수 설립될 청년양성소의 교원으로도 활용할 수 있는 인재를 양성하기 위해 체육전문학교의 설립을 수립하였지만,[70] 결국 관립 음악학교 · 미술학교 · 체육학교의 설립계획은 모두 무산되고 말았다.

둘째로 고등사범학교의 설립계획을 들 수 있다. 「제2차 조선교육령」은 초등교원 양성을 위한 '사범학교'는 규정하였으나, 중등교원 양성을 목적으로 하는 '고등사범학교'에 대한 언급은 하지 않았다.[71] 이에 대하여 「동아일보」와 「조선일보」는 사설을 통해 강력히 반발했으며,[72] 그리하여 조선총독부는 1923년에 경성제국대학 예과 부설의 고등사범과 설치를 고려하였던 것[73]으로 보인다. 부족한 중등교원 양성의 필요성은 1920-30년대 내내 지속적으로 요구되었지만, 이 역시 제대로 실현되지 못하였다. 조선총독부는 독립된 고등사범학교를 설립하는 대신 1941년 4월 18일에 경성고등공업학교에 이과교원양성소(理科教員養成所)를 두었고, 1942년 4월 1일에는 수원고등농림학교에 지리박물교원양성소(地理博物教員養成所)를, 1944년 7월 14일에는 경성제국대학에 이과교원양성소를 부설하는 형태로 이과계 중등교원을 양성하는 데 그쳤다.[74]

이 밖에도 1920년대 중반에 조선총독부는 수산전문학교와 수의전문학교, 의학전문학교의 설립계획을 세웠던 적이 있지만, 당시에는 대부분

육, 미술, 음악부문 학교설치 기운 농후」, 1938년 1월 3일 「체육연구소를 중심지에 창설하라」, 1938년 10월 14일 「마침내 실현하게 되는 조선 최고 음악학교」; 『京城日報』 1922년 4월 22일 「今冬議會に提出したい　美術音樂學校設立案」; 『중외일보』 1929년 8월 30일 「미술학교 없는 조선」; 『매일신보』 1938년 5월 7일 「美術學校の設立喫緊」.

70 『매일신보』 1939년 8월 9일 「억센 반도가 되라! 선물로 체육전문학교」.

71 『朝鮮總督府官報』 1922년 2월 6일.

72 『동아일보』 1922년 2월 7일 「횡설수설」, 『조선일보』 1923년 1월 22일 「사사(事事) 모순의 학무당국 고등사범 불설치는 하고(何故)」.

73 『동아일보』 1923년 5월 5일 「대학 예과에 고등사범」.

74 『朝鮮總督府官報』 각 해당일자, 조선총독부의 중등교원 양성정책에 관해서는 김영우, 『한국중등교원양성교육사』, 교육과학사, 1989를 참조할 수 있다.

예산상의 문제로 독립된 전문학교는 실현되지 못하였다. 예를 들어 수산분야는 부산에 부산고등수산학교를 1941년 3월 28일에 설립하였고,[75] 수의전문학교는 1937년 4월 17일 「수원고등농림학교규정」을 개정하여, 수의축산과를 설치하는 것으로 대치되었다. 그나마 의학분야는 1933년에 대구의학전문학교와 평양의학전문학교가 공립의학전문학교 형태로 실현되었다.[76] 식민지 조선의 여성고등교육에 대한 요구는 1930년대 중반에 많이 나타났고, 이에 대해 총독부는 1937년에 관립경성여자전문학교를 설립할 계획을 세웠으나, 예산안이 통과되지 못하면서 결국 계획은 보류되었다. 대신 1938년 4월 11일 사립 경성여자의학전문학교, 12월 24일에 숙명여자전문학교가 설립되었을 뿐으로[77] 결국 관립 여자전문학교의 설립은 실현되지 못하였다.

Ⅳ. 맺음말

본 연구는 3·1운동 전후 우리나라의 고등교육제도와 관련하여 어떠한 일들이 벌어지고 있었는가를 살펴보는 것이 목적으로, 각종 법령과 언론 등에 나타난 자료를 통해 시기별로 고등교육기관의 설립과 그 배경으로 작용했던 한국인들의 고등교육에 대한 열망을 확인해 보았다. 내용적으로는 3·1운동 이전 근대적 고등교육제도의 형성과 관련된 개화기 조선과 대한제국의 고등교육제도, 그리고 1910년대 일제 강점하의 차별적 · 억압적 고등교육 말살 과정을 거쳐, 1920년대 이후 우리나라 고등교육제도에서 중요한 의미를 갖는 민립대학설립운동과 경성제국대

75 『朝鮮總督府官報』 1941년 4월 9일.

76 『朝鮮總督府官報』 1933년 3월 8일, 의학전문학교 설립과정에 관하여는 이현일, "일제하 공립의학 전문학교의 설립과 운영," 『한국독립운동사연구』 제42집, 독립기념관 한국독립운동연구소, 2012 참고.

77 『朝鮮總督府官報』 1938년 4월 11일, 1938년 12월 24일.

학 설립과정, 그리고 각종 전문학교의 설치계획과 그 좌절이라는 문제를 다루어 보았다. 연구의 결과를 정리해 보면 다음과 같다.

첫째, 개화기 조선 정부 내 개혁관료는 근대적 고등교육제도 도입에 적극적이었다. 특히 갑오개혁기에 반포된 「학무아문관제」는 고등교육기관으로 '대학'과 '전문학교'를 규정했으며 당시 학부대신 박정양은 장래에 대학과 전문학교의 설립을 예정하였다. 이후 광무개혁기에 대한제국 정부는 고등교육기관 관계법령으로 법관양성소와 의학교의 설립목적은 전문교육으로, 입학자격은 중등교육 수료로 규정했다. 따라서 양교는 사실상 전문학교 정도의 관립학교로 설립 · 운영되었다고 할 수 있다. 또한 동 시기에 민간에서는 대한제국 정부의 사법관과 일반 문관의 임용제도 정비에 부응하여 사립법률학교를 설립했다. 그리고 이 중 일부는 설립목적을 전문교육으로, 입학자격을 중등교육 수료로 규정했다는 점에서 사실상 전문학교 정도의 사립학교로 설립 · 운영됐다. 이와 같은 상황에서 1905년에 보성전문학교도 설립되었다.

둘째, 1910년대에 일제는 식민지 조선에 차별적 · 억압적 전문학교제도를 실시하였다. 일제는 「제1차 조선교육령」(1911)에 '전문학교'를 규정했으나, 식민본국의 전문학교 관계법령인 「전문학교령」(1903)을 식민지 조선에 확대 적용하지 않고 별도의 법령인 「전문학교규칙」을 제정했다. 이에 따라 식민지 조선의 전문학교 졸업자는 식민본국의 전문학교 졸업자가 부여받는 취직상의 여러 특권으로부터 배제됐다. 또한 「전문학교규칙」은 일본 내지의 「전문학교령」과 달리 교육과정에 대한 통제를 규정했으며 「사립학교규칙」은 「전문학교규칙」의 제정과 동시에 사립전문학교의 재단법인의 설립을 의무화함으로써 사실상 이를 사립전문학교의 설립을 억압하는 일종의 '진입장벽'으로 활용했다. 이와 같은 상황에서 미션계 전문학교인 연희전문학교와 세브란스연합의학전문학교는 1917년에 재단을 설립하여 서둘러 전문학교 인가를 받았고, 보성전문학교는 경제적인 문제 등으로 인해 보성법률상업전문학교(普成法律

商業學校)로 격하되었다가 1922년에 재단법인을 설립함으로써 보성전문학교 명칭을 다시 사용할 수 있게 되었다.

셋째, 3·1운동 이후 일제는 「제2차 조선교육령」(1922)을 제정하여 '대학'과 '전문학교'를 규정하고, 식민본국의 「대학령」(1918)과 「전문학교령」(1903)을 식민지 조선에도 확대 적용했으며, 「공립사립전문학교규정」과 「대학규정」을 제정했다. 이러한 규정들은 모두 식민지 조선에도 사립의 대학과 전문학교 설립을 허용하고 있는 것으로 보이지만, 실제로 사립 고등교육기관은 전문학교만 인정하고 대학의 설립은 불허하고 있었다. 1907년의 국채보상운동의 모금기금으로 진행되었던 민립대학 설립운동이 3·1운동 이후에 다시 전개되었으며 일부 사립전문학교는 대학승격운동을 전개하기도 하였다.

그러나 조선총독부는 「제국대학령(帝國大學令)」에 의거하여 1924년에 경성제국대학 예과를 설립하고 이어서 1926년에 본과를 설립함으로써 조선인들의 민립대학 설립에 대한 열망을 대체하고자 하였다. 이는 조선총독부가 사립전문학교의 대학승격운동을 '적본주의' 즉 경성제국대학에 대적(對敵)하는 사립대학을 설립하려는 것으로 간주하고 경계했기 때문이다. 또한 고등사범학교를 비롯하여 음악 · 미술 · 체육, 농업, 공업, 수산 등의 각종 관립 전문학교의 설립도 조선 민중들의 고등교육에 대한 뜨거운 열망에도 불구하고, 제대로 설립되지 못하고 말았다.

결국 1945년 광복을 맞을 때까지 식민지 조선의 고등교육제도는 경성제국대학만이 유일한 대학으로 여러 사립 전문학교들의 대학 승격은 실현될 수 없었다. 하지만 1946년 8월 15일, 사립 고려대학교(전 보성전문학교)와 연희대학교, 그리고 세브란스의학대학교가 국립 서울대학교보다 앞서 대학으로 승격할 수 있었던 것은 이미 이들 학교가 일제 강점기의 가혹한 고등교육 억제정책하에서도 대학 승격을 위한 준비를 착실히 하고 있었음을 보여주는 것이라 할 수 있으며, 그 배경에는 3·1운동 전후 다양한 사립 고등교육기관들의 축적된 역량이 있었기 때문이라 할 수 있을 것이다.

3·1운동 시대 보성전문학교의 교육체계*

명순구** · 한민섭***

I. 서 설

2019년은 3·1운동 100주년이 되는 해이다. 3·1운동은 한국 독립운동사, 사회문화사 및 국제정치사 등의 시각에서 묵직한 의미를 가진다. 3·1운동 이후 일제의 통치방식 변경에 따라 교육제도 역시 큰 변화를 겪는다. 3·1운동 시대[1] 대표적인 고등교육기관으로 존재하던 보성전문학교(普成專門學校) 또한 당시 다른 학교들과 마찬가지로 그 변화를 온전히 경험했다. 그런데 고려대학교에게는 3·1운동을 기념해야 할 특별한 이유가 있다.

첫째, 고려대학교의 전신 보성전문학교[2]는 1919년 3·1운동의 원천이

---

* 이 글은 2019년 11월 9일 고려대학교 법학전문대학원 주최로 열린 3·1운동 100주년 기념 학술회의("1919년 보성전문, 시대 · 사회 · 문화")의 발표문("보성전문학교와 보성법률상업학교의 교육체제")을 수정 · 보완한 것이다.

** 고려대학교 법학전문대학원 교수.

*** 고려대학교 도서관 학술정보서비스부 과장, 문학박사.

1 이 글에서 '3·1운동 시대'란 1919년 전후의 시기를 말한다.

2 이하 특별한 사정이 없는 한 '보성전문'이라 한다.

었다. 당시 보성전문의 경영주체인 천도교는 손병희를 비롯하여 3·1운동의 중추 세력이었으며, 허헌(許憲: 1885-1951, 보전법과 제1회 졸업생)은 변호사로서 3·1운동 주동자들에 대한 재판을 통해[3] 민족의 의기를 일깨웠고, 윤익선(尹益善: 1871-1946, 보성전문 교장)은 『朝鮮獨立新聞』을 제작하여 3·1운동의 정신을 확장하였으며, 강기덕(康基德: 1886-?, 당시 법과 재학생)은 3·1운동 학생대표로서 시위를 주도했고, 독립선언서를 인쇄한 보성사(普成社)는 보성전문 부속 출판사였다.

둘째, 3·1운동을 계기로 일제의 통치방식이 변경되는데, 1905년 설립된 보성전문이 3·1운동 시대에 어떻게 변화했는가를 살피는 것은 법학 고등교육 역사의 시각에서 유용한 작업이다. 1919년 전후의 3·1운동 시대를 거쳐 현재에 이르기까지 정체성을 계속 유지하며 법학 고등교육을 담당하고 있는 학교로는 보성전문이 유일하다.[4] 보성전문에 대한 탐구는 우리나라 근대 법학 및 법학교육의 역사를 보여주는 계기가 될 것이다.

아래 논의는 보성전문의 역사 중 3·1운동 시대에 초점을 맞출 것이나, 필요한 범위에서 1905년 설립 당시 모습도 소개할 것이다. 보성전문의 역사를 접할 수 있는 자료는 상당히 축적되어 있다. 특히 1960년대부터 고려대학교는 창립 10주년 주기마다 학교의 역사를 종합적으로 정리하였다(예컨대, 『六十年誌』, 『高麗大學校 70年誌』, 『高麗大學校 九十年誌』, 『高麗大學校 100년사(I · II · III)』).[5] 이 글에서는 이들을 비롯하여 과거 문헌

---

3 세부사항은 명순구, "민족변호사 허헌, 제국주의 사법체계를 뒤흔들다," 『고대교우회보』 2019년 5월호(http://kulawschool.korea.ac.kr/law/press.do?mode=view&articleNo=126448&article.offset=0&articleLimit=10&totalNoticeYn=N&totalBoardNo=) 참조.

4 관립 法官養成所(1895)를 학교 체제로 재정비하여 京城專修學校(1911)를 설립하고, 후에 京城法學專門學校(1922)로 개명했는데, 京城法學專門學校는 1946년 경성제국대학이 서울대학교로 전환되고 경성제국대학 법문학부 중 법학계열과 통합되어 서울대학교 법과대학을 구성하여 현재 서울대학교 법학전문대학원으로 존재하는 것이어서 다소 복잡한 성격을 가진다.

5 고려대학교 60년사 편찬위원회, 『六十年誌』, 고려대학교출판부, 1965; 고려대학

에서 잘 다루지 않았던 사항에 무게를 둘 것이다.

II. 시대 구분과 핵심 자료

1. 시대 구분의 기준

보성전문은 1905년 설립되어 유지되다가 1946년부터 '고려대학교'로 교명을 변경하여 현재에 이르고 있다. 보성전문과 고려대학교는 각각 전문학교(2-3년제)와 종합대학(4년제)으로서 명확하게 구별할 수 있다. 그런데 보성전문 자체에 대한 시대 구분에 대해서는 의견이 일치하지 않을 수 있다. 경영주(또는 校主)를 기준으로 ① 제1기(1905-1910: 이용익과 그의 손자 이종호 경영), ② 제2기(1910-1932: 천도교 경영), ③ 제3기(1932-1946: 인촌 김성수 경영)로 구분하는 것도 의미가 있다. 왜냐하면 경영주의 세계관과 교육철학에 따라 학교의 성격이 달라질 수 있기 때문이다.

이 글에서는 교육 체계를 기준으로 한 시대 구분에 따르고자 한다. 보성전문이 설립된 1905년에는 을사늑약이 체결되어 대한제국이 외교권을 박탈당했고, 1910년에는 국권을 완전히 상실했는데, 국권 상실 상태는 보성전문이 '고려대학교'로 개명되기 직전까지 계속되었다. 즉 보성전문이 존속하던 41년(1905-1946)의 기간 거의 전부가 일제의 절대적 지배에 놓였던 시기였다. 일제는 내외의 정치 · 사회 여건에 맞춰 교육체제에 변경을 가하며 한반도에서 식민지 통치를 실행했다. 식민지 조선의 교육이념과 기본체계의 변화상은 「조선교육령」에 잘 드러나 있다. 「조

교 70년지 편찬실, 『高麗大學校 70年誌』, 고려대학교출판부, 1975; 고려대학교 90년지 편찬위원회, 『高麗大學校 九十年誌』, 고려대학교출판부, 1995; 고려대학교 100년사 편찬위원회, 『高麗大學校 100년사(I · II · III)』, 고려대학교출판부, 2008 등을 말한다.

선교육령」은 제1차(1911. 8. 23. 칙령 제229호), 제2차(1922. 2. 4. 칙령 제19호), 제3차(1938. 3. 3. 칙령 제103호), 제4차(1943. 4. 1. 칙령 제113호)의 순서로 제정 · 개정되었다.[6]

식민지 조선의 교육은 「조선교육령」에 의하여 좌우되었으며, 보성전문도 예외가 아니었다. 이 글의 관심 대상인 3·1운동 시대 보성전문의 교육체계는 제2차 「조선교육령」과 그에 기초한 하부규범에 기반한 것이다. 제2차 「조선교육령」은 3·1운동 이후 '문화통치' 내지 '내지연장주의'(內地延長主義) 정책이 반영된 결과이다.

2. 핵심 자료: 학칙

3·1운동 시대 보성전문의 교육체계를 인식하는 방법은 다양할 수 있다. 그중에서 가장 용이하고 명확한 것은 핵심 자료를 통해 3·1운동 전후를 비교해 보는 방식이다. 그런데 3·1운동 전의 시기에도 교육체계에 유의미한 변화가 있었다는 사실에 대해서도 유의해야 한다. 이는 보성전문의 초기 모습에도 관심을 기울여야 할 이유이다.

현재 우리나라 고등교육기관은 학칙을 정점으로 그 밑에 '규정', '시행세칙', '내규', '지침' 등의 하부규범을 두는 방식으로 체계를 갖추고 있다. 보성전문도 1905년 설립 당시에 현재의 학칙에 해당하는 규범을 정비한 후 개교했으며, 그 규범은 시대에 따라 변화를 거듭했다. 예나 지금이나 학교의 주요 사항은 학칙에 잘 나타나 있다. 그러므로 3·1운동 시대 보성전문의 교육체계를 인식하는 유용한 방법은 학칙에 포커스를 맞추는 것이다. 보성전문 학칙이 제정된 1905년 이후 학칙 개정의 주요 변곡점은 1915년과 1925년이다.

6 「조선교육령」의 제정 · 개정 경과와 주요 내용에 대해서는 명순구, "3·1운동 100주년에 돌아보는 법학교육 100년 —普成專門學校와 京城專修學校를 중심으로—," 『경영법률』 제30집 제2호, 265-270면 참조.

1905년 개교 당시 학칙에 해당하는 규범은 「私立普成專門學校規則」[7]이며, 여기에는 보성전문의 설립 취지와 기본구상이 잘 나타나 있다.

1910년 국권 상실 이후 1915년 법령의 개정(특히 「사립학교규칙」) 또는 제정(「전문학교규칙」)으로 보성전문이 '보성법률상업학교'로 격하된 후 학칙도 큰 폭으로 변경되었다. 이를 반영한 사항이 『私立普成法律商業學校 校典一覽』(1915 추정[8])이라는 책자에 포함되어 있다. 여기에는 「학칙」[9], 「학생심득」(學生心得), 「교무규정」(敎務規定), 「학급주임의 심득」(學級主任의 心得), 「교칙」(敎則), 「교수내규」(敎授內規)의 6개 부문으로 나누어 서술되어 있다.

다음 유의해야 할 것은 1925년 학칙이다. 이는 제2차 「조선교육령」(1922) 체제의 학칙으로서 3·1운동 후 일제의 교육정책이 반영된 결과로서, 『보성전문학교일람(1925)』에 포함되어 있다. 1925년 학칙은 1915년 「사립학교규칙」·「전문학교규칙」이 정하는 바에 따라 보성전문이 재단법인의 요건을 갖추어 '보성전문학교'의 명칭을 되찾은 시점(1922) 이후의 것이다.

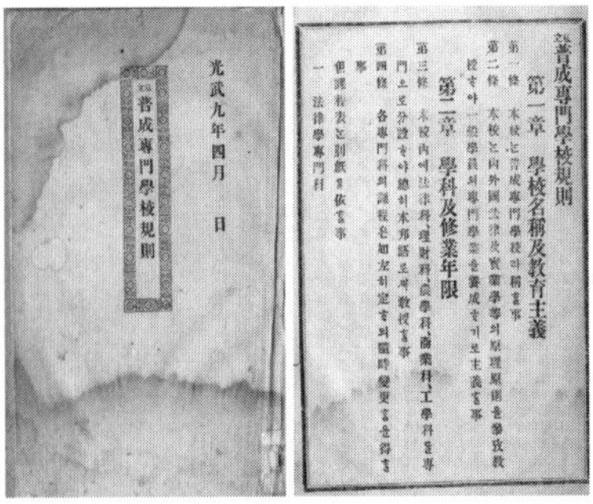

〈보성전문학교학교규칙(1905)〉

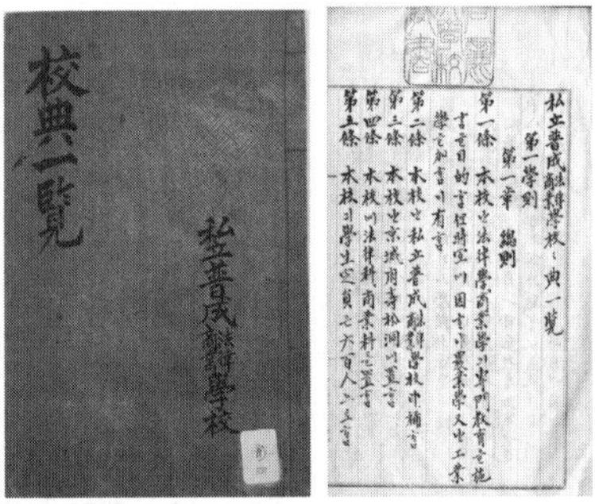

〈보성법률상업학교 교전일람(1915)〉

7 이하 특별한 사정이 없는 한 「學校規則」이라 한다.

8 정확한 발간 일자를 알 수는 없으나, 여러 사정으로 미루어 볼 때 1915년으로 추정된다. 이하 특별한 사정이 없는 한 『校典一覽』이라 한다.

9 1905년과 달리 『校典一覽』에서는 '학칙'이라는 용어를 사용하고 있다.

III. 보성전문의 설립 구도와 현실

1. 보성전문의 원설립계획

한한학원(韓漢學院, 천주교, 1884), 배재학당(培材學堂, 감리교 아펜젤러, 1885), 광혜원(廣惠院, 장로교 알렌, 1885), 이화학당(梨花學堂, 감리교 스크랜튼, 1886) 등 미션스쿨을 중심으로 학교 설립이 활발하다가, 갑오개혁(1894) 이후에는 국가 차원에서 교육제도가 정비되기 시작했다. 「漢城師範學校官制」(1895. 4. 16. 칙령 제79호),[10] 「小學校令」(1895. 7. 19. 칙령 제145호),[11] 「中學校官制」(1899. 4. 4. 칙령 제11호),[12] 「外國語學校官制」(1895. 5. 10. 칙령 제88호),[13] 「醫學校官制」(1899. 3. 24. 칙령 제7호),[14] 「法官養成所規程」(1895. 3. 25. 칙령 제49호)[15] 등의 제정 · 시행이 그 상황을 잘 말해주고 있다.

그런데 1905년 설립된 보성전문은 기존의 학교와는 다른 특별한 면이 있었다. 당시 언론 기사를 통해 그 사실을 확인해 본다.

황성신문(皇城新聞)은 한일의정서(1904) 체결 반대를 계기로 일본에 강제 납치되었다 귀국하는 이용익(李容翊)의 학교 설립 계획을 아래와 같이 전하고 있다.[16]

---

10 전문은 국회도서관 편, 韓末近代法令資料集 Ⅰ, 국회도서관, 1970, 348-349면.

11 전문은 국회도서관 편, 韓末近代法令資料集 Ⅰ, 513-516면.

12 전문은 국회도서관 편, 韓末近代法令資料集 Ⅱ, 국회도서관, 1971, 459-461면.

13 전문은 국회도서관 편, 韓末近代法令資料集 Ⅰ, 380-381면. 「外國語學校官制」에 따라 법어학교(法語學校, 1895), 아어학교(俄語學校, 1896), 한어학교(漢語學校, 1897), 덕어학교(德語學校, 1899)가 설립되었다(『皇城新聞』 1901. 9. 12.).

14 전문은 국회도서관 편, 韓末近代法令資料集 Ⅰ, 453면. 「醫學校官制」에 따라 경성의학교(京城醫學校, 1899)가 설립되었다.

15 전문은 국회도서관 편, 韓末近代法令資料集 Ⅰ, 215-218면.

16 『皇城新聞』 1905. 1. 23, 3면.

學校廣設. 副將 李容翊氏가 日本에 遊覽하야 日本의 教育制度를 視察하고 回國時에 各種 書籍 三千元價值를 購來할 契約이 有하다하고 資金을 自辦ᄒᆞ야 漢城內外에 普成學校 七所를 設立ᄒᆞᆯ 計劃으로 學部에 請願ᄒᆞ고 學校家屋은 處分을 奉承ᄒᆞ야 公廳을 借有ᄒᆞ 터인ᄃᆡ 爲先 天然亭과 前俄語學校를 承認ᄒᆞ얏고 校長은 丁明燮 金重煥 諸氏로 定ᄒᆞ고 將次 教育을 大發達케 ᄒᆞᆫ다더라

보성학교는 초 · 중등교육과 고등교육을 포괄하는 기관이었는데, 위 기사로써 보성학교의 원구도를 다음과 같이 추단할 수 있다: ① 3,000원[17] 상당의 서적 구입 계약; ② 학교 부지로 한성(漢城) 내외에 7개 장소를 기획했다는 사실; ③ 학교 가옥으로는 공청(公廳)을 승인받아 사용할 것인데, 우선 천연정(天然亭)[18]과 아어학교(俄語學校: 러시아어 학교)에 대한 사용 승인을 받았다는 사실; ④ 교장으로는 한성부재판소 판사, 법관양성소 교관을 지낸 정명섭(丁明燮)과 사헌부지평, 개성부윤 등을 지낸 김중환(金重煥) 등이 물망에 올랐다는 사실. 위 보도 이후 약 70일이 지나 황성신문은 아래와 같은 기사를 보도한다.[19]

---

17 1905년 당시 1원을 현재의 화폐가치로 환산하는 일은 그리 쉬운 일이 아니다. 관련 문헌(특히 金榮完, 韓末貨幣整理와 民族資本의 受難, 『檀國大學校大學院學術論叢』 제6집, 1982)에 기초해서 볼 때 1원의 가치는 현재 50,000원 정도가 아닐까 생각된다.

18 천연정은 조선 영조 17년(1741) 서지(西池) 가에 세운 정자로서 시인 · 묵객들이 교류하던 곳이다(현재 서대문역 부근 금화초등학교 정문 오른쪽).

19 『皇城新聞』 1905. 4. 1, 2면: "創設專門. 大韓에 專門大韓學校ᄂᆞᆫ 姑未建設ᄒᆞ고 漢城法學校가 創有ᄒᆞ나 夜學所致로 姑未完全ᄒᆞ더니 磚洞에 新設ᄒᆞᆫ 普成專門學校ᄂᆞᆫ 位寘가 專門大學 書學으로 大皇帝陛下게서 特立ᄒᆞ신 바 每朔 數千元經費를 內帑錢으로 劃下ᄒᆞ시고 圖書館을 附設ᄒᆞ야 各專門教科書 數千卷을 新刊ᄒᆞᆫ다 ᄒᆞ고 申海永 趙齊桓 鄭永澤 三氏의게 右事務ᄅᆞᆯ 專任責成ᄒᆞᄂᆞᆫᄃᆡ 同諸氏ᄂᆞᆫ 教育上에 熱心ᄒᆞ야 報答聖意ᄒᆞ기로 尤極盡力ᄒᆞᆫ다ᄂᆞᆫᄃᆡ 二十餘員 講師ᄂᆞᆫ 曾前日本의 遊學ᄒᆞ야 卒業ᄒᆞᆫ 人으로 任用ᄒᆞ고 擔任責成ᄒᆞ기 爲ᄒᆞ야 月給 三十元式 特給ᄒᆞ기로 定ᄒᆞ고 二個年 卒業期限인ᄃᆡ 速成速需ᄒᆞ실 聖旨ᄅᆞᆯ 特下ᄒᆞ셧다ᄒᆞ며 今日븟터 開學ᄒᆞᆫ다더라"

> 전문학교 창설. 대한(大韓)에 전문대학교는 아직 세워진 적이 없다. 한성법학교(漢城法學校)가 처음 세워졌으나 야간 학교로 완전하지 못했는데, 박동(礡洞)에 신설한 보성전문학교(普成專門學校)는 위치가 전문대학 주간 학교로 대황제폐하(大皇帝陛下)께서 특별히 설립하신 바, 매달 수천원(元)의 경비(經費)를 내탕전(內帑錢)으로 내려주시고 도서관을 부설하여 각 전문 교과서 수천권을 새로 간행한다 한다. 그리고 신해영(申海永) · 조제환(趙齊桓) · 정영택(鄭永澤) 세 분에게 이상의 사무를 전임하여 책임을 지게 하여, 위 세 분은 교육을 열심히 하여 황제의 뜻에 보답하기로 더욱 극진하게 힘을 쓴다고 한다. 20여명의 강사(講師)는 일찍이 일본(日本)에 유학하여 졸업한 이들로 임용하고 책임감있게 담당하도록 하기 위하여 월급을 30원(元)씩 특별히 지급하기로 정하였다. 2개년 졸업 기한인데 인재를 빨리 양성하도록 하라는 황제의 뜻을 특별히 내리셨다하고, 오늘부터 개학한다고 한다.

위 기사에서 주목할 만한 사항은 다음과 같다: ① 주간 전문대학으로서는 한국에서 보성전문이 최초라는 사실; ② 학교를 고종황제가 특별히 설립했다는 사실; ③ 매월 수천 원의 경비를 황실 내탕금으로 지급했다는 사실; ④ 황성신문 1월 23일자에 언급되었던 인물(정명섭 · 김중환)이 신해영 등 다른 사람으로 대체되었다는 사실; ⑤ 강사에게 매월 30원의 급여를 지급했다는 사실; ⑥ 개학 예정일은 4월 1일이라는 사실 등.

2. 보성전문의 실제 설립 모습

1905년 4월 1일자 황성신문에는 보성전문학교의 학생모집 광고가 다음과 같이 실려 있다.[20]

20 『皇城新聞』 1905. 4. 1, 4면.

—學員募集廣告—

今에 普成專門學校를 新設하고 一般國民의 專門學業을 養成코져ᄒᆞ야 一校內에 五個專門科ᄅᆞᆯ 分設하고 內外國法律 及 實業學 等을 敎授ᄒᆞ오니 願學人은 本月三十日[陰二月二十五日] 內에 本校 事務所로 來ᄒᆞ야 請願ᄒᆞ시오

學校處所ᄂᆞᆫ 磚洞 前俄語學校

○ 各專門科科目

一 法學專門科

一 理財學專門科

一 農業學專門科

一 商業學專門科

一 工業學專門科

· · · · · · · · · · ·

○ 右 各種 專門科 外에 外國語學一科ᄅᆞᆯ 特設付屬홈

私立普成專門學校 校長 申海永 校監 趙齊桓 學監 鄭永澤

위 학생 모집 광고에는 '사립(私立)'임을 명기하였고, 앞서 개교 사실을 알린 기사에서와 같이 신해영(申海永) · 조제환(趙齊桓) · 정영택(鄭永澤)이 각각 교장 · 교감 · 학감을 맡기로 한 것을 확인할 수 있다. 또한 5개 전문과는 법학(法學), 이재학(理財學), 농업학(農業學), 상업학(商業學), 공업학(工業學)으로 구성되었고, 이 5개 전문과 외에 외국어학(外國語學) 1개과를 특설 · 부속하려고 했던 사실도 알 수 있다. 이 기사 내용은 그 앞에서 소개한 1905년 1월 황성신문 기사에 소개된 보성전문 설립계획과 상당한 차이가 있다.

위 언론 기사를 근거로 다음과 같은 추론이 가능하다: ① 보성전문은 단순한 사립학교가 아니었다; ② 고종이 보성전문 설립에 매우 깊숙이 관여했고, 이용익과 사이에 역할 분담이 있었다; ③ 보성학교의 설치 장소와 규모가 축소되었다; ④ 교장 등 학교 운영진 인선이 쉽지 않았다.

이러한 사정들은 일제와 서양 열강들의 각축장이 된 당시 한반도 상황에 따른 것으로 보인다. 보성전문은 당시로서는 매우 큰 규모의 고등교육기관으로 기획되었으나, 실제의 결과는 그에 크게 못 미쳤다. 농업학 · 상업학 · 공업학은 지원자가 없어 보성전문은 법학 · 이재학의 2개 학과만으로 1905년 4월 3일에 개교하였다.[21]

3. 교육 목표를 넘어 학문적 비전을 품은 보성전문

보성전문이 교육을 통해 국가와 민족을 구하겠다는 교육구국(教育救國)을 목표로 설립된 것은 잘 알려진 사실이다. 그런데 이러한 목표는 보성전문의 것만은 아니었다. 1905년 전후에 설립된 민족주의 계열의 학교들은 그 수준과 형식의 차이에도 불구하고 대부분 유사한 목표를 가지고 있었다. 보성전문이 다른 교육기관과 구별되는 것은 교육목표 외에 매우 뚜렷한 학문적 비전을 품고 있었다는 사실이다. 이를 잘 보여주는 것이 『法政學界』 제1호에 실려 있는 취지서인데, 그 내용은 다음과 같다.

> 차분히 살펴보건대 우리나라에서 간행되는 신문 · 잡지가 하나가 아닌데, 국가 · 사회에 직접 관련되는 중요한 것으로 이번에 창간하는 이 잡지만한 것이 없었다. 그 이유는 사람들이 이 잡지에 의지하여 살아갈 것이기 때문이다. 왜 이것에 의지하여 살아가는가? 이 잡지가 없으면 살아갈 수 없기 때문이다.
>
> 대개 국가와 사회의 수만 가지 일에는 반드시 원인이 있은 후에 결과가 발

21 이렇게 볼 때 보성전문의 본래 개교기념일은 4월 3일이지만 현재 고려대학교는 5월 5일을 개교일로 기념하고 있다. 개교기념일이 5월 5일로 된 것은 1922년 송현동으로 이전했을 때부터인데(앞의 책 『高麗大學校 70年誌』, 87면), 그 유래는 분명하지 않다.

생하는 것이다. 그리하여 원인이 없이 결과가 발생하는 것은 변칙이요, 원인이 있는데 결과가 발생하지 않는 것 또한 변칙이다. 오늘날 서양 열강이 그 나라를 편안한 반석 위에 놓고 엄연히 확립하여 세계를 내려다보고 수완(手腕)을 펴는데, 표면상으로 보면 자연히 이루어진 것 같으나 이 또한 원인이 있어 생긴 결과이다. 그렇다면 그 원인은 무엇인가? 법률과 경제가 그것이다. 법률은 나라를 다스리는 잣대이고 세상을 경영하는 먹줄인데, 법률학은 이 원리원칙을 깊이 연구하여 과거를 반성하고 현재를 밝히며 장래를 내다보아 국가의 홍운을 판단하는 학문이다. 한편 경제란 나라를 경영하는 방법이고 세상을 구제하는 활동인데, 경제학은 이 원리원칙을 깊이 연구하여 과거를 거울삼고 현재를 보완하며 장래를 살펴 국가의 성세를 판단하는 학문이다. 그리하여 이 두 학문은 서로 병행하는 것으로 잠시도 떨어질 수 없는 것이다.

슬프다! 우리 대한(大韓)이 개국한지 516년이고 통상을 시작한지 30여 년이지만, 인문(人文)이 열리지 못하고 형세를 알지 못하여 국가의 홍운과 세계의 대세를 미리 연구하지 아니하고 쓸데없이 자연히 이루어지기만을 바라다가, 이로 인하여 시들고 쓰러져 떨치지 못하고 오늘에 이르렀으니 진실로 분하고 괴로운 일이다.

우리 보성전문학교는 광무 9년(1905)에 법률 · 경제의 두 학과를 시작하고 외국에 유학한 고명한 분을 초빙하여 그 원리원칙을 강의 · 연구하고 있다. 학교에서 가르치는 것은 그 효력범위가 몇천 또는 몇백의 재학생에 불과하지만 그 주된 목적은 단지 여기에서 그치지 않는다. 장차 학문적 성과를 국가와 사회에 공개할 목적으로 법률 · 경제에 관한 여러 학설을 편집하고 매달 잡지로 발간할 것인데, 그 이름을 『法政學界』로 하고자 한다. 무릇 우리 동포가 다투어 먼저 읽고 결단하여 계발(啓發)하고 각오한다면 이것이 어찌 이 잡지만의 다행이리오. 실로 사회의 다행이요, 국가의 다행이라 할 것이다.

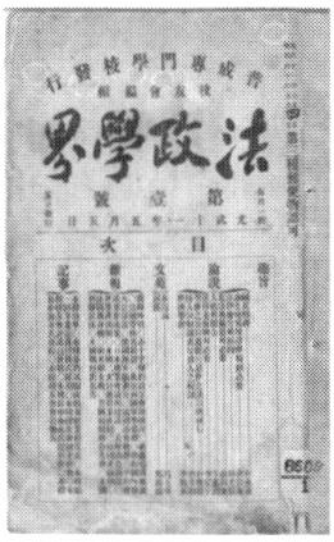

〈『法政學界』 제1호 표지〉

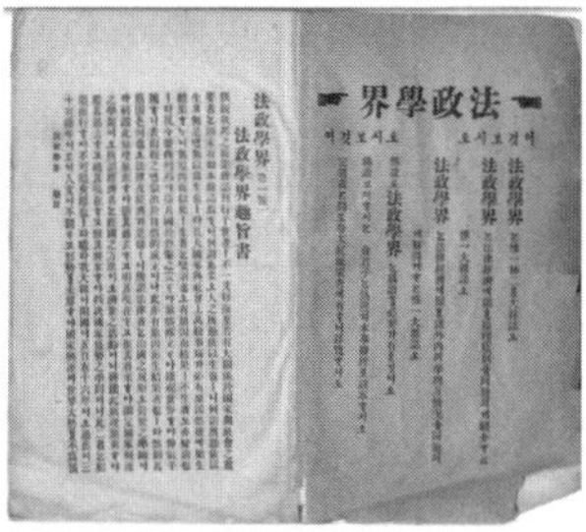

〈『法政學界』 제1호 1면〉

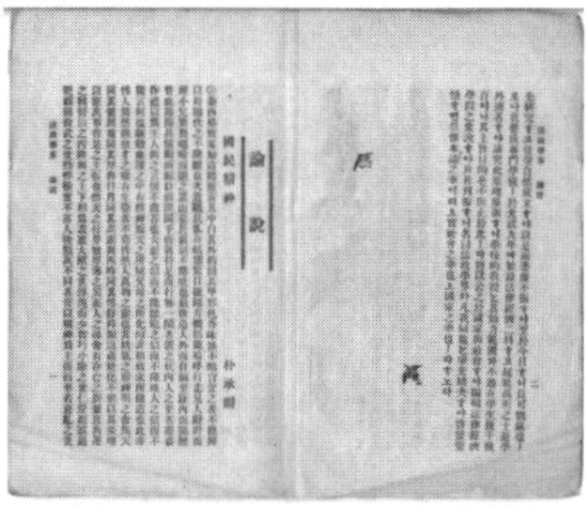

〈『法政學界』 제1호 2면〉

법정학계는 보성전문 교수들과 제1회 졸업생이 1907년 5월에 창간하여 1908년 9월까지 월간으로 총 17회를 발간한 국내 최초의 법률·정치·경제 종합 학술지이다. 그 취지서에는 뼈저린 역사 반성과 민족의 미래를 위한 충정, 학문적 비전이 잘 드러나 있다. 법정학계는 한국 지성사를 논의함에 있어서 중요한 지표가 되는 자료이다. 시의적절한 논문, 외국의 주요 소식, 학교소식 등이 체계적으로 수록되어 있다. 학교소식에는 교우회 창립총회에 관한 기사 등 보성전문 초기의 주요한 역사가 포함되어 있다. 제1호의 구체적 내용은 다음과 같다.

- 취지(趣旨)
- 논설(論說)
  - 국민정신: 박승혁(朴承爀)
  - 토지가옥 증명규칙의 필요성을 논함: 유치형(兪致衡)
  - 법률발생의 원인: 한광호(韓光鎬)
  - 私法典 편찬의 필요: 유옥겸(兪鈺兼)
  - 人格의 관념: 변덕연(卞悳淵)
  - 법률은 保國의 必要: 이면우(李冕宇)
  - 聖世之法以道德行惡世之法利器械行(성세의 법은 도덕으로 행해지고,

악세의 법은 기계에 이롭게 행해진다): 박만서(朴晩緖)

- 待人以奴隷者反爲人之奴隷(다른 사람을 노예로 대하는 사람은 도리어 다른 사람의 노예가 된다): 박두화(朴斗和)
- 經濟學說: 이교승(李敎承)

■ 문원(文苑)

- 본제론(本題論): 여규형(呂圭亨)
- 사조(詞藻): 정원석(鄭源錫)

■ 집보(雜報)

- 我韓外債(우리 대한제국 외채)
- 赤十字條約改定會議狀況(적십자조약 개정회의 상황)
- 英露協商風說(영국과 러시아의 협상에 대한 소문)
- 法國勞務省新設(프랑스 노동부 신설)
- 英法兩國軍事協商(영국과 프랑스의 군사협상)
- 墺匈國外務大臣演說(오스트리아 외무장관 연설)
- 淸國海軍振興策(청나라 해군 진흥책)
- 露國會議動靜(러시아 회의 동정)
- 平和會義重要議案(평화회의 중요 의안)
- 日本商業會議所建議(일본 상업회의소 건의)
- 長屋構造制限(장옥 구조 제한)
- 世界産銕額(세계 철 생산액)
- 米國二大銕道營業成績(미국 2대 철도 영업 성적)
- 法國産繭額(프랑스 누에고치 생산액)
- 法國獨身稅(프랑스 독신 세금)
- 南米鰥夫稅(남미 홀아비 세금)
- 万國紡績聯合大會(만국 방적연합대회)
- 米國新移民法(미국 신이민법)
- 米國戰時出兵力(미국 전시 출병력)

■ 기사(記事)

- 본교연혁(本校沿革)
- 본교 각과 시험성적 급 수업정도표(本校各科試驗成績及修業程度表)
- 본교 제1회 졸업증서 수여식 연기(本校第一會卒業証書授與式延期)
- 본교 교우회 창립총회(本校校友會創立総會)
- 본교 교우회 평의원회록(本校校友會平議員會錄)
- 본교장 신해영씨 송별회(本校長申海永氏送別會)
- 본교장 신해영씨 발정(本校長申海永氏發程)
- 본교 교우회 회계 보고(本校校友會會計報告)

IV. 보성전문 교육제도의 시대별 비교

1. 「학교규칙」(1905)과 『校典一覽』(1915)의 비교

(1) 법적 · 제도적 배경

〈1〉 「**사립학교령**」: 강제병합 전인 1908년 「사립학교령」(1908. 8. 26. 칙령 제62호)이 공포되었다. 「사립학교령」은 통감부가, 19세기 후반에 설립된 수천 개의 민족계열 사립학교가 학생들에게 애국심과 국권회복 의식을 고양시키는 것을 억압하고자 대한제국에 강요한 결과이다.[22] 1909년 4월 말까지 「사립학교령」에 따라 인가를 신청한 학교가 총 1,708개교였는데, 그중 인가를 받은 곳은 242개교에 지나지 않아 일제는 사립학교 고사의 목적을 달성했다.[23]

---

22 류한철, "한말 사립학교령 이후 일제의 사학 탄압과 그 특징," 『한국독립운동사연구』 제2호(1988. 11), 65면.

23 류한철, 앞의 글 "한말 사립학교령 이후 일제의 사학 탄압과 그 특징," 67면.

〈2〉 「사립학교규칙」[24]: 강제병합 후에 일제는 보다 철저한 감시 및 통제 정책의 필요에 따라 1911년 「사립학교규칙」(1911. 10. 20. 조선총독부령 제114호)[25]을 제정 · 시행하였다. 「사립학교규칙」의 적용범위는 조선인을 교육하는 사립학교이다(제1조). 사립학교의 인가에 관해서는 종래의 「사립학교령」보다 한층 강화된 조건을 요구한다(제2조).[26] 교과용도서는 총독부에서 출간한 것 또는 총독부의 검정을 통과한 것으로 엄격하게 제한되고(제9조), 도서의 명칭, 권수, 저역자, 발행자 등을 총독부에 신고하여야 한다(제10조). 통감부시기에 이미 「교과용도서 검정 규정」(1908)과 「출판법」(1909)에 따라 사립학교에서 사용하는 교과서에 대하여 1차적인 검열을 마친 상태였다. 「사립학교규칙」은 학교의 인사권에 대해서도 통제를 강화했다. 사립학교의 설립자, 학교장 및 교원이 될 수 없는 사유를 적시하고(제11조), 설립자가 소정 사유에 해당하는 경우에는 기존의 설립 인가를 취소할 수 있도록 하며, 학교장 및 교원이 이에 해당하는 경우에는 설립자에게 그의 해고를 명할 수 있도록 한다(제12조). 학교 설립의 취소나 해고를 명하는 사유에는 형사범 · 파산자와 같은 것 외에 "품행이 불량한 것으로 인정되는 자"(제11조 제5호)와 같은 모호한 항목도 포함되어 있다. 이처럼 포괄적이며 애매한 규정은 사립학교를 폐쇄할 수 있는 가장 극단적인 조치의 경우에도 나타나고 있다. 즉, "안녕 질서를 문란하게 하거나 풍속을 괴란할 우려가 있는 경우"(제14조 제2호)라는 애매한 사유로 사립학교 자체를 폐쇄시킬 수 있도록 한다.

---

24 이하 「사립학교규칙」에 관한 설명은 명순구, 앞의 논문 "3·1운동 100주년에 돌아보는 법학교육 100년 －普成專門學校와 京城專修學校를 중심으로－"에 의함.

25 원문은 『조선총독부 관보』 호외 1911. 10. 20, 14-15면 참조.

26 인가를 위한 7가지 조건은 다음과 같다: ① 목적, ② 명칭 · 위치, ③ 학칙, ④ 교지와 교사의 평면도, ⑤ 1년의 수지예산, ⑥ 유지방법, ⑦ 설립자, 학교장 및 교원의 성명을 병기한 이력서.

〈3〉 1915년 개정 「**사립학교규칙**」(1915. 3. 24. 조선총독부령 제24호)[27]: 조선총독부는 종래의 1911년 「사립학교규칙」으로는 그 성과가 미흡하다고 판단하여 1915년 더욱 적극적인 통제를 가하는 방향으로 「사립학교규칙」[28]을 개정했다.[29] 사립학교 교육과정의 자율성을 한층 억제하여 「보통학교규칙」, 「고등보통학교규칙」, 「여자고등보통학교규칙」, 「실업학교규칙」, 「전문학교규칙」이 정한 것 외의 교과과정은 운영할 수 없도록 했다(제6조). 이에 따라 종교계 사립학교에서의 성경과목 교육은 불가하게 되었다. 특히 전문교육에 관하여 제3조의2를 신설하여 "전문교육을 하는 사립학교의 설립자는 그 학교를 설립 · 유지함에 족한 재산이 있는 재단법인이 됨을 요한다."고 규정한다. 1915년 개정 「사립학교규칙」의 시행일은 1915년 4월 1일이다(부칙 제1항). 그러나 이 규칙 시행일 전에 이미 인가를 받은 사립학교는 1925년 3월 31일까지 제3조의2가 정하는 조건(즉 재단법인 설립)을 갖출 것을 요구했다(부칙 제3항). 10년이라는 유예기간을 주긴 했지만 당시 사립학교들의 어려운 재정상황을 고려해 볼 때 「사립학교규칙」의 이 조치는 엄청난 파장을 불러왔다.

〈4〉 「**전문학교규칙**」(1915. 3. 24. 조선총독부령 제26호)[30]: 조선총독부는 전문교육기관을 규율하기 위하여 「전문학교규칙」을 제정 · 시행했다.[31] 「전문학교규칙」은 이 글의 핵심 주제(법학 고등교육)와 직접 연관

27 이하 1915년 개정 「사립학교규칙」에 관한 설명은 명순구, 앞의 논문 "3·1운동 100주년에 돌아보는 법학교육 100년 —普成專門學校와 京城專修學校를 중심으로—"에 의함.

28 원문은 『조선총독부관보』 제789호 1915. 3. 24, 325면 참조.

29 결국, 1910년에만 해도 당국에 인가를 받은 사립학교는 2,250개교였으나, 「사립학교규칙」이 제정된 이후인 1912년에는 1,317개교로 급감하였고, 「사립학교규칙」이 개정되어 통제정책이 한층 강화된 결과 1919년에는 불과 690개 사립학교만이 운영될 수 있었다.

30 이하 「전문학교규칙」에 관한 설명은 명순구, 앞의 논문 "3·1운동 100주년에 돌아보는 법학교육 100년 —普成專門學校와 京城專修學校를 중심으로—"에 의함.

31 원문은 『조선총독부 관보』 제789호 1915. 3. 24, 326면 참조.

된다는 점을 감안하여 아래에서 그 전문을 소개한다.

제1조 조선인을 교육하는 전문학교에 대하여는 특별한 규정이 있는 것을 제외하고는 이 영에 의한다.

제2조 ① 전문학교 설치의 인가를 받고자 하는 때에는 다음 각 호의 사항을 구비하여 조선총독에게 신청하여야 한다.

1. 목적
2. 명칭, 위치
3. 학칙
4. 개교연월일
5. 교지, 교사, 부속사, 실습지의 평면도(평수 및 부근의 상황을 기재한다) 및 그 소유자
6. 1년의 수지예산
7. 유지방법
8. 학교장 및 교원의 성명 · 담당 교과목 및 이력서

② 의학을 전수하는 학교는 전항 각 호 외에 임상실습용 병원의 위치 및 평면도, 임상실습용 환자의 정수 및 해부용 사체의 예정수를 구비하여야 한다.

제3조 전문학교에서 전조 제1항 제1호 내지 제3호 또는 제7호의 사항, 학교장 또는 교원을 변경하고자 하는 때에는 조선총독의 인가를 받고 제4호, 제5호 또는 제2항에 게기한 사항을 변경한 때에는 조선총독에게 신고하여야 한다.

제4조 학칙에는 다음 각 호의 사항을 규정하여야 한다.

1. 수업연한, 교과목, 교과과정 및 매주 교수시수에 관한 사항
2. 생도의 정수 및 학급수
3. 학기 및 휴업일에 관한 사항
4. 생도의 입학 · 퇴학 및 징계에 관한 사항

5. 과정의 종료 및 졸업에 관한 사항
6. 수업료에 관한 사항
7. 전 각 호 외에 학교에서 필요하다고 인정하는 사항

제5조 전문학교의 교과목은 수신, 국어, 전문에 관한 사항 및 체조로 하고 그 과정 및 매주 교수시수는 별표에 의한다.

제6조 전문학교 폐지의 인가를 받고자 하는 때에는 그 사유, 생도의 처분방법 및 폐지기일을 구비하여 조선총독에게 신청하여야 한다.

제7조 이 영에 의하여 설치한 전문학교가 아니면 전문학교라고 할 수 없다.

제8조 교원은 1학급 1인 이상 전임자를 두어야 한다.

제9조 생도를 입학하게 하여야 하는 시기는 학년 초부터 30일 내로 한다. 다만, 특별한 사정이 있는 때에는 그러하지 아니하다.

제10조 입학을 허가할 수 있는 자는 신체건전, 품행방정한 자이어야 한다.

제11조 ① 제2학년 이상에 입학을 허가할 수 있는 자는 전 학년의 과정을 수료한 자와 동등이상의 학력을 가진 자에 한하여야 한다.

② 전항 입학자의 학력은 전 학년의 과정을 수료한 정도에서 그 각 교과목에 대하여 시험에 의하여 검정하여야 한다.

제12조 학교장은 다음 각 호의 1에 해당하는 자에게는 퇴학을 명하여야 한다.

1. 성행이 불량하여 개선의 가망이 없다고 인정한 자
2. 학칙 기타 학교의 명령에 위배하여 개전의 가망이 없다고 인정한 자
3. 학력이 열등하여 성업의 가망이 없다고 인정한 자
4. 정당한 사유 없이 계속하여 1월 이상 결석한 자 또는 출석이 고르지 아니한 자

제13조 학교장은 훈육상 필요하다고 인정되는 때에는 생도에게 징계를 가할 수 있다.

제14조 학년은 4월 1일에 시작되어 익년 3월 31일에 종료된다.

제15조 각 학년의 과정의 수료 또는 전 교과의 졸업을 인정하기 위하여는

평소의 성적 및 시험의 성적을 고사하여 정하여야 한다.

제16조 학교장은 전 교과의 졸업을 인정한 자에게 졸업증서를 수여하여야 한다.

제17조 전문학교에서는 다음 각 호의 표부를 비치하여야 한다.

1. 학칙, 일지, 일과표, 학교 일람표, 교과용 도서배당표, 교지, 교사, 부속사, 실습지의 평면도
2. 직원의 명부 · 이력서 · 출근부 · 담당 교과목 및 시간표
3. 생도의 학적부 · 출석부
4. 성적고사표, 학년시험의 문제 및 답안
5. 재산원부, 회계에 관한 장부, 기구 · 기계 · 표본의 목록
6. 전 각 호 외에 학교에서 교수 · 관리 · 훈련상 필요하다고 인정한 표부

제18조 학교를 폐지하거나 그 폐쇄를 명받은 때에는 생도의 학적부를 조선총독에게 제출하여야 한다.

「전문학교규칙」의 시행으로 전문교육기관의 체제가 전국에 걸쳐 통일적으로 정비되었다고 볼 수 있다. 그런데 다른 한편으로 1915년 「사립학교규칙」 제3조의2와 「전문학교규칙」 제7조의 중복적용은 사립 전문학교의 운영에 큰 부담으로 작용하였다. 보성전문학교도 예외가 아니었다. 1905년 설립 이래로 전문학교의 위상으로 교육을 수행하던 보성전문학교는 더 이상 '전문학교'의 명칭을 사용하지 못하고 '보성법률상업학교'의 명칭으로 격하되었다.

(2) 사항별 비교

다음에서는 1905년에 개교하며 간행한 「학교규칙」과 1915년 학교 명칭을 사립보성법률상업학교로 변경한 후 만들어진 『校典一覽』에 기초하여 사항별로 비교해 본다.

1) 학교명칭, 교육주의 등

	1905년	1915년
교명	사립보성전문학교	사립보성법률상업학교
교육주의	내외국 법률 및 실업학 등의 원리원칙을 참고 교수하여 일반학생의 전문학업을 양성하기로 주의삼을 것	고상한 인격을 양성하여 사회의 의표되게 할 것, 공리망상(空理妄想)에 경도됨을 억제하여 실용에 맞게 할 것

학교 명칭은 앞서 살펴보았듯이 1915년 개정된 사립학교규칙과 전문학교규칙에 의거하여 '전문학교'라는 명칭을 박탈당하고, '사립보성법률상업학교'라는 명칭으로 변경되었다. 전문학교에서 각종학교로 그 지위도 변경됨에 따라, 교육주의에도 일부 변화가 있었다. '일반학생의 전문학업을 양성'하는 것을 목적으로 했던 전문학교에서, '실용'을 강조하는 교육을 표방한 것이 그것이다.

2) 학과, 수업연한, 학년, 학기

	1905년	1915년
학과	법률학전문과, 이재학전문과, 농업학전문과, 상업학전문과, 공업학전문과	법률과, 상업과
학년, 학기	2년, 2학기	3년, 3학기
학기시작일	2월 15일, 9월 15일	4월 1일, 9월 1일, 1월 1일
수업시간		오후 6시 - 오후 10시

보성전문은 당초 법률, 이재, 농학, 상업, 공학의 5개 학과로 구성하려 하였으나, 농학, 상업, 공학은 지원자가 없어 2개의 학과만으로 1905년 개교하였는데, 1915년에는 학교 이름인 '사립보성법률상업학교'와 같이 법률, 상업 2개의 학과만으로 구성하였다. 학과 명칭도 법률학전문과, 이재학전문과 등에서 '전문(專門)'이라는 명칭을 떼고 법률과, 상업과로

변경하였다. 그리고 졸업연한을 2년에서 3년으로 하였고, 2학기제를 3학기제로 바꾸었다. 그리고 1905년에 개교한 보성전문학교는 주간이었으나 1915년의 보성법률학교는 야간제로 운영되어 수업시간이 오후 6시-10시가 되었다.

3) 휴학일

	1905년	1915년
휴학일	1. 만수성절(萬壽聖節) 1. 천추경절(千秋慶節) 1. 개국기원절(開國紀元節) 1. 흥경절(興慶節) 1. 계천기원절(繼天紀元節) 1. 일요일(日曜日) 1. 하기휴학(夏期休學) 7월 15일-9월 14일 1. 동기휴학(冬期休學) 12월 29일-1월 4일 1. 음력명절(陰曆名節) 12월 25일-정월 15일, 한식 전날부터 한식일, 추석 전날부터 추석일	1. 사방배(四方拜)[32] 1월 1일 1. 원시제(元始祭)[33] 1월 3일 1. 명치천황제(明治天皇祭)[34] 7월 30일 1. 기원절(紀元節)[35] 2월 11일 1. 춘계황령제(春季皇靈祭)[36] 춘분일 1. 신무천황제(神武天皇祭)[37] 4월 3일 1. 추계황령제(秋季皇靈祭)[38] 추분일 1. 신상제(神嘗祭)[39] 7월 17일 1. 천장절(天長節)[40] 8월 31일 1. 천장절축일(天長節祝日)[41] 10월 31일 1. 신상제(新嘗祭)[42] 11월 23일 1. 본교창립기념일(本校創立紀念日) 4월 3일 1. 일요일(日曜日) 1. 조선총독부 시정 기념일(朝鮮總督府始政紀念日) 10월 1일 1. 학년휴업(學年休業) 3월 26일-3월 31일 1. 하계휴업(夏季休業) 7월 15일-9월 5일 1. 동계휴업(冬季休業) 12월 27일-익년 1월 5일

휴학일은 경술국치 후 일제강점기의 시대상을 그대로 반영하고 있다. 1905년 개교 당시 학칙상 휴학일은 고종(만수성절)과 순종(천추경절)의 생일, 조선의 건국기념일과 고종의 즉위일(홍경절) 및 대한제국 선포일(계천기원절), 그리고 음력 명절이었다. 그런데 1915년의 휴학일은 고종, 순종 등 조선과 관련한 흔적은 전혀 찾아볼 수 없게 되었다. 그 자리는 일본 명절과 일왕(日王)의 축일 등으로 바뀌었고, 일제의 양력 정책에 따라 음력 명절에 따른 휴학일도 없어졌다.

4) 입학, 재학, 퇴학, 졸업

	1905년	1915년
입학 자격	1. 연령 20세 이상의 남자 2. 신체 건강하고 품행 단정한 자 3. 국한문에 익숙한 자	1. 신체 건강하고 품행이 방정한 자 2. 연령 만 16세 이상의 남자 3. 고등보통학교 또는 이와 동등 이상의 학교를 졸업한 자 혹은 본교에서 정한 입학시험에 합격한 자
입학 시험	1. 지지(地誌) 및 역사 문대(問對) (내국 및 외국) 2. 독서 및 작문(국문 및 한문) 3. 산술(사칙 및 분수) 단, 관공사립학교의 보통과 이상 졸	1. 국어(國語) 2. 조선어(朝鮮語) 및 한문(漢文) 3. 지리 및 역사 4. 이과(理科) 5. 수학(數學)

32 매년 1월 1일 황제가 천지 사방에게 절을 하는 의식.
33 매년 1월 3일 황제가 궁중에서 스스로 주재하는, 황위(皇位)의 원시(元始)를 축원하는 의식.
34 명치천황(明治天皇)이 사망한 날.
35 일본서기(日本書紀) 초대 천황인 신무천황(神武天皇)의 즉위일.
36 춘분일에 황제가 선조에게 오곡이 풍성하기를 기원하며 지내는 제사 의식.
37 초대 천황인 신무천황(神武天皇)이 사망한 날.
38 추분일에 황제가 선조에게 수확을 감사하며 드리는 제사 의식.
39 천황이 햇곡식을 신전에서 직접 먹는 궁중 제사 의식.
40 대정천황(大正天皇)이 태어난 날.
41 천장절(天長節)을 기념하여 행사를 거행한 날.
42 천황이 오곡의 햇곡식을 차려 천지신에게 그해의 수확을 감사하는 제사를 드리는 의식.

	업증서가 있는 사람은 시험을 요하지 아니할 것	
편입		2학년 이하에서는 해당학력자에게 편입시험을 본 후 보결입학을 허하는 것이 있음 보결입학자에게는 편입시험합격증서를 교부하고 그 증서는 당해전학년의 수업증서와 동일한 학력을 가진 것으로 함
퇴학	퇴학을 원하는 사람은 그 사유를 상세히 적어 보증인과 연서한 청원서를 제출할 것 학업을 성취할 기대가 없거나 품행이 불미하여 본교 혹은 학생의 체면을 더럽히거나 15일 이상 무단 결석을 하는 사람은 퇴학을 명할 것	퇴학하고자 하는 자는 그 사유를 갖춰 보증인이 연서하여 학교장의 허가를 받음을 요할 것 다음 각 호에 해당하는 사람은 퇴학을 명함 1. 성행이 불량하여 개전의 가망이 없다고 인정한 자 2. 학칙 기타 학교명령에 복종치 아니하는 자 3. 학력이 열등하여 성업(成業)의 가망이 없다고 인정한 자 4. 정당한 사유없이 계속하여 1월 이상 결석한 자 또는 출석이 매우 고르지 아니한 자 5. 학비 납부를 과태(過怠)히 한 자

입학자격은 20세 이상에서 만 16세로 입학 연령이 낮추어졌으나, 여전히 남자만 선발하고 있었으며, 입학시험은 국문 및 한문에서 일본어, 조선어, 한문으로 변경되어 역시 경술국치 후 바뀐 시대상을 반영하고 있다.

그리고 1915년 교전일람에서는 1905년 학칙에 없던 편입 항목이 새로 추가가 되었다. 이는 전문학교 지위 상실에 따라 학생 수가 감소하는 것에 대한 대비책으로 추가된 것으로 보인다. 또한 1915년에는 퇴학에 대해 자세히 규정하고 있는데, 퇴학 규정 중 5호를 제외한 1-4호는 1915

년에 발표된 「전문학교규칙」(1915. 3. 24. 조선총독부령 第26號)의 제12조를 그대로 가져온 것이다. 보성전문학교가 비록 전문학교라는 명칭을 박탈당했지만 추후 전문학교로의 명칭 변경을 염두에 둔 학칙 변경이라 할 수 있다.

5) 시험, 포상

	1905년	1915년
시험	월말시험, 학기시험, 학년시험, 졸업시험의 4종 단, 시험방법은 필기와 구술의 2종	학기시험, 학년시험, 졸업시험의 3종 최종학년에서는 졸업논문을 부과하여 총 학과목 졸업성적에 더함
성적평가	100점 만점에 60점 이상 합격 평균 85점 이상 우등 평균 60점 이상이라도 3과목 이상이 30점 미만이면 낙제	100점 만점에 평균 60점 이상 합격 평균 85점 이상 우등 평균 60점 미만 또는 30점 미만이 3과목 이상이면 낙제
포상	월말시험의 성적이 우등에 있는 사람은 상품으로 권장	품행이 선량하고 학업이 우등한 자는 특별히 선발하여 특대생(特待生)으로 함

시험과 성적평가에서는 크게 변한 점은 없으나 1915년에는 월말시험에 대한 규정이 없고, 월말시험 성적이 우수한 학생에 상품으로 권장하던 포상에 대한 규정이 없어졌다.

6) 학 비

	1905년	1915년
학비	학비금(學費金) - 매월 1원(元) 단, 때에 따라 강의록대금으로 바꾸어 부르되 그 금액은 수시로 산정	입학금 - 입학 초 1회 1원(圓) 수업료 - 매월 1원(圓)
학비금 면제	재학 중 3일 이상 계속 결석이 없고 한 학기시험 성적이 우등에 있는 사람은 다음 학기 내에 학비금을 면제할 것	특대생(特待生)에게 포상을 주고 상품을 부여하거나 1학기 이상의 수업료를 면제함

학비는 매월 1원, 그리고 학업 우등생은 1학기 학비금을 면제하고 있는 점에서 변함이 없다. 다만, 1915년에는 입학금이 신설되었음을 알 수 있다.

7) 기 타

	1905년	1915년
징계		학생의 본분에 위배하거나 또는 교규풍의(校規風儀)를 문란하게 한 사람은 징계함 징계는 계칙(戒飭), 정학(停學), 감점(減點)의 3종으로 함

1905년에는 징계에 대한 규정이 없으나, 1915년에는 징계를 규정하고 그 세부사항으로 계칙(戒飭), 정학(停學), 감점(減點)의 3종을 신설하였다.

2. 『校典一覽』(1915)과 『普成專門學校一覽』(1925)의 비교

(1) 법적 · 제도적 배경

자금사정으로 인하여 재단법인의 요건을 갖추지 못하여 전문학교의 이름을 찾지 못하다가 사정 변경의 기운이 일어났다. 윤익선이 3·1운동 당시 『朝鮮獨立新聞』을 발행한 혐의로 일경에 체포되자 당시 보성전문에서 상업을 교육하던 김상옥이 약 1년간 교장직무를 대리하다가 1920년 고원훈(1891-1950?)이 정식으로 제6대 교장에 취임하였다.[43] 교장 고원훈은 총독부에 전문학교 승격 가능성을 거듭 타진하고, 서상관, 서상호, 이승우, 서광설, 김병로 등은 재단법인 기성회를 조직하여 널리 사

43 고려대학교 100년사 편찬위원회, 『高麗大學校 100년사(I)』, 고려대학교출판부, 2008, 264면.

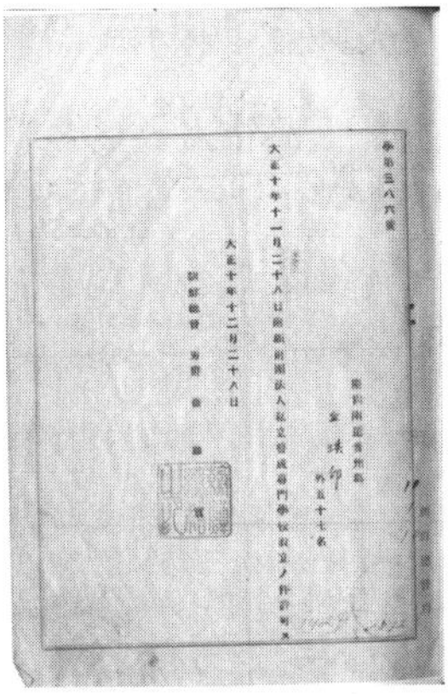

〈1921년 12월 28일자 재단법인 설립허가서〉

회독지가들에게 기금의 출연을 호소했다.[44] 이에 응하여 김기태 15만원, 박인호 5만원, 최준 3만원, 김원배 3만원, 서상호 1만원, 김상범 1만원, 오동준 1만원 등 58명이 총 43만 3천원의 기금을 출연하는 성과를 보였다.[45] 1921년 11월 28일자로 김기태, 박인호, 최준 등 58명의 설립자 연명으로 기부증서를 첨부하여 출원하였고, 12월 28일 허가를 받았다.[46] 이 58명 안에는 허헌, 윤익선, 김병로, 김성수 등도 포함되어 있다.

앞서 1921년 11월 재단법인 설립신청서를 제출할 즈음인 1921년 11월 25일자 동아일보에서는 제1면에 '보성전문의 재단법인' 건에 대해 장문의 논설을 실었다. 조선에 조선인의 금전과 성심으로 설립한 유일한 전문학교가 되는 것에 대해 매우 감격적인 어조로 재단법인 설립 신청 건에 대해 보성전문이 왕성하게 발전하기를 희망하는 글이다.[47]

> 普成專門의 財團法人. 實地의 不平과 空言의 不平. 吾人은 朝鮮人이 偉大한 不平을 胸中에 藏하기를 希望하노라 火山熱과 如한 不平과 地球熱과 如한 大不平을 그 胸中에 深藏하기를 바라노라 政治에 對한 大不平이 無하고서 엇지 偉大한 成功을 期하며 經濟에 對한 深刻한 不平이 無하고서 엇지 圓滿한 幸福을 望하리오 不平은 一面으로 觀察하면 自覺의 標徵이니 自覺의 標徵인지라 他面으로 觀察하면 進步의 母며 發達의 動力이라 할 것이라

44 고려대학교 100년사 편찬위원회, 앞의 책 『高麗大學校 100년사(I)』, 265면.
45 고려대학교 100년사 편찬위원회, 앞의 책 『高麗大學校 100년사(I)』, 265면.
46 고려대학교 100년사 편찬위원회, 앞의 책 『高麗大學校 100년사(I)』, 265면.
47 1921년 11월 25일 동아일보 1면.

政府의 當局者는 人民의 溫順함을 希望함이 맛치 父母가 柔順한 子女를 希望함과 如하나 그러나 엇더한 意味로 言之하면 惡戲에 亂暴할만한 活力의 旺盛한 兒童이 아니면 그 將來에 發達의 希望이 無한 것과 如히 政府의 專制에 오즉 服從하고 敢히 反抗할 만한 氣力이 無한 國民은 亦 將來에 希望이 無한 것이로다 不平이 無한 것은 滿足을 意味하는 것이오 滿足하다하는 것은 現狀의 維持를 意味하는 것이오 現狀의 維持는 그 實 退步를 意味하는 것이며 退步는 卽 滅亡을 意味하는 것인 同時에 無氣力 無理想을 意味하는 것이라 不平이 何오 眞理의 自覺으로 虛僞에 對하야 平치 못함이며 幸福의 追求로 悲慘에 對하야 痛憤함이며 神聖한 權利에 抑鬱한 壓迫을 慨歎함이며 道義를 蹂躪함에 良心의 反抗이오 生長을 障害함에 本能의 怒念이라 風雨을 衝하야 波瀾을 起하며 山岳을 鑿하야 平地를 作하는 것이 곳 不平이라 吾人이 엇지 區區한 不平을 擧하야 論함이리오 神聖한 不平과 眞理의 不平과 王者의 赫怒를 擧하야 論함이로다 아- 吾人은 朝鮮 民衆이 眞理에 自覺하야 偉大한 不平을 抱하기를 希望하노라 그러나 吾人의 希望하는 바 大不平은 暗室의 不平이 아니며 獨語의 不平이 아니며 더구나 怨言의 不平이 아니며 婦女의 不平이 아니며 世所謂『숙은거리는』不平이 아니며『앙알거리는』不平이 아니라 大丈夫의 不平인데 天下의 公衆으로 더부러 갓치하는 不平이니 實地에 力을 擧하고 功을 立하는 不平이며 消極的 不平이 아니라 積極的 不平이니 暗室의 不平이 아니라 白晝의 不平이며 率直의 不平이며 萬衆에게 怒呼하는 不平이라 그러나 拔劍而起하야 挺身而鬪하는 不平이 엇지 大丈夫의 不平이리오 吾人은 卒然히 不驚하며 卒然히 不怒하고 孜孜히 努力하는 不平을 要求하노라 不平이 大한가 藏하는 바이 深하여야 할지며 藏하는바이 深한가 孜孜히 努力하여야 할지라 吾人이 言코자하는 要點은 實로 玆에 在하나니 吾人은 朝鮮人이 偉大한 不平을 抱하기를 希望하는 同時에 此不平의 實効를 實地 奏하는 前提條件으로 朝鮮人이 屈身에 屈身을 加하야 孜孜히 努力하야써 그 將來의 大伸을 期하기를 바라노라 不平은 一面으로 觀察하면 弱者의 歎聲이라 이럼으로 吾人은 不平을 怨聲으로 變하지 말고 希望下에 繫하야써 努力의 動力을 作하여야 할지니 朝鮮人이 眞實로 大不平을 抱할진대 目下의 緊急한 問題를 切實히 解決함에 努力하여야 할지로다 朝鮮人의 切實한 問題가 무엇인고 엇지 그 하나이리오만은 그 中의 最大한 者를 擧하건대 教育問題이니 此問題에 向하야는 朝鮮人된 者는 그 男女老少와 貧富貴賤을 勿論하고 全部合力協致하야 高遠한 理想을 達하여야 할 것이라 吾人은 朝鮮人이 相當한 不平을 抱하는 줄을 知하노라 그러나 그 不平은 口의 不平이오 腹의 不平은 아니며 言의 不平이오 行의 不平은 안인줄노 아노니 眞實노 腹中의 大不平이오 行實의 實不平일진데 엇지 그 不平을 達하는 方法으로 教育에 誠을 致하지 아니하며 身을 投하지 아니하리오 吾人은 空言의 不平을 要望하지 아니하고 實地의 努力을 伴하는 實不平을 要求하노라 이 엇지 積極的인 不平이 아니며 建設的 不平이 아니며 幸福을 追求하는 實不平이 아니리오 그런즉 이제 吾人의 標語될 者를 求하면『不平에 基한 努力』『努力을 伴한 不平』이 이것이로다 吾人은 普成專門學校의 當局者가 如何한 不平을 持하는지를 아지못하노라 짜라 如何한 理想을 持하는 지를 아지못하노라 그러나 吾人은 推測컨대 가장 큰 欲望을 實地에 가장 適實히 抱持하는 줄을 아노니 그 萬一 不平을 抱持한다하면 空言의 不平이 아니라 實地의 犧牲을 供하는 不平이며 그 萬一 高遠한 理想을 含藏한다하면 空理의 空想이 아니라 實地에 具體化하는 誠力을 伴한 理想이라 吾人은 朝鮮人의 全部가 此實이 有한 不平과 理想을 抱持하기를 希望하노라 何로써 吾人이 玆에 此를 言하는고 吾人은 普成專門學校가 四十五萬圓의 基本金을 現實에 積立하고 財團法人의 資格을 獲得하는 好消息을 聞하고 衷心의 喜悅을 禁치 못하야 玆에 此言을 發하노라 朝鮮에 志士가 多하고 教育에 熱誠잇는 者도 多하고 將來를 憂慮하는 者도 多한 줄을 吾人은 知하노라 아- 그러나 朝鮮의 學者를 養成하며 高等人才를 養成하며 專門의 技術과 學術과 眞實노 朝鮮을 競爭世界에 引率할만한 能力을 養成하는 大學 或 專門學校의 一個를 朝鮮人의 金錢으로 誠心으로써 設立한 者이 有한가 吾人은 朝鮮 全民族에게 問하노라 如此한 者이 有한가 아- 無하도다 그

必要를 未知하야 無한 것이 아니며 그 胸中에 欲望이 缺乏하야 無한 것이 아니며 不平이 缺乏하야 無한 것이 아니로다 오즉 朝鮮人의 大部分은 말뿐의 朝鮮人이오 形式뿐의 朝鮮人인 故로 無한 것이로다 吾人은 普成專門學校의 同志者가 그 誠意를 披瀝한 것을 깃버하며 감사하노라 그 實地에 努力하야 將來에 期待하는 遠大한 意志에 감사하노라 바라건대 此 財團이 더욱히 旺盛하야 朝鮮民族의 大幸福이 될지어다 바라건대 朝鮮民衆은 此後로 實地잇는 不平을 抱할지어다 四十五萬圓이 엇지 足하리오 百萬圓에 百萬圓을 加하야 漸次로 發達하기를 希望하노리

당시 조선의 독지가들의 성의로 세우게 된 재단법인은 하나의 큰 사건이자 전국적, 민족적 많은 기대를 받았음을 알 수 있다. 또한 1921년 12월 28일 설립허가서를 받은 것을 전하는 12월 30일자 동아일보 3면 기사에서는 '조선 유일의 조선인 경영 전문학교'임을 강조하고 있다.[48]

(2) 사항별 비교

다음에서는 법령이 정하는 재단법인을 설립하여 '사립보성법률상업학교'의 이름을 벗어버리고 보성전문학교의 지위와 명칭을 회복한 1921년 직후인 1925년의 학칙과 1915년 『校典一覽』을 사항별로 비교해 보기로 한다.

1) 학교명칭, 교육주의 등

	1915년	1925년
교명	사립보성법률상업학교	재단법인 보성전문학교
교육주의	고상한 인격을 양성하여 사회의 의표되게 할 것, 공리망상(空理妄想)에 경도됨을 억제하여 실용에 맞게 할 것	조선교육령에 의한 법률 및 상업에 관한 전문교육을 시행하는 것을 목적으로 함

48 1921년 12월 30일 동아일보 3면, "定礎된 普成專門校" 참조.

1922년 재단법인을 설립한 이후 '보성법률상업학교'에서 '재단법인 보성전문학교'라는 '전문학교'의 명칭을 회복할 수 있었다. 1925년에 간행된 보성전문학교일람에는 학교 명칭이 '재단법인 보성전문학교'임을 확인할 수 있다. 이에 보성전문학교에서는 1925년에 개정한 학칙 제1조에서 법률 및 상업에 관한 전문교육을 목적으로 한다는 것을 밝히고 있다. 비록 '조선교육령'에 의거한 교육을 시행한다고 밝혔지만, 1905년 학칙에서 표방한 '전문교육'을 다시금 표방한 것이다.

2) 학과, 수업연한, 학년, 학기

	1915년	1925년
학과	법률과, 상업과	법과, 상과
학년, 학기	3년, 3학기	3년, 2학기
학기시작일	4월 1일, 9월 1일, 1월 1일	4월 1일, 10월 21일

학과 명칭은 특별히 변동사항이 없으나, 학기제는 1915년의 3학기제에서 2학기제로 변경하였고, 1915년부터 야간으로 운영되던 것을 1922년 4월부터 다시 주간제로 변경하였다.[49]

3) 휴학일

	1915년	1925년
휴학일	1. 사방배(四方拜) 1월 1일 1. 원시제(元始祭) 1월 3일 1. 명치천황제(明治天皇祭) 7월 30일 1. 기원절(紀元節) 2월 11일 1. 춘계황령제(春季皇靈祭) 춘분일 1. 신무천황제(神武天皇祭) 4월 3일 1. 추계황령제(秋季皇靈祭) 추분일 1. 신상제(神嘗祭) 7월 17일	1. 축일(祝日), 대제일(大祭日) 1. 일요일(日曜日) 1. 본교창립기념일(本校創立紀念日) 5월 5일 1. 조선총독부 시정 기념일(朝鮮總督府始政紀念日) 10월 1일 1. 춘기휴업(春期休業) 4월 1일-4월 10일

49 1922년 3월 26일 동아일보 3면, "晝學으로 確定된 普專" 참조.

	1. 천장절(天長節) 8월 31일 1. 천장절축일(天長節祝日) 10월 31일 1. 신상제(新嘗祭) 11월 23일 1. 본교창립기념일(本校創立紀念日) 4월 3일 1. 일요일(日曜日) 1. 조선총독부 시정 기념일(朝鮮總督府始政紀念日) 10월 1일 1. 학년휴업(學年休業) 3월 26일-3월 31일 1. 하계휴업(夏季休業) 7월 15일-9월 5일 1. 동계휴업(冬季休業) 12월 27일-익년 1월 5일	1. 하기휴업(夏期休業) 7월 21일-9월 10일 1. 동기휴업(冬期休業) 12월 25일-익년 1월 7일

휴학일은 1915년에 자세히 기록되었던 일왕의 축일과 일본 명절을 '축일(祝日), 대제일(大祭日)'로 간단히 표기한 것 외에 변화는 없다. 단, 본교창립기념일이 4월 3일에서 5월 5일로 변경된 것이 눈에 뜨인다. 본교창립기념일을 5월 5일로 정한 것은 1922년 송현동 시대부터인데 그 이유는 명확하지 않다.

4) 입학, 재학, 퇴학, 졸업

	1915년	1925년
입학 자격	1. 신체 건강하고 품행이 방정한 자 2. 연령 만 16세 이상의 남자 3. 고등보통학교 또는 이와 동등 이상의 학교를 졸업한 자 혹은 본교에서 정한 입학시험에 합격한 자	고등보통학교 또는 중학교를 졸업한 자 전문학교 입학자 검정시험에 합격한 자 전문학교 입학자 검정 규정 제8조에 의하여 무시험 검정을 받은 자
퇴학	퇴학하고자 하는 자는 그 사유를 갖춰 보증인이 연서하여 학교장의 허가	다음 각 호에 해당하는 자는 퇴학을 명함

	를 받음을 요할 것 다음 각호에 해당하는 사람은 퇴학을 명함 1. 성행이 불량하여 개전의 가망이 없다고 인정한 자 2. 학칙 기타 학교명령에 복종치 아니하는 자 3. 학력이 열등하여 성업(成業)의 가망이 없다고 인정한 자 4. 정당한 사유없이 계속하여 1월 이상 결석한 자 또는 출석이 매우 고르지 아니한 자 5. 학비 납부를 과태(過怠)히 한 자	1. 성행이 불량하여 개선 가망이 없다고 인정한 자 2. 학력이 열등하여 성업(成業) 가망이 없다고 인정한 자 3. 어떠한 이유를 막론하고 계속하여 1년 이상 결석한 자 4. 정당한 사유없이 계속하여 1월 이상 결석한 자 5. 출석이 고르지 아니한 자 6. 2개월 이상 수업료를 납부하지 않은 자

입학자격은 종전 나이 제한은 학칙에 별도로 규정하지 않고, 오직 전문학교를 입학할 수 있는 학력만을 규정하고 있다. 기본적으로 고등보통학교 또는 중학교를 졸업하게 되는 학력을 요구하기에 별도 나이 제한은 필요가 없어진 것으로 보인다.

5) 시험, 포상

	1915년	1925년
시험	학기시험, 학년시험, 졸업시험의 3종 최종학년에서는 졸업논문을 부과하여 총 학과목 졸업성적에 더함	학기말 시험을 보고 학년시험은 각 학기시험의 평균으로 함

1925년에서는 시험을 학기시험 한 가지만으로 하여 학년과 졸업을 평가하는, 간단한 제도를 운영하게 되었음을 볼 수 있다.

6) 학 비

	1915년	1925년
학비	입학금 – 입학 초 1회 1원(圓)	입학시험료 – 5원(圓)

	수업료 - 매월 1원(圓)	수업료 - 55원(圓), 8월을 제외한 매월 5원으로 계산한 금액으로 납부기일은 다음과 같음 제1기 20원(圓), 4월 11일-21일 제2기 20원(圓), 9월 11일-17일 제3기 15원(圓), 1월 8일-14일

학비는 시대가 변함에 따라 물가도 상승한 것에 맞춰, 1905년과 1915년의 매월 1원에서 매월 5원이 되었다. 다만 8월 1개월분을 제외하고 1년 학비는 55원으로 계산되었다. 8월 전체는 하기휴업(夏期休業) 기간에 속하기 때문에 별도의 학비가 없었던 것이다.

7) 기 타

	1915년	1925년
징계	학생의 본분에 위배하거나 또는 교규풍의(校規風儀)를 문란하게 한 사람은 징계함 징계는 계칙(戒飭), 정학(停學), 감점(減點)의 3종으로 함	학칙을 위배하거나 기타 무례한 행위를 한 사람은 그 정상에 의하여 징계함 징계는 계칙(戒飭) 또는 정학(停學)으로 처분함

징계 종류는 1915년 계칙(戒飭), 정학(停學), 감점(減點)의 3종에서 계칙(戒飭) 또는 정학(停學)의 2종으로 변경되었다. 감점(減點)을 징계 종류에서 제외한 것은, 징계와 학업성적을 별도 관리하고자 하는 학사운영이 시행된 것으로 보인다.

V. 맺음말

앞에서 3·1운동 시기를 전후한 보성전문의 교육체계와 그 법적 · 제도적 배경에 대하여 살펴보았다. 당시 언론 기사 및 건물 사용 계획을 보면 1905년 설립된 보성전문은 형식은 사립이지만 실질은 황실의 관여에 의하여 설립된 것으로 이해할 수 있다. 19세기 말 20세기 초에 이 땅에 설립된 대부분의 사립학교와 마찬가지로 보성전문 또는 교육구국(教育救國)을 표방했다. 그러나 보성전문은 교육에 그치지 않고 매우 명확한 학문적 비전을 가지고 있었다는 점에서 다른 학교와 뚜렷하게 구별된다. 이는 1907년에 발간된 『法政學界』 취지서에 잘 나타나 있다. 보성전문이 이 나라 교육사에서 중요하게 다뤄져야 할 이유이다.

대한제국의 몰락과 함께 보성전문은 설립 직후부터 운영상의 어려움을 겪었는데, 이는 당시 이 땅의 모든 학교에 공통되는 현상이었다. 일제는 대한제국으로 하여금 1908년 「사립학교령」을 제정 · 시행하도록 하는 등 합병 전부터 교육 기관 및 제도에 대하여 엄격하게 통제했다. 합병 이후 일제는 「조선교육령」(1911)에 기초한 「사립학교규칙」(1911)을 통해 더욱 정교하게 교육을 통제했다. 사립학교에 대한 탄압은 1915년 「사립학교규칙」 개정과 「전문학교규칙」 제정으로 극에 달하다가 3·1운동 이후인 1922년 「조선교육령」을 개정하여 한반도에 대한 지배체계의 기본방향 수정을 교육분야에도 반영했다. 이와 같은 역사의 굴곡은 보성전문의 역사에 그대로 반영되어, 전문학교의 지위를 상실하고 학교 이름도 '보성전문학교'에서 '보성법률상업학교'로 격하되는 수모도 경험했다. 1921년에 이르러 「사립학교규칙」과 「전문학교규칙」이 요구하는 조건을 구비하여 전문학교의 지위와 학교 이름을 회복했다. 이러한 굴곡진 역사의 큰 줄기에 대해서는 이미 여러 문헌을 통해 잘 소개되어 있으나, 구체적인 제도의 변화상에 대한 소개는 미약했다. 이 글은 「私立普成專門學校規則」(1905), 『私立普成法律商業學校 校典一覽』(1915), 『普成專門學校一覽』(1925)을 토대로 학사운영의 주요사항을 시대별로 비교 · 분석했다는 점에서 의미를 가진다. 특히 『私立普成法律商業學校 校典一覽』은 아직까지 일반에게 잘 알려지지 않은 자료이다.

3·1운동 시기를 전후한 보성전문학교와 보성법률상업학교의 교육체제에 대한 검토는 일제강점기 한국 대학 역사를 살피는 데에 있어서 의미있는 작업이다. 1915년 이후 약 5년간의 질곡에서 벗어나 1921년 전문학교의 지위와 원래의 명칭을 회복했을 당시 주요 언론은 매우 감격적인 어조로 "조선에 조선인의 금전과 성심으로 설립한 유일한 전문학교"가 부활했음을 보도했다. 그로부터 다시 100년이 흐른 지금 보성전문학교의 역사를 잇는 고려대학교에 주어진 영광과 책임감의 뿌리가 아닐 수 없다.

3·1운동 100주년에 돌아보는 법학교육 100년*

—普成專門學校와 京城專修學校를 중심으로—

명순구**

Ⅰ. 서 설

2019년은 3·1운동 100주년이 되는 해이다. 독립운동사, 사회문화사, 국제정치사 등의 시각에서 3·1운동은 묵직한 의미를 가진다. 3·1운동은 일제의 한반도 식민지화가 공고하게 자리를 잡는 시점에 발생했는데, 이 사건으로 인해 일제의 통치방식이 '무단통지'에서 이른바 '문화통치'로 전환된다. 이에 따라 교육제도 또한 큰 변화를 겪게 된다. 그러므로 3·1운동은 교육사적으로도 큰 의미를 가진다.

이 글은 3·1운동이 법학 교육에 어떤 변화를 일으켰는지를 검토하기

---

* 이 글은 2019년 11월 9일 고려대학교 법학전문대학원에서 열린 3·1운동 100주년 기념 학술회의("1919년 보성전문, 시대 · 사회 · 문화")의 발표문("3·1운동 전후 법학교육과 보성전문")을 토대로 한 것이며, 동일 제목으로 『경영법률』 제30집 제2호(2020.1), 한국경영법률학회, 261-306면에 게재한 것을 수정 · 보완한 것이다.

** 고려대학교 법학전문대학원 교수.

위한 것이다. 19세기 후반 한반도에 근대적 학교가 활발하게 설립되면서 각급 학교는 서양에서 형성·발전된 법학을 가르치기 시작하였다. 법학교육은 매우 초보적인 수준으로부터 고등교육에 이르기까지 그 수준이 다양했다. 이 글에서는 고등교육 수준의 법학 교육을 중심으로 살펴보고자 한다. 그리고 일제강점기에 설립된 여러 법학 고등교육기관 중 이 글에서 특별히 다루고자 하는 것은 보성전문학교(普成專門學校)와 경성전수학교(京城專修學校)이다. 그 이유는 이러하다. 첫째, 이들 두 학교는 3·1운동 전후의 시기에 전문적 법학교육을 지속적으로 수행한 대표적인 교육기관이면서, 각각 사립과 관립으로 그 설립주체를 달리하여 사립과 관립의 특성을 비교하는 계기를 제공할 것이라는 점이다. 둘째, 이들 두 학교는 현존하는 두 법학 고등교육기관(고려대학교와 서울대학교)과 연결되어 있다는 점이다. 다만 보성전문학교는 고려대학교 법과대학을 거쳐 법학전문대학원으로 역사적 동일성을 유지하면서 존속하는 반면, 경성전수학교는 1922년 경성법학전문학교로 전환되고 해방 후 경성제국대학 법문학부 중 법학계열과 통합되어 서울대학교 법과대학을 구성하고 현재 법학전문대학원으로 존재하는 것이어서 다소 복잡한 성격을 가진다.

아래에서는 3·1운동 전후의 법체계 및 교육 관련 규범(II), 3·1운동 이전의 법학교육(III), 3·1운동 이후의 법학교육(IV)의 순서로 논의한다.

II. 3·1운동 시대의 법제 및 교육 관련 규범

1. 일제강점기 한반도의 법체계

일제강점기 한반도의 법체계는 일본의 그것과 명확하게 구별되었다. 일본이 입법기관으로서 의회를 구비하고 헌법·법률·행정입법의 단계로 근대적인 법령체계를 구성 · 운영하고 있었던 것과 달리, 한반도에서는 의회가 존재하지 않아 애초부터 법률을 제정할 수 있는 조건이 충족되어 있지 않았다. 일제는 식민통치 기간 내내 한반도에 의회를 설치하지 않았으며, 의회가 없는 상황에서 법률 수준의 규범으로 정해야 할 입법사항은 日王[1]의 '칙령(勅令)' 또는 조선총독의 '제령(制令)'으로 대체하여 통치했다. 물론 일본 의회를 거쳐 제정된 법률 중에서 한반도에서의 적용이 예정된 것은 법률의 형식으로 한반도에 적용되었으나 그 수는 아주 미미했다. 일제강점 35년의 기간 동안 한반도에서 시행된 법률 수준의 실정규범을 유형별로 보면 칙령이 130건, 제령이 681건,[2] 법률이 40건이었다.[3]

이들 건수가 보여주는 바와 같이 일제는 일본의 법률을 한반도에 적용하고자 하는 경우라든가[4] 혹은 한반도에 일본과 다른 제도를 시행하고자 할 경우 등의 상황에서 제령을 빈번하게 활용하였다. 그 결과 일제강점기 한반도의 실정규범이라 하면 제령을 떠올릴 정도로 제령은 한반도 통치에 결정적인 법적 수단으로 작용하였다.[5] 입헌주의를 기본으로 하는 메이지(明治)헌법하에서 조선총독에게 제령 제정권이 허용될 수 있었던 것은 일제가 한반도를 일본 헌법의 적용을 받지 않는 외지(外地)

---

1 일본에서는 '天皇', 북한에서는 '倭王', 대한민국에서는 '日王'으로 부르는 등 호칭이 일정하지 않으나 이 글에서는 '日王'을 사용한다.

2 총 681건 중 신규 제정이 275건, 개정 · 폐기가 406건이다. 모든 제령의 목록은 한승연, "制令을 통해 본 총독정치의 목표와 조선총독의 행정적 권한 연구," 『정부학연구』, 제15권 제2호, 2009, 203-215면 참조.

3 김낙년, 한국사 13: 식민지시기의 사회경제-1, 한길사, 1994, 79면.

4 「朝鮮民事令」(1912. 3. 18. 제령 제7호)과 「朝鮮刑事令」(1912. 3. 18. 제령 제11호)이 그 예이다. 「조선민사령」에 따라 1912년 4월 1일부터 일본의 민법 · 상법 · 민사소송법 등 민사법이 한반도에서 시행되었다(「조선민사령」 제1조). 「조선형사령」에 따라 일본의 형법 · 형사소송법 · 폭발물단속벌칙 등 형사법이 한반도에서 시행되었다(「조선형사령」 제1조).

5 고려대학교 민족문화연구소, 『한국현대문화사대계 IV: 정치 · 경제사』, 고려대학교 민족문화연구소 출판부, 1978, 77면.

로 다루었기 때문이다.[6] 외지란 내지(內地)에 대응하는 개념이다. 내지란 국회에서 제정된 법률이 당연히 시행되는 지역을 가리키며, 외지란 일본의 통치권이 배타적으로 미치기는 하나 특정한 이유에 의해 의회에서 제정된 법률이 당연히 시행되지 않고 그 지역을 위해 특별히 제정된 법규가 각별히 하나의 체계를 이루어 시행되는 지역을 말한다.[7] 명백한 입법사항을 칙령 또는 제령과 같이 행정기관의 집행권한을 활용하여 간이하게 해결한 것은 법적 정당성의 시각에서 큰 문제였다. 특히 일제강점기 가장 중요한 통치수단이 제령이었으므로 제령의 성립 배경을 알아본다.

한반도 강점 당일 일제는 긴급칙령으로 「조선에 시행할 법령에 관한 건」(1910. 8. 29. 칙령 제324호)을 공포했다. 칙령(勅令)은 日王이 발하는 성문규범으로서 의회의 동의 없이 천황의 권한으로 제정할 수 있었다(제국헌법 제8조 참조). 칙령은 정령(政令)[8]에 준하는 것으로 그것으로써 법률을 개폐할 수 없으며, 국무대신의 동의를 거쳐 제정되었다. 그러나 공공의 안전 등을 위해 필요할 때에는 긴급히 칙령을 제정할 수 있었는데, 이를 통상적으로 '긴급칙령'[9]이라고 불렀으며, 긴급칙령은 입법사항을 규정하는 것이 가능했다. 칙령은 제국의회에서 승인을 받아야 하는데, 칙령 발포 다음 회기에서 승인을 얻지 못하면 실효된다.

위 1910년 8월 29일 「조선에 시행할 법령에 관한 건」은 긴급칙령의 형식으로 발포되었다. 이 칙령에 따르면, 조선에서 법률을 필요로 하는 사항을 조선총독의 명령으로 이를 규정할 수 있고(제1조), 이 명령을 제

---

6 山崎丹照, 『外地統治機構の硏究』, 高山書院, 1943, 3-11면.

7 山崎丹照, 앞의 책(주 6), 1면.

8 정령(政令, Cabinet Order)은 내각이 제정하는 성문법으로서 법률의 시행에 필요한 세칙이나 법률이 위임하는 사항을 정하는 규범이다. 각료회의에서 결정되며 국무대신이 서명하고 내각총리대신이 연서하여 천황이 공포한다. 현재 대한민국의 행정입법 중 법규명령에 해당하는 것으로 볼 수 있다.

9 '긴급칙령'은 정식 명칭은 아니다.

령(制令)이라 하며(제6조), 제령은 원칙적으로 내각총리대신을 거쳐 칙재(勅裁)를 받아야 하지만(제2조), 긴급을 요할 때는 먼저 제령을 발령하고 사후에 칙재를 받을 수 있다(제3조). 그런데 이 긴급칙령이 위헌 소지가 있다는 이유를 들어 제국의회가 그 승인을 거부함에 따라 일본정부는 그 실효를 공포할 수밖에 없었다(1911. 3. 24. 칙령 제30호 「1910년 칙령 제324호의 효력을 장래에 실효시키는 건」). 그러나 조선총독에게 입법권을 위임할 실제상의 필요에 따라, 같은 날 일본은 제국의회의 의결을 거쳐 「조선에 시행할 법령에 관한 법률」(1911. 3. 24. 법률 제30호)을 공포하여 조선총독의 제령 제정권을 법률로 명확하게 인정하는 조치를 취했다. 이에 따라 조선총독의 제령 제정권은 최소한 형식적으로는 합헌 · 합법의 위상을 보유하게 되었고, 제령은 의회의 통제를 벗어나 행정권한의 수준에서 입법사항을 규율하는 수단이 되었다. 이와 같이 조선총독은 재정 · 경제 · 경찰 · 교통 등 각종 행정권을 총괄하고, 입법권과 사법권, 군 통솔권 등 광범위한 권한을 보유했다. 이는 다른 식민지인 대만과도 큰 차이를 보인다. 대만총독이 발령하는 율령의 경우에는 대만총독부 평의회의 자문을 거쳐야 했지만, 조선총독이 발령하는 제령의 경우에는 어떠한 자문 절차를 요구하지 않았다. 조선총독의 제령 제정권은 조선총독이 일본정부와의 관계에서 상당한 자율성을 보유했음을 보여준다.[10]

2. 3·1운동 시대 교육 관련 법령 체계

3·1운동 시대 한반도에서 시행된 교육 관련 법령 중 가장 기본이 된 것은 「조선교육령」이다. 이 글의 중심 주제인 전문교육 분야에 관해서는 「조선교육령」의 하위에 「사립학교규칙」과 「전문학교규칙」 등을 두

10 한승연, 앞의 논문(주 2), 197-198면.

어 규율하였다. 「조선교육령」은 日王의 칙령으로, 「사립학교규칙」과 「전문학교규칙」은 조선총독부령으로 제정되었다. 「조선교육령」이 제정 · 공포된 시점은 「조선에 시행할 법령에 관한 법률」이 이미 시행되던 시점이었으므로 형식적 체계의 시각에서만 본다면 「조선교육령」은 제령으로 제정 · 시행할 수도 있었을 것이다. 그러나 일제는 「조선교육령」을 제령보다 상위의 칙령으로 하였는데, 이는 일제가 조선의 교육에 대하여 매우 깊은 관심을 보이고 있었음을 의미한다. 아래에서는 이들 규범의 주요 내용을 소개한다.

(1) 「조선교육령」

「조선교육령」은 일제강점기 한반도 교육제도의 기본을 정하는 규정이었다. 「조선교육령」은 1911년 제정 · 시행된 이후 세 차례(1922년, 1938년, 1943년)에 걸쳐 개정되었는데, 아래에서는 이들 각각의 핵심 사항을 보기로 한다.

〈1〉 **제1차 「조선교육령」**(1911. 8. 23. 칙령 제229호)[11]: 제1차 「조선교육령」은 그 적용범위를 "조선에서의 조선인 교육"으로 정함으로써(제1조) 일본 본토 및 일본인에 대한 교육과의 구별을 명확히 하였다. 교육의 단계를 크게 보통교육 · 실업교육 · 전문교육의 세 가지로 구분하면서(제4조), 보통교육은 보통의 지식 · 기능을 가르쳐 국민으로서의 성격의 함양함을(제5조), 실업교육은 농업 · 상업 · 공업에 관한 지식 · 기능을 가르치는 것을(제6조), 전문교육은 고등한 학술과 기예(技藝)를 가르치는 것을 목적으로 함(제7조)을 규정한다. 모든 학교의 설치 · 폐지는 물론 세부사항(교과목 · 교육과정 · 직원 · 교과서 · 수업료)까지도 조선총독의 허가를 받아야 하며(제28 · 29조), 심지어는 「조선교육령」이 명시적으

11 『조선총독부 관보』, 제304호, 1911. 9. 1.

로 정하지 않은 사항에 대해서도 조선총독이 정하는 바에 따르도록 하였다(제30조). 이와 같이 제1차 「조선교육령」은 한반도의 교육에 관하여 총독에게 한계가 없는 포괄적인 권한을 부여하였다. 「조선교육령」은 제정 이후 세 차례에 걸쳐 개정되었지만 기본 골격은 1911년의 제1차 「조선교육령」 시기에 이루어졌다는 점에서 제1차 「조선교육령」은 중요한 의미를 가진다.

보통교육은 보통학교·고등보통학교·여자고등보통학교의 세 기관에서 이루어진다. 보통학교는 8세 이상인 사람이 입학하며(제10조) 수업연한은 원칙적으로 4년이다(제9조). 고등보통학교 입학자격은 12세 이상의 남자로서 보통학교를 졸업한 자 또는 이와 동등 이상의 학력을 가진 자이며(제13조),[12] 수업연한은 4년이다(제12조). 여자고등보통학교는 입학자격이 12세 이상의 여자로서 보통학교를 졸업한 자 또는 이와 동등 이상의 학력을 가진 자이며(제17조),[13] 수업연한은 3년으로 하여(제16조) 남학생들보다 1년을 단축했다.

실업교육 기관으로 농업학교·상업학교·공업학교 및 간이실업학교가 있다(제20·21조). 실업학교 입학자격은 고등보통학교(또는 여자고등보통학교)와 동일하여 12세 이상으로서 수업연한 4년의 보통학교를 졸업한 자 또는 이와 동등 이상의 학력을 가진 자이다(제23조). 실업학교는 고등보통학교(또는 여자고등보통학교)와 함께 현재의 중등교육기관에 해당하는 것이다.

제1차 「조선교육령」은 조선인에 대한 고등교육기관으로서 전문학교를 규정한다. 전문학교를 고등한 학술과 기예를 교수하는 곳으로 정의

12 관립 고등보통학교에는 1년 이내의 사범과 또는 교원속성과를 두어 보통학교의 교원을 양성할 수 있으며, 사범과 입학자격은 고등보통학교 졸업자, 교원속성과 입학자격은 연령 16세 이상으로서 고등보통학교 제2학년의 과정 수료자 또는 이와 동등 이상의 학력을 가진 자이다(제14조).

13 관립 여자고등보통학교에는 수업연한 1년의 사범과를 두어 보통학교의 여성교원을 양성할 수 있으며, 사범과 입학자격은 여자고등보통학교 졸업자이다(제19조).

하고(제25조), 수업연한은 3년 내지 4년이다(제26조). 전문학교의 수업연한은 결국 각 학교의 신청과 총독의 허가에 따라 3년 또는 4년으로 정해졌다고 볼 수 있다. 전문학교 입학자격은 16세 이상으로서 고등보통학교를 졸업한 남자 또는 이와 동등 이상의 학력을 가진 남자이다(제27조). 여자의 경우 전문학교 진학이 원천적으로 불가능했다.

〈2〉 **제2차 「조선교육령」**(1922. 2. 4. 칙령 제19호)[14]: 3·1운동 이후 문화통치 또는 '내지연장주의(內地延長主義)' 정책에 따라 조선총독부는 1921년 1월 임시교육조사위원회를 개최하여 일본 본토의 교육제도에 준하는 방향으로의 학제개혁을 심의토록 했고, 이에 따라 1922년 제2차 「조선교육령」을 공포했다.[15] 제1차 「조선교육령」과 달리 제2차 「조선교육령」은 그 적용범위를 조선인에 한정하지 않고 조선에 거주하는 일본인에게도 적용되는 것으로 규정했다(제1조).

제2차 「조선교육령」 제정과정에서 가장 뜨거운 논란은 일본인과 조선인을 동일 학교에서 교육하는 것(이른바 '日鮮共學')이었다. 이에 대하여 조선의 교육계 인사들은 日鮮共學을 강경하게 반대하였다.[16] 日鮮共學을 시행하게 되면 日鮮共學이 필연적으로 일본어를 교육 용어로 사용하는 결과를 초래할 것이라는 점, 일본인 학교에 다니는 조선 학생들은 동료들에게 배척을 당할 것이라는 점 등이 주된 이유였다.[17] 日鮮共學에 대해서는 일본 본토에서도 다양한 의견이 개진되었지만, 추밀원은 共學을 지지하는 입장이었다.[18] 총독부는 민족주의 계열 인사들의 의견

---

14 『조선총독부 관보』, 호외, 1922. 2. 6.

15 제2차 「조선교육령」의 제정·공포에 따라 제1차 「조선교육령」은 폐지되었다(제2차 「조선교육령」 부칙 제28조).

16 "日鮮共學制의 前途," 『동아일보』, 1921. 10. 4.

17 이한종, "제2차 조선교육령 시기 日鮮共學 정책과 조선인의 반응," 『역사와 담론』, 제48호, 2007, 254면.

18 이한종, 앞의 논문(주 17), 256면.

과 추밀원의 의견을 절충하는 방향으로 입장을 정리했다. 즉 제2차 「조선교육령」은 인적 적용범위를 "국어를 상용하는 자"(일본인)와 "국어를 상용하지 않는 자"(조선인)[19]로 구분하여 중등교육 이하에서는 별개의 학교에서 교육하며, 상호 교차 입학을 허용하는 방안이었다.[20] 이 안에 따르면, 조선인이라도 일어를 상용하면 일본계 학교에 다녀야 하며, 또 일본인이라도 한국어를 상용하면 조선계 학교에 다녀야 한다. 따라서 형식적으로는 조선인과 일본인을 분리하지 않고 함께 교육시키는 共學이 시행된 셈이다. 그렇지만 대부분의 일본인은 일본어를 상용하고, 조선인은 한국어를 상용하므로 실제로는 조선인과 일본인을 분리하여 교육을 시키는 것이었다.

제2차 「조선교육령」은 보통교육에 관하여 "국어를 상용하는 자"(실질적으로는 일본인)에 대해서는 일본 본토의 「소학교령」·「중학교령」·「고등여학교령」에 의하도록 하고(제2조), "국어를 상용하지 않는 자"(실질적으로는 조선인)에 대해서는 제1차 「조선교육령」과 동일하게 보통학교·고등보통학교·여자고등보통학교 체계를 그대로 유지했다(제3조). 그러나 수업연한에 관해서는 제1차 「조선교육령」의 그것보다 증가시켜 일본 본토의 보통교육 체계와 균형을 맞추고자 했다. 즉 보통학교의 수업연한을 4년에서 6년으로(제5조), 고등보통학교는 4년에서 5년으로(제7조), 여자고등보통학교는 3년에서 4년 또는 5년(제9조)으로 연장하였다.

실업교육과 고등교육에 관해서는 모두 일본 본토의 법령에 따르도록 했다. 실업교육은 「실업학교령」(제11조), 고등교육에 관해서는 「전문학교령」과 「대학령」이 적용되도록 하면서(제12조), 다만 관장기관을 일본 본토의 문부대신(文部大臣) 대신에 조선총독으로 규정한다(제11·12조). 그리고 사범학교는 관립 또는 공립으로 설립할 수 있도록 했다(제21조). 특기할 사항으로는, 제1차 「조선교육령」과 달리 제2차 「조선교육령」은

---

19 여기서의 '국어'는 일본어를 가리키는 것이다.
20 이한종, 앞의 논문(주 17), 256면.

한반도에 대학을 설치할 수 있는 근거를 마련했다는 점이다. 이를 근거로 1924년 경성제국대학이 출범하게 된다.

〈3〉 **제3·4차 「조선교육령」**: 제1 · 2차 「조선교육령」과 마찬가지로 제3차 「조선교육령」(1938. 3. 3. 칙령 제103호)과 제4차 「조선교육령」(1943. 4. 1. 칙령 제113호) 또한 정치적 상황을 교육에 반영하기 위한 것이었다. 제3·4차 「조선교육령」은 이 글의 논의 범위(3·1운동 시대)를 벗어난다는 점을 감안하여 간략하게 소개하는 것으로 그친다.

제3차 「조선교육령」의 핵심은 교명을 일본인 학교와 동일하게 한 것이다. 보통학교를 소학교,[21] 고등보통학교를 중학교, 여자고등보통학교를 고등여학교라고 하였다. 또한 조선어를 필수과목에서 수의과목(隨意科目, 선택과목)으로 변경하여 실질적인 폐지를 의도하였다. 제3차 「조선교육령」은 조선의 교육제도를 일본과 동일하게 만든다는 명분 아래 조선의 교육을 철저하게 장악하고 조선인을 '황국신민'으로 육성하기 위하여 조선인들의 의식 · 언어 · 역사 등을 완전히 말살하는 것을 목적으로 하는 것이었다. 제3차 「조선교육령」은 육군특별지원병제도의 창설을 앞둔 군부의 교육시설 개선안을 그대로 수용한 것으로서 조선인들의 병력자원화를 위한 기초작업의 의미도 가지고 있었다.[22]

제4차 「조선교육령」은 일제의 침략전쟁과 밀접한 관련을 가진다. 조선인 학생을 전쟁 수행을 위한 전시동원 체제 아래 편입시켜 학교 교육을 군사적 목적으로 이용하였다.[23] '근영즉교육(勤榮卽敎育)'의 구호 아래

---

21 「조선교육령중개정등에따른관계조선총독부령중개정」(1941. 4. 1. 조선총독부령 제96호)에 따라 1941년부터 '소학교'는 '국민학교'로 변경되었다. '국민학교'라는 명칭은 "동아 및 세계에서의 일본의 역사적 사명을 감안하여 국민의 기초적 錬成을 완수할 수 있는 교육체제를 확립"한다는 것으로, 일제의 침략전쟁을 뒷받침하는 국민을 양성한다는 것을 목표로 한 것으로 볼 수 있다.

22 곽진오, "일제와 조선 교육정책: 조선교육령을 중심으로," 「일본문화학보」, 제50호, 2011, 264면.

학생들을 노동 현장과 전장에 동원하기 위하여 각급 학교 수업연한의 단축, 고등교육기관의 통폐합 등의 조치가 이루어졌다.[24]

(2) 「사립학교규칙」과 「전문학교규칙」

강제병합 전인 1908년 「사립학교령」(1908. 8. 26. 칙령 제62호)이 공포되었다. 이에 따르면, 사립학교의 설립 시(기존 사립학교도 포함)에는 학부대신의 인가를 받아야 하며, 법령 위반, 안녕질서나 풍속 문란, 6개월 이상 규정수업 불이행, 설비 미달 등의 경우에는 폐교 명령을 할 수 있었다. 「사립학교령」은 통감부가 19세기 후반기에 설립된 수천 개의 사립학교에서 민족교육을 실시해 학생들에게 애국심과 국권회복의식을 고양시키자 이를 억압하고자 대한제국 정부에 강요한 것이다.[25] 1909년 4월 말까지 인가를 청원한 총 1,708개 학교 중 인가를 받은 곳은 242개교에 지나지 않아 사립학교를 고사시키고자 한 목적을 달성했다.[26] 「사립학교령」은 일제가 식민지배를 위하여 진행한 준비작업의 일환이었다. 「사립학교령」은 민간 부문의 교육 영역에 대한 국가의 광범위한 감독권과 인가권을 규정하고는 있었지만, 보다 철저한 감시 및 통제 정책의 필요에 따라 강제병합 후에 일제는 「사립학교규칙」과 「전문학교규칙」을 제정 · 시행하였다.

〈1〉 **「사립학교규칙」**(1911. 10. 20. 조선총독부령 제114호)[27]: 「사립학교규칙」의 적용범위는 조선인을 교육하는 사립학교이다(제1조). 사립학교

23 곽진오, 앞의 논문(주 22), 266면.
24 이시용, "일제강점기 조선총독부의 교육정책에 관한 고찰," 『교육논총』, 제18집, 2001, 5-6면.
25 유한철, "韓末 私立學校令 以後 日帝의 私學彈壓과 그 特徵," 『한국독립운동사연구』, 제2집, 1988, 65면.
26 유한철, 앞의 논문(주 25), 67면.
27 원문은 『조선총독부 관보』, 호외, 1911. 10. 20, 14-15면, 31-32면 참조.

의 인가에 관해서는 종래의 「사립학교령」보다 한층 강화된 조건을 요구한다(제2조).[28] 기존의 인가 사항을 변경할 때에도 다시 조선총독의 인가를 받아야 한다(제3조). 교과용 도서는 총독부에서 출간한 것 또는 총독부의 검정을 통과한 것으로 엄격하게 제한되고(제9조), 도서의 명칭, 권수, 저역자(著譯者), 발행자 등을 총독부에 신고하여야 한다(제10조). 통감부시기에 이미 「교과용도서 검정 규정」(1908)과 「출판법」(1909)에 따라 사립학교에서 사용하는 교과서에 대하여 1차적인 검열을 마친 상태였다.

「사립학교규칙」은 학교의 인사권에 대해서도 통제를 강화했다. 사립학교의 설립자, 학교장 및 교원이 될 수 없는 사유를 적시하고(제11조), 설립자가 그러한 사유에 해당하는 경우에는 기존의 설립 인가를 취소할 수 있도록 하며, 학교장 및 교원이 이에 해당하는 경우에는 설립자에게 그의 해고를 명할 수 있도록 한다(제12조). 학교 설립의 취소나 해고를 명하는 사유에는 형사범 · 파산자와 같은 것 외에 "품행이 불량한 것으로 인정되는 자"(제11조 제5호)와 같은 모호한 항목도 포함되어 있다. 이처럼 포괄적이며 애매한 규정은 사립학교를 폐쇄할 수 있는 가장 극단적인 조치의 경우에도 나타나고 있다. 즉, "안녕 질서를 문란하게 하거나 풍속을 괴란할 우려가 있는 경우"(제14조 제2호)라는 애매한 사유로 사립학교 자체를 폐쇄시킬 수 있도록 한다.

〈2〉 **1915년 개정 「사립학교규칙」(1915. 3. 24. 조선총독부령 제24호)**[29]: 조선총독부는 종래의 1911년 「사립학교규칙」으로는 그 성과가 미흡하다고 판단하여 1915년 더욱 적극적인 통제를 가하는 방향으로 「사립학교규칙」을 개정했다.[30] 교원의 자격 요건을 엄격히 규제하여 보통교

28 인가를 위한 7가지 조건은 다음과 같다: ① 목적, ② 명칭 · 위치, ③ 학칙, ④ 교지와 교사의 평면도 및 그 소유자, ⑤ 1년의 수지예산, ⑥ 유지방법, ⑦ 설립자, 학교장 및 교원의 성명을 병기한 이력서.

29 원문은 『조선총독부 관보』, 제789호, 1915. 3. 24, 313면, 325면 참조.

30 결국, 1910년에만 해도 당국에 인가를 받은 사립학교는 2,250개교였으나, 「사립

육 · 실업교육 · 전문교육을 담당하는 사립학교 교원은 국어(일본어)에 통달하고 담당 학과에 대한 학력이 있는 자로 하되, 다만 초등 보통교육을 하는 사립학교 교원은 사립학교 교원 시험에 합격한 자, 조선총독이 지정한 학교를 졸업한 자 또는 본토의 문부성과 부현(府縣)에서 발급한 준교원 면허증이 있는 자에 한하도록 했다(제10조의2). 사립학교 교육과정의 자율성도 더욱 억제하여 「보통학교규칙」, 「고등보통학교규칙」, 「여자고등보통학교규칙」, 「실업학교규칙」, 「전문학교규칙」이 정한 것 외의 교과과정은 운영할 수 없도록 했다(제6조). 이에 따라 종교계 사립학교에서의 성경과목 교육은 불가하게 되었다.

특히 전문교육에 관하여 제3조의2를 신설하여 "전문교육을 하는 사립학교의 설립자는 그 학교를 설립 · 유지함에 족한 재산이 있는 재단법인이 됨을 요한다."고 규정한다. 1915년 개정 「사립학교규칙」의 시행일은 1915년 4월 1일이다(부칙 제1항). 그러나 이 규칙 시행일 전에 이미 인가를 받은 사립학교는 1925년 3월 31일까지 제3조의2가 정하는 조건(즉 재단법인 설립)을 갖출 것을 요구했다(부칙 제3항). 10년이라는 유예기간을 주긴 했지만 당시 사립학교들의 어려운 재정상황을 고려해 볼 때 「사립학교규칙」의 이 조치는 엄청난 파장을 불러일으킬 수밖에 없었다.

〈3〉 **「전문학교규칙」**(1915. 3. 24. 조선총독부령 제26호)[31]: 조선총독부는 전문교육기관을 규율하기 위하여 「전문학교규칙」을 제정 · 시행했다. 「전문학교규칙」은 이 글의 핵심 주제(법학 고등교육)와 직접 연관된다는 점을 감안하여 아래에서 그 전문을 소개한다.

학교규칙」이 제정된 이후인 1912년에는 1,317개교로 급감하였고, 「사립학교규칙」이 개정되어 통제정책이 한층 강화된 결과 1919년에는 불과 690개 사립학교만이 운영될 수 있었다.

31 원문은 앞의 자료(주 29), 314면, 326면 참조.

제1조 조선인을 교육하는 전문학교에 대하여는 특별한 규정이 있는 것을 제외하고는 이 영에 의한다.

제2조 ① 전문학교 설치의 인가를 받고자 하는 때에는 다음 각 호의 사항을 구비하여 조선총독에게 신청하여야 한다.

1. 목적
2. 명칭, 위치
3. 학칙
4. 개교연월일
5. 교지, 교사, 부속사, 실습지의 평면도(평수 및 부근의 상황을 기재한다) 및 그 소유자
6. 1년의 수지예산
7. 유지방법
8. 학교장 및 교원의 성명 · 담당 교과목 및 이력서

② 의학을 전수하는 학교는 전항 각 호 외에 임상실습용 병원의 위치 및 평면도, 임상실습용 환자의 정수 및 해부용 사체의 예정수를 구비하여야 한다.

제3조 전문학교에서 전조 제1항 제1호 내지 제3호 또는 제7호의 사항, 학교장 또는 교원을 변경하고자 하는 때에는 조선총독의 인가를 받고 제4호, 제5호 또는 제2항에 게기한 사항을 변경한 때에는 조선총독에게 신고하여야 한다.

제4조 학칙에는 다음 각 호의 사항을 규정하여야 한다.

1. 수업연한, 교과목, 교과과정 및 매주 교수시수에 관한 사항
2. 생도의 정수 및 학급수
3. 학기 및 휴업일에 관한 사항
4. 생도의 입학 · 퇴학 및 징계에 관한 사항
5. 과정의 종료 및 졸업에 관한 사항
6. 수업료에 관한 사항

7. 전 각 호 외에 학교에서 필요하다고 인정하는 사항

제5조 전문학교의 교과목은 수신, 국어, 전문에 관한 사항 및 체조로 하고 그 과정 및 매주 교수시수는 별표에 의한다.

제6조 전문학교 폐지의 인가를 받고자 하는 때에는 그 사유, 생도의 처분방법 및 폐지기일을 구비하여 조선총독에게 신청하여야 한다.

제7조 이 영에 의하여 설치한 전문학교가 아니면 전문학교라고 할 수 없다.

제8조 교원은 1학급 1인 이상 전임자를 두어야 한다.

제9조 생도를 입학하게 하여야 하는 시기는 학년 초부터 30일 내로 한다. 다만, 특별한 사정이 있는 때에는 그러하지 아니하다.

제10조 입학을 허가할 수 있는 자는 신체건전, 품행방정한 자이어야 한다.

제11조 ① 제2학년 이상에 입학을 허가할 수 있는 자는 전 학년의 과정을 수료한 자와 동등이상의 학력을 가진 자에 한하여야 한다.

② 전항 입학자의 학력은 전 학년의 과정을 수료한 정도에서 그 각 교과목에 대하여 시험에 의하여 검정하여야 한다.

제12조 학교장은 다음 각 호의 1에 해당하는 자에게는 퇴학을 명하여야 한다.

1. 성행이 불량하여 개선의 가망이 없다고 인정한 자
2. 학칙 기타 학교의 명령에 위배하여 개전의 가망이 없다고 인정한 자
3. 학력이 열등하여 성업의 가망이 없다고 인정한 자
4. 정당한 사유 없이 계속하여 1월 이상 결석한 자 또는 출석이 고르지 아니한 자

제13조 학교장은 훈육상 필요하다고 인정되는 때에는 생도에게 징계를 가할 수 있다.

제14조 학년은 4월 1일에 시작되어 익년 3월 31일에 종료된다.

제15조 각 학년의 과정의 수료 또는 전 교과의 졸업을 인정하기 위하여는 평소의 성적 및 시험의 성적을 고사하여 정하여야 한다.

제16조 학교장은 전 교과의 졸업을 인정한 자에게 졸업증서를 수여하여야

한다.

제17조 전문학교에서는 다음 각 호의 표부를 비치하여야 한다.

1. 학칙, 일지, 일과표, 학교 일람표, 교과용 도서배당표, 교지, 교사, 부속사, 실습지의 평면도
2. 직원의 명부 · 이력서 · 출근부 · 담당 교과목 및 시간표
3. 생도의 학적부 · 출석부
4. 성적고사표, 학년시험의 문제 및 답안
5. 재산원부, 회계에 관한 장부, 기구 · 기계 · 표본의 목록
6. 전 각 호 외에 학교에서 교수 · 관리 · 훈련상 필요하다고 인정한 표부

제18조 학교를 폐지하거나 그 폐쇄를 명받은 때에는 생도의 학적부를 조선총독에게 제출하여야 한다.

「전문학교규칙」의 시행으로 전문교육기관의 체제가 전국에 걸쳐 통일적으로 정비되었다고 볼 수 있다. 그런데 다른 한편으로 1915년 「사립학교규칙」 제3조의2와 「전문학교규칙」 제7조의 중복적용은 사립 전문학교의 운영에 큰 부담으로 작용하였다. 보성전문학교도 예외가 아니었다. 1905년 설립 이래로 전문학교의 위상으로 교육을 수행하던 보성전문학교는 더 이상 '전문학교'의 명칭을 사용하지 못하고 '보성법률상업학교'의 명칭으로 격하되었다.

Ⅲ. 3·1운동 이전 근대 교육기관과 법학교육

1. 갑오개혁 이후 학교 설립과 초보적 법학교육

갑오개혁(1894) 직후 다양한 영역에서 학교 설립이 활발하게 진행되었는데, 이를 뒷받침하기 위하여 「漢城師範學校官制」(1895. 4. 16. 칙령

제79호),[32] 「小學校令」(1895. 7. 19. 칙령 제145호),[33] 「中學校官制」(1899. 4. 4. 칙령 제11호),[34] 「外國語學校官制」(1895. 5. 10. 칙령 제88호),[35] 「醫學校官制」(1899. 3. 24. 칙령 제7호),[36] 「法官養成所規程」(1895. 3. 25. 칙령 제49호)[37] 등이 제정 · 시행되었다.

미션 스쿨로는 한한학원(韓漢學院, 천주교, 1884), 배재학당(培材學堂, 감리교 아펜젤러, 1885), 광혜원(廣惠院, 장로교 알렌, 1885), 이화학당(梨花學堂, 감리교 스크랜튼, 1886) 등이 설립되었다. 1890년대 중엽 이후 1910년까지 장로교 501개, 감리교 158개, 천주교 124개 등 미션 스쿨의 수는 807개로서 당시 중요한 교육기관으로 기능하였다.[38] 원산학사(元山學舍, 1883), 홍화학교(興化學校, 1898) 등 민간 사립학교도 활발하게 설립되어 1908년 당시 전국 사립학교의 수는 약 4,000-5,000개에 달했던 것으로 알려지고 있다.[39]

위 학교 중 민간 사립학교를 중심으로 비록 체계적이지는 않지만 초보적 수준의 법학교육이 시행되었다. 한성의숙(漢城義塾)에서 법학 · 국제법,[40] 홍화학교(興化學校)에서 법학 · 법제,[41] 광흥학교(廣興學校)에서 법률,[42] 시무학교(時務學校)에서 법학통론,[43] 광성학교(光成學校)에서 상

32 전문은 국회도서관 편, 韓末近代法令資料集 I, 국회도서관, 1970, 348-349면.

33 전문은 국회도서관 편, 앞의 자료(주 32), 513-516면.

34 전문은 국회도서관 편, 韓末近代法令資料集 II, 국회도서관, 1971, 459-461면.

35 전문은 국회도서관 편, 앞의 자료(주 32), 380-381면. 「外國語學校官制」에 따라 법어학교(法語學校, 1895), 아어학교(俄語學校, 1896), 한어학교(漢語學校, 1897), 덕어학교(德語學校, 1899)가 설립되었다(『皇城新聞』, 1901. 9. 12.).

36 전문은 국회도서관 편, 앞의 자료(주 34), 453면. 「醫學校官制」에 따라 경성의학교(京城醫學校, 1899)가 설립되었다.

37 전문은 국회도서관 편, 앞의 자료(주 32), 215-218면.

38 강만길, 한국근대사, 창작과비평사, 1994, 277면.

39 유한철, 앞의 논문(주 25), 65면. 연도별 사립학교 설치 상황에 대하여 자세한 것은 김영우, "한말의 사립학교에 관한 연구 〈I〉," 『교육연구』, 제1집, 1984, 7면 이하 참조.

40 『皇城新聞』, 1899. 3. 20.

41 『大韓每日新報』, 1906. 3. 28.

법 · 국제법[44] 등을 교육했다. 법학교육은 개론적 성격의 교과목이 주를 이루었는데, 특기할 것은 개별 교과목으로 국제법을 개설하는 경우가 많았다는 사실이다. 이는 중국에서 한역(漢譯)된 서양 국제법서(國際法書)가 우리나라에도 전래된 것에 기인한다. 휘턴(H. Wheaton, 1785-1848)의 『萬國公法』(Elements of International Law, Philadelphia, 1836: 1864년 한역),[45] 울시(T. Woolsey)의 『公法便覽』(Introduction to the Study of International Law, New York, 1866: 1877년 한역), 블룬칠리(J.K. Bluntschli)의 『公法會通』(Das moderne Völkerrecht der civilisierten Staaten als Rechtsbuch dargestellt, Nördlingen, 1867: 1880년 한역[46]) 등이 그것이다. 블룬칠리는 기독교 대신에 문명이란 척도를 사용하여 국제법이 문명국들의 법임을 강조하였다. 『公法會通』은 그 청국판(淸國版)에 편집국장 이경식(李庚植)의 서문을 덧붙이고 1896년 학부(學部)에서 출판하여 고종과 대신들에게 배포함으로써 1899년 대한제국 국제(國制)를 제정하는 데 큰 영향을 미쳤다.[47] 『公法會通』에 대한 관심은 국제법에 의지하여 우리나라가 독립 주권국가임을 세계에 알리고자 한 의지의 표현으로 볼 수 있다.

---

42 『皇城新聞』, 1898. 11. 3. 참조. 광흥학교는 1898년에 설립되었는데 1900년 3월에는 1년제의 보통과(초등교육)와 3년제의 법률과(전문교육)로 구분하여 법률전문교육을 실시했다는 기록이 있다(『皇城新聞』, 1900. 3. 16.). 그런데 이 기록은 학생모집 공고에 불과한 것이고, 그 후 법률전문교육이 시행되었다는 기록이 없어 실제로 교육이 이루어졌는지는 알 수 없다.

43 『皇城新聞』, 1899. 5. 17. 참조. 시무학교는 1899년 1월 설립 당시에는 법률전문교육기관으로 출발했지만 같은 해 10월부터는 경서 · 물리 · 산술 · 역사 · 물리 · 기하학 등으로 구성된 교육과정을 운영했다(『皇城新聞』, 1899. 9. 30.). 즉 시무학교에서는 법률전문교육이 시행되지 않은 것으로 보는 것이 옳을 것 같다.

44 『皇城新聞』, 1900. 2. 5.

45 육영공원(育英公院)에서는 Wheaton의 『萬國公法』을 교과서로 채용했다(강재언, 韓國의 近代思想, 한길사, 1985, 129면).

46 블룬칠리의 책 한역은 청나라 주재 미국인 선교사 William Alexande Pasons Matin(중국명: 丁韙良, 1827-1916)에 의한 것이었다. 블룬칠리는 취리히 대학, 하이델베르크 대학 등에서 교수를 역임했다.

47 최종고, 『韓國의 西洋法受容史』, 박영사, 1982, 24면.

2. 전문적 법학교육 기관

현재 법학 고등교육 기관은 사립과 관립(국공립)으로 구성되어 있는데, 그 연원은 19세기 말로 거슬러 올라간다. 특히 1905년 부근에서는 전문적인 법학 교육기관이 왕성하게 설립되는데 그 배경을 무엇인가? 우선, 인적 조건을 들 수 있다. 갑오개혁 이후 정부는 1895년부터 대규모의 관비유학생[48]을 일본에 파견하였는데 이들이 귀국하여 후학을 지도할 수 있는 역량을 구비했다. 1895년 일본으로 파견된 관비유학생 가운데 이면우(李冕宇)·유문환(劉文煥)·장도(張燾)·홍재기(洪在祺)·석진형(石鎭衡)·박만서(朴晩緖)·신우선(申佑善)·장헌식(張憲植)·유치형(兪致衡)·양대경(梁大卿) 등이[49] 귀국하여 사립 및 관립학교에서 법학교육을 수행했다. 아울러 사회적 조건도 한몫을 했다고 볼 수 있다. 외세 침탈에 대응한 교육구국(敎育救國)의 분위기 확장이 그것이다.[50] 법률교육을 목적으로 하는 관립학교를 졸업한 사람에게 판사·검사 직역으로 진출할 수 있는 자격을 준 것은 물론이고, 사립학교의 법률전문과를 졸업한 사람에게도 같은 자격을 부여했다.[51] 1895년 「재판소구성법」(법률 제1호)[52]에 따르면, 판사 또는 검사가 되기 위해서는 따로 정하는 규칙에 따라 시행되는 시험에 합격해야 한다(제33조).[53] 아래에서는 근대

48 박태원(朴泰遠, 1909-1986년)은 1933년 12월 8일부터 〈매일신보〉에 연재한 소설 〈낙조〉(落照)에서 1895년 일본 유학생[1895년 관비유학생은 전원이 게이오의숙(慶應義塾) 유학]들을 몇 회에 걸쳐 묘사하고 있는데, 이는 대체로 사실에 부합되는 것으로 보인다.

49 이들에 대한 소개는 김효전, 법관양성소와 근대 한국, 소명출판, 2014, 248면 이하 참조.

50 김영우, 앞의 논문(주 39), 5면.

51 김영우, 앞의 논문(주 39), 43면은 그 근거로 「法部令」 제2호(1900. 9. 5.: "國內私立學校中 法律專門科에 卒業한 者는 本部 認許를 經한 후에 奏判任試驗及任命規則 第六條에 依하여 司法官試驗에 來赴함을 得할 事")를 들고 있다.

52 국회도서관 편, 앞의 자료(주 32), 190-198면.

53 19세기 말 20세기 초 대한제국의 법조인양성 제도 및 현실에 대한 개략적인 설명

적 의미의 전문적 법학교육을 사립과 관립의 양 측면에서 살펴본다.

(1) 사립 법학 전문교육

〈1〉 **보성전문학교**: 1905년 충숙공(忠肅公) 이용익[54]은 고종황제의 강력한 후원 아래 보성전문학교(普成專門學校)를 설립한다. 이용익은 종로 박동(礡洞)[55] 소재 관립한성아어학교(즉 러시아어 학교)[56] 건물을 빌려 쓰도록 주선하면서 구체적인 사업은 당시 학부(學部) 편집국장 신해영[57]에게 일임했다.[58] 신해영은 당시 정부 조직인 외부(外部), 법부(法部), 농공상부(農工商部)에 대응하여 법률(法律)·이재(理財)·농학(農學)·상학(商學)·공학(工學)의 5개 전문학과로 구성된 2년제 전문학교 설립안을 기초했다.[59] 5개 학과에 대한 학생 모집공고를 했으나 농학·상학·공학은 지원자가 없어 법률학전문과와 이재학전문과의 두 학과만으로 1905년 4월 3일 개교했다. 고종의 각별한 배려로 보성전문의 일반경비(교원급여 등)는 1908년「사립학교령」이 제정·시행되기 전까지 궁내부(宮內

은 이국운, "한국 법조인양성제도의 역사: 로스쿨 제도 이전,"『저스티스』, 제146-2호, 2015, 169-171면 참조.

54 이용익(李容翊, 1854-1907)은 1897년 황실의 재정을 총괄하는 내장원경(內藏院卿)에 발탁되면서 큰 영향력을 발휘했다. 대표적인 친러파 인사이다. 이용익에 대해서는 고려대학교 민족문화연구소 편,『고려대학의 사람들 1: 이용익』, 고려대학교 민족문화연구소, 1986; 고려대학교 100년사 편찬위원회,『고려대학교 100년사 자료집 1』, 고려대학교 출판부, 2005, 16-19면 참조.

55 박동(礡洞)은 주변의 다른 동들과 함께 일제강점기 초반 행정구역 개편에 따라 창설된 수송동(壽松洞)에 흡수되었다.

56 1895년 고종의 칙령에 따라 설립된 여러 외국어학교 중 하나로 1896년 개교했다. 러일전쟁에서 러시아의 패배로 폐교했다. 위치는 현 조계사 옆 수송공원으로 추정된다.

57 신해영(申海永, 1865-1909)은 갑오개혁(1894) 때에 관비로 일본에 유학하여 게이오의숙(慶應義塾)에서 4년간 경제학을 전공하였다. 보성전문 설립 시부터 경제학을 강의했고 보성전문의 초대와 제3대 교장을 역임했다.

58 고려대학교 70년지 편찬실 편,『高麗大學校 70年誌: 1905-1975』, 고려대학교, 1975, 23면.

59 고려대학교 100년사 편찬위원회, 앞의 자료(주 54), 41면.

府)에서 보조했다. 이용익은 고종의 배려에 대한 충성과 보성전문의 특별한 위상의 표시로 황실의 문장인 오얏꽃(李花)을 학교의 상징으로 채택했다.[60] 보성전문학교는 2년제로서 각 학년은 2개 학기(제1학기: 2/15-7/14, 제2학기: 9/15-익년 2/14)로 구성되었다(「사립보성전문학교규칙」[61] 제7조). 개교 시 전임교수는 없었고 강사는 14명(申海永, 趙齊桓, 鄭永澤, 石鎭衡, 張燾, 劉文煥, 申佑善, 李冕宇, 洪在祈, 兪致衡, 張憲植, 元應常, 朴承彬)이었다.[62] 이들 강사는 대부분 법관양성소 및 다른 사립학교에서도 동시에 교육 업무를 수행하였다.

「사립보성전문학교규칙」이 정하는 법률학전문과(2년제) 교과과정은 다음과 같다.

제1학년		제2학년	
제1학기	제2학기	제1학기	제2학기
법학통론	법학통론	외교관영사관제도	외교관영사관제도
민법총론	민법총론	상법총론	상법총론
형법총론	형법총론	국제사법	국제사법
민사소송법	민사소송법	행정법각론	행정법각론
형사소송법	형사소송법	행정경찰법	행정경찰법
물권법	물권법	국제경찰론	국제경찰론
채권법	채권법	감옥학	감옥학
경제학	경제학	은행부기학	지방제도론
국제공법대의	국제공법대의	행정재판법론	관청부기학
경찰학	경찰학	산술(비례 이하)	소송연습
산술(4칙 이하)	산술(4칙 이하)		산술(至平方法)

60 고려대학교 100년사 편찬위원회, 앞의 자료(주 54), 39면.

61 「私立普成專門學校規則」은 오늘날 학칙에 해당하는 것으로 부칙을 포함하여 총 27개 조문으로 구성되어 있다.

62 보성전문학교 편, 普成專門學校一覽, 보성전문학교, 1925, 50-54면.

위 표를 보면 각 학년 제1학기와 제2학기의 교과목이 동일한 경우가 적지 않다. 이는 동일 교과목을 2개 학기에 걸쳐 교육했음을 의미한다. 위 표를 기준으로 판단한다면 교과과정으로서의 체계성이 아직 성숙되지 않은 것으로 보인다. 헌법이 결여되어 있다든가, 형법의 경우 총론만 있고 각론은 결여되어 있다든가, 행정법의 경우에는 총론이 없이 각론만 1년 강의한다든가 … 이런 것들이 그 예이다. 경찰에 관한 교과목(경찰학, 행정경찰법, 국제경찰론)이 많은 비중을 차지하고 있는 것도 특이하다.

그런데 위 표는 「사립보성전문학교규칙」이 정하는 것이기는 하나 실제와는 차이가 있었던 것으로 보인다. 이러한 사정을 잘 보여주는 것이 『法政學界』[63]의 기사이다. 『法政學界』 제1호는 제1회 졸업생들의 교과과정을 소개하고 있는데[64] 그 내용은 아래와 같다.

과목	1학년		2학년		계	
	항수	시간수	항수	시간수	항수	시간수
1. 법학통론	148	40	52	1	200	41
2. 민사소송법	304	89	56	4	360	93
3. 형사소송법	268	72	36	4	304	76
4. 재정학	-	-	175	18	175	18
5. 형법총론	232	54	256	45	488	99
6. 형법각론	-	-	108	23	108	23
7. 민법총론	256	85	16	3	272	88
8. 물권법	-	-	371	79	371	79

63 『法政學界』는 1907년 보성전문학교 강사와 졸업생이 제작한 학술저널이다. 우리나라 최초의 법률·경제 분야 학술저널이라 할 수 있다.

64 한성법학교(漢城法學校) 폐지에 따라 보성전문으로 전학한 학생들의 교과과정(야간)은 약간 차이가 있었다. 법학기초 교과목이 축소되었는데 이는 한성법학교 이수 과목을 고려한 것으로 추측된다. 자세한 표는 보성전문학교 교우회 편, 『法政學界』, 제1호, 보성전문학교, 1907, 57-61면.

9. 채권법	-	-	304	47	304	47
10. 채권법2부	-	-	189	41	189	41
11. 계약각론	-	-	12	12	12	12
12. 상속법	-	-	96	19	96	19
13. 상법총론	-	-	119	27	119	27
14. 회사법	-	-	261	35	261	35
15. 어음법	-	-	247	81	247	81
16. 해상법	-	-	290	47	290	47
17. 상행위	-	-	24	1	24	1
18. 국가학	32	9	-	-	32	9
19. 헌법	8	12	192	18	240	30
20. 행정법	-	-	293	66	293	66
21. 평시국제공법	176	58	172	42	348	100
22. 전시국제법	-	-	72	19	72	19
23. 국제사법	-	-	296	73	296	73
24. 경제학	200	54	-	-	200	54
25. 경찰학	180	48	12	2	192	50
26. 파산법	-	-	136	32	136	32
27. 증거법	-	-	127	21	127	21
28. 일어	-	77	-	-	-	77
29. 산술	-	66	-	-	-	66
계	1,844	664	3,812	760	5,656	1,424

위 표의 내용은 「사립보성전문학교규칙」이 정하는 것과 상당한 차이가 있다. 「사립보성전문학교규칙」에는 없던 형법각론, 상속법, 회사법, 어음법, 해상법, 국가학, 헌법, 파산법, 증거법 등이 보인다. 「사립보성전문학교규칙」이 채권법을 1개 과목으로 표시하는 것과 달리 채권법 · 채권법2부 · 계약각론으로, 국제법을 평시국제공법 · 전시국제법으로 세분하고 있다. 외교관영사제도, 감옥학, 은행부기학 등은 「사립보성전문학교규칙」에는 존재하나 『法政學界』에서는 보이지 않는다. 「사립보성전문학교규칙」과 달리 법학통론, 민사소송법, 형사소송법, 민법총론

등은 1 · 2학년의 2년에 걸쳐 강의가 이루어진 것으로 표시되고 있다. 보성전문학교 설립시기(1905) 및 제1회 졸업생들의 재학기간(1905-1907)의 다사다난했던 상황을 감안해 보면 「사립보성전문학교규칙」보다는 『法政學界』의 기사가 더 정확한 것으로 판단된다.

『法政學界』에는 시간 수가 표시되어 실제 배당 시간 수를 파악할 수 있다. 형법총론에 비하여 형법각론의 시간이 지나치게 적은 것, 계약각론의 시간이 그 분량에 비해 민법의 다른 분야보다 적은 점, 상행위에 1시간이 배정된 점 등이 특별히 눈에 띈다.

1907년에는 수업연한을 2년에서 3년으로 변경하였다.[65] 제1차 「조선교육령」(1911)이 전문학교의 수업연한을 3년 내지 4년으로 정하고 있기는 하나(제26조) 보성전문학교는 제1차 「조선교육령」이 시행되기 전에 수업연한을 당초보다 1년 연장했다. 3년제 교과과정은 다음과 같다.[66]

제1학년		제2학년		제3학년	
제1학기	제2학기	제1학기	제2학기	제1학기	제2학기
법학통론	법학통론	형법각론	형법각론	채권법3	채권법3
헌법론	헌법론	채권법2	채권법2	상속법론	상속법론
형법총론	형법총론	친족법	친족법	국제사법	국제사법
민법총론	민법총론	물권법2	擬律擬判	擬律擬判	擬律擬判
물권법1	물권법1	상행위	회사법	해상법	해상법
채권법1	채권법1	어음법	어음법	민사소송법	민사소송법
상법총론	상행위	평시국제공법	평시국제공법	전시국제공법	전시국제공법
경제학	경제학	형사소송법	형사소송법	파산법	파산법
재판소 구성법	재판소 구성법	민사소송법	민사소송법	행정법총론	행정법각론
		재정학	재정학	논리학	논리학
		사회학	사회학		

65 『皇城新聞』, 1907. 3. 5.

66 보성전문학교 교우회 편, 앞의 자료(주 64), 광고.

친족법, 재판소구성법,[67] 의율의판(擬律擬判),[68] 재정학, 사회학, 논리학과 같은 교과목이 추가되었다든가, 물권법이 물권법 1·2, 채권법이 채권법 1·2·3으로 체계화된 것이 눈에 들어온다. 그런데 위 표는 광고일 뿐 실제와는 차이가 있었는데, 『法政學界』는 1907년 입학한 3회생들의 제1학기 교과목을 다음과 같이 설명하고 있다.[69]

과목	晝學		夜學	
	항수	시수	항수	시수
1. 채권법	80	30	84	31
2. 법학통론	196	45	196	41
3. 경제학	144	37	128	10
4. 물권법	84	22	96	24
5. 형법총론	184	42	180	37
6. 민법총론	96	24	124	35
7. 상법총론	115	23	11	29
8. 헌법	152	39	160	41
9. 한문	40	14	-	-
10. 작문	-	12	-	-
계	1,091	288	1,083	270

위 표에 따르면, 경제학과 구성법(構成法)은 개설되지 않았고, 광고에는 없는 한문과 작문이 개설된 것으로 되어 있다. 야간 과정이 신설된 것은 1905년 9월 한성법학교(漢城法學校)가 경영난으로 폐교함에 따라 보성전문이 그 재학생들을 모두 야간과정으로 수용한 결과이다.

67 「裁判所構成法」은 1895년(고종 32년) 3월 25일 법률 제1호로 제정되었다(국회도서관 편, 앞의 자료(주 32), 190-198면). 이 후 두 차례에 걸친 전면 개정과 세 차례에 걸친 부분 개정이 있은 뒤 1909년 10월 28일 법률 제28호로 폐지되었다.

68 모의재판과 같은 것으로 1880년대 후반부터 일본의 법학교에서 일반적으로 개설하던 교과목이다.

69 보성전문학교 교우회 편, 『法政學界』, 제6호, 보성전문학교, 1907, 61-63면.

앞에서 언급한 바와 같이, 「사립학교규칙」 및 「전문학교규칙」에 따라 보성전문학교는 1915년 4월 1일부터 '전문학교'의 명칭을 사용하지 못하고 '보성법률상업학교'로 명칭을 변경했다. 그 당시의 교과과정은 다음과 같다.[70]

학과목	1학년		2학년		3학년	
	시수	과 정	시수	과 정	시수	과 정
修身	1		1		1	
법학통론	2		-		-	
헌법	2		-		-	
행정법	-		2	총론	2	각론
형법	2	총론	2	총론/각론	-	
민법	6	총칙/채권/물권	4	채권/물권	5	채권/친족/상속
상법	3	총칙/상행위	4	수표/회사	1	해상
형사소송법	-		-		2	
민사소송법	-		3		4	
파산법	-		-		1	
국제법	-		4	국제공법	3	국제공법/국제사법
경제학	2	원론	2	재정	-	
국어(일본어)	4	讀法/해석/회화/書取/번역	4	좌동/작문/문법	4	좌동
부기	2	상업부기	-		-	
통계와 실무	-		-		1	실무
계	24		24		24	

조선총독부의 교육정책에 따라 수신(修身)이 추가되고, 일본어 교육이 강화되어 이들 교과목에 민법 다음으로 많은 시간이 배정되었다. 상업학교의 성격에 맞추어 부기, 통계실무 등이 보강된 것도 눈에 띈다. 학교의 지위는 격하되었지만 교과과정에는 근본적인 변화가 없었다는 점도 유의할 부분이다. 「사립학교규칙」 및 「전문학교규칙」에 의한 일제의 사립 전문학교에 대한 규제는 학교의 실질적인 교육 공급능력에

70 보성전문학교 편, 앞의 책(주 62) 참조.

기초한 것이라기보다는 사립 고등교육을 억압하기 위한 정치적 의도에서 비롯된 것으로 보는 것이 타당할 것이다.

〈2〉 **기타 학교**: 보성전문학교 외에 전문적 법학교육을 담당했던 사립학교를 간단히 소개한다.

첫째, 한성법학교(漢城法學校)이다.[71] 1905년 1월 26일 야간학교로 개교했으며, 개교 시의 학생 수는 111명으로 법학전문과(야간과정)와 예비보통과가 설치되었다. 법학전문과(야간과정)는 전문적 법학 교과목[법학통론, 明律, 민법, 상법, 형법, 재판소구성법, 형사소송법, 민사소송법, 행정법, 국제공법, 국제사법, 증거법, 파산법, 국가학, 경제학, 재정학, 의율의판(擬律擬判), 소송연습]으로 구성되었다.[72] 보성전문학교와 달리 1905년 설립 당시부터 의율의판, 소송연습과 같은 실무적 성격이 강한 교과목이 배치된 것이 눈에 띈다. 강사진은 태명식(太明軾), 장도(張燾), 신해영(申海永), 유치형(兪致衡), 유문환(劉文煥), 이면우(李冕宇), 신우선(申佑善), 홍인표(洪仁杓), 홍재기(洪在祺), 석진형(石鎭衡), 최항석(崔恒錫) 등 당시 최고의 법률가들로서 보성전문학교 강사와 중복되는 사람이 많다. 한성법학교는 1905년 9월 경영난으로 폐교했고 재학생 전원이 보성전문으로 이적함에 따라 보성전문에 야간과정이 신설되었다.

둘째, 양정의숙(養正義塾)이다. 1905년 5월 12일 엄주익[73]이 설립했다. "정치 · 법률 · 경제의 고등학문으로 일반국민을 교육하기 위하여" 설립하고 강사로서 김상연(金祥演), 장도(張燾), 신우선(申佑善), 석진형(石鎭衡) 등을 초빙했다.[74] 양정의숙의 강사 역시 보성전문학교의 강사

71 이하 한성법학교에 관하여 특별한 표시가 없는 경우에는 http://encykorea.aks.ac.kr/Contents/Index?contents_id=E0061729(방문일자: 2019. 12. 18.) 참조.

72 『皇城新聞』, 1905. 1. 16.

73 엄주익(嚴柱益, 1872-1931): 구한말의 관리. 엄비의 동생.

74 강사진에 대한 비교적 자세한 소개에 대해서는 김효전, "養正義塾의 법학교육," 『법사학연구』, 제45호, 2012, 74-92면 참조.

와 중복되는 사람이 많다. 입학연령은 17세 이상, 입학시험은 국한문으로 讀書作文(단, 관공사립학교 보통과 졸업자는 입학시험 면제)[75]을 부과했다. 3년 과정으로[76] 교과목은 다음과 같다:[77]

① 第1年級: 국가학, 법학통론, 경제원론, 민법총론, 형법총론, 만국역사, 산술, 일어

② 第2年級: 형법각론, 민법(물권, 채권), 행정법(총론, 각론), 상법(총론, 각론), 재정학, 일어

③ 第3年級: 국제공법, 국제사법, 화폐론, 은행론, 근시외교사, 일어

양정의숙은 설립 당시에는 보성전문학교와 동격의 법률전문학교로서의 위상을 가지고 있었다. 법학협회(法學協會)[78] 창립총회(1908. 3. 15)를 개최할 정도로 법률문화의 발전에 적극적 역할을 했으며, 1907년 9월에는 일어야학과를 신설하고,[79] 1908년 4월에는 경제과와 영어야학과를 신설했다.[80] 그러나 1913년 재정상의 이유로 스스로 전문학교에서 고등보통학교로 격하한 후 재학생들은 보성전문학교로 전학시켰다.[81]

셋째, 대동법률학교(大東法律學校)이다.[82] 1907년 고종이 강제 퇴위되면서 반일 여론이 급등하고 유림의 조직적인 반발이 가시화되자, 일본은 유림계를 친일화시키고자 이완용(李完用), 조중응(趙重應) 등 친일파

---

75 『皇城新聞』, 1905. 4. 1.

76 『皇城新聞』, 1905. 4. 17.

77 앞의 자료(주 75) 참조.

78 국내외에서 법률 · 정치 · 경제를 전공한 사람들이 만든 한국 최초의 법학연구단체, 여기에서 매월 『법학협회잡지』를 발간(『법학협회잡지』 창간호는 고려대 도서관 소장)했다(법학협회의 활동상에 관하여 상세한 것은 최종고, 『韓國法學史』, 박영사, 1990, 396면 이하 참조).

79 『皇城新聞』, 1907. 9. 27.

80 『皇城新聞』, 1910. 4. 19.

81 양정동창회, 양정의 얼굴, 34면; 고려대학교 60년지 편찬위원회 편, 六十年誌: 創立 60周年 紀念刊行, 고려대학교, 1965, 65면.

82 이하 대동법률학교에 관하여 특별한 표시가 없는 경우에는 http://encykorea.aks.ac.kr/Contents/Index?contents_id=E0014279(방문일자: 2019. 12. 18.) 참조.

를 내세워 대동학회(大東學會)를 설립했다. 대동학회는 1908년 2월 한성에 대동전문학교를 설립, 같은 해 3월에 학생을 모집하여 야간과정 법률학과 정치학 교육을 시작했다. 1908년 5월 3일 대동전문학교는 성균관 비천당에서 고종 황제가 친히 관람하는 운동회를 개최하기도 했다. 1909년 4월에 1년 과정인 속성과의 제1회 졸업시험을 실시하여 50명의 첫 졸업자를 배출했는데[83] 1916년 제5회 졸업식을 진행한 기록을 끝으로 더 이상 기록이 없다.[84] 대동법률학교는 3년제의 전문과와 1년 과정의 속성과를 개설했으며, 20세 이상의 남자를 대상으로 내외국지지역사, 국한문의 독서와 작문, 산술(4칙 이내) 등으로 입학시험(단, 관공사립 보통학교 이상의 학교 졸업증서가 있는 자는 입학시험 면제)을 진행했다. 1908년 개교 당시 대동법률학교는 상당한 인기를 누린 것으로 알려지고 있다.[85] 법률전문과(3년 과정)의 교과목은 다음과 같다.[86]

① 1학년: 법학통론, 민법총론, 물권법 1·2부, 채권법 1·2부, 상법총론, 형법총론, 경제학, 내외국역사, 한문, 산술, 외국어학

② 2학년: 국가학, 채권법 1·2부, 회사법, 상행위법, 형법각론, 민사소송법, 형사소송법, 행정학, 정치원론, 재정학, 부기학, 한문, 외국어학

③ 3학년: 헌법, 어음법, 해상법, 민사소송법, 국제공법, 국제사법, 명률(明律), 통계학, 조세론, 한문, 외국어학, 실지연습(實地演習)

법률 교과목이 매우 세분화되고 행정학·정치학·재정학·부기학·통계학·조세론 등 법률과목 외의 교과목이 풍부하게 배치되고 외국어를 강조하는 특색을 보인다.

---

83 『皇城新聞』, 1909. 4. 17.

84 李允榮, "普成專門學校의 法學·經商學 敎科課程에 대한 硏究,"『近代西歐學問의 受容과 普專』, 고려대학교, 1986, 415면.

85 1908년 3월 16일에 실시된 대동전문학교의 신입생 모집을 위한 시험에는 응시자가 300여 명 응시(『大韓每日新報』, 1908. 3. 17.).

86 『皇城新聞』, 1908. 3. 20.

(2) 관립 법학 전문교육

관립 법학 전문교육기관으로는 법관양성소를 들 수 있다. 법관양성소는 1895년 대한제국 법부(法部) 산하의 국립 교육기관으로 출발했으며, 대한제국의 사법권이 박탈되면서 1909년에 법부에서 학부(學部)로 소속이 변경되고, 명칭도 법학교(法學校)로 개칭된다. 법학교는 1910년 한일병합조약 체결 후 1911년 경성전수학교(京城專修學校)로 개편되었고, 1922년 경성법학전문학교(京城法學專門學校)가 된다. 해방 후 1946년 경성법학전문학교는 경성제국대학(京城帝國大學)과 함께 서울대학교 법과대학에 편입된다.

〈1〉 **법관양성소**: 법관양성소(法官養成所)는 「法官養成所規程」(1895. 3. 25. 칙령 제49호)[87]에 근거하여 설립된다.[88] 법관양성소는 유동(鍮洞)[89]에 설립되었으며, 1895 · 1896년 2회의 졸업생을 배출하고(1회 졸업생 47명, 2회 38명) 1896년 폐쇄되었다가 1903년 다시 개교한다. 법관양성소는 실무과목 위주로 속성을 목적으로 설립된다(「法官養成所規程」 제1조). 당초의 수업연한은 일반의 경우 6개월, 우등은 3개월이었으며, 사법관(판사 · 검사) 임용을 관장하는 법관전고소(法官銓考所)에서 실시하는 시험에 합격하여야 임관되었다. 1903년 재개교 이후에는 1년 6개월, 1904년 12월에는 2년, 1907년에는 예과 1년과 본과 3년으로 수업연한이 연장되었다.[90]

법관양성소 교과목을 본다.

---

87 국회도서관 편, 앞의 자료(주 32), 215-218면.

88 법관양성소에 관하여 자세한 사항은 김효전, 앞의 책(주 49) 참조. 「법관양성소규정」은 제정 이후 여러 차례 개정되었음. 1904년에는 하위규범 「법관양성소규칙」(1904. 7. 30. 법부령 제2호), 1905년에는 「법관양성소규정」을 「법관양성소관제」(1905. 2. 26. 칙령 제21호)로 대체. 그 후 「법관양성소령」(1908. 1. 17. 법부령 제1호), 「법학교관제」(1909. 10. 28. 칙령 제84호)로 변천.

89 서대문 밖 놋전거리. 현 서대문우체국 자리.

90 김효전, 앞의 책(주 49), 18면.

① 초기의 교과과정: 초기의 교과목은 법학통론, 민법, 형법, 민사소송법, 형사소송법, 현행법률, 소송연습(「法官養成所規程」 제7조)이다. 법관양성소 창립일인 1895년 3월 25일 학과시간표는 다음과 같다.[91]

요일	9시-11시	11시-12시	1시-2시
월	민법(高田)	민사소송법(高田)	법학통론(日下部)
화	형법(堀口)	형법(堀口)	민사소송법(高田)
수	형법(堀口)	형법(堀口)	법학통론(日下部)
목	민법(高田)	민사소송법(高田)	형사소송법(高田)
금	형사소송법(高田)	형사소송법(高田)	법학통론(日下部)
토	현행법률(皮相範)	소송연습(高田, 堀口, 日下部)	

일반졸업생(6개월 코스)의 경우에는 법학통론, 형법, 형사소송법을 약 70시간, 민법과 민사소송법을 약 110시간, 현행 법률과 소송연습을 약 40시간, 총 220시간의 수업을,[92] 우등생(3개월 코스)의 경우에는 총 160시간의 수업을 받았다.[93] 법관양성소는 국내 최초의 근대적 법학교육기관이지만 실무적 기능면에 중점을 둔 기관으로 볼 수 있다. 초창기 교육 담당자는 皮相範(초대 소장으로 法部 참서관)을 제외하고는 모두 일본인이었다.

② 1904년 法部令 제2호: 교과목이 법학통론, 헌법, 민법, 형법, 민사소송법, 형사소송법, 행정법, 국제법, 상법, 현행법률, 산술, 작문, 외국법례로 확대되고 시의에 따라 학과과목을 증감할 수 있도록 하였다.[94]

③ 1906년 法部令 제1호: 새로 제정된 刑法大全, 의용하던 明律, 無冤錄 등 전통적 법률과목이 추가되고, 경제학과 재정학이 증설되었으며,

91 서울대학교 법과대학 동창회 편, 『서울法大百年史資料集: 光復前 50年』, 서울대학교 법과대학 동창회, 1987, 33면.

92 李允榮, 앞의 논문(주 84), 410면.

93 李允榮, 앞의 논문(주 84), 410면.

94 「법관양성소규칙」(1904년 법부령 제2호) 제2관 제1조; 국회도서관 편, 韓末近代法令資料集 III, 국회도서관, 1971, 633-634면.

외국어 과목도 등장한다.[95] 전통적 법률과목이 추가된 것은 법률실무상의 실제 필요에 의한 것으로 추측된다.

④ 1907년 진급증에 나타난 교과과정은 아래 표와 같다.[96] 법관양성소 초기와 달리 내국인 교관이 강의를 담당하고 있음을 알 수 있다. 이는 1895년부터 일본에 파견된 대규모의 관비유학생이 귀국하여 자리를 잡게 된 결과로 볼 수 있다. 많은 교관이 보성전문학교 및 한성법학교·양정의숙·대동법률학교의 강사와 중복된다.

교과목	담당교관	교과목	담당교관
법학통론	석진형	형사소송법	장도
형법(총론)	윤태영	민사소송법	류동작
민법(총론/물권/채권/상속)	이한길	경제학	박만서
상법(총론/회사/상행위)	이항종	국제공법(평시)	나진
		일본어	유문환

〈2〉 **구(舊) 경성전수학교**[97]: 법관양성소는 한일합병 직전 혼란한 시기에 '法學校'의 이름으로 2년간 존속하다가 1911년 3월 20일 최초이자 마지막 졸업생 29명을 배출한 후 '경성전수학교(京城專修學校)'로 명칭을 변경한다.[98] 경성전수학교 위치는 법관양성소와 동일(즉 광화문 앞 육조거리)하였다.[99] 경성전수학교는 「京城專修學校規程」(1911. 10. 20. 총독부령 제115호)[100]에 근거하여 설립되었다. 조선총독부의 원래 의도는 법학

95 「법관양성소규칙」(1906. 3. 30. 법부령 제1호) 제2조; 국회도서관 편, 韓末近代法令資料集 IV, 국회도서관, 1971, 536면.

96 서울대학교 법과대학 동창회 편, 앞의 자료(주 91), 142면.

97 동일한 명칭의 '경성전수학교'이지만 1916년 정식으로 전문학교가 된 것과 구별하기 위하여 '구'(舊)자를 부기한 것이다.

98 김효전, 앞의 책(주 49), 62면.

99 京城府 光化門通 84번지(경성법학전문학교 편, 京城法學專門學校一覽, 경성법학전문학교, 1926, 2면). 한 졸업생은 그 자리를 "광화문 국제전신전화국"(현 KT빌딩)으로 회고(정구영의 회고 『중앙일보』, 1973. 12. 20.).

교육기관을 폐지하는 것이었으나 조선인의 반발을 고려해 유지는 하되 교명에서 '法'자를 지우고 모호한 명칭으로 유지했다.[101]

경성전수학교의 설립 목적은 "조선인 남자에게 법률 및 경제에 관한 지식을 교수하여 공사의 업무에 종사하고자 하는 자를 양성"하는 것이며(「京城專修學校規程」 제1조), 수업연한은 3년이다(「京城專修學校規程」 제2조). 입학자격은 연령 16세 이상의 남자로 고등보통학교를 졸업한 자 또는 이와 동등 이상의 학력을 가진 자(「京城專修學校規程」 제3조)이다. 고등보통학교를 졸업하지 않은 사람에 대해서는 국어(일본어), 조선어 및 한문, 역사, 지리, 수학, 이과, 습자에 대하여 고등보통학교의 졸업 정도를 시험하였다(「京城專修學校規程」 제10조 제2 · 3항). 학년은 4월 1일에 시작하여 익년 3월 31일에 종료한다(「京城專修學校規程」 제6조). 1개 학년은 3학기(제1학기 4월 1일부터 8월 31일까지, 제2학기 9월 1일부터 12월 31일까지, 제3학기 1월 1일부터 3월 31일까지)이다(「京城專修學校規程」 제7조).

교과목은 수신, 국어, 법학통론, 헌법 및 행정법, 민법, 상법, 형법, 민사소송법, 형사소송법, 국제공법, 국제사법, 경제, 실무연습, 체조이다(「京城專修學校規程」 제4조). 교과과정 및 매주 교수시수는 다음 면과 같다(「京城專修學校規程」 별표).

학교의 설립 목적은 법률과 경제의 교육인데 경제 관련 교과목은 매우 적었고 법학 중심의 교과과정을 운영했다. 이는 교육을 담당할 교원 수급의 어려움 때문일 것으로 추측된다. 구 경성전수학교의 졸업생은 제1회(1912. 24명), 제2회(1913. 17명), 제3회(1914. 14명), 제4회(1915년. 32명), 제5회(1916. 56명), 총 143명이다.[102]

---

100 『조선총독부 관보』, 호외, 1911. 10. 20.

101 김효전, 앞의 책(주 49), 63면.

102 김효전, 앞의 책(주 49), 67면.

학과목 / 학년	제1학년		제2학년		제3학년	
시수/과정	시수	과 정	시수	과 정	시수	과 정
수 신	1	수신의 요지	1	좌 동	1	좌 동
국 어	3	해석, 회화, 받아쓰기	2	좌 동	-	
법학통론	4	법학통론	-		-	
헌법/행정법	2	헌법, 행정법	2	좌 동	2	행정법규
민 법	6	제1편, 제2편	6	제3편	4	제4편, 제5편
상 법	-		4	제1-3편	4	제4편, 제5편
형 법	3	총 론	2	각 론	-	
민사소송법	-		2	제1편	4	제2편 이하
형사소송법	-		-		2	형사소송법
국제공법	-		-		2	평시, 전시
국제사법	-		-		2	국제사법
경 제	4	경제학	4	상사요항, 은행론	2	재정학
실무연습	6	공용문, 상용문, 부기, 주산	6	공용문, 상용문, 부기, 주산, 통계	6	좌 동
체 조	2	보통체조	2	좌 동	2	좌 동
계	31		31		31	

〈3〉 **신(新)[103] 경성전수학교:** 「朝鮮總督府專門學校官制」(1916. 4. 1. 조선총독부령 제80호)에 따라 1916년 4월 1일부터 경성전수학교, 경성의학전문학교, 경성공업전문학교가 설립되었는데(「朝鮮總督府專門學校官制」 제1조), 그 결과 경성전수학교는 명칭은 동일하지만 전문학교의 지위를 가지게 되었다.[104] 「朝鮮總督府專門學校官制」에 근거하여 설립된 학교

103 동일한 명칭의 '경성전수학교'이지만 1916년 정식으로 전문학교가 되기 전과 구별하기 위하여 '신'(新)자를 부기한 것이다.

104 구 경성전수학교는 폐지(「朝鮮總督府專門學校官制」 부칙 제2항).

는 모두 '전문학교'의 명칭을 가지고 있으나 오직 법학전문학교만은 예외로 하고 있는데, 그 이유는 분명치 않다. 역대 교장은 모두 일본인이었으며,[105] 교수는 가코(加古靜太郞), 조 츠라츠네(長連恒), 석진형(石鎭衡), 아키야마(秋山幸衛), 아오키(靑木好祐), 양대경(梁大卿), 김교명(金敎明), 김병로(金炳魯)[106] 등이다.[107]

신 경성전수학교 졸업생은 제1회(1917. 41명), 제2회(1918. 34명), 제3회(1919. 41명), 제4회(1920. 34명), 제5회(1921. 28명), 제6회(1922. 39명), 총 217명이다.[108]

Ⅳ. 3·1운동 이후 전문 법학교육

1. 민립대학 설립운동과 그 좌절

3·1운동 이후 전문 법학교육을 논함에 있어서는 민립대학 설립운동에 유의할 필요가 있다. 3·1운동 후 일제가 문화정치를 표방하자 민족지도자들은 실력 양성 운동으로서 물산장려운동과 민립대학설립운동을 시작한다. 민립대학설립운동은 1920년 6월 한규설(韓圭卨), 이상재(李商在), 윤치소(尹致昭) 등 100명이 조선교육회설립발기회를 개최하면서 시작되었다.[109] 1922년 1월 이상재(李商在), 이승훈(李昇薰), 윤치호(尹致

105 역대 교장에 대해서는 김효전, "京城專修學校의 법학교육: 새 출발 100주년을 기념하여," 『학술원논문집(인문 · 사회과학편)』, 제55집 제1호, 2016, 135-138면 참조.

106 김병로(金炳魯, 1887-1964): 1915년 일본 메이지(明治)대학 법학부 졸업. 1915년 경성전수학교 교유(敎諭), 보성전문학교 강사 · 촉탁강사(1916-1942) 역임. 허헌(許憲, 1885-1951), 이인(李仁, 1896-1979)과 함께 일제강점기 3대 민족인권변호사. 초대 대법원장 역임.

107 역대 교수에 대해서는 김효전, 앞의 논문(주 105), 138-155면 참조.

108 이에 대해서는 김효전, 앞의 책(주 49), 67면.

109 이명화, "民立大學 設立運動의 背景과 性格," 『한국독립운동사연구』, 제5집,

昊), 김성수(金性洙), 송진우(宋鎭禹) 등이 조선민립대학기성준비회를 정식으로 결성하며, 1923년 3월 29일 발기인 1,170명 중 462명이 참석한 가운데 조선중앙기독교청년회관에서 3일간에 걸친 총회를 개최한다.[110] 우리 민족의 운명을 개척하는 데 가장 선결 문제가 교육에 있으며, 문화의 발달과 생활의 향상이 고등교육 기관인 대학에 있음을 선언하는 '민립대학발기취지서'를 채택하고 대학 설립 계획서를 확정한다.[111] 구체적인 계획으로 자본금 1000만 원을 각출하여 3개년 계획으로 나누어 실행하되, 제1차 연도에는 400만 원으로 대지 5만 평을 구입하여 교실 10동, 대강당 1동을 건축하고, 법과 · 경제과 · 문과 · 이과의 4개 대학 및 예과를 설치하며, 제2차 연도에는 300만 원으로 공과를 증설하고 이과와 기타 학과의 충실을 기하며, 제3차 연도에는 300만 원으로 의과와 농과를 설치한다는 것 등이었다.[112] 일제는 민립대학설립운동을 정치운동으로 판단하여 탄압하는 한편, 대체 정책으로 조선총독부는 1922년 「조선교육령」(즉 제2차 「조선교육령」)을 개정하여 관립 경성제국대학의 설립을 서두르게 된다. 1924년 5월 「京城帝國大學官制」를 공포하여 같은 해 예과(豫科)를 개설하고, 1926년 법문학부와 의학부를 열어 학생을 모집한다.

제2차 「조선교육령」의 핵심 사항 중 하나는 한반도에 대학을 설치할 수 있는 근거를 마련했다는 점이다. 당시의 상황을 볼 때 이러한 조치는 일제의 자발적인 조치라기보다는 1920년부터 본격화된 민립대학설립운동을 수용하지 않는 명분을 만들기 위한 것이 아니었나 하는 생각이 든다. 일제는 제2차 「조선교육령」을 기초로 1924년 「京城帝國大學官制」를 공포하여 경성제국대학을 출범시켰고, 이로써 한반도에 근대적인 대

1991, 27면.

110 이명화, 앞의 논문(주 109), 40면.

111 이명화, 앞의 논문(주 109), 28면.

112 이명화, 앞의 논문(주 109), 43면.

학교가 처음으로 등장하게 되었다. 그러고 보면 비록 제국주의 정책의 일환이기는 하나 한반도에 처음으로 근대적 대학이 설립된 것도 3·1운동과 무관하지 않다고 볼 수 있다.

2. 사립학교: 보성법률상업학교/보성전문학교

1915년 개정 「사립학교규칙」과 「전문학교규칙」의 적용으로 1915년 4월 1일부터 '전문학교'의 명칭을 사용하지 못하고 '보성법률상업학교'로 격하되었던 보성전문학교는 1922년 재단법인을 설립하고 '보성전문학교'의 이름을 되찾았다.

1922년 교명 회복 후의 교과과정은 다음과 같다.[113]

학과목	1학년		2학년		3학년	
	시수	과 정	시수	과 정	시수	과 정
수신	1	도덕/요지	1	도덕/요지	1	도덕/요지
법학통론	2		-		-	
헌법	2		-		-	
행정법	-		2	총론	2	각론
민법	4	총칙	-		-	
	2	물권 제1부	2	물권 제2부	4	친족/상속
	3	채권총칙	2	채권각론	2	채권각론
상법	-		3	총칙/상행위	2	해상법
	-		2	회사법	2	수형법(手形法)
	-		1	보험법	-	
형법	3	총칙	3	각론	-	
민사소송법	2	제1편	4	제2편 내지 제5편	2	제6편 이하
형사소송법	-		-		3	

113 보성전문학교 편, 앞의 책(주 62), 19-21면.

학과목	1학년		2학년		3학년	
	시수	과 정	시수	과 정	시수	과 정
파산법	-		-		1	
국제공법	-		2	평시	2	전시
국제사법	-		-		1	
경제학	3		-		-	
재정학	-		3		-	
사회학	2		-		-	
사회정책	-		2		-	
철학개론	1		-		-	
논리학	1		-		-	
실무	-		2		3	
영어	3		2		2	
체조	1		1		1	
계	30		32		28	

교과과정의 기본 체계는 1915년과 유사하다. 다만 수업시수가 1915년에 비해 증가했다. 시수가 1학년은 24에서 30으로, 2학년은 24에서 32로, 3학년은 24에서 28로 증가했다. 1925년 교과과정에 추가된 것은 재정학, 사회학, 사회정책, 철학개론, 논리학, 영어, 체조이며, 1915년에 있던 교과목 중 삭제된 것은 국어(일본어)이다.

3. 관립학교: 경성법학전문학교

3·1운동 이후 관립의 전문 법학교육기관은 1911년 이래 여전히 경성전수학교였다. 그런데 3·1운동 이후 일제는 문화통치의 일환으로 경성전수학교를 경성법학전문학교로 정비한다. 경성법학전문학교는 「京城法學專門學校規程」(1922. 4. 1. 조선총독부령 제49호)에 근거하여 설립된다. 경성법학전문학교는 처음에는 경성전수학교의 교사를 그대로 사용

했으나, 교사의 노후화 등에 대한 학생들의 지속적인 요구에 의해 1937년 현 청량중학교 자리에 교사를 신축하고 1938년에 학교를 이전한다. 1944년 4월에는 교육예산동결에 따라 경성고등상업학교와 통합하여 '경성경제전문학교'로 통폐합된다. 해방 직후 경성법학전문학교와 서울법정학교로 분리되었고, 경성법학전문학교는 경성제국대학 법문학부 법학계열과 함께 1946년 서울대학교 법과대학을 구성한다. 수업연한은 3년(「京城法學專門學校規程」 제1조)이며, 정원은 약 60명이었다.

경성법학전문학교는 조선총독부로부터 많은 예산 보조를 받아 학비가 다른 관립전문학교보다 저렴하고 취직에서도 유리하고(경성법학전문학교 졸업생은 각 지방법원의 서기과 서기 또는 통역생으로 채용되는 특전[114]), 조선인 중심의 학교라는 점 등으로 인하여 인기가 있었던 것으로 알려지고 있다. 경성법학전문학교 졸업생들은 조선변호사시험과 사법관시보시험[115]에 합격하여 일제강점기에 많은 조선인 법조인을 배출한다.[116] 경성제국대학 법문학부 법학과 졸업생이 배출된 이후에도 학교의 전통과 수적 우위를 토대로 조선인 법조계에서 주도적인 역할을 했다. 여기에서 일제강점기 법조인의 부류에 유의할 필요가 있다. 당시 법조인은 다음 세 부류로 구분된다.[117] 제1부류(일본에서 고등문관시험 사법과에 합격한 사람); 제2부류(1922년부터 시행된 조선변호사시험 출신); 제3부류(일제강점기 서기 겸 통역관으로 일하다 판사 · 검사로 임용된 사람). 경성법학전문학교는 제3부류로서 법조계에 진출하는 것에 큰 강점을 지닌 학교였다.

경성법학전문학교의 교과과정은 다음과 같다(「京城法學專門學校規程」 제2조 제1항)

---

114 일제 강점기의 사법계 관리(판임관)의 직급은 판입관 견습-통역생-서기-통역관-서기장-사법관 시보-검사-판사 순.

115 조선에서 고등문관시험이 시행되기 전까지 시행되었던 시험으로, 합격하면 (사법관) 시보에 임명되었다.

116 특히 경력 7년이 넘는 서기들은 시험 없이 판사나 검사에 임용되는 특혜를 누렸다.

117 김두식, 『법률가들』, 창비, 2018 참조.

학과목	학년	제1학년	제2학년	제3학년
	매주수업시간	시간	시간	시간
수신		1	1	1
국어		4	2	2
영어		3	3	2
법학통론		2	-	-
헌법		2	-	-
행정법		-	2	2
민법		10	7	4
상법		-	6	3
파산법		-	-	1
형법		4	3	-
민사소송법		-	2	5
형사소송법		-	-	3
국제법		-	-	3
경제학		4	4	-
재정학		-	-	2
상업학		-	-	(3)
연습		-	-	2
체조		2	2	2
계		32	32	32(3)

경성전수학교와 비교하여 시수는 큰 차이가 없다. 다만 재정학 · 상업학 · 영어가 추가되었다. 1925년 보성전문학교의 교과과정과 비교한다면 보성전문 교과과정에는 재정학, 사회학, 사회정책, 철학개론과 같은 법학 외의 교과목이 더 많다는 점이다. 초대 교장은 전 경성전수학교 교장 아비코(吾孫子勝)가 그대로 담당했으며(재임: 1922-1924), 제2대 鷹松龍種(재임: 1924-1926), 제3대 佐藤七太郎(재임: 1926-1928), 제4대 平井三男(재임: 1928), 제5대 重田勘次郎(재임: 1928-1931), 제6대 鷹松龍種(재임: 1931-1940), 제7대 車田篤(재임: 1940), 제8대 增田道義(재임: 1940-1944),

제9대 木村常信(재임: 1944-1945)이 교장을 지냈다.[118] 이들은 대부분 도쿄대학 또는 쿄토대학 법과 출신으로서 경성법학전문학교 교수를 겸했다. 교수로 재직한 사람은 모두 25인[119](전공별로는 법학 12명, 문학 5명,[120] 경제 또는 상업학 3명, 법학 · 경제학 1명, 미상 4명)이다. 조교수는 9명으로 국어(일본어), 영어, 조선어, 체조 등 교양과목을 담당하고 법률과목 담당자는 없다.[121] 촉탁교원 8명, 시간강사 50명이다. 조선인은 교수(金命洙), 조교수(鄭煜, 李周淵), 촉탁교원(李肯鍾, 李允熙, 延田允) 6명뿐이다.[122]

졸업생은 1923년 제1회 졸업생 34명, … 1945년 제24회 졸업생 40명, 1946년 제25회 졸업생 등 총 1044명을 배출하고 폐교했다.[123]

해방이 되자, 경성법학전문학교는 독자적으로 대학승격을 추진하였고, 경성제국대학 역시 일제의 잔재를 떨쳐내고자 경성대학으로 개칭하였다. 1946년 경성법학전문학교는 가칭 '서울법과대학'이라는 이름 아래 독자적 대학승격운동이 진척되고 있었다. 경성대학 역시 기존의 법학과를 법학과, 정치학과, 경제학과로 분과하는 등 변화를 모색하고 있었다. 그러나 1946년 7월 미군정이 '국립서울대학교안'(소위 '國大案')을 발표하고 경성법학전문학교와 경성대학 법과계통을 '법과대학'이라는 하나의 단과대학으로 통폐합하기로 결정하면서 각 학교의 독자적인 노력과 충돌이 일어났다. 이른바 "국대안 파동"이라 불릴 만큼 국립서울대학교안에 대한 일부 교수진 및 학생들의 반발이 격렬하였다. 그러다가 1947년에 이르러 학내 혼란은 잦아들고 서울대학교 법과대학이 새롭게 출범하게 된다.

---

118 이에 대해서는 김효전, 앞의 책(주 49), 71면.
119 구체적인 명단은 김효전, 앞의 책(주 49), 72면.
120 문학전공자가 비교적 많은 이유는 국어(일본어) 및 영어 담당을 위한 것.
121 김효전, 앞의 책(주 49), 73면.
122 김효전, 앞의 책(주 49), 73면.
123 서울대학교 법과대학 동창회 편, 회원명부, 서울대학교 법과대학 동창회, 2009, 48-54면 참조.

Ⅴ. 맺음말

구한말 격변하는 국내외 정세 속에서 근대적 법학교육이 시작되었다. 교육구국(教育救國)의 기치 아래 많은 사립학교들이 설립되었다. 관비유학생으로 일본에서 유학한 사람들이 귀국하던 1905년 무렵 법학 전문학교가 활발하게 창설되었다. 그때 설립된 사립학교 중 보성전문학교만이 유일하게 현재 고려대학교 법학전문대학원으로 법학 고등교육의 역사가 이어지고 있다. 사립학교와 병렬적으로 관립학교 또한 나름대로 시대적 소명을 담당했다. 관립기관으로 법관양성소(1895)가 있었지만 이는 학교라기보다는 명칭 그대로 법관을 양성하는 특별교육기관으로 보는 것이 타당할 것 같다. 본격적인 학교로서 경성전수학교(1911) · 경성법학전문학교(1922) · 경성제국대학(1924)의 순으로 전개된 관립학교의 역사는 1946년 경성제국대학과의 통폐합으로 탄생한 서울대학교 법과대학 및 법학전문대학원으로 역사가 이어지고 있다.

법학 고등교육의 역사에서 3·1운동은 중요한 전환점을 이루고 있다. 3·1운동의 영향으로 일제는 한반도의 교육제도를 최소한 형식적으로는 일본 본토의 그것에 준하는 방향으로 정비하고자 했다. 그리고 1920년부터 본격화된 민립대학설립운동은 일제에게 더 직접적인 압박으로 작용하였다. 1922년 제2차 「조선교육령」은 한반도에서 대학 설립의 가능성을 열었고, 그 결과 경성제국대학(1924)이 설립되었다. 보성전문학교는 1915년 「사립학교규칙」과 「전문학교규칙」의 적용에 따라 전문학교의 위상을 잃고 '보성법률상업학교'로 격하되어 있다가 1922년 원래의 이름을 회복했다. 1916년 「朝鮮總督府專門學校官制」 이래 실질적으로는 법학전문학교의 위치에 있음에도 불구하고 과거와 동일한 명칭에 머물러 있던 '경성전수학교'(京城專修學校)는 1922년 '경성법학전문학교'로 교명을 변경했다. 역사의 질곡 속에서 '보성전문학교'가 '보성법률상업학교'로 격하되고, '경성전수학교'가 전문학교의 명칭을 보유하지 못한 시기에도 교육 내용은 격하되기는커녕 오히려 발전되었다. 이는 일제의 고등교육정책이 매우 정치적인 동기에 의하여 좌우되었음을 보여주는 대목이다.

일제는 식민지 조선에서의 법학 고등교육에 관해서는 강점 전부터 존재했던 학교에 한해 유지시키는 방향에서 정책을 수행할 뿐 새로운 법학교육기관 설립 또는 실질적 발전에는 극도로 인색했다. 그 엄혹한 상황 속에서도 선현들은 지속적으로 법학교육에 대한 관심과 열정을 유지했으며, 3·1운동을 계기로 그 의지가 보다 적극적으로 발현되었다. 역사는 미래를 보는 거울이다. 국권이 스러져가던 19세기 말 20세기 초 선현들은 "교육으로써 나라를 구하겠다"(教育救國)는 신념으로 근대 교육체계를 구축했으며, 그 핵심에 법학교육이 있었다. 일제강점과 국권상실로 인하여 그 신념이 제대로 구현되지는 않았지만 그때의 그 신념이 발단이 되어 오늘에 이르고 있다. 굴곡진 역사 속에서 3·1운동은 대한민국 교육사에서도 중요한 전환점이었다. 2019년, 3·1운동 100주년의 시점에 대한민국 법학 고등교육의 역사를 돌아보면서 법학교육의 미래 비전을 고민할 것을 제안한다.

3·1운동 시대 국제정치적 배경과 한국의 '독립외교'*

이신화**

Ⅰ. 서 론

1919년 3월 1일 서울 탑골공원 독립 만세운동은 수많은 서울시민뿐 아니라 고종황제의 장례에 참석하려 상경한 20만여 지방민들에 의해 시작되었다. 일본군과 경찰의 무력진압에도 불구하고 4월 말까지 계속된 만세운동은 도시에서 농촌으로뿐 아니라 국내에서 국외로도 퍼졌다. 이 두 달가량의 만세시위에는 당시 전체 인구의 10%에 해당하는 2백만여 명이 참여하였고, 7천 5백 명 이상의 사망자와 1만 6천 명이 넘는 부상자가 발생하였다.[1] 그동안 3·1운동의 배경, 과정 및 결과에 대해서는 역

* 본 논문은 2019년 11월 9일 3·1운동 100주년 기념 학술회의 발표문을 수정·보완한 것이다. 윌슨의 민족자결주의 및 해외독립열사 운동과 관련 미국 메릴랜드와 중국 상하이 자료에 대한 심층적 연구조사는 한국연구재단의 지원을 받아 수행되었다(NRF-2017S1A3A2066657).

** 고려대학교 정치외교학과 교수 겸 평화와 민주주의 연구소 소장.

1 박은식, 2008, 『한국독립운동지혈사』(서울: 소명출판).

사적, 정치적, 사회적, 인도주의적 측면에서 다양한 연구가 진행되어왔다. 그러나 100주년을 맞은 오늘날까지도 그 국제정치적 배경을 논하는 데 있어 미국 우드로 윌슨 대통령이 주창한 민족자결주의(self-determination)로부터 받은 영향에 대한 의의와 한계에 대한 언급 이외에 체계적인 학술적 논의는 미미한 실정이다.

제1차 세계대전이 연합국의 승리로 끝나면서 파리강화회의(1919년 1월 18일-1919년 6월 28일)를 통해 새로운 전후질서를 구축하는 과정이 가시화되었고, 서구열강의 지배를 받던 여러 약소민족은 이 시대적 분위기를 독립의 기회로 삼고자 노력하였다. 윌슨의 민족자결원칙을 담은 14개 조항과 국제연맹창설 구상은 식민약소국들에 희망과 용기를 주었다. 그러나 이 조항은 실질적으로 패전국들에 점령당했던 동유럽과 발칸반도의 약소민족들만을 대상으로 하는 것이었다.[2]

그런데도 국내외 한국의 애국지사들은 이 기회를 살려 일제 강제병합의 부당함과 불법성 및 조선독립의 당위성을 전 세계에 알리고 윌슨주의에 입각한 식민지국들의 독립 분위기를 타고자 하였다. 특히 전쟁에서 이긴 연합국에 가세했던 일본이 한국점령을 정당화하는 방향으로 파리회의에서 국제여론을 만들어가고 있던 터라 한국의 처지를 대변하여 국제무대에 나설 필요가 절실하였다.[3] 하지만 승전국의 식민지란 이유로 파리회의에서 한국대표단은 문전박대당하였고, 결국 열강의 도움으로 독립의 길을 모색하는 것은 좌절되고 말았다. 1919년 2월 미국에서 활동하던 독립운동가 이승만은 윌슨 대통령에게 한국을 국제연맹의 위임통치하에 두고 장차 완전한 독립을 할 수 있도록 요청하는 청원서를 제출하였으나 아무런 답을 받지 못하였다. 당시 영국 총리였던 로이드

---

2 Lynch, Allen, 2002, "Woodrow Wilson and the Principle of 'National Self-Determination': A Reconsideration," *Review of International Studies*, Vol. 28, No. 2, April.

3 상동.

조지에게도 최초로 대한민국의 영문 국호를 사용한 외교문서를 작성하여 서한을 보냈으나 이 역시 묵묵부답이었다.[4] 국제연맹은 승전국 일본 치하의 한국 문제를 고려 대상에 두지 않았기 때문이었다.

이러한 맥락에서 본고의 잠정적 결론은 1919년을 전후한 국제적 분위기, 특히 윌슨의 민족자결주의는 세계 곳곳의 식민지 국민에게 자극이 된 것은 사실이나 독립운동에 직접적인 동인이 되지 못했다는 것이다. 오히려 3·1운동의 경우 해외에서 활동하는 독립투사들이 결정적인 역할을 하였다. 1910년 국권침탈 이후 조국을 떠나 만주, 미국, 러시아 등지에서 항일 독립운동을 하는 사람들이 늘어났다. 국내에서는 일본 조선총독부가 윌슨의 민족자결에 관한 소식을 고의로 은폐하였기 때문에 알려지지 않았다. 이후 재일 유학생의 밀입국, 재미 · 재중동포들의 활동 등을 통해 민족자결 사상이 소개되었고, 파리강화회의에서의 수모 등이 알려지면서 반제국주의적 독립운동의 분위기가 조성된 것이다. 대한민국은 독립국임을 강조하고 미국과 영국 정부나 지도자에게 독립청원서한을 보내며 해외에서 일제 강점의 부당함을 알린 '독립외교'의 생생한 기록들이 이를 뒷받침해 준다.[5] 특히 1919년 1월 만주 대한독립선언서와 2월 동경 독립선언서는 3·1운동의 직접적인 촉발요인이 되었다.

이에 더해 3·1운동은 전후 일본을 비롯한 승전국이 중심이 되어 구축된 베르사유 체제에 도전한 피압박 약소민족의 최초 항거였다는 점에서 국제적 의의가 있다 하겠다. 이어진 중국의 5 · 4운동, 인도의 비폭력운동, 필리핀, 베트남, 이집트 등에서의 독립운동의 외부적 자극이 되었기 때문이다. 따라서 본 논문은 그 시기를 전후하여 나타난 여러 식민지국에서의 독립항쟁이나 반제국주의 혁명이 상호 영향을 주고받았던 점에도 주목하고자 한다.

---

4 "'Republic of Korea' 처음으로 외교문서 英서 발굴," 〈연합뉴스〉, 2019년 2월 26일.

5 이 주장은 U.S. Maryland State Archives에서 조사한 1차 자료를 토대로 한 것임.

II. 3·1 운동의 국제정치적 배경

1. 우드로 윌슨의 민족자결주의

1914년 7월 제1차 세계대전이 유럽에서 발발하였으나 미국은 '먼로주의,' 즉 전통적 고립주의 외교 노선을 근거로 개입하지 않고 중립노선을 견지하였다. 오히려 영국, 프랑스, 러시아제국을 주축으로 하는 연합국과 독일제국, 오스트리아-헝가리제국, 오스만튀르크를 중심으로 한 동맹국 양측 모두에 전쟁물자를 팔며 경제적 이익을 지켰다. 하지만 영국이 독일해상을 봉쇄하고 이에 대응한 독일의 무제한 잠수함 작전에서 1915년 4월 독일공격으로 영국 여객선이 침몰하고 승객 중 118명의 미국인이 사망하는 사태가 발생하자 대규모 징집과 군수 생산확대를 통해 1917년 4월 마침내 미국은 독일에 선전포고하게 된다. 이렇듯 미국의 뒤늦은 참전은 미국인 사망에 대한 보복 조치라는 명분이 있었지만, 전후 국제사회에서 자국의 입지를 강화하려는 정치·외교적 계산이 깔려 있었다. 유럽에서 전쟁이 진행되면서 물질적 생산력에서 세계 최대의 자리를 차지하게 된 미국이 국제관계에 있어 자신들의 정치적 발언권을 확대해야 한다는 인식이 작용한 것이다.[6]

1917년 10월 혁명[7]을 통해 정권을 잡은 러시아 블라디미르 레닌 주도의 볼셰비키 세력은 국내에서의 사회주의 혁명에 박차를 가하기 위해 1918년 3월 독일에 영토를 할양하고 강화조약을 맺은 후 전쟁에서 빠졌다. 연합국 세력이던 러시아의 퇴진에 크게 고무된 독일은 미군의 유럽

---

6 Keene, Jennifer, 2019, "America in the First World War," British Library World War One, March 5.

7 엄밀하게 세계적으로 통용되는 양력으로 말하면 1917년 11월인데, 당시 러시아는 오늘날 사용하는 태양력에 비해 13일 늦은 율리우스력을 사용하고 있어 10월이었다. 당시 역사적 사건을 고유명사화하여 10월 혁명이라고 지칭하고 있다.

상륙 이전에 전쟁을 끝내려고 대공세를 펴지만, 영국과 프랑스의 저항으로 실패하였다. 결국 1918년 8월 대규모 미군 병력이 연합군을 지지하여 유럽에 상륙하자 독일의 상황은 최악으로 치닫게 되었다. 독일제국은 연합국과의 평화협정을 원하였으나, 연합군의 가장 큰 실세가 된 우드로 윌슨 미국 대통령은 독일이 모든 점령지를 포기하고 무제한잠수함작전을 중지하고 민주 정부를 수립해야 한다는 조건을 내걸었다. 그 해 10월 독일제국 수상함대는 출항명령을 내리나 이미 전세가 기운 상태에서 출항은 자살행위나 마찬가지였고, 킬 군항의 독일 수병들은 명령에 불복하여 폭동을 일으켰고 이는 다른 군기지들로 퍼지면서 11월 11일 독일은 무조건 항복하게 되었고 1차 세계대전은 종식되었다.[8]

윌슨 대통령은 종전 몇 개월 전인 1918년 1월 8일 미국 의회연설에서 '유일하게 가능한(only possible)' 세계평화계획으로 소위 다음과 같은 '14개 조항'의 평화원칙을 제시하였고, 이후 이들 조항은 전후 국제질서를 위한 평화협상의 기본 원칙으로 활용되었다.[9]

1. 공개적 합의체결 이후에는 외교를 제외하고, 어떠한 비밀 국제조약도 불허하는 공개적 평화협약을 언제나 솔직하게 대중이 보는 가운데 행해야 한다.
2. 국제협약 시행을 위한 국제적 행동 때문에 공해의 전부 또는 일부가 폐쇄되는 경우를 제외하고는, 평시나 전시를 막론하고, 영해 바깥 공해상에서의 항해는 절대 자유다.
3. 평화에 동의하고 평화유지에 관여하는 모든 국가 간에는 가능한 모든 경제적 장벽을 없애고 동등한 통상조건을 세운다.
4. 국가의 군비를 국내 안전에 적합한 최저 수준으로 감축한다는 적절한 보장을

8 Royce-Smith, John Graham and Dennis E., 2019, "World War I: 1914-1918," *Encyclopedia Britannica*, November 1. https://www.britannica.com/event/World-War-I.

9 "President Woodrow Wilson's Fourteen Points," 8 January 1918, https://avalon.law.yale.edu/20th_century/wilson14. asp.

주고받는다.

5. 식민지 주권 문제를 결정하면서 관련 주민의 이익은 앞으로 조건이 결정될 정부의 권리 주장과 동등한 중요성이 있어야 한다는 원칙을 엄격히 준수하는 기초 위에서, 모든 식민지 요구를 자유롭고, 편견 없이 또 절대 공평하게 조정한다.
6. 모든 러시아 영토로부터의 철수와 러시아에 영향을 미치는 모든 문제를, 러시아가 그 자체의 정치적 발전과 국내 정책을 독자적으로 결정하는 자유롭고도 자연스러운 기회를 얻게 하도록 세계 다른 나라들의 최선의, 또 가장 자유로운 협조를 확보하도록, 또 러시아가 그 자신이 선택하는 제도하에 자유 국가 사회에 참여하는 데 진지한 환영을 받도록 해준다. 그리고 또 환영 이상으로 러시아가 필요로 하고 스스로 요망하는 모든 종류의 원조를 제공한다. 따라서 앞으로 수개월 동안 러시아의 자매 국가들이 러시아에 부여하는 대우는 그들의 선의, 그들 자신의 이익과 구별되는 러시아의 필요에 대한 그들의 이해, 그리고 그들의 총명하고도 이기적이 아닌 동정에 대한 엄격한 시험이 될 것이다.
7. 전 세계는 벨기에가 다른 모든 자유 국가와 마찬가지로 누리는 주권을 제한받지 않는 가운데, 벨기에에서 철수하고, 벨기에가 복구되어야 한다는 데 동의할 것이다. 국가들이 상호관계를 통제하기 위해 스스로 설정하고 결정한 법규에 대한 신뢰를 회복하는 데는, 다른 어떠한 단일 조치도 이 조처만큼 유용하지 못할 것이다. 이 같은 복구 조치가 없다면, 국제법의 전체 구조와 유효성은 영원히 손상될 것이다.
8. 모든 프랑스 영토는 해방되어야 하고 침략받은 지역은 수복되어야 하며, 또 평화가 만인을 위해 다시 정착될 수 있도록, 세계 평화를 근 50년간 뒤흔들었던 알자스-로렌 문제에 관해 1871년 프로이센이 프랑스에 행한 부당한 조치를 바로잡아야 한다.
9. 이탈리아의 국경선 조정은 분명히 인정할 수 있는 국경선에 따라서 시행해야 한다.
10. 우리는 오스트리아-헝가리 사람들의 국제적 지위가 보전되고 보장되기를 바

라며, 그들에게 자주적으로 발전할 자유로운 기회가 주어져야 한다.

11. 루마니아, 세르비아와 몬테네그로에서 철군하고 그 점령 지역이 수복되어야 하며, 세르비아에 자유롭고 안전한 공해 통행을 허용해야 하며, 또 발칸 제국의 상호관계는 역사적으로 확립된 충성과 국경선에 따라 우호적인 협의를 통해 결정해야 한다. 그리고 발칸 제국의 정치적, 경제적 독립과 영토 보존에 대한 국제적 보장 협정을 체결해야 한다.
12. 현 오스만제국의 터키 지역은 확고한 주권을 보장해야 하나, 현재 터키의 통치를 받는 다른 민족들에게는 의심의 여지가 없는 생활의 안정과 아무런 방해 없는 자치의 발전 기회를 보장해야 한다. 그리고 다다넬즈 해협은 국제 보장 하에 만국의 선박과 통상을 위해 자유 통행로로 항구적으로 개방되어야 한다.
13. 분명히 폴란드 인구가 거주하는 지역을 포함하는, 독립된 폴란드 국가를 설립해야 하며, 그 국가에는 자유롭고 안정된 공해 접근이 보장되어야 하고, 또 그의 정치적, 경제적 독립과 영토 보존을 국제 협정으로써 보장해야 한다.
14. 강대국과 약소국 모두의 정치적 독립과 영토 보존을 상호 보장하기 위해, 국가 간의 전면적 제휴 체제를 특정 협약하에 형성해야 한다.

이 14개 조항은 러시아, 프랑스, 벨기에, 프랑스, 이탈리아, 오스트리아-헝가리 등의 영토 전후 처리문제를 민족자결(self-determination)의 취지로 논하고 있지만, 민족자결이라는 용어 자체를 쓰지 않았다. 윌슨의 의회연설 전문을 살펴보면 이 14개 항을 제시하기 전 다음과 같은 구절에서 "… 각자 자신의 방식대로 살고 자신의 체제를 결정하고 … (… wishes to live its own life, determine its own institutions)"라고 되어 있다.

"… 우리가 이 전쟁에서 요구하는 것은 우리 자신에게만 유별난 것이 아닙니다. 즉, 그것은, 세계는 살아가기에 적합하고도 안전한 곳으로 만들어져야 하고, 특히 우리와 마찬가지로 각자 자신의 방식대로 살고 자신의 체제를 결정하고, 또 세계의 여타 국민이 폭력과 이기적 침략이 아닌 정의와 공평한 처우의 보장을 받을 수 있기를 바라는 모든 평화 애호국들에게 안전한 곳으로 만들어져야 한다는 것입니다. (··· What we demand in this war, therefore, is nothing peculiar to ourselves. It is that the world be made fit and safe to live in; and particularly that it be made safe for every peace-loving nation which, like our own, wishes to live its own life, determine its own institutions, be assured of justice and fair dealing by the other peoples of the world as against force and selfish aggression···.)[10]

윌슨이 민족자결이라는 용어를 처음 사용한 것은 14개 조항 연설의 후속으로 그해 2월 11일에 행한 하원 연설에서였다.

"국가들의 열망은 존중받아야 합니다. 국민들은 오로지 스스로의 동의로 지배되고 통치되어야 합니다. '민족자결'은 단순한 문구가 아닙니다. 그것은 행동을 위한 절대적 원칙입니다. (National aspirations must be respected; people may now be dominated and governed only by their own consent. 'Self determination' is not a mere phrase; it is an imperative principle of action)."[11]

사실 이러한 민족자결주의는 19세기 후반 프롤레타리아 혁명을 주창해온 유럽의 사회주의자가 먼저 내세운 원칙이었다. 1916년 러시아의 레닌의 『사회주의 혁명과 민족자결의 원리』라는 글을 통해 사회주의적 애국주의 혹은 민중 애국주의를 주창하면서 제국주의 및 자본주의적 억압체제를 타파하고 인민의 권리를 옹호하는 것으로 민족자결을 강조하였다. 1917년 3월 8일 러시아혁명으로 로마노프왕조가 무너지고 러시

10 상동.

11 "President Wilson's Address to Congress, Analyzing German and Austrian Peace Utterances," 1918년 2월 11일, http://www.gwpda.org/1918/wilpeace.html.

아제국이 몰락하자 레닌은 종전을 외쳤고 볼셰비키가 집권하면 종전협정에 식민지독립과 억압받는 인민들의 해방을 주요 내용으로 넣을 것을 천명한 바 있다. 또한 1917년 10월 혁명, 혹은 볼셰비키 혁명을 통해 권력을 잡은 후 외무위원직에 오른 볼셰비키 혁명이론가인 트로츠키는 자신들의 제국 내 소수민족들을 억압하면서 이들을 위해 싸운다는 연합국들의 위선을 비판하였다.[12]

이러한 러시아 사회주의자들의 발언에 대응하지 않을 수 없게 된 영국(제국) 로이드 조지 수상은 1918년 1월 5일 영국노조 연맹대회에서 전후 영토문제 해결을 언급하며 자결권에 대해 언급하였다. 그리고 사흘 뒤 미국의 국제적 주도권과 자신의 정치적 입지를 고려한 윌슨 대통령이 미국 하원에서 14개 조항을 제안하게 된 것이었다.[13]

자기 민족의 운명은 자기 민족 스스로 결정할 권리가 있다는 윌슨의 민족자결주의는 1918년 중반 이후 언론을 통해 세계각지로 알려지게 되면서 한국을 비롯한 수많은 식민 지배나 억압체제의 국가와 민족들은 크게 고무되었다. 그러나 윌슨의 민족자결원칙은 제국들의 모든 식민지 및 피억압 민족들을 해방하려는 인류보편적 잣대를 가지고 있지는 않았다는 비판을 받는다.

무엇보다 윌슨 대통령은 많은 사람이 평가하듯 단순한 이상주의적 평화주의자가 아니라 정치적, 군사적 고려를 우선시하는 현실주의적 정치인이었다는 지적이 있다. 미국의 참전과정에서 오스트리아-헝가리제국

---

12 Josefina L. Martinez, 2018, "The Russian Revolution and National Self-Determination," *Left Voice*, March 16.

13 "Speeches on war aims by the British Prime Minister, January 5, and by President Wilson (the Fourteen Points), January 8; comment in Associated and enemy countries—Speech of the French Minister of Foreign Affairs, January 13—Unofficial Austro-German advances regarding peace to the American Professor Herron," US Office of the Historian, https://history.state.gov/historicaldocuments/frus1918Supp01v01/ch1subch1.

에 대한 선전포고는 독일에 대한 선전포고보다 8개월이나 늦은 1917년 12월 이루어졌다. 왜냐하면, 오스트리아-헝가리제국과 별다른 갈등 사안이 없는 상황인지라 군사적 부담도 낮출 수 있고 전후 영향력도 커질 수 있다는 판단하에 독일과 분리하여 합스부르크제국과는 단독 비밀 강화회담을 고려했다. 이러한 계산에서 윌슨 대통령은 오스트리아-헝가리제국이 복속한 민족들의 자결권 및 독립에 대해서는 언급하지 않고 14개 조항 10항에서 볼 수 있듯이 "자주적으로 발전할 자유로운 기회," 즉 자율성 부여만을 언급하였다. 그러나 비밀협상이 결렬되고 합스부르크제국하의 소수민족들의 반발과 독립시위가 거세지자 미국은 다른 연합국들과 더불어 유고슬라비아와 체코슬로바키아의 독립을 공식 승인하였다.[14]

또한 윌슨 대통령의 민족에 대한 인식이 시대상을 반영하지 못했다는 지적도 있다. 그가 자결을 위해 무엇을 해야 하는지도 잘 알지 못했다는 비판이 있고, 그의 연설에서도 민족자결에 대해 모호하게 이야기했다는 것이다. 예를 들어 인종성(ethnicity)이 민족을 형성하는 것이 아니라 공유할 수 있는 가치와 역사적인 경험을 토대로 민족정체성이 만들어진다는 것이 그의 생각이었다. 따라서 오랜 역사 동안 여러 인종/종족들이 서로 다른 정체성을 형성해 왔는데, 하나의 제국 속에 속해지게 되었던 당시 유럽 상황에는 이러한 민족인식이 맞지 않았다. 이러한 유럽 상황에의 이해 부족은 윌슨 대통령이 이민자들로 이루어진 미국의 특성상 시민적 권리를 강조하는 미국식 '시민적 민족주의(civic nationalism)'의 개념에 익숙한 데서 나오는 것이라 할 수 있다. 그러므로 유럽이나 아시아, 아프리카 등지의 민족들이 왜 민족자결 원칙에 따라 스스로의 나라를 갖고 독립하고자 하는지, 왜 다른 인종들끼리 시민적

14 John Gerad Ruggie, 1995, "The False Premise of Realism," *International Security*, Vol 20, No. 1, Summer; Ted Widmer, 2014, "Long Echoes of War and Speech," *The New York Times*, August 13.

권리를 토대로 하나의 국가를 이루어 살지 않는지에 대한 인식이나 공감대가 부족했다.[15]

이후 윌슨 대통령은 자신이 모든 민족의 자결에 대한 권리를 주창했을 때 일상에서 서로 부딪히는 수많은 다른 민족들이 존재한다는 것을 인식하지 못했다고 고백하기도 하였다.[16] 결과적으로 윌슨의 민족자결주의는 패전국들의 식민지들을 독립시킴으로써 국제질서를 새로이 쓰는 것이 주목적이었기 때문에 승전국들의 식민지들은 논의대상도 되지 않았다. 그 결과 연합국에 속해 승선국으로 간주하였던 일본제국에 항거하여 파리까지 달려간 한국대표들은 문전박대당할 수밖에 없었다.

그런데도 윌슨의 민족자결주의는 한국인들에게 종전이 독립이나 민족해방을 가져다줄 수 있다는 기대감을 고조시키고 결국 3·1 운동을 포함한 국내외 독립운동을 펼치는 데 직간접적인 촉발요인이었다는 주장에도 일리가 있다. 비록 그가 주창한 민족자결이 패전국의 식민지였던 약소민족문제에 국한된 원칙이었지만, 당시 해외에서 활동하던 한국의 독립운동가들은 그런 한계를 뛰어넘어 어떠한 강대국이 통치하고 있든 상관없이 식민지나 반식민지 지배하의 약소민족 문제를 다루기 위한 보편적 원칙으로 인식하고 행동강령을 마련하고자 하였다. 또한, 3·1운동 독립선언서나 당시 국내에서 배포된 전단지 등으로 유추해볼 때 국내에서도 비록 민족자결주의 원칙이 한국에 적용될 수 없다 하더라도 민족자결의 레토릭과 국제사회의 대세적 흐름을 최대한 독립운동에 활용하고자 했음을 알 수 있다.[17]

---

15 Erez Manela. 2007. *The Wilsonian Moment: Self-Determination and the International Origins of Anticoloial Nationalism* (Oxford: Oxford University Press); Sterling Kernek, 1982. "Woodrow Wilson and National Self-Determination Along Italy's Frontier: A Study of the Manipulation of Principles in the Pursuit of Political Interests," *Proceedings of the American Philosophical Society*, Vol. 126, No. 4, August.

16 상동.

2. 파리강화회의와 베르사유평화체제

1918년 11월 제1차 세계대전이 종식되고 전후 처리를 위한 프랑스 베르사유에서 파리강화회의가 이듬해 1월 18일부터 1920년 1월 21일에까지 간격을 두고 계속되었다. 영국, 프랑스, 러시아제국, 일본 등 전쟁에서 승리한 연합국이 주축이 되어 독일제국, 오스트리아-헝가리제국, 오스만튀르크제국 등 패배한 동맹국과 조약을 체결하여 동맹국들의 해외 영토를 위임통치하고 국제연맹 창립안 등을 결정하였다. 이 회의에는 총 32개국의 정치지도자 및 민족주의자 대표들이 참석했으나 미국 윌슨 대통령, 영국 로이드 조지 총리, 그리고 프랑스 조르주 클레망소 총리가 중심인물이었다. 전후 평화를 제창하긴 했지만 사실상 독일 배상금액을 매기고 오스만제국 등 패전국들의 영토를 분배하는 것이 주목적이었다. 일본 사이온지 긴모치 총리도 동맹국 영국이 요청하여 회의에 참석하게 되었다.

연합국 측에 섰던 중국도 이 회의에 승전국 자격으로 참석하여 일본과 서구열강에 빼앗긴 영토나 제반 권익의 반환을 요구하였다. 제1차 세계대전 당시 일본은 1914년 8월 독일에 선전포고하고 중국 내 독일의 조차지였던 칭다오 및 여타 산둥반도에서 전투를 벌였다. 승세를 잡은 일본은 1915년 1월 위안스카이가 이끄는 중국 정부에 산둥에서 독일이 갖고 있던 권익을 일본이 계승한다는 것을 골자로 하는 '21개 조 요구'를 했고, 그해 5월 위안스카이는 일본압력에 밀려 이를 수락하였다. 1916년 6월 위안스카이 사망 후 암투와 분열을 거듭하다 권력을 잡은 돤치루이는 일본으로부터 대규모 차관을 받고 결탁하였다.[18]

---

17 이만열, 1999, "한국사와 세계사 속에서 삼일운동의 위치," 『3·1 운동 80주년 기념 러·한 국제학술회의』, 모스크바 한인 학교, 2월 27일.

18 김하림, 2019, "5·4운동 전후 중국의 세계주의 확산과 민족주의의 재구성," 『중국근현대사연구』, 9월.

파리회의에서 중국 대표는 산둥 내 식민지적 권익의 반환을 요구하였으나 일본은 21개 조 요구 및 1918년 돤치루이 정권과 교환한 산둥 관련 공문을 내세워 산둥 문제를 중일 양자 간 문제라고 주장하였다. 결국, 1919년 4월 21일 이러한 문서들과 일본 입장을 지지하는 연합국들의 의사에 따라 일본 주장이 관철되었다. 파리강화회의의 결정은 서방국가들에 대한 중국인들의 강한 실망과 분노로 바뀌어 5월 4일부터 2개월가량 벌어진 오사운동(五四運動)을 촉발했다.[19]

또한 사회당인 노동자 국제 프랑스지부에 입당한 베트남 호찌민(이후 베트남 민주공화국의 제1대 주석)도 파리로 가 베트남의 독립을 청원하려 하였으나 거절당하였다. 호찌민의 경우, 1912-13년 미국으로 건너가 뉴욕의 할렘과 보스턴에 거주하면서 흑인 인권운동에 참여한 바 있고, 1914년 영국에 건너갔다가 1917년 다시 미국으로 건너와 2년 정도 할렘에 살며 '아프리카로의 복귀 운동'을 시작한 흑인 인권운동가 매커스 가비와 교류하며 영향을 받았다. 당시 호찌민은 뉴욕에서 신성구, 김헌식 등 한국독립을 위한 외교활동을 하던 신한회(New Korea Association) 회원들과의 교류를 통해서도 민족독립 등에 관한 정치적 소명을 강화하였다. 1918년 말 다시 프랑스로 건너갔고 프랑스 사회당에 입당하여 응우옌 아이꾸옥(阮愛國)이라는 가명을 쓰며 정치활동에 나섰고 베트남인들을 조직하여 파리강화회의에까지 갔다. 파리강화회의 결과 1919년 6월 베르사유 조약식에 베트남 대표로 참석한 호찌민은 '베트남 인민의 8항목 요구' 서한을 제출하면서 언론의 관심을 받게 되어 독립투사로서 유명해졌다.[20]

베르사유에서는 연합국을 중심으로 6월 28일 패전국 독일과 시작으

19 상동.
20 이후 1920년을 전후로 호찌민은 대한민국 임시정부 파리지사의 핵심인물이었던 김규식, 조소앙, 윤해, 황기환 등과 교분이 있었던 것이 호찌민을 감시하던 프랑스 경찰의 기록으로 알려졌다.

로 5개 동맹국과 평화조약을 잇달아 맺었는데, 이는 1914년 6월 28일 사라예보에서 오스트리아 황태자 부부가 살해되며 촉발된 제1차 세계대전을 기억하기 위해 같은 날짜에 평화조약을 체결하기 시작한 것이다. 당시 패전국 독일(1919년 6월 28일), 오스트리아(1919년 9월 10일), 불가리아(1919년 11월 27일), 헝가리(1920년 6월 4일), 오스만튀르크(1920년 8월 10일) 등 5개국과의 평화조약을 근거로 형성된 국제관계를 베르사유평화체제라 일컫는다. 이 결과, 오스트리아-헝가리제국이 해체되어 오스트리아는 영토의 70% 이상과 인구의 75%를 빼앗기고 헝가리도 영토의 75%가 줄었고, 대신 체코슬로바키아, 유고슬라비아 및 폴란드가 독립국이 되었다. 독일은 알자스·로렌지역을 비롯한 13%의 영토를 잃었고, 중국 산둥반도도 일본에 넘겨야 했다. 오스만튀르크제국은 영국과 프랑스에 중동지역을 넘겨주고 이스탄불과 소아시아반도로 구성된 터키로 전락하였고, 대신 시리아, 이라크, 레바논, 사우디아라비아, 아르메니아 등이 독립하였다.[21]

한국 독립운동가들도 이러한 호기를 놓치지 않기 위해 다양한 노력을 기울였다. 우선 1918년 12월 1일 재미교포들은 미국 전역으로부터 한인들을 소집하여 뉴욕에서 재미한인대표자회의를 열고, 파리강화회의에 이승만, 민찬호, 정한경 등을 파견하여 민족자결주의 원칙에 따른 한민족의 자결권을 만천하에 알리고 독립을 호소하기로 하였다. 그러나 미국 정부는 이들에게 여권을 발급해주지 않아 파리행은 불발되었다. 이승만의 경우는 파리강화회의를 주도하던 윌슨 대통령이 자신이 박사학위를 받은 프린스턴대학의 정치학 교수이자 총장 출신이었음에도 미국 정부로부터 여권을 발급받지 못해 참석하지 못하였다. 이 소식은 일본 고베에서 영국인이 발간한 영자지 *The Japan Advertizer*에 보도되면서

---

21 김용구, 2010, "베르사유 체제의 역사적 의의와 한반도," 동북아역사재단, 『3·1운동과 1919년의 세계사적 의의』(서울: 동북아역사재단); 임상우. 2018, "베르사유 조약과 유럽평화의 이상," 『통합유럽연구』, 제9권 제2집, 9월.

재일본 조선유학생단체를 크게 자극하여 후술하는 2·8 독립선언의 주요 원동력 중 하나가 되었다.[22]

한편, 재중 독립운동가들은 상하이 영자신문을 통해 윌슨의 민족자결주의와 파리강화회의에 관한 소식을 알게 되었다. 특히 2018년 11월 상하이를 방문한 미국 대통령 특사 찰스 클레인은 파리평화회의를 피식민지 약소민족이 해방할 절호의 기회라는 취지의 연설을 하였다.[23] 이에 상하이 주재 청년독립운동단체인 신한청년당(新韓靑年黨)은 훗날 대한민국 임시정부의 외무총장이 된 김규식을 김탕, 여운홍 등과 더불어 한민족대표로 파리에 파견하였다. 1918년 8월 창립된 신한청년당은 그해 12월 상하이를 방문한 미국 대통령 특사를 통해 윌슨 대통령에게 한국독립의 당위성을 알리는 청원서를 보내기도 하였다.[24]

중국인 가짜 여권을 발급받아 신분을 위장한 후 프랑스로 출발하기 전 김규식은 신한청년당원들에게 "파리에 가더라도 서방인들이 내가 누군지 알 리가 없다. 일제 강점을 폭로하고 홍보하려면 우리 국내에서 독립을 선언해야 한다. 파견되는 사람은 희생당하겠지만 국내에서 독립선언이 발표되어야 내가 맡은 임무가 수행될 수 있다"라는 당부를 하였다.[25] 이 독립시위 요청이 3·1운동의 중요한 모멘텀이 된 것이다. 파리에서 김규식은 대한민국 임시정부대표명의의 탄원서를 제출하고, 『한국민족의 주장』, 『한국의 독립과 평화』와 같은 발간물을 참가국 대표들에게 배포하며 일제 강점의 부당함과 한국독립의 당위성을 홍보하고자 노력하였다. 이러한 그의 노력은 윌슨의 민족자결주의 선언에 대한 기대로부터 시작하였으나, 승전국 일본의 식민지 대표였기 때문에 프랑스

---

22 "2.8 독립선언," 한국민족문화대백과사전. http://encykorea.aks.ac.kr/Contents/Index? contents_id=E0046354.

23 "베르사유조약 100년과 무산된 독립청원의 꿈," 〈연합뉴스〉, 2019년 6월 26일.

24 신효승, 2019, "1919년 파리강화회의와 김규식의 외교독립운동," 『역사와 실학』, 제69집, 8월.

25 이정식, 2006, 『대한민국의 기원』(서울: 일조각), p.269.

외무성으로부터 정부자격인 사람만 회의에 참여할 수 있다는 이유로 강화회의 참석도 거부당하는 수모를 겪었다.[26]

파리강화회의 개최 사흘 뒤인 1월 21일 고종황제가 복통으로 급서하였다. 일본은 고종이 뇌일혈로 사망했다고 〈매일신보〉에 공지했으나, 궁전의 나인 2명이 올린 식혜를 먹고 급사하였고 나인 2명도 연이어 사망하자 독살되었다는 설이 퍼지게 되었다. 일제에 의해 독살했다는 말이 퍼지자 나라 잃은 국민의 설움과 분노가 커졌고 이는 3월 3일 고종의 장례 날을 앞두고 거족적인 3·1 독립만세운동이 시작되는 직접적인 동인이 되었다. 1월 파리강화회의를 전후로 시작된 독립운동을 준비해온 종교계와 민족지도자들 및 학생들은 고종 서거를 계기로 일제 강점의 부당함과 조선독립의 정당성을 세계만방에 알리는 국내외적 호기로 판단하게 된 것이다.[27]

3. 만주 무오독립선언서와 동경 2·8 독립선언서

1919년 1월 고종황제의 급작스러운 승하로 민심이 흉흉하고 일본에 대한 분노가 극에 치달으면서 음력으로 1월 1일인 1919년 2월 1일 조선의 광복과 독립을 선언한 최초의 대한독립선언서가 중국 동북부 지린성에서 발표되어 국내와 만주, 연해주, 일본 및 미국으로까지 배포되었다. 조소앙 (본명 조용은), 김좌진, 김규식, 이동녕, 이승만, 이시영, 신채호, 안창호 등 만주, 러시아, 미국 등에 거주하던 39인의 독립운동가들이 서명에 참여하였는데, 당시의 열악한 교통망과 연락망 등을 감안할 때 고종 서거 이전부터 독립선언서에 관한 논의가 있었던 것으로 사려된다.[28]

---

26 상동.

27 윤소영, 2019, "고종 독살설과 3·1운동," 『내일을 여는 역사』, 봄호, 통권 제74호, 3월.

무오독립선언[29]으로 불리는 이 대한독립선언서는 국한문 혼용체로 당대 명문 문장가로 향후 임시정부 창설 후 외무부장을 지낸 조소앙이 작성한 것으로 알려졌다. 그는 만주에서 독립운동가들을 한데 모으는 역할을 했을 뿐 아니라 1917년 이미 독립운동세력의 단결을 위한 '대동단결선언'을 공표하였고, 그 이후 1919년 1월 무장투쟁단체인 대한독립의군부 창립에도 이바지하였다. 39인 중 의군부나 만주지역에 있던 인사들은 독립선언서 작성과 배포에 직접 관여하였고, 그 외 지역에 거주하던 나머지 인사들은 간접적으로 참여했을 것으로 추정된다.[30]

"육탄혈전으로 독립을 완성할지어다"라고 끝나는 이 선언서는 독립을 쟁취하는 방법으로 무장궐기해야 한다고 강력하게 촉구한다. 이후 청산리 전쟁과 봉오동 전투와 같은 중국 동북지역에서의 무장독립투쟁이 소기의 성과를 거둘 수 있었던 시작이 되었다는 평가를 받기도 하는 이 선언서가 다른 대한독립선언서들에 비해 연구가 미진한 이유는 1차 사료가 거의 남아 있지 않기 때문이다. 그 이유는 의군부의 노력을 중심으로 이루어진 이 선언서 작업이 비밀결사의 성격을 띤 의군부의 활동성향으로 인해 선언서를 작성하여 배포한 것 이외에는 대중집회나 만세운동과 같은 공개적인 행동으로 이어지지 않았기 때문으로 해석되기도 한다.[31] 무오독립선언서는 조선 최초의 독립선언이라는 의의 이외에 이후 선포된 동경 2·8 독립선언서와 3·1 독립선언서보다 훨씬 더 강력하게 일제의 압정을 비판하고 독립 의지를 표출한 것으로 평가된다.[32]

---

28 정태욱, 2011. "조소앙의 대한독립선언서의 법사상," 『법철학연구』, 제14권 3호.

29 1919년 2월 1일이 음력으로는 1918년 무오년이라 무오독립선언이라 일컫는데, 이날은 양력으로는 1919년 새해 첫날이 된다. 혹자는 무오년에 동지들을 규합하여 준비하여 발표된 것이니 무오독립선언이라고 불러도 무방하다는 주장을 펴기도 한다. "만주에서 3·1, 2·8 선언보다 앞선 '무오독립선언' 있었다," 〈중앙SUNDAY〉, 2015년 2월 1일.

30 "肉彈血戰' 외친 의군부 독립선언서, 抗日무력투쟁 불 댕겨," 〈동아닷컴〉, 2018년 3월 31일.

31 〈중앙SUNDAY〉, 2015년 2월 1일.

한편, 동경 2·8 독립선언서는 일본 와세다대 학생이었던 이광수와 최팔용 등이 주도하여 만들어졌다. 재일 유학생들은 이미 구한말부터 대한흥학회를 조직하고 학회지를 발간하여 국내에 배포하는 애국개화운동을 펼쳤다. 1910년 나라가 망하자 조선유학생학우회와 같은 자치단체를 결성하여 애국 사상을 고취하였다. 재일 유학생들은 제1차 세계대전이 발발하면서 독립문제에 관심을 보이기 시작하였다. 1918년 1월 윌슨 대통령의 14조항 평화원칙 및 11월 종전선언에 크게 고무되어 독립선언 및 독립운동에 직접 관여하게 되었다. 특히 일본 고베에서 영국인이 발간한 영자지 *The Japan Advertizer*의 1918년 12월 15일 자 "한국, 독립을 갈망(Korea, Agitate for Independence)"이라는 제목의 기사를 통해 재미 한국인들이 미국 정부에 한국독립운동에 대한 원조를 요청하는 청원서를 냈다는 소식이 퍼졌다. 이에 12월 18일 자에는 뉴욕에서 개최된 세계약소민족동맹회의 참가자들이 파리강화회의와 국제연맹에서 약소민족 발언권을 인정해야 한다고 주장한 기사가 나왔다.[33] 이러한 기사글에 고무된 동경유학생회는 12월 28일 연합웅변대회를 통해 한국독립문제를 공론화였다. 1919년 1월 6일 조선유학생학우회 편집국장 등을 맡고 있던 최팔용 등 재일 유학생들은 동경 조선기독교청년회관에서 다른 재외교포들처럼 독립운동을 위해 구체적인 실행을 해야 한다고 결의하였고, 10명의 실행위원도 선출하였다.[34]

1918년 와세다대학에 재학하던 이광수의 경우, 중국 북경을 방문하

32 무오독립선언서의 일부는 "궐기하라 독립군! 한번 죽음은 사람의 면할 수 없는 바인즉, 개 · 돼지와도 같은 일생을 누가 원하는 바이리오, 살신성인하면 2000만 동포와 동체로 부활할 것이니 일신을 어찌 아낄 것이며 집안이 기울어도 나라를 회복하면 삼천리 옥토가 자가의 소유이니 일가를 희생하라"라는 문구처럼 강한 어조로 일제 침략을 비판하고 독립운동을 촉구하였다.

33 "2·8 독립선언," 한국민족문화대백과사전. http://encykorea.aks.ac.kr/Contents/Index?contents_id=E0046354.

34 송지예, 2011, "우드로 윌슨의 '민족자결'과 2·8 독립운동," 『한국동양정치사상사학회 학술대회발표논문집』, 11월.

던 중 제1차 세계대전의 종전 및 윌슨의 민족자결주의와 관련한 뉴스에 접하였다. 당시 중국인들이 파리강화회의를 통해 중국의 완전한 독립에 대한 기대가 높아졌는데, 청년 이광수도 조선독립에 대해 기대하게 되었다. 파리강화회의 참석을 위해 주정샹, 후웨이더 등 중국 대표들이 북경을 떠난 후 이광수는 서울로 가 최린, 현상윤 등과 독립운동에 대해 논하고 11월 동경으로 돌아와 최팔용과 더불어 독립선언서를 기초하게 된다.[35]

2·8 독립선언서는 무오독립선언서의 영향을 받았는데, 김규식의 요청으로 만주로부터 조소앙이 동경으로 가 유학생들을 지도한 것으로 알려졌다. 2·8 독립선언서는 일제 강점을 한국인의 참정권뿐 아니라 집회결사, 언론출판, 종교 및 기업의 자유를 구속하여 개인의 권리를 훼손한 '무단전재자 부정하고 불평등한 정치'라고 강력하게 비난하였다. 기독교청년회관에 재일 조선 유학생 500~600명이 모여든 가운데 최팔용을 대표로 하는 조선 청년독립단을 발족하였다. 그 자리에서 최팔용, 이광수, 윤창석, 이종근, 최근우, 서춘, 백관수, 김도연, 송계백, 김철수와 김상덕의 이름으로 이광수가 작성한 독립선언서를 백관수가 낭독하였다. 이후 거리로 나선 학생들을 일본 경찰이 강제해산시키는 과정에서 최팔용 등 60명가량이 검거되었다. 그러나 이후 2월 내내 유학생들을 중심으로 한 시위가 일어났다. 최팔용의 요청에 따라 상하이로 피신한 이광수는 이러한 사실들을 조선과 해외에 알렸다. 조선이 독립국이고 조선인은 자주민임을 천명한 이 독립선언문은 미리 영어와 일본어로도 준비되어 일본조야 및 해외공관과 언론사들로 보내졌다.[36]

2·8 독립선언 주동자 중 하나인 송계백은 '보성인맥'을 통해 선언서를 일본으로부터 국내로 밀반입하였다. 그는 보성전문학교 선배인 현상

---

35 정홍섭, 2019, "춘원 이광수의 상해 망명 배경,"『춘원연구학보』, 제15호.

36 정홍섭, 상동; "최팔용," 한국민족문화대백과사전, http://encykorea.aks.ac.kr/Contents/SearchNavi?keyword=최팔용&ridx=0&tot=2.

윤에게 동경에서의 독립시위를 전하였고, 현상윤은 스승인 보성전문 최린 교장에게 보고하고 이를 다시 최 교장이 보성전문학교 경영자였던 천도교 대표 손병희에게 전달함으로써 3·1 운동 발단에 직접적 계기를 제공하였다. 또한, 이 선언서는 최남선이 3·1독립선언서를 작성할 때 중요한 참고자료가 되었다. 3·1 운동이 발발하자 재일 유학생들은 조선독립단 동맹휴학 촉진 부를 만들고 동맹휴학을 하였고, 359명이 귀국하여 3·1운동에 참여하였다.[37]

III. 3·1 운동의 국제적 의의와 영향

3·1운동은 인구의 10% 이상이 일제에 항거하여 전국으로 퍼져 나간 최대 규모의 민족운동이었다. 대중화, 일원화, 비폭력적인 시위를 3대 원칙으로 한 3·1운동은 국내에서뿐 아니라 만주와 중국본토, 러시아 연해주, 하와이와 미국본토, 일본 등에 살고 있던 1백만여 재외동포들도 참여하는 범민족적 운동으로 번져나갔다. 3·1운동 이후 조선총독부는 일시적으로 민심을 달래기 위해 경제적 규제를 풀고 동아일보, 조선일보, 조선중앙일보와 같은 조선인 언론매체의 창간을 허용하기도 했다. 하지만 궁극적으로는 정치적 탄압과 경제적 지배는 더욱 강화하였고 민족 고유문화 말살 정책을 통해 민족적 저항의 토대 자체를 제거하려는 체계적 압정을 본격화하였다. 더욱이 1931년 만주사변을 시작으로 1941-45년 태평양전쟁을 치르고 일본이 패망할 때까지 한국은 일제의 경제수탈과 병참기지화정책의 희생양이 되었다.[38]

---

37 고려대학교 교우회, 2019, "교육 구국 이념으로 탄생한 모교, 3·1운동의 거대한 불꽃을 피우다," 〈고려대학교 교우회보〉, 4월 15일.

38 송규진, 2018, "일제의 중일전쟁 도발과 조선 민중의 경제생활," 『史叢(사총)』, no. 94.

비록 3·1운동 자체로 독립을 쟁취한 것도 아니고, 민주공화국을 만들지도 못했으며, 이후의 일제탄압으로 인한 고충은 더 극심해졌다. 하지만 민족사적 관점에서뿐 아니라 세계사적 관점에서도 이 운동은 중요한 의의가 있다. 우선 무엇보다도 3·1운동을 통해 세계에 한국이 일제에 강제적, 불법적으로 병합되었음을 알리고 2천만 한국인들의 독립을 위한 열망을 알리게 되었을 뿐 아니라 해외 독립운동을 보다 조직적으로 만들 수 있는 전기가 되었다. 3·1운동 이후 독립운동가들은 더욱 체계적이고 효과적인 항일운동을 펼치기 위해 중국 상하이에 대한민국 임시정부를 세웠고, 해외 각지에 유관조직체가 생기기 시작하였다. 임시정부 건립에 관한 소식은 3·1운동 발발 이틀 뒤인 3월 3일 자 〈조선독립신문〉에 실렸다. 운동이 절정에 달했던 시기가 3월 18일-4월 8일이었던 점과 조선독립신문 발행인들이 민족운동지도자들이었음을 고려할 때 임시정부수립은 3·1운동의 가장 중요한 목표 중 하나였음을 알 수 있다. 또한 임시정부가 수립될 것이라는 소식은 저항투쟁의 희망적 구심점이 될 수 있었다.[39]

둘째, 3·1 운동을 통해 3월 17일 러시아 한인 단체의 〈조선독립선언서〉에서는 일본을 민주주의의 공적이라 강력히 비난하며 세계 민주주의자들은 독립투쟁을 하는 한민족 편이라고 공표하였다. 이러한 맥락에서 4월 10-11일 상하이 프랑스 조계지에서 개최된 대한민국 임시정부의 국회인 임시의정원 첫 회의에서 대한민국 임시헌장을 발표하면서, 그 제1조를 '대한민국은 민주 공화제로 함'이라 명기함으로써 민족 평등과 국가 평등을 강조하였다.[40]

셋째, 3월 20일 발표된 독립선언문에 적시한 바대로 "한국의 독립 없이는 동양 평화도 세계 평화도 없다"라는 점을 세계에 분명히 밝히는 계

39 신용하, 2001, 『3·1 운동과 독립운동의 사회사』(서울: 서울대학교 출판부).

40 한인섭, 2009, "대한민국은 민주 공화제로 함 – 대한민국 임시헌장(1919.4.11) 제정의 역사적 의의," 『서울대학교 법학』, vol 50, no. 3, 서울대학교 법학연구소.

기를 마련하였다. 독립선언서는 일본 식민 지배의 민주주의 탄압을 비판하였는데, 이는 일본에 의한 한국인의 참정권, 집회결사의 자유, 언론출판의 자유, 기업의 자유 등이 침탈당한 것을 비판하였다. 이러한 맥락에서 3·1운동은 자유, 평등, 주권, 평화수호를 위해 행동하는 민주공화 시민으로서의 한민족을 국내외에 알림으로써 조선의 자주독립뿐 아니라 민주공화와 세계 평화를 지향했다는 점에서 그 국제사적 의의를 찾을 수 있다.[41]

넷째, 3·1 운동은 최대 민족운동인 동시에 제1차 세계대전 전승국의 식민지에서 발발한 첫 번째 대규모 독립시위로 반제국주의운동과 약소민족해방운동의 역사에 있어 중요한 의의를 지닌다. 국제사회는 전승국 중심으로 국제질서를 재편성하려는 시도로 베르사유 체제를 구축하고 있었다. 이 과정에서 패전국들의 구 식민지에 대해서는 민족자결권을 허락하였으나, 전승국 식민지들의 경우는 민족자결권을 인정해주지 않았기 때문에 피압박 상태에서 벗어나지 못하였다. 이에 전승국 대열에 속한 일제식민지에 항거하여 한민족은 3·1 운동을 일으켜 전승국 중심의 강권 질서를 비판하였다. 바로 이것은 피압박 민족으로서는 세계 최초의 항거로 전쟁에서 승리한 강대국들의 위선적, 모순적인 국제질서 재편성에 도전한 것이었다.[42] 이러한 움직임은 다른 여러 약소국에도 커다란 영향을 주었다.

실로 3·1운동은 중국, 인도, 터키, 이집트 등에서의 독립운동, 특히 아시아의 반식민지 민족운동에 큰 자극이 되었다. 특히 3·1운동은 무력 진압하는 일제에 맞서 태극기를 흔들며 만세를 불렀던 비폭력시위로 몇 개월간 지속하였지만, 비폭력 불복종 시위였다는 점에서 다른 식민국가들의 비폭력항쟁에도 상당한 영향을 끼쳤다.[43]

---

41 "민주, 평화 기치로 독립 정당서 세계에 선포," 『공감』, 2019년 3월 18일.

42 이만열, 1999, 상동.

43 신복룡, 2001, 『한국사 새로 보기』(서울: 풀빛).

중국의 5 · 4운동은 1919년 톈안먼 사건으로도 불리는데 4월 파리강화회의에서 산둥반도에 대한 권익을 일본이 갖는다는 결정이 나온 것에 대한 반발이 도화선이 되어 베이징대학생들을 중심으로 시작되었다. 1917년 러시아혁명과 1919년 3·1 운동에 자극을 받아 이 운동을 주도한 학생들은 한국을 본받자는 구호를 외치기도 하였다.[44] 이 학생 운동은 중국 여러 곳에서 반제국 · 반봉건주의 혁명운동으로 퍼졌다.

인도의 비폭력, 불복종 운동은 1858년 영국 동인도회사 시절부터 시작된 '영국의 지배(British Raj)'로부터 독립을 원하는 인도에 1차 세계대전에서 승리하면 자치권을 주겠다고 한 영국이 약속을 어기고 오히려 더 강압적인 통치를 하는 것에 반발하여 독립운동가 마하트마 간디의 주도로 시작되었다. 1919년 3월 10일 인도의 영국총독부는 반영운동을 제어할 목적으로 영장 없이 체포할 수 있는 '롤라트법(Rowlatt Act)'을 통과시키고 이에 항거한 인도의 지식인층과 일반 대중들은 각 지역에서 영국을 규탄하는 시위들을 벌였다. 그중 한 곳인 펀자브 암리차르 지역에서 4월 13일 영국군에 의해 1천 명가량의 민간인 학살이 자행된다. 이 '암리차르 학살사건'은 간디를 중심으로 한 비폭력 저항운동을 확산시키는 동력이 되었다. 간디는 힌두어로 비폭력을 뜻하는 '아힘사'와 진리의 힘이란 뜻의 '샤타그라하'를 통해 불의와 폭력 및 불평등에 대항한다는 취지를 기치로 하는 항영투쟁을 벌였다.[45]

이렇듯 인도의 비폭력운동은 미국, 영국, 프랑스 등 선진민주주의국가들이 자국민들을 대할 때는 민주적이었지만, 여전히 승전국으로서 대

---

44 이만열, 2015, "3·1운동은 기독교의 정의, 사랑, 평화에 기초," 〈뉴스앤조이〉, 3월 2일.

45 사탸그라하 운동이란 19세기 말 남아프리카의 보아 전쟁 시 남아프리카인들의 '수동적 저항(passive resistance)과 구분하여 '능동적 저항(active resistance)'의 의미로 진리의 힘을 추구하고 불평등에 대항한다는 취지로 간디가 만든 용어다. 이정호, 2002, "마하트마 간디의 킬라파트 운동과 비협력 운동," 『국제지역연구』, 제6권 제1호, 4월.

외 정책에서는 제국주의적, 패권주의적 입장을 견지했던 '위선적인' 민주주의에 경종을 울렸다. 옥살이하게 된 간디가 열여섯 살 된 딸에게 보낸 편지를 모아 나온 책에 "코리아란 나라가 있다 …. 일본 경찰이 참 잔혹하게 통제했지만 끈질기게 저항했다…. 이제 갓 학교 나온, 대학교를 나온 젊은 여성들, 소녀들이 그 일에 앞장섰다는 사실을 안다면 너도 감동할 것이다…."라는 구절이 있다.[46] 이는 3·1운동이 인도 항쟁을 촉진한 요소 중 하나가 되었다는 방증이다.

영국의 식민지였던 이집트도 1차 세계대전 이후 독립시켜 주겠다는 영국을 도와 오스만제국과의 전쟁을 치르지만, 영국은 전후 약속을 지키지 않고 파리강화회의에 이집트 대표단 참석이 거부당한다. 이집트의 독립운동가들은 와프드 당을 설립하나 1919년 3월 8일 영국은 이들을 몰타로 추방하는데, 이에 분노한 대중들이 15일 들고 일어났다. 7월 말까지 지속한 이 반영자주운동은 이집트 전역으로 번졌고, 이후 1922년 이집트 독립의 주요 모멘텀이 되었다.[47] 1919년 5월 시작된 터키의 독립전쟁은 제1차 세계대전에서 패배한 오스만제국 분할을 논의하는 연합국에 반발한 터키 민족주의자들의 무력항쟁으로 1923년 7월까지 터키 대국민회의군이 그리스, 영국, 프랑스 등과 벌인 전쟁이다. 이 전쟁에서 그리스에 극적으로 승리한 터키는 오늘날 터키 공화국을 수립하게 되었다.[48] 이집트와 터키의 항쟁에 3·1운동이 직접적인 영향을 주었다는 증거자료를 찾기는 어렵지만, 1919년 3월 이후 벌어진 여러 반식민지 독립운동들은 유사한 처지에서 서로의 항쟁에 영향을 받으며 식민 지배를

46 J 네루 2004. 『세계사편력 2: 아버지가 딸에게 들려주는 세계사 이야기』(서울: 일빛).

47 "Egyptians Campaign for Independence, 1919-1922," Global Nonviolent Action Database, https://nvdatabase.swarthmore.edu/content/egyptians-campaign-independence-1919-1922.

48 Bulent Bilmez, 2000, "The Place of the Turkish Independence War in the American Press (1918-1923)," *The Turkish Yearbook*, Vol. XXXI.

벗어나려고 끊임없이 애써 왔던 것으로 전해진다.[49]

IV. 결 론

제1차 세계대전 종식으로 국제정세에 큰 변화가 일고 윌슨 대통령의 민족자결주의 기운이 세계 도처로 확산하자 한국의 민족지도자들도 이를 민족독립의 기회로 삼고자 노력하였다. 주권을 빼앗긴 피식민국 대표로서 일본의 만행을 세계 무대에 폭로하고 독립의 당위성을 호소하기 위해 독립청원서를 주요국 공관에 보내기도 하고 해외로부터 파리강화회의에 대표를 보내기도 하였다. 하지만 앞서 언급한 대로 윌슨의 민족자결은 패전국 식민지에 한정하는 것이어서 파리회의에서 승전국 식민지에 대한 민족자결권은 의제로도 상정할 수 없었고 그 대표들은 회의 참가도 불허하였다. 따라서 윌슨 대통령은 해외독립운동가들의 독립청원에도 불구하고 승전국 일본의 식민지인 한반도를 국제연맹의 위임통치에 두는 것조차 염두에 두지 않았다. 더욱이 민족자결은 승전국, 특히 영국이 오랜 정적이었던 오스만제국을 해체하려는 정치적 계산에 사상적 정당성을 주는 데 이용했을 뿐 아니라 자신들의 영토나 식민지를 오히려 확장했다는 비판을 받는다.[50]

여러 가지로 불리한 상황에도 불구하고 국내외 애국지사들은 윌슨의 민족자결주의 분위기를 기회로 살려보려 했으나 파리회의에 공식적으로 참여하고 있던 일본이 "한국은 미개하고 약하여 일본이 반드시 보호

49 2019년 8월 20일 중국 상해 유엔연구 협회(UN Research Association) Jian Chen 대사, Zhang Guihong 교수와의 심층 인터뷰 내용을 참조한 것임.

50 James E. Kitchen, 2014, "Colonial Empires after the War/Decolonization," *International Encyclopedia of the First World War,* 1914-1918 Online, October 8. https://encyclopedia.1914-1918-online.net/article/colonial_empires_after_the_wardecolonization.

해야 한다"는 취지로 세계여론을 몰아가고 있던 터라 강대국들의 도움으로 독립의 기회를 만들어가는 것은 무산되었다.[51] 이러한 결과는 중국, 일본, 미국, 러시아 등지의 재외동포들은 크게 자극하게 되어 웅변회, 정기총회, 잡지발간 등을 통해 항일사상을 고취하게 되어 만주와 동경에서 독립선언서가 발표되고 결국 국내에서 3·1운동이 촉발되는 직접적인 동인이 되었다.

결론적으로 윌슨의 민족자결주의는 피식민국 국민에게 용기와 희망을 준 것은 사실이나 3·1운동에 직접적 요인이 되지 못하였다. 오히려 한국인의 '독립외교,' 즉 해외에서 활동하는 독립투사들이 국내에 민족자결 사상과 분위기를 전달하고, 해외 주요공관이나 지도자에게 독립청원을 하고, 무오독립선언서와 2·8 독립선언서 등을 통해 반제국주의 사상과 항일투쟁 정신을 고취한 것이 3·1운동의 도화선이 되었다.

덧붙일 것은 한국이 일제 치하에 들어간 것도 1905년 7월 가쓰라-태프트 밀약을 맺어 미국은 필리핀, 일본은 대한제국에 대한 지배권을 각각 갖는 것을 상호승인한 데에서 비롯된 것을 돌이켜볼 때, 강대국들의 자국 이익만을 고려한 정치적 담합에 약소국들이 희생당하는 경우는 비일비재하다는 점이다. 대표적인 예로 미국, 프랑스, 영국 등 소위 선진 민주주의국가들은 자국민들을 대할 때는 민주적이었지만, 승전국으로서 국제질서를 재편하는 과정에서 행한 이들의 대외 정책은 제국주의적이고 패권주의적인 정책을 견지하였다. 이러한 이중잣대는 일본도 마찬가지였다. 입헌군주국인 일본은 천황이 있었지만, 의회와 헌법이 있었지만, 그 헌법은 식민지 조선에는 적용하지 않았고, 일본 육군 대장을 조선 총독으로 내세우고 군사독재, 무단정치를 행하였다. 결국, 파리강화회의와 베르사유 체제는 국제연맹을 창설하고 세계 평화를 기치로 국제사회를 재편한 것처럼 보였으나 많은 피식민국들을 제대로 끌어안지

51 박은식, 2008, 상동.

못한 자신들만의 세계를 구축하였다. 그 결과 히틀러와 무솔리니와 같은 독재자와 일본 군국주의자들이 주도한 1939년 제2차 세계대전을 막지 못한 채 20년 만에 몰락하고 말았다.

그러나 민족자결원칙의 선별적 적용과 파리회의의 '위선적' 결과는 국내외 독립운동가들의 결의를 배가시켜 3·1 운동과 임시정부수립의 결정적인 계기가 되었다. 따라서 3·1 운동은 승전국/강대국 위주의 베르사유 체제의 부당함에 도전하여 피식민국이 일으킨 최초의 항거로, 당시 지구촌 여러 독립운동에도 직간접적 영향을 미쳤다는 데에 그 정치외교사적 의의가 크다.

근대기업의 생성과 보성전문의 상학 교육*

배종석**

Ⅰ. 들어가며

이 글은 보성전문학교가 설립된 1905년 직전부터 3·1운동 직후인 1920년 즈음까지 근대 기업과 은행의 생성에 대해 살펴보고, 당시 회사와 은행의 활동에 부합하는 상업학(경영학) 교육과 관련된 내용을 정리하여 그 의의를 찾는 데 목적이 있다. 이 글이 가지는 중요성은 크게 두 가지 측면에서 고려해 볼 수 있다. 하나는 교육적 차원에서 보성전문학교가 한국에서 최초의 고등 상업학 교육을 제공하였다는 점을 재확인하는 것이다. 고려대학교에서의 경영학 교육과 연구는 '최초'라는 단어를 붙일 것들이 제법 많이 있다. 한국에서는 보성전문학교에서 고등교육기관으로는 처음으로 상업학 교육(1905년)이 이루어졌다. 1946년 8월 15일 미군정청의 허가를 받아 4년제의 고려대학교를 설립하게 됨에 따라,

* 본 원고의 작성을 위해 많은 도움을 준 고려대학교 경영학과 박사과정의 이선우님과 김지혜님에게 감사의 마음을 전한다.

** 고려대학교 경영학과 교수.

종합대학이 된 이후에도 이런 최초의 상업학 교육이 그 맥을 이어왔다. 또한 고려대 소속 기업경영 관련 연구기관으로 국내 최초로 1958년 6월 1일 기업경영연구원이 설립되어 산업교육과 자문을 통해 한국산업 발전에 큰 기여를 하였다. 뿐만 아니라 1963년 처음으로 경영대학원 설립 인가를 받아 실무자들이 경영학석사를 통해 새로운 교육을 받을 기회를 갖게 되었다. 이러한 흐름을 이어받아 미국에서 시작하여 전 세계의 경영대학 교육에 대해 인증을 하는 AACSB와 유럽경영대학협의회(EFMD)가 경영대학에 대해 평가하는 EQUIS(EFMD Quality Improvement System)와 같은 국제경영학교육 인증을 받아 세계적인 경영대학의 교육프로그램 수준에 부합하는 경영학 교육을 실시해오고 있다. 이런 맥락에서 보성전문의 상업학 교육에 대한 뿌리를 찾아 살펴보는 것은 한국의 경영학 교육의 역사적 측면에서 의의가 있다고 보여진다.

이 글이 가지는 두 번째 중요성은 실무적 차원의 기여에 대한 것인데, 당시의 상업학 교육이 역사적 맥락에서 그 시대적 요구에 부합하여 실용적 측면에서 한국사회에 기여한 것을 들 수 있다. 한국사회가 당면한 시대적인 요청에 부응하여 상학 교육과 그 교육을 받은 인재가 기여한 것들은 지대하다. 1905년 전후 10년의 시대는 근대적 기업과 은행이 생성되고 성장하던 시기여서 회사와 공장, 그리고 은행의 관리가 절실한 시기였다. 이러한 시대에 보성전문학교의 상업학 교육은 상업이 단지 지역에 한정된 장사에 치중하는 상점관리 수준을 넘어, 한편으로는 성장하는 조직을 관리하는 지식이 요구되었고 다른 한편으로는 국제적인 교역과 같이 급변하는 시대정세에 부합하는 정신과 역량이 요청되었다. 이런 시기에 보성전문학교의 상업학 교육은 그런 사회적 필요에 부합하여 필요한 인재를 배출하기 시작하였다는 측면에서 큰 의의가 있다. 이러한 것은 최근까지도 나타나고 있다. 2018년 기준으로 한경비즈니스가 선정한 100대 기업의 CEO 중 단일 학과로 보면 고려대 경영대 출신이 7명으로 최다로 나타나고 있다.[1] 그리고 한경비즈니스가 300대 기업

인사 담당자를 대상으로 설문한 전국 경영대 평가에서도 2008년부터 2019년까지 12년째 1위를 차지하였다.[2] 또한 500대 기업 CEO의 최대 학맥으로 총 28명의 CEO를 배출한 고려대 경영대학을 꼽는다.[3] 그리고 공인회계사 배출도 2015년부터 2019년까지 5년간 총 525명(11.3%)을 합격시켜 1위를 고수하고 있다. 이런 지표들은 고대 경영학의 교육이 한국사회와 경제에 크게 기여하고 있음을 보여주는 몇 가지 사례들이다.

이 글은 크게 세 절로 구성되어 있다. 첫째, 보성전문의 설립 전후부터 3·1운동 직후까지(1900-1920)의 경제상황과 근대적 기업 및 은행의 등장에 대해 살펴볼 것이다. 당시 한국의 산업화는 매우 미미했지만 그래도 역동적인 모습들을 엿볼 수 있는 여러 현상들이 있었다. 그리고 이런 근대적 기업의 경영 활동에 대해 간략히 살펴보려고 한다. 이것을 서술하는 이유는 상학은 실용적 학문이라 그 대상인 기업(은행 포함)과 그런 조직의 경영과 밀접하게 연계되어 있기 때문이다. 당시의 경영 현상에 대한 자료들이 많지 않지만 부분적으로나마 살펴보는 것이 상학 교육을 설명하는 데 도움이 될 것이라고 본다. 둘째, 보성전문학교의 상학 교육에 대한 전반적인 내용을 살펴볼 것이다. 이것을 위해 교수 및 강사는 누구였으며 어떤 배경을 가진 자들이었는지, 이들이 사용한 교재는 무슨 내용을 담고 있는지, 그리고 당시 교육을 위한 교과과정과 교과목은 무엇이었는지를 살펴보려고 한다. 마지막으로 이런 상학 교육이 가지는 의의를 살펴보려고 한다. 일본에서의 상업학 교육의 생성을 살펴

1 한국경제매거진(2018), '100대 기업 대표 CEO'. http://magazine.hankyung.com/business/apps/news?popup=0&nid=01&c1=1&nkey=2018061801177000281&mode=sub_view.

2 한국경제매거진(2019), '2019 전국 경영대 랭킹'. http://magazine.hankyung.com/business/apps/news?popup=0&nid=01&c1=1&nkey=2019120201253000341&mode=sub_view.

3 CEO Score Daily(2019), '500대 기업 CEO, 'SKY' 42.6%…최대학맥은 고대 경영학'. http://www.ceoscoredaily.com/news/article.html?no=57768.

보고, 보성전문의 상업학이 일본, 미국 및 독일의 상업학(경영학)으로부터 어떤 영향을 받았을지에 대해 설명한다. 또한 미국 경영학의 흐름과 비교했을 때 어떤 의미가 있는지에 대한 설명을 통해 당시 보성전문학교 교육의 의의를 상고해 보려고 한다.

II. 3·1운동 시대 전후의 경제상황과 근대적 기업의 등장

20세기 초 한국에서의 근대 기업 및 은행의 생성과 그 경영현상은 무엇이었는가? 전문학교에서 상업학이 필요할 만큼 기업과 은행의 경영현상은 충분하였는가? 본 절은 이런 질문들을 염두에 둔 것이다. 보성전문학교에서 있었던 상업학 교육에 대해 설명하기 전에 경제와 기업의 현상을 살펴보는 것이 필요한 이유이다.

1. 경제상황

김낙년(2006)이 추정한 통계치를 보면 1910년대 1인당 국민총소득은 1911년에 31원이고 1920년에 105원이다.[4] 동일 추계에 따르면, 경제성장률은 1919년 예외적으로 마이너스 성장을 한 것 이전까지 국내총생산으로 보면 3.8%-9.1% 사이를 나타내고, 국내총소득으로 보면 2.8%에서 8.5% 사이를 나타내어 성장률이 제법 높았음을 보여준다. 여러 연구들의 발견을 통해 알 수 있는 것은 19세기에 생활수준이 계속 떨어졌다는 점과 20세기 들어와 향상되기 시작했다는 점이다.[5] 물론 산업구조 자체는 그렇게 진전을 보인 것은 아니다. 제조업의 비율이 1910년대의 경우

---

4 김낙년(2006), 『한국의 경제성장 1910-1945』. 1911년부터 1920년까지의 국민계정 통계에 대한 내용은 첨부자료 1 참조.

5 김낙년(2006)의 앞의 책.

불과 4.2%-7.1% 정도였다. 그러나 이것마저도 경공업 비율이 매우 높았는데, 1911년에 95.7%를 차지하다 10년 동안 조금씩 낮아져 90% 정도의 수준이 되었다.

박기주 · 김낙년(2011)은 조선총독부통계연보의 전국 주요 도시별 및 품목별 가격자료를 바탕으로 1907-2009년 기간 동안 서울의 소비자물가지수와 5대 비목별 지수를 추계하였다.[6] 소비자물가지수는 도시가계의 평균적인 생계비 또는 구매력을 의미하는 것으로 일상생활을 영위하기 위해 구입하는 재화의 가격과 서비스 요금의 변동을 측정하는 것이다. 이들은 1907년부터 2009년 사이 물가의 전환점이 된 세 개의 시점에 따라 물가변동을 설명하였는데, 이 시점은 각각 1939년, 1958년, 1982년이다. 1939년은 전시 인플레이션이 시작된 시기였으며, 1958년에는 전쟁 후 경제안정화 정책이 추진되었다. 1982년은 물가 상승률이 한 자리 숫자로 안정 기조를 보인 시기였다. 각 시기 연평균 물가상승률은 1908-1938년 기간 동안은 3.9%, 1939-1957년 기간에는 138.2%, 1958-1981년에서는 13.7%, 그리고 1982-2009년에는 4.4%로 나타났다. 1908-1938년 시기의 물가상승률은 3.9%로 다른 시기와 비교하여 낮은 편으로 여겨질 수 있으나, 당시에는 세계대전과 세계 대공황이 경기변동을 수반하여 소비자물가지수의 급격한 상승과 하락이 주기적으로 반복되는 양상을 보였다. 서울의 소비자물가지수 추계결과에서 1936년을 기준 지수 1로 보았을 때, 1910년에는 지수가 0.427이었으나 1920년에는 1.263으로 나타났으며 약 10년 뒤인 1931년에는 0.764로 하락하는 등 물가의 등락이 심했던 것으로 나타났다.[7]

---

6 박기주 · 김낙년(2011), "해방 전(1907-1939) 소비자물가지수 추계".
7 박기주 · 김낙년(2011)의 앞의 논문.

2. 근대적 기업의 생성

한국의 근대화 과정에서 근대적 기업의 발생 시기에 대해 여러 의견들이 있지만 한 가지 접근은 개항시기와 연계시키는 것인데, 이렇게 보면 1876년 병자수호조약(강화도조약) 체결 전후인 1860-1890년대로 볼 수 있고, 갑오경장(1894-1896)을 기준으로 하면 1890년대로 볼 수 있다.[8]

최초 서구 회사의 개념은 1882년 유길준의 회사규칙(會社規則)과[9] 1883년 10월 한성순보에 게재된 개화파의 논실인 회사실(會社說)을 통해 소개되었다.[10] 여기에서는 "대저 회사란 여러 사람이 자본을 합하여 여러 명의 농공(農工), 상고(商賈)의 사무를 잘 아는 사람들에게 맡겨 운영하는 것"으로 회사의 개념을 언급하였고,[11] 주식회사, 합명회사, 합자회사의 설립 방식을 상세히 다루었다. 또한 회사를 정부가 보호하여야 한다는 점을 강조하며 정부와 민간 상인의 참여로 설립 · 운영되는 관독상판형(管督商辦型)의 회사 설립의 필요성을 제기하였다.[12]

1880년대 초 등장한 회사조직은 정부에 의해 설립 · 운영되는 관영회사(예: 관영 제조장), 일반 상인들에 의해 설립되고 정부의 보호를 받는 상회사(商會社),[13] 그리고 앞의 유형과 비슷하나 객주(客主)나 여각(旅

8 김원수(1998), "한국기업의 발달". 이하 내용은 본 참고문헌에서 참조한 것임.

9 회사규칙은 유길준의 지은 책 『상회규칙(商會規則)』 중 회사에 관한 여러 규칙을 기술한 것임.

10 전우용(2011), 『한국 회사의 탄생』, pp.33-34과 김성은(2017), 『開港期의 會社制度 硏究』, pp.40-42를 참조하여 정리한 것임. 이하 내용은 본 참고문헌들에서 참조한 것임.

11 『漢城旬報』 第3號, 1883년 11월 20일. "…夫會社者, 衆人合本而托之數人, 辨理農工商賈之事務者…" 전우용(2011)의 앞의 책, p.33에서 재인용.

12 小島晋治 · 丸山松幸(1988), 『中國近現代史』, p.41과 전우용(2011)의 앞의 책, p.34에 의하면, 관독상판형 기업은 중국에서 양무(洋務)운동을 추진한 관료들이 주도하여 설립한 것으로, 국가 자금으로 설립하여 관료들이 기업의 중추를 장악하되 민간에서도 자본을 모집하고 경영을 상인에게 맡기는 기업형태를 말함.

13 황명수(1980), "한국기업의 발달(1910-1945)," p.409. 商會, 商社, 또는 會社 등으

閣)[14]을 중심으로 형성된 조합형태의 객주상회소(客主商會所)[15] 등이 있다.[16] 일부 관영회사는 정부와 상인이 합자하고 정부가 경영을 책임지는 관독상판형 회사로 세분화되기도 한다. 즉, 이 시기 회사들은 관영, 민영, 또는 민관 합작이든 모든 경우 일부 특권을 부여받은 관허회사(官許會社)라는 특징을 가지고 있다.[17]

구체적으로 살펴보면, 정부 주도하에 설립된 관영회사로서 광무국(礦務局: 광산개발), 박문국(博文局: 인쇄소) 등의 관영 제조장(製造場)이 있었는데, 관영 제조장은 정부가 재원을 제공하고 외국 기술자와 내국인 직공을 직접 고용하여 운영한 것이다.[18] 특히 연무국[연화연무국(蓮花烟務局)으로도 불림]은 권연초(捲烟草)[19]를 제조하고 판매하는 기업으로 통리아문(統理衙門: 외교 사무를 맡아본 관아)이 경영을 책임지고, 자본 조달과 영업 활동은 상인들에 의해 이루어진 관독상판형 기업으로 관영회사와는 일부 차이가 있다. 또한 민간 상공업자에 의해 장통사(長通社), 대동상회(大同商會), 의신회사(義信會社) 등의 상회사(商會社)가 설립되었다. 평양의 대동상회와 서울의 의신회사는 일반 상인들에 의해 자본이 공동출자 되었으며, 판매와 무역에 있어 정부의 보호를 받았다. 이들은 타 지역에 지점을 설치하고 쌀, 소가죽, 목화 등을 판매하거나 선박을 구매하

로도 불렸음.

14 객주(客主)는 다른 상인의 물건을 위탁받아 팔아주거나 매매를 거간하며, 여러 가지 부수 기능을 담당한 상인을 말하며, 여각(旅閣)은 연안의 포구에 자리를 잡고 지방에서 오는 객상(客商)들을 위해 화물의 도매 · 위탁판매 · 보관 · 운송업 등과 금융업 · 여관업을 겸하던 상업기관을 의미함. 객주나 여각은 보통 구별 없이 통용되어 부르기도 함(한국민족문화대백과사전 http://encykorea.aks.ac.kr/).

15 황명수(1980)의 앞의 논문, p.408. 商法會社, 商會所, 商會, 또는 商法會所 등으로도 불렸음.

16 김원수(1998)의 앞의 논문, 전우용(2011)의 앞의 책, 황명수(1980)의 앞의 논문 등을 참조하여 정리한 것임. 이하 내용은 본 참고문헌들에서 참조한 것임.

17 김병도(2010), "조선 말기의 제도, 기업가정신과 경제발전," p.301.

18 전우용(2011)의 앞의 책, p.41. 이하 내용은 본 참고문헌에서 참조한 것임.

19 권연초는 궐련과 같은 말로 얇은 종이로 가늘고 길게 말아 놓은 담배를 말함.

여 대외무역을 하였다.[20] 한말에 설립되어 1884년에 존속하던 대표적인 민족계 상회사는 장통사(長通社),[21] 보영사(保嬰社: 천연두 백신 판매), 장춘사(長春社: 술 제조 및 판매), 광인사(廣印社: 서적 판매) (이상 민영회사), 연무국(烟務局: 담배 제조 및 판매), 혜상국(惠商局: 보부상 중심의 상인조합) (이상 관영회사) 6개사이다. 이 후 1894년의 갑오경장까지 40여 개의 민족계회사가 추가로 설립되었다.[22] 이외에도 개항장의 객주(客主) 중심으로 외국상인의 상권침탈로부터 보호하고 정부의 세금징수 문제를 해소하면서 기존의 기득권을 보장받는 것을 목적으로 형성된 조합 형식의 객주상회소(客主商會所)도 존재했다. 갑오개혁 이후 객주상회소는 주식을 발행하고 상업장부를 통한 회계관리를 하는 등의 회사의 형태를 갖춘 객주상회사(客主商會社)로 변모하였다.[23]

1894년 갑오개혁 이후에는 회사의 관할권이 통리아문에서 농상공부(農商工部: 농·상·공 행정을 관장하던 중앙 행정기관)로 이전되었으며, 경무관에 의해 회사의 불법 행위가 단속되고 회사지원이 이루어졌다. 따라서 개항기 회사의 특성을 유지하면서도 회사의 설립과 규제가 한층 제도화되었다고 보여진다.[24] 그러나 그 이후 농상공부와 내장원[內藏院: 왕실의 보물·세전(世傳)·장원(莊園) 등의 재산을 관리하던 관청]으로 이원화되면서 일부 독점매매의 특권을 누리던 도고회사(都賈會社)[25]들이 난립하는 현상이 나타나기도 했다. 갑오개혁 직후 주춤하던 회사의 설립은

20 김원수(1998)의 앞의 논문, p.28.

21 장통사는 서울 장통방에 설립된 상회사로 알려져 있으나 그 영업활동은 명확하게 알려지지 않음.

22 황명수(1980)의 앞의 논문, p.408.

23 김성은(2017)의 앞의 논문, pp.38-39.

24 전우용(2011)의 앞의 책, p.114.

25 도고(都賈)회사는 조선 후기 상품을 매점매석하여 가격 상승과 매매 조작을 노리던 상행위의 한 형태, 혹은 그러한 상행위를 하던 상인 또는 상인 조직을 말함(한국민족문화대백과사전 http://encykorea.aks.ac.kr/). 이들은 한편으로 영세상인의 몰락을 가져오기도 하였음[김원수(1998)의 앞의 논문].

1899년 이후 수가 증가하기 시작하였는데, 상업(商業) 회사의 대부분은 특정 기관에 특정 물품을 조달하는 회사로 마포미상회사(麻浦米商會社), 석유용달회사(石油用達會社), 석유목면회사(石油木棉會社), 군부용달회사(軍部用達會社), 창흥회사(彰興會社) 등이 있었다.[26] 제조업 회사로는 저마제사회사(苧麻製絲會社)와 대한직조공장(大韓織造工場) 등이 있었으며, 최초의 광업부문의 민간회사인 경성매광회사(鏡城煤鑛會社)가 설립되었다. 이 외에도 철도 운송이 시작되면서 대한운수회사가, 해운회사로는 통운사(通運社) 등 운수업 관련 회사들도 나타났다.

1905년 을사조약 이후에는 관제의 변경과 계몽운동이 활발해지고 금융기관이 정비됨에 따라 퇴직 관료들과 상공인들에 의해 회사가 설립되면서 회사 수가 급증하는 현상이 나타났다. 당시의 회사에 대한 정의는 조선총독부통계연보가 조사된 1910년 즈음의 회사령에 따라 이해되었을 것으로 보인다. 1910년 12월 29일 제정되고 1911년 4월 1일 시행된 조선총독부제령 제13호 회사령 제9조를 보면 "영리를 목적으로 하는 사단법인은 모두 회사로 본다"라고 되어 있다.[27] 회사에 관한 일반적인 규정은 일본의 상법을 준용했을 것이므로 이 법에 따라 회사제도가 적용되었을 것으로 보인다.[28] 박섭(2014)에 의하면 3·1운동이 있었던 1919년까지 조선에 회사의 설립이 매우 빠르게 진행되었다. 〈표 1〉에서 보면 1911년에 조선인에 의해 설립된 회사는 27개였고 일본인에 의해 설립된 회사는 109개로 합동 설립된 회사를 합치면 총 152개였다. 이것이 1920년이 되면 조선인에 의해 설립된 회사는 99개가 되고 일본인에 의해 설립된 회사는 414개가 되어 총 544개가 된다. 불입자본금을 기준으

26 전우용(2011)의 앞의 책, pp.129-151과 황명수(1980)의 앞의 논문 참조. 이하 내용도 본 참고문헌들에서 참조한 것임.

27 법제처의 국가법령정보센터 홈페이지(http://www.law.go.kr)에 회사령이 있는데, 그 내용은 웹페이지 참조[http://www.law.go.kr/%EB%B2%95%EB%A0%B9/%ED%9A%8C%EC%82%AC%EB%A0%B9/(00013,19101229)].

28 김두얼(2014), "식민지 조선의 회사 수".

로 보면 1919년에 처음으로 1억 원을 넘긴다.

〈표 1〉 조선에 본점을 둔 회사의 수 (1911-1920)*

년도	설립자 국적			합계 (개소)	불입자본금** (원)	공칭자본금** (원)
	조선인 (개소)	일본인 (개소)	합동설립 (개소)			
1911	27	109	16	152	15,909,825	39,766,450
1912	34	117	20	171	29,276,650	50,216,510
1913	39	132	23	194	33,746,011	52,848,870
1914	40	141	28	209	38,591,381	55,977,120
1915	39	147	30	216	39,248,686	55,116,740
1916	36	147	29	212	43,920,152	62,230,540
1917	37	177	14	228	47,771,734	78,696,340
1918	39	208	19	266	69,869,595	125,622,700
1919	63	280	23	366	107,761,577	200,500,100
1920	99	414	31	544	182,830,410	419,634,150

☞ 자료: 조선총독부통계연보 자료를 데이터베이스로 구축한 국가통계포탈(www.kosis.kr) 데이터 활용.

* 본 표에서 회사는 조선에 본점을 둔 영리를 목적으로 하는 모든 사단법인을 말하고, 합동설립은 조선인과 일본인, 일본인과 외국인, 그리고 일본인과 미국인에 의해 합동으로 설립된 회사를 의미함.

** 불입자본금은 현재의 납입자본금으로 회사에 납입되어 있는 자본금을 의미하고, 공칭자본금은 정관에 규정된 자본금을 말함(박이택, 2010).[29] 그러나 이 표에서 1911년부터 1913년의 금액은 '공칭자본금'이 아니라 '자본금'으로 표기되어 있음.

29 박이택(2010), "식민지 조선에 있어 회사 자본금의 성장률에 대한 통계적 고찰," p.306에 의하면 공칭자본금과 납입자본금의 의미는 다음과 같다: "식민지 시대에 회사의 자본금에는 공칭자본금과 납입자본금 두 가지가 있었다. 금융시장이 충분히 발전하지 않았기 때문에 주식회사의 주주나, 합자회사나 합명회사의 사원이 자본금을 납입하기에 충분한 재력이 있음에도 불구하고 그것을 현금화하여 납입하는 데에는 시간이 소요될 수 있다. 이와 같은 사정을 감안하여 자본금을 분할하여 납입할 수 있도록 허용하였으며 자본금이 완납되지 않은 상태에서 회사를 설립하고 영업하는 것을 허용하였다. 정관에 규정된 자본금을 공칭자본금이라 하고 회사에 납입되어 있는 자본금을 납입자본금이라 한다."

공장의 경우를 보면 1915년까지 공장 수는 782개였지만, 1916년에 1천 개를 넘어가게 된다. 1920년에는 2,087개에 이르게 되는데, 종업자 수는 5만 5천 명 정도이며 공장별 평균 종업자 수는 27명 정도였다(표 2 참조).

〈표 2〉 공장의 수 (1911-1919)*

년도	공장수 (개소)					자본금 (원)	종업자수 (명)
	사업주 국적별				합계		
	조선인	일본인	외국인**	조선인, 일본인			
1911	66	185	1	-	252	10,613,830	-
1912	98	228	2	-	328	13,121,481	-
1913	139	385	2	6	532	17,478,146	-
1914	175	465	8	6	654	17,371,832	20,963
1915	205	557	13	7	782	21,113,607	24,539
1916	416	645	9	5	1,075	24,613,500	28,646
1917	605	736	13	4	1,358	39,038,966	41,543
1918	815	875	10	-	1,700	48,309,485	46,749
1919	965	929	6	-	1,900	129,378,762	48,705
1920	943	1,125	19	-	2,087	160,744,378	55,279

☞ 자료: 조선총독부통계연보 자료를 데이터베이스로 구축한 국가통계포탈(www.kosis.kr) 데이터 활용.

* 본 표에서 공장은 관설공장(官設工場)을 제외하고 직공도제(職工徒弟)를 통해 제조시기에 평균 1일 5인 이상을 사용하는 공장과 원동력(原動力)을 소유한 공장 및 1개년의 생산액이 5천원 이상인 것을 의미함. 다만, 1912년에는 직공도제 10인 이상을 사용한 공장 및 원동력을 소유한 공장을 모두 조사하여 기록한 것임(출처: 국가통계포탈, www.kosis.kr).

** 1920년의 외국인에는 중국인 13명과 기타 외국인 6명을 포함하여 기록됨(출처: 朝鮮總督府統計年報 1920年度 第3編 第7表).

이제 1800년대 후반에서 1900년대 초반에 걸쳐 설립되어 현재까지 존속하고 있는 한국의 100년 장수 기업들 몇 개에 대해 간략히 살펴봄으로써 근대적 기업을 소개하려고 한다(표 3 참조).

〈표 3〉 100년 이상의 역사를 가진 한국기업의 예시

설립연도	설립당시 이름	현재 기업명
1896	박승직상점	두산그룹
1897	한성은행	신한은행
1897	동화약방	동화약품
1899	대한천일은행	우리은행
1919	경성방직	㈜경방

한국에서 가장 오래된 기업은 현재의 두산그룹으로 이 기업은 박승직상점(1896년)을 출발점으로 삼는다.[30] 종로5가 부근에는 두산그룹 발상지라는 장소가 있는데 100주년을 기념하여 기념탑과 간단한 역사의 흔적이 남겨져 있다. 두산 창업주인 박승직은 1896년 종로4가에 포목점을 개업하였으며, 이는 국내 최초의 현대식 상점이었다.[31] 박승직은 '배오개의 거상'이라는 별명을 얻을 정도로 국내 한인 상계의 지도자로서 영향을 미쳤으며, 고종과 순종 승하 시에 상민봉도단(商民奉悼團)을 꾸려 단장으로 활동하기도 하였다.[32] 박승직상점

30 두산그룹기획실(1989), 『두산그룹사 上』. 2020년 현재 두산그룹의 박정원 회장(경영81)도 고려대 경영학과 졸업생임.

31 두산그룹기획실(1989)의 앞의 책.

32 두산그룹(1996), 『배오개에서 세계로』. 봉도단은 임금의 상여를 매는 조직인데, 왕가봉도단과 상민봉도단으로 구성돼 있었다고 한다. 1919년 고종의 장례와 1926년 순종의 장례 때 그 단장을 박승직이 맡았다고 함.

은 다양한 직물을 다루면서 거상으로 커져갔으며, 1910년대 후반에 이르러서는 화장품 제조업과 미곡 판매 및 精米업체 共信商會에 진출하였다. 박승직상점은 1925년에 주식회사로 전환이 되었고 전환 당시 자본금은 6만 원이었다.[33] 이후 1953년 ㈜두산산업, 1993년 ㈜두산상사로 상호를 변경하게 되며, 현재 기업명은 ㈜두산이다.

다음으로 소개할 기업은 동화약방인데, 1897년 설립되어 123년의 역사를 가지고 있으며 국내 최초의 신약인 '활명수(活命水)'를 개발한 회사로 현재의 동화약품 전신이다.[34] 19세기 후반에는 약 종류가 별로 없어서 탕약에 의존하고 있었는데, 당시에는 약을 구하기도 어려워서 급체 등으로 인해 많은 사람들이 목숨을 잃었다. 이때 궁중 선전관(宣傳官)인 노천 민병호는 소화불량을 해결하는 한약재에 서양의학의 여러 가지 요소를 가미하여 활명수를 개발하게 된다. 민병호는 궁궐에서 서양 선교사들을 접하게 되고 기독교 신앙을 받아들이게 되는데, 그중에서도 언더우드 선교사는 타자기 사업 성공으로 인해 미국에서의 풍족한 삶이 보장되어 있는데도 불구하고 이를 포기하고 한국에서 복음을 전하는 모습을 보게 된다. 이에 공감을 한 민병호는 신분의 격차를 뛰어넘어 다양한 사람들과 관계를 맺게 되며 이러한 관계는 그의 활명수 사업에도 영향을 미쳐서 첫 신문광고에는 성리학 이론인 이기론(理氣論)과 기독교 신앙을 접목하였다.[35] 1910년 '부채표' 상표를 등록하였고, 1910년 광고에 기록되어 있는 활명수의 가격은 40전으로 현재 가치로 1만 8천 원에 상당하는 것인데 현재의 가스 활명수 값 1,000원(2020년 기준)과 비교해

---

33 두산그룹기획실(1989)의 앞의 책.

34 동화약품 홈페이지(http://www.dong-wha.co.kr/company/brochure.asp) 참조.

35 전병길(2015), 『대한민국, 활명수에 살다』, p.64. 신문광고의 첫 단락은 다음과 같다: "'세상의 이치는 그 근본이 하나'이고 '모든 기운은 각기 다르오.' 그러므로 '거룩하신 하나님의 진리'는 '모든 곳에서 일치'하는 것이 당연하지만 '오대기후', '여섯 대륙의 풍토' 그리고 '토산물의 성향'과 '오장육부의 질병'은 '동서양이 같지 아니하오.'"

볼 때 꽤 비싼 가격으로 보인다.[36] 소화제를 찾을 때는 활명수가 떠오르도록 하는 부채표 상표는 한 세기 이상 그 힘을 발휘해 오고 있다.

다음으로 경방을 소개하면, 이 회사는 인촌 김성수에 의해 1919년 10월에 경성방직주식회사(京城紡織株式會社)로 시작하였다. 김성수는 일본 와세다대학의 정경학부를 졸업한 후 1915년에 중앙학교를 인수하였다. 그리고 1932년에는 보성전문학교를 인수하여 그해 6월에 10대 교장으로 취임하게 되고, 1935년 6월에 사임한다. 경성방직은 당시 제직(製織) 및 방적(紡績) 관련 생산 및 판매에 종사하였다. 경성방직은 일제 강점기에 '우리 옷감은 우리 손으로'라는 창업 이념을 내세웠으며, 조선인에 한하여 직원을 채용하는 것을 규정하는 등 일제 시대에 국민들에게 힘이 되었다. 기업의 성장 과정에서 재무적인 위기도 있었으나, 민족 경제의 자립을 위한 강한 의지를 가지고 문제를 해결하고자 힘썼으며 재무구조의 안정화를 이룬다.[37] 경성방직의 규모는 해방 직전 당시 조선 최대의 기업으로 성장하였으며,[38] 이후 1970년 7월에 주식회사 경방으로 사명을 변경하게 된다. 주식회사 경방의 현재의 주요 사업분야는 면방직업(棉紡織業)과 부동산 개발업이다.[39]

그 외 산전장유공장(1905년 설립, 현 몽고식품), 보진재석판인쇄소(1912년 설립, 현 보진재), 성창상점(1916년 설립, 현 성창기업지주) 등의 기업들이 100년 이상의 역사를 가지고 있다.

36 김두겸 외(2011), 『뿌리깊은 기업』.

37 김두겸 · 이영훈 · 이한구 외(2008), 『대한민국 기업사』.

38 영등포 공장, 남천, 은율 및 평양에 조면공장, 의정부 견직공장, 양평동 고무공장, 쌍림동 봉제공장, 시흥 염색가공공장 등이 있었음. http://www.kyungbang.co.kr/company/comp_hist.asp?leftselect=3.

39 경방 홈페이지(http://www.kyungbang.co.kr/company/comp_hist.asp?leftselect= 3) 참조.

3. 근대적 은행의 등장

근대적 기업의 성장과 함께 근대적 은행의 대두도 눈여겨볼 필요가

〈표 4〉 민족계 은행의 설립연도와 변천

은행명	설 립	변 천
조선은행	1896	한국 최초의 근대적 은행이며, 김종한(金宗漢), 안경수(安駉壽), 이완용(李完用) 등 전·현직 관료들이 발기하고 주식을 공모하여 설립한 민간은행; 1899년 한흥은행으로 개명하였고, 1901년 1월 사실상 폐점.
한성은행	1897	조선은행을 발기하였던 김종한(金宗漢), 이승업(李承業)과 고위관료 출신의 민영찬(閔泳瓚), 상인 권석영(權錫永), 한치조(韓致調) 등에 의해 창립; 1903년에 공립한성은행으로 개편; 1943년 10월 동일은행과 합병하여 조흥은행을 설립; 2006년 4월 신한은행에 합병되어 ㈜신한은행으로 출범 (→ 조흥은행 → 신한은행).
대한천일은행	1899	김기영(金基永)과 김두승(金斗昇)과 같은 유력한 대상인들과 심상훈(沈相薰), 민병석(閔丙奭), 이근호(李根澔) 등 고위관료 및 중견관료들 31명에 의해 발기; 여러 번 개명 이후에 조선상업은행, 한국상업은행으로 이어졌고, 1999년 한일은행과 합병하여 한빛은행이 되었으며, 2001년 우리금융지주㈜로 편입됨 (→ 한빛은행 → 우리은행).
한일은행	1906	발기인이나 경영자들이 하급관료출신의 실업인과 중소지주출신들로 조병택(趙秉澤) 외 30여 명에 의해 설립되었고, 초기에는 주로 서민계 실업인 대상의 금융업을 담당한 민간은행; 1930년 호서은행과 합병 후 동일은행으로 개칭; 1942년 5월 호남은행을 흡수합병하고 1943년 10월 한성은행과 합병한 뒤 조흥은행으로 개편 (→ 조흥은행 → 신한은행).
조선저축은행	1929	조선총독부가 설립한 조선식산은행의 저축예금업무를 인수하여 창립자본금 10만 주 중 4만 7천 주는 식산은행, 나머지 대부분은 일본자금이었으며, 한일은행이 일부 참여하였음; 이후 1950년 5월 한국저축은행으로, 그리고 1958년 12월 제일은행으로 이름이 변경됨; 2005년 영국 스탠다드차타드은행에 인수됨 (→ 제일은행 → SC제일은행).

☞ 출처: 김원수(1998), 이영훈 외(2004), 한국민족문화대백과(http://encykorea.aks.ac.kr), 한국 브리태니커 온라인(http://premium.britannica.co.kr) 등을 참조하여 정리.

있다. 1896년에 설립된 조선은행을 필두로 한성은행(1897), 대한천일은행(1899), 한일은행(1906), 조선저축은행(1929) 등이 설립되었다. 한성은행은 조흥은행으로 존재하다가 현재의 신한은행이 되었고, 대한천일은행은 한빛은행을 거쳐 현재의 우리은행이 되었다. 조선저축은행은 제일은행으로 발전하여 존재하다가 현재의 SC제일은행이 되었다. 이상의 내용이 〈표 4〉에 정리되어 있다.

이들 은행 중 보성전문학교 설립자 이용익 선생과 관련된 대한천일은행을 간략히 소개하려고 한다. 대한천일은행은 강화도조약 이후 일본금융회사의 대한진출이 뚜렷해지자 당시 지배층과 실업가들이 힘을 합쳐 민족자본으로 은행을 설립하여 경제적 난관을 극복하고자 하는 시도에서 설립되었다. 이 은행의 설립자로 이름을 올린 사람들은 심상훈, 민병석, 민영기, 이용익 등 당시 고급관료들 중심의 31명이며 자본금 5만 6천 원으로 설립된 은행이다. 이 은행에서는 우리 고유의 회계법인 송도사개치부법을 사용하였는데, 이런 내용은 대한천일은행본점 터에 세워진 표지석(사진참조)에도 잘 나타나 있으며 표지석의 내용은 다음과 같다.

> 1899년에 창립한 민족계 근대은행으로 오늘날 우리은행의 전신이다. 창립 초기에는 대한제국의 중앙은행 역할을 하였으며, 우리 고유의 회계법인 송도사개치부법을 사용하였다. 1906년 이후에는 일반은행으로서의 기능을 수행하였다.

당시 대한천일은행의 업무 및 조직구조에 대하여 좀 더 구체적으로 설명하면, 정관에 규정된 은행의 주요 업무는 "정부 발행의 은표 및 환표 기타 상업표의 할인 대부와 매입, 각종 물화의 무역과 화폐 교환, 금은 및 동산을 담보로 한 대부, 공채증서 및 정부가 발행하는 각종 증서를 담보로 한 임시대부와 당좌대월(當座貸越)" 등이 있었다.[40] 이와 같이 일반은행으로서의 업무 이외에 정부의 위임에 의해 태환권(兌換券)[41]을 발행하였고 탁지부(度支部)[42]의 허가에 의해 항구 및 부군 조세금의 운수 등의 업무를 맡아 국립은행의 일부 역할을 하기도 하였다. 또한 가사 및 전토와 같은 부동산을 담보로 하는 대출 업무도 수행했다. 은행의 초기 조직구조는 은행장, 부은행장, 이사원 2명이 현직 관료집단으로 구성되었으며, 이하 상인들인 감사원 4명과 사무원 2명이 배치되어 있었다.[43] 대부분의 실무는 감사원들에 의해 문서과, 출납과, 대여과, 주식과로 구분되어 업무가 이루어졌다. 1899년 금전의 출납은 '정일기(正日記)'라는 회계장부에 복식부기 원리로 기록이 되었으며, 무정기예금과 이자가 지급되던 유정기예금은 '총부(總簿)'라는 장부에 작성되었다. 또한 조

40 이영훈 외(2004), 『한국의 은행 100년사』, p.99. 당좌대월은 은행이 당좌예금 거래처에 대하여 예금잔고 이상으로 발행된 수표(手票)나 어음에 대해서도 일정 한도까지 지불함으로써 대부하는 형태 (두산백과). 이하 내용은 이영훈 외(2004)의 앞의 책에서 참조한 것임.

41 태환권은 태환지폐로 정부나 발권 은행이 발행하여 그 소지자의 요구가 있으면 언제든지 정화(正貨: 명목 가치와 소재 가치가 같은 본위 화폐)로 바꾸어 주도록 되어 있는 지폐를 말함. 당시 금속화폐는 주조에 소요되는 비용이 크며, 유통되는 과정에서 파손될 가능성이 많고 휴대가 불편하다는 단점 때문에 정부가 금화를 주조하지 않고 일정한 용량의 금으로 태환해 주겠다는 약속하에 지폐를 발행하였고 이를 태환지폐라고 함(매일경제용어사전-네이버지식백과).

42 탁지부(度支部)는 1895년(고종32) 8아문(衙門)을 7부(部)로 개편할 때 탁지아문(度支衙門)을 개칭한 것으로, 정부의 재무를 총괄하고 회계·출납·조세·국채·화폐·은행 등에 관한 일체 사무를 관장하며 각 지방의 재무를 감독하던 중앙관청임(행정안전부 국가기록원 http://www.archives.go.kr/).

43 초기의 대한천일은행은 황제의 어용기구로서의 특성을 가지고 있었으며, 조직이 제대로 정비되지 않아 설립에 참여한 일부 관료들은 은행의 고위 간부직을 겸하였을 뿐만 아니라 상인들도 실무를 맡음[이영훈 외(2004)의 앞의 책, pp.110-111].

세금을 취급하면서 몇몇 지역에 지점을 두고 조세금 운수에 대하여 탁지부로부터 일정한 대가를 받고, 이와 함께 황실의 예금으로 형성된 자금을 활용하여 어음대부 업무를 통해 이자수입을 수취하였다. 대한천일은행의 주요한 자산 및 부채, 이자수익 등은 오늘의 대차대조표와 같은 형식으로 연도별 작성된 '주회계책(周會計冊)'에 기록되었다.

1900년대 초기 지방의 경우에는 교통이 미비하고 금융시설이 거의 없었기 때문에 자금공급이 원활하지 않았다. 이에 1906년부터 지방에서는 산업 및 상업 대출의 역할을 하는 농공은행이 한성, 대구, 상주 등 약 16개 지역에 설립되기 시작하였다.[44] 농공은행은 일본에 의해 설립되었으나, 각 지방의 많은 한국인 유력 자산가들이 은행의 설립에 참여하여 주주가 되었으며, 또한 은행의 임원으로 경영에 참여하였다. 이후 1907년 농공은행의 확장과 보조역할을 수행하기 위해 주요 군청 소재지에 지방금융조합이 신설되었다. 그러나 이들은 장기적인 자금수급에 한계가 있었고, 1912년 은행령이 발표됨에 따라 지방에 일반은행의 설립이 활발하게 이루어졌다. 민족계 지방은행으로서 1908년 구포저축주식회사(후에 구포은행)가 설립된 이후 해방 직전까지 약 23개 정도의 은행이 설립되었다. 1920년까지 상권의 규모가 큰 지역을 중심으로 한국인들이 설립과 운영에 참여한 은행을 살펴보면, 대구에 대구은행(1913년)과 경일은행(1920년), 충남 예산에 호서은행(1913년), 부산에 주일은행(1918년), 동래에 동래은행(1918년), 함흥에 북선상업은행(1918년), 경성에 해동은행(1920년), 그리고 광주에 호남은행(1920년) 등이 있었다. 이 중에서 호남은행은 대표적인 민족계 은행으로 알려져 있다. 총독부당국이 1941년 특별감사반을 파견하여 50여 일 간의 감사에 대한 보고서에는 ① 대체적으로 업무처리는 괜찮음, 그러나 ② 일본어를 사용하지 않는 점, ③ 일본인을 채용하지 않는 점, ④ 일본인 및 그 단체에는 일체

44 이영훈 외(2004)의 앞의 책, pp.147-149, 159-164. 이하 내용은 본 참고문헌에서 참조한 것임.

융자하지 않는 점 등에 대한 지적이 포함되어 있었고, 이 내용을 바탕으로 배일기관(排日機關)으로 단정되었으며 그 결과 1942년에 동일은행에 흡수 합병을 강요당했다.[45]

4. 근대 기업에서의 경영활동

근대 기업들에 나타난 경영현상, 즉 오늘날 경영학에서 가르치는 다양한 기능 혹은 세부분야인 관리, 인사, 회계, 마케팅 등과 관련된 내용들의 경우 지금의 기업처럼 구체적인 내용들이 많지는 않았을 것이고 또 있었다 하더라도 기록으로 남아 있는 것이 많지 않다. 여기서는 문헌에 등장하는 일부 사례들을 중심으로 간략히 소개하고자 한다. 당시 기업들에서의 이런 경영현상들은 보성전문학교에서 가르쳤던 과목과 그 내용 측면에서 연계성이 있을 것으로 보이며, 당시 보성전문이 어떤 역할을 하였는지를 살펴보는 데도 도움이 될 것이다.

근대기업에서의 일반관리에 대해 살펴보자. 미국의 경우 1900년대 초반에는 산업공학 기반의 과학적 관리법(테일러리즘)이 대두된 시기이다. 19세기 후반 미국 산업화가 진행되던 시기에는 작업환경이 열악하고 이민 노동자들에 대한 처우가 문제시되면서 시민단체 등을 중심으로 노동자 복지향상 운동이 있었다. 그러다가 20세기에 들어오면서 과학적 접근을 시도한 것이다. 과학적 관리법에서는 노동자의 일에 대한 의미나 내재적 동기보다는 효율적 업무수행에 치중하였고, 그 일환으로 동작연구나 시간연구를 수행하여 어떻게 하면 최소한의 움직임으로 짧은 시간에 생산성을 높일 수 있는지에 관심을 가졌다.[46] 그러나 이러한 측면은 한국의 근대기업의 경우 아직 중요한 문제로 대두되지 않았을 것이

45 김원수(1998)의 앞의 논문과 한국민족문화대백과(http://encykorea.aks.ac.kr)를 참조하여 정리.

46 Adler & Heckscher (2006), "Towards collaborative community".

다. 당시 겨우 근대기업을 생성해가던 시기라 규모가 크지 않았을 것이고 관리가 체계화될 필요성이나 가능성이 크지 않았을 것으로 보인다.

인사관리 관행을 살펴보면, 근대적 기업이 등장한 이후 공장이나 회사에 근무하는 직원이 생기면서 임금을 지불하고 관리하는 것이 요구되었다. 이런 인사관리에서 당시에 주도적인 이념 중 하나는 가부장주의(paternalism)이다.[47] 유교전통과 민족적인 정서로 인해 같은 기업에서 일하는 사람들을 큰 가족의 일원으로 간주하는 것은 자연스러운 일이다. 가부상주의 입장에서의 사람관리는 사장이 아버지 역할을 하고 직원을 가족으로 보며, 직원의 후생과 복지에 관심을 기울이고 심지어 업무와 직접적인 연관이 없는 가정사에까지 신경을 쓰는 접근이다.

20세기 들어서면서 당시 일본의 경우 일련의 노동입법이 제정되어 인사관리에 큰 영향을 미쳤다. 예를 들면 「공장법」(1916년 시행), 「광부노역부조규칙」(1916년 시행)을 비롯하여, 1926년에는 「공업노동자최저연령법」, 「건강보험법」, 「노동쟁의 조정법」 등이 시행되어 인사관리에 큰 영향을 주었다.[48] 공장법의 경우 30년에 걸쳐 논의되다가 겨우 1911년에 제정되었으나, 5년을 기다려 1916년 9월 1일에 비로소 시행이 되었다.[49] 그런데 이 공장법이 노동자권익보호보다는 노동력확보를 위한 접근이라는 시각이 있다.[50] 당시 열악한 환경에서 노동자 보호는 잘 지켜지지 않았고 또한 한국의 경우 식민국가로서 그 보호는 더욱 약했다고 봐야 할 것이다.

일본의 경우 종신고용제와 정년제가 도입된 시기에 대해 여러 설이

---

47 가부장주의는 가족주의 혹은 온정주의로 불리기도 함.

48 김원경 · 김황경(1994), 『한일고용사연구』.

49 이 공장법은 1947년에 일본의 노동기준법으로 이어졌는데, 한국의 경우 1953년에 와서 근로기준법이 제정됨.

50 이상의(2000), "일제하의 노자협조론과 공장법 논의," p.116, 이상의(2008), "일제하 전시체제기의 임금 통제와 조선인노동자," pp.131-132와 이왕호(2003), 『일본의 노동관계 법 · 제도』, p.36 등을 참조.

있지만 그 뿌리는 20세기가 되기 전이다.[51] 한국 근대적 기업들에 있어서 유사한 문화적 전통으로 인한 공통적인 점도 있지만, 다른 전통에 기반을 둔 차이점도 있다. 한국은 성리학 사상의 기반, 가문과 혈연 중시, 정(情), 흥(興), 한(恨), 분(憤) 등의 민족적인 정서가 독특하게 사람관리에 녹아져 왔다고 볼 수 있다.

대한천일은행의 「衿式課日記(금식과일기)」에 따르면 인사관리에 있어서 월급은 사장 50원, 부사장 25원, 평의원장 25원, 평의원 20원, 이사 30원, 감사 20원, 사무원 15원, 차원(差員) 10원, 사동 6원, 서기의 경우 업무 숙련 정도에 따라 최고는 20원을 받고, 대개 10원에서 15원을 받은 것으로 나타났다.[52] 또한 근무연수에 따라 수노금(酬勞金)을 지급했는데 이사와 감사 그리고 사무원에게 월급의 100%를 추가로 주었다. 은행 운영에 있어서는 조직 구조와 업무 분장이 체계화되어 있지 않아 효율성이 떨어졌으며 은행장과 부은행장은 실제 업무에 간여하지 않고 주요한 결정 사항에 주로 관여를 하였으며 대개 출근을 하지 않았다.[53]

오늘날의 회계학과 관련된 부기제도는 꽤 일찍부터 발달한 것으로 보인다. 대한천일은행에 주목할 만한 것은 이 은행이 사용한 부기법이다. 조익순 · 이원창(2002)은 이와 관련된 내용을 다음과 같이 기술하고 있다.[54]

> 대한천일은행의 회계문부가 가장 완벽하다는 뜻은 복식부기가 말하는 주요부(분개장과 총계정원장)는 물론이고 보조장들이, 다른 현존하는 '송도치부법'에 의한 문부들과 비교할 때, 제일 많이 갖추어져 있음을 말하는 것이며, 복식부기원리에 가장 가깝다는 것은 대한천일은행의 회계문부보다

51 김원경 · 김황경(1994)의 앞의 책.

52 김윤희(2002), "대한제국기 서울지역 금융시장의 변동과 상업발전," 고려대학교 사학과 박사학위 논문. 이하 내용은 본 논문에서 참조한 것임.

53 이영훈 외(2004)의 앞의 책.

54 조익순 · 이원창(2002), 『(고종황제의 충신) 이용익의 재평가』.

뒤에 출판된 현병주의 「사개송도치부법」이란 해설서보다도 대한천일은행의 회계문부가 더 복식부기원리에 가깝다는 뜻이다. … 이와 같은 대한천일은행의 회계기록이 1899-1905년에 거의 완벽한 복식부기원리에 맞는 '송도치부법'에 의하였으며, 결산서 또한 그러하였으니 놀라운 일이라 하지 않을 수 없다.[55]

이제 당시 경영현상의 다른 측면을 보려고 한다. 사업을 수행하는 방식에서 볼 때, 동화약방이 1900년 초반이라는 이른 시기임에도 불구하고 다른 기업들보다 앞서서 상표와 특허를 중요하게 여겨 발빠르게 특허등록을 시작하였다는 점이 눈길을 끈다. 1910년 8월 조선총독부 특허국에 부채표를 상표(특허국 상표등록 제514호)로 등록[56]하였으며 같은 해 12월 활명수도 상표 등록을 하여 타 기업이 모방을 쉽게 하지 못하도록 하였다. 1908년에서 1910년 사이 특허국에는 총 845개의 지식재산이 등록되어 있었는데 이 중 26건이 한국인 등록 건수였으며, 특허는 총 275개 중 한국인 등록은 2건뿐이었다.[57] 이외에도 동화약방은 100년이 넘는 기간 동안 부채표 디자인을 계속해서 조금씩 변형하여 광고하면서 소비자의 변화에 부응하고자 노력해 왔다. 그리고 만주지역까지 진출을 통해 해외 유통망을 구축하였으며 100여 년 전부터 국권을 회복하기 위해서 설립한 소의학교(昭儀學校)에 기부를 하는 등의 활동도 하였다.[58]

---

55 조익순 · 이원창(2002)의 앞의 책, pp.26-27.

56 한국경제신문(2017), '까스활명수가 독립운동에 기여했다?' http://plus.hankyung.com/apps/newsinside.view?aid=201703016592A.

57 서울경제(2019), '한국인 1호 특허권자는 독립운동가였다'. https://www.sedaily.com/NewsView/1VMYD7SE4Y.

58 예종석(2009), 『활명수 100년 성장의 비밀: 한국 최초의 브랜드 한국 최장수 브랜드』.

오늘날 마케팅과 관련된 광고를 보면 당시에 신문광고가 제법 활성화된 것을 알 수 있다. 활명수와 관련하여 동화약방이 1910년에 행한 광고에 주목해 볼 만하다. 이해에 〈대한민보〉에 신년 광고를 게재하였는데, 그 광고내용은 활명수와 함께 인소환(引蘇丸), 백응고(白應膏) 등과 같은 주요 제품을 알림과 동시에 약방의 창업정신과 특약점 관리규정도 함께 알렸다.[59] 국내 최초의 광고대행사인 한성광고사가 〈매일신보〉에 특집 기획한 광고에 참여하여 관허 품목이 90여종에 달한다고 알렸다. 그리고 놀랍게도 1913년 근하신년 광고에서는 전면 광고를 하여 사세를 과감히 알리기도 하였다.[60]

당시 전형적인 상점은 어떤 품목들을 취급하였고 어떻게 상업을 수행했을까? 당시 대표적인 상점이었던 박승직상점을 살펴보면 초기에 한국산 목면을 주로 취급하였으며 전국 포목상에 도매를 하여 판매망을 넓혀 갔다. 개항 이후, 면포의 수입이 급격히 증가하게 되었는데 대부분은 영국과 일본으로부터 들여온 것으로 주요 고객은 중·상류층이었다. 1896년 면포의 수입은 총직물수입액 대비 41% 정도를 차지하였으며, 1910년에는 29%로 다른 직물의 수입 비율보다 매우 높았다.[61] 이후에는 곡류, 도량형기, 염류, 고급 모직, 면화, 저포 등 취급 품목을 다양하게 넓혀 가면서 무역상으로 발전하고자 하였다.[62] 1915년에는 박가분(朴家粉) 화장품을 내놓았는데, 박가분은 본래 부인 정정숙이 사업 내조를 위해 만들던 사은품이었다. 이것이 반응이 좋아 방물장수를 통해 판매하게 되면서 1918년 특허국의 상표 등록증을 교부받았으며, 1920년에 이르러서는 여직공이 30명에 달할 정도로 규모가 커지게 된다.

---

59 박상하(2013), 『한국기업성장 100년사』.

60 전병길(2015)의 앞의 책.

61 김동운(2001), 『박승직상점, 1882-1951년』. 이하 내용은 본 참고문헌에서 참조한 것임.

62 두산그룹기획실(1989)의 앞의 책. 이하 내용은 본 참고문헌에서 참조한 것임.

Ⅲ. 보성전문학교와 상학

1. 학교와 학과의 명칭

고려대학교 전신인 보성전문학교는 1905년에 이용익 선생에 의해 설립되었다. 이후 천도교의 손병희 선생이 학교를 인수(1910.12)하여 경영하다가 1932년에 인촌 김성수 선생에 의해 인수된다. 보성전문학교(普成專門學校)는 개교(1905.4) 이후 1915년 3월까지 그 명칭이 지속되었다.[63] 그러나 이 명칭은 일본총독의 사립학교규칙과 전문학교규칙 등의 변경을 통해 전문학교라는 명칭을 사용하지 못하게 하였고 대신 각종학교로 격하시켰다. 이 결과로 결국 1915년에 사립보성법률상업학교(私立普成法律商業學校)로 교명을 바꾸게 된다. 민간 사학전문의 경우는 사립학교규칙(제7조)에 따라 '사립'이라고 붙이게 하였다. 1922년에 보성전문학교로 다시 교명을 환원하게 되었고 3년제 전문학교로 전환된다. 그 후 1944년에 일본은 강제로 교명을 경성척식경제전문학교(京城拓殖經濟專門學校)로 바꾸게 하였지만 해방 후에 다시 보성전문학교로 환원하게 된다. 1946년에는 종합대학으로 승격되면서 고려대학교(高麗大學校)라는 교명을 가지게 되고 현재까지 이르게 된다(표 5 참조). 보성전문학교 시절에 두 번에 걸쳐서 일본에 의해 교명이 불가피하게 바뀌게 된 것을 빼고는 보성전문학교와 고려대학교 두 개의 교명을 가진 것이라고 볼 수 있다.

---

63 신수식(2006), 『고려대학교 경영대학 100년사: 1905-2005』. 이하 내용은 본 참고문헌에서 참조한 것임.

〈표 5〉 보성전문학교의 학교명 변경과 경영학과의 학과명 개칭

년 도	학교명	학과(대학)명	비 고
1905.4-1915.3	보성전문학교	法律學專門科 理財學專門科	이재학전문과(1905.4-1907.3) 이재학전문과를 경제학전문과로 개칭(1907.4-1910.3) 경제학과를 상업학과로 개칭(1910.4-1922.3)
1915.4-1922.3	사립보성법률 상업학교	法律學科 商業學科	상업학과 계속
1922.4-1944.3	보성전문학교 (3년제 전문학교)	法律科 商科	상업학과를 상과로 개칭(1922.4-1944.3)
1944.4-1945.8	경성척식경제 전문학교	拓殖科 經濟科	법률과를 척식과로, 상과를 경제과로 개칭(1944.4-1945.8)
1945.9-1946.8	보성전문학교	政法科 經商科	정법과(정치학전공, 법률학전공) 경상과(상업학전공, 경제학전공)
1946.9-현재	고려대학교 (종합대학교로 격상)	經商大學 商科大學 經營大學	경상대학(상업학과, 경제학과) 설립(1946.9) 경상대학을 상과대학(상학과, 경영학과)으로 개칭(1955.2.26) 상학과 폐지 및 경영학과로 통합(1968. 12) 상과대학에 무역학과 신설인가 (1970. 12) 경영대학으로 개칭(1976.12) 무역학과와 경영학과를 경영학과로 통합 (1995.12)

이제 경영학과와 관련된 이전 학과의 명칭에 대해 살펴보자. 보성전문학교 설립 때부터 법학전문과, 이재학(理財學)전문과, 농업학전문과, 상업학전문과, 그리고 공업학전문과라는 다섯 개의 전문과로 출발하였다. 개교 이후 처음으로 황성신문에 학생모집 광고를 하게 되었는데 그 내용은 아래와 같다. 총 다섯 개의 전문과에 학생모집을 하였고, 광고내용에는 시험 일자와 과목, 개학일과 강사에 대한 언급 등이 포함되어 있다.

〈보성전문학교의 황성신문(1905. 3) 모집광고〉

■ 각 전문학과 (각 학과 이수과목 생략)
- 법학전문과
- 이재학전문과
- 농업학전문과
- 상업학전문과
- 공업학전문과

■ 입학시험 일자: 3월 31일(음력 2. 26) 상오 11시
■ 시험과목 및 자격
- 내외국 지리 및 역사, 국한문 독서 및 작문, 산술, 단 관공사립학교의 보통과 이상 졸업증서가 있는 자는 시험이 불필요
- 각 학과 입학자의 나이는 20세 이상으로 정함

■ 개학일: 4월 1일(음력 2. 27)
■ 각 학과 담임강사는 외국에 유학하여 전문졸업한 사람으로 20인 이상 천거하여 정함(명단은 번잡하여 생략)
■ 위의 각종 전문과 이외에 외국어학 1개학과를 부속으로 특설함

이렇게 다섯 개의 전공으로 구성한 것은 독특한 의미가 있다. 이들 전문과는 대부분 실용적이고 응용적인 전문영역이다. 이를 통해 보성전문은 근대적인 서구학문을 수용하는 관문의 역할을 하고자 한 것이다. 이것은 당시 대한제국이 근대국가의 형태를 갖추기 시작하면서 근대적인 행정기구를 구축하고 운영하기 위해서 고급관료와 전문가 양성의 필요성이 긴급했던 것을 반영한 것이라고 볼 수 있다.[64] 이런 체제는 당시 설립된 국내의 다른 학교와 차이가 있고, 또한 일본의 전문교육기관들의 전통과도 구별된다. 당시의 일본대학의 전공들과 비교했을 때 보성전문은 사회과학과 자연과학을 종합하는 독특한 체제였고 일본의 어느 대학에도 뒤지지 않는 것이었다.[65] 이런 전문교육을 시작할 수 있었던 것에

64 신일철(1986), "普成草創期의 近代民族主義思想: 西區學問의 受容과 忠君愛國的 國家意識의 自覺過程".
65 이헌창(2005), "보성전문학교 시절의 경제학술활동".

대해 이헌창 교수는 한국 나름대로의 근대교육의 기반이 조성되었기 때문이라고 해석한다.[66] 즉, 조선후기 서당과 같은 초등교육기관뿐만 아니라 향교, 서원 및 성균관 같은 중·고등교육기관들이 구비되어 있었는데, 이렇게 전근대적 수준으로의 교육기관이 정비되어 있었던 것이 근대적 교육의 수용에 필요한 내적 역량을 갖추는 데 도움이 되었다고 보는 것이다.

이렇게 다섯 개 전문과로 출발하였으나 첫 번째 학생모집에서 법학전문과를 제외하고는 나머지 네 개의 과에서는 정원을 채우지 못했다. 그 이유는 당시 이런 과에 대한 인지도가 낮았을 뿐만 아니라 중등학교 졸업생 수 자체도 많지 않은 상황이라 지원자 수가 제한될 수밖에 없었고, 교수요원 확보도 용이하지 않았기 때문이다.[67] 정원을 다 채우지 못하게 되자 상업학전문과의 지원생을 이재학전문과에 흡수시켜 법학전문과와 함께 두 개의 과로 출발하게 된다. 과의 명칭으로 보면 외형적으로는 이재학이고, 내용상으로는 상학이 존재하는 방식이었던 것으로 보인다. 이 내용을 두고 신수식(2006)은 다음과 같이 평가하고 있다.[68]

> 결론적으로 2년제 이재학전문과는 그 교과목 구성을 보면 총 40과목으로 편성되어 있고 경제학 14과목, 상업학 11과목, 법률학 11과목, 교양 4과목으로 구성되고 있다. 이와 같은 교과목의 구성비율에 의하면 이재학전문과는 상(업)학, 경제학 및 법률학의 집합학과(集合學科)로 보아야 한다.

이렇게 이재학으로 출발하게 된 것은 모집정원의 미달이라는 상황 속에서 결정된 것이지만, 초대교장을 지낸 신해영의 영향이 있었던 것으로 보인다. 그가 수학한 게이오의숙은 문학, 이재(理財), 법학이라는 세

66 이헌창(2005)의 앞의 글.
67 신수식(2006)의 앞의 책.
68 신수식(2006)의 앞의 책, p.43.

개의 과로 구성된 대학부를 1890년 개설하였기 때문에 여기에 영향을 받았을 가능성이 있다. 그러나 그 교과목 구성은 앞서 언급한 바와 같이 상학이 11개, 법률학이 11개 포함되어 있어서 이재학에 한정되지 않았던 점을 주목할 필요가 있다. 상학에 포함된 과목은 '산술' 과목 네 개, 부기와 관련하여 '상업부기학', '은행부기학', '관청부기학'이 있고, 은행관리와 관련된 것은 '은행실무', '은행회사상점 관리법'이 있으며, 무역과 관련해서는 '국제무역론', '외국환표요해'가 포함되어 있다.

이재학전문과의 명칭은 1907년에 경제학진문과로 개칭된다. 왜 2년 만에 과의 명칭을 바꾸었을까? 표면적으로 보면 일본대학의 흐름과 무관하지 않을 것이다. 동경대학 전신인 동경센슈(專修) 대학이 설립당시 경제과(1880), 이후 이재과(1888), 그리고 다시 경제과(1905) 등으로 개칭해 왔다.[69] 그러나 더 구체적으로 살펴보면 이헌창(2005)은 이것을 'economics'의 번역문제와 연결시키는데, 그의 설명에 의하면 '이재'와 '경제'는 그 의미가 좀 다르며, 이것은 또한 경제학 사상과도 연결된 내용이다.[70]

> '이재'란 용어가 우세해진 이유를 찾기는 어렵지 않다. '경제'라는 용어는 정치 · 문화도 포괄하는 반면, '이재'란 경제생활에 국한되는 강점을 가졌다. 게다가 '경제'와 달리 '이재'는 개인의 합리적 선택과 최적화에 가장 친화성을 가지는 한자였다. 그러면 '경제'라는 용어가 궁극적인 승리를 거둔 원인을 어떻게 설명을 해야 할까. 그 기본 원인은 독일 역사학파경제학이 자유주의경제학에 대항하면서 등장하여 1880년대에 일본 경제학의 주류가 되었던 사실에서 구해야 할 것이다.

경제학과로 바뀌면서 3년제가 되었고 과목 66개 가운데 법률학이 25

69 김균 · 이헌창(편)(2005),『한국 경제학의 발달과 고려대학교』.
70 이헌창(2005)의 앞의 글.

과목으로 가장 많았고, 경제학이 13과목, 상업학이 11과목이었으며, 교양이 15과목, 기타 두 과목이었다. 이렇게 과목 구성을 놓고 보면 이재학 전공으로 담아내기에는 한계가 있어 보인다. 법, 상업, 경제가 어우러진 성격이 짙으므로 위의 용어적 의미 구분과 연결시켜볼 때, '경제학'이라는 용어가 더 어울리는 것으로 보인다.

경제학과로 이어오던 보성전문학교는 1910년 4월 경제학과를 상업학과로 개칭한다. 이재학전문과(1905)에서 경제학전문과(1907), 그리고 상업학과(1910)로 개칭된 것이다. 초기 이재학과 경제학의 명칭을 사용하게 된 것은 초대 학교장 신해영 선생의 영향이 컸을 것인데, 그럼 왜 갑자기 상업학과로 개칭을 한 것인가? 이것과 관련해서 신수식(2006)은 다음 세 가지 이유로 설명한다.[71] 첫째는 신해영 교장의 퇴임과 사망이다. 보성전문학교 초대교장(1905.4-1907.12)과 3대 교장(1908.2-1909.1)을 역임한 이후 그의 사망(1909.9)으로 영향력이 상실된 것이 한 원인이 되었을 것이다. 둘째, 학생모집의 부진이다. 1907년 경제학과로 변경하고 3년제로 전환했는데 지원자 전체(200여명)가 법률학과를 희망하여 신해영 교장의 설득으로 일부 지원자를 경제학과로 전환시킨 일이 있었다. 셋째, 상업학과를 설치한 것은 현실적 대안이었다. 1905년 설립당시 상업학전문과가 포함되어 있었고, 이재학과와 경제학과에 이미 상업학 과목이 11개가 포함되어 있었기 때문에 교육에 특별한 추가적 부담이 크지 않았을 것이다.

이후 1922년에 상업과를 상과로 개칭을 하여 1944년까지 사용하게 된다. 그러면 왜 상업학에서 상학으로 전환을 하였는가? 신수식(2006)을 기반으로 설명을 해보면 다음과 같다.[72] 첫째, 학문대상의 변화이다. 상업학의 주요 대상은 상점과 점포의 관리, 특히 판매관리와 함께 은행의 관리에 집중되어 있었다. 과목을 살펴봐도 그런 성격을 파악할 수 있다.

71 신수식(2006)의 앞의 책.
72 신수식(2006)의 앞의 책.

그러나 상학은 제조업과 공장을 포함하여 보다 포괄적인 대상을 연구과제로 삼는다. 둘째, 앞의 내용과 연계해서 생각해보면 산업현장이 바뀐 것이 한 원인이다. 1차 세계대전 이후의 기술과 산업의 발달로 인해 전통적인 상업보다는 사업으로 불릴 수 있는 다양한 시도와 발전이 있었던 것이다. 셋째, 미국, 독일, 일본 등의 국가들에서 이미 경영학이라 불리는 학문의 시작이 자극을 주었을 것이다. 상학은 결국 경영학으로 전환되는 중간단계의 역할을 한 셈이다.

그 후 일본에 의해 다시 교명이 경성척식경제전문학교로 바뀌면서 경제과(1944.4-1945.8)로 일시적으로 개칭되었다. 보성전문학교로 명칭을 환원한 후 1945년 대학승격을 목표로 전공명 개칭을 시행하여 經商科 안에 상업학 전공과 경제학 전공을 두었고, 1946년 고려대학교라는 종합대학으로 승격되면서 經商大學에 상업학과와 경제학과를 두었다. 그 후 1955년에 경상대학을 상과대학으로 바꾸고 그 안에 상학과와 처음으로 경영학과를 두게 된다. 이후에는 상과대학에 상학과를 폐지하고 경영학과로 통합(1968.12), 상과대학에 무역학과 신설인가(1970.12), 상과대학을 경영대학으로 개칭(1976.12), 무역학과와 경영학과를 경영학과로 통합(1995.12)하는 등의 일련의 변화를 거쳐 현재에 이른다(그림 1 참조).

〈그림 1〉 학교와 학과의 명칭 변경

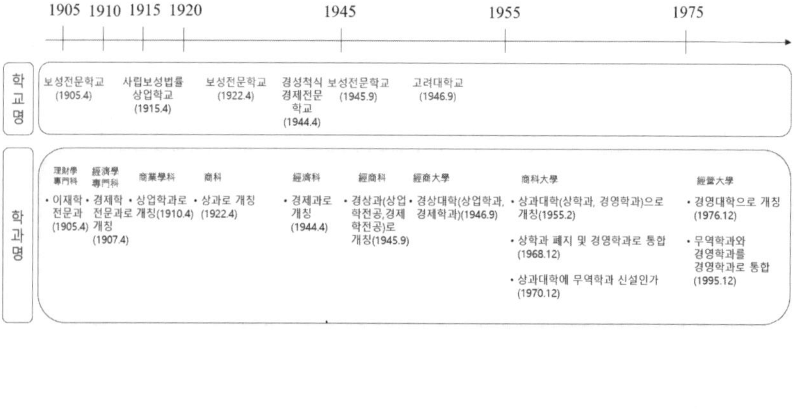

보성전문학교의 상업학 혹은 상학 교육은 1905년부터 시작된 것으로 보아야 한다. 학과명칭은 이재학전문과로 시작되었지만 이미 이 과에 11과목의 상업학과목이 포함되어 있었고 이것이 1910년 상업학과로 개칭될 때까지 유지되었기 때문이다. 1917년 연희전문학교가 설립되면서 상과를 개설하였는데, 교 · 강사가 여러 학교에 출강을 하였기 때문에 교과목과 교재, 그리고 그 내용은 유사할 수 있었지만 한국에서의 상(업)학 교육의 시작은 보성전문학교인 것이다.

2. 학생의 입학과 졸업

앞서 설명한 바와 같이 1905년 개교 후 첫 모집에서 법학전문과를 제외하고는 모두 미달되었다. 그래서 이재학과와 상업학과를 합해서 이재학전문과로 하고, 법학전문과와 함께 두 학과로 시작을 하게 되었다. 1907년 경제학전문과로 개칭 후에도 지원자가 없어서 법학과에 지원한 학생을 경제학과로 돌려 입학하게 했으나 모두 타 학교로 편입하는 일이 벌어져 학생모집에 큰 애로가 있었던 것을 짐작할 수 있다. 1907년 제1회 졸업생을 배출하게 되는데, 2월 15일에 법률전문과(야학) 18명, 4월 15일 법률전문과(주학) 16명과 경제학전문과 18명이 졸업하게 된다. 1907년에 경제학전문과로 이름을 변경한 후 3년제로 모집을 하였으나 지원자가 없었다. 그래서 법률학과에 지원한 학생들을 경제학과로 전환시켰는데 이에 불만을 품고 1908년 2학년이 되면서 34명의 학생들이 모두 자퇴하고 양정의숙(養正義塾)으로 편입한 일이 발생한다.[73]

보성전문학교가 1905년 개교 당시 입학자격(학칙 제10조)을 다음과 같이 세 가지 제시하였는데, 그것은 ① 연령 20세 이상의 남자, ② 신체 건강하고 품행 단정한 자, ③ 국한문에 능숙한 자 등이다. 1915년 사립보

73 양정의숙은 법학전문학교로 시작하였으나 1908년 이들을 위해 경제학과를 신설하였음.

성법률상업학교로 학교명이 변경되면서 그 내용이 약간 변경되는데, 그 내용을 보면 ① 신체 건강하고 품행이 방정한 자, ② 연령 만 16세 이상의 남자, ③ 고등보통학교 또는 이와 동등 이상의 학교를 졸업한 자 혹은 본교에서 정한 입학시험에 합격한 자로 되어 있다.[74]

졸업생 추이를 보면, 1905년에 이재학전문과에 입학한 학생들이 1907년 4월에 처음으로 18명이 졸업을 하게 된다. 나중에 설명되지만 이들 졸업생 중 세 명(김현태, 최병찬, 윤성희)은 보전에서 바로 강의를 맡아 가르치기도 하였다. 그 후 3년간 졸업생이 없는데, 이는 1907년 입학한 34명 전원이 1908년에 집단퇴학한 일로 인해 졸업생 공백이 생긴 것으로 보인다. 1908년에 경제과로 입학한 학생들 22명이 1911년에 졸업을 하였다. 그 이후에는 상학과에 입학한 학생들의 졸업이 연속적으로 있었는데 1913년 상과 제1회 졸업생 19명을 시작으로 계속 졸업생들이 배출되었다(표 6 참조).

〈표 6〉 상업학 졸업생과 취업 예시

일 자	졸업 전공(회)	졸업자	취업 예시 (숫자는 인원수)
1907년 4월 15일	經濟科 제1회(a)	18명	公吏 2, 官吏 1, 군수 2, 농업 2, 대서업 1, 상업 1
1911년 1월 28일	經濟科 제2회(b)	22명	官吏 1, 郡屬 1, 농업 1, 面長 1, 변호사 1, 상업 2, 한성은행 지점장대리 1, 회사원 2
1913년 3월 29일	商科 제1회	19명	礦業 2, 교원 1, 무역업 2, 병원사무원 1, 상업 3, 신문기자 1, 은행지점장 1
1914년 3월 29일	商科 제2회	6명	모교재단법인평의원 1, 은행원 1, 仲買店員 1, 회사지배인 1
1915년 3월 31일	商科 제3회	9명	경성일보사원 1, 고등보통학교교원 1, 米穀商 1, 상업 1

74 보성전문학교(1905), 『사립보성전문학교규칙(私立普成專門學校規則)』과 보성법률상업학교 편(1915), 『사립보성법률상업학교교전일람(私立普成法律商業學校敎典一覽)』을 참조.

일 자	졸업 전공(회)	졸업자	취업 예시 (숫자는 인원수)
1916년 3월 30일	商科 제4회	12명	모교재단법인평의원 1, 무역상 1, 상업 3, 은행원 2
1917년 3월 31일	商科 제5회	9명	米穀商 1, 상업 1, 은행원 3, 회사원 2
1918년 3월 22일	商科 제6회(c)	13명	금융조합사무원 1, 무역업 1, 상업 4, 은행원 4
1919년 3월 20일	商科 제7회	9명	상업 1, 은행원 3, 중국유학 1, 회사원 1
1920년 3월 25일	商科 제8회	5명	상업 3, 회사원 1

(a) 1905년 이재학전문과로 입학한 학생들임.
(b) 1908년 경제과로 입학한 학생들임.
(c) 法律商業學校에 처음 입학한 학생들의 졸업
☞ 자료: 보성전문학교일람(一覽) (1925년 3월).

졸업생들의 취업을 살펴보면 초기 이재학 혹은 경제학의 명칭으로 입학하거나 졸업한 경우는 公吏, 官吏, 혹은 군수 등과 같은 공직으로 나간 경우가 있었다.[75] 상과 졸업생의 경우는 상업, 무역, 은행원, 회사원 등이 다수를 이룬다. 졸업자 명단에 취업이 구체적으로 나온 경우도 있는데, 그냥 은행원으로 적힌 것도 있고 구체적인 은행이름도 언급된 것이 있다. 은행의 이름이 적힌 경우를 보면 한성은행동대문지점장대리, 한일은행남대문지점장, 한일은행관훈동지점원, 한일은행군산지점원, 조선은행원산지점원, 한일은행원산지점원, 한성은행대전지점원, 함흥의 북선상업은행원, 호남은행지점원, 대구은행원 등이다. 상업학을 공부하고 당시 새로 생성된 중앙 혹은 지방은행에서 활약했을 것으로 추정된다.

고려대 학생들의 학생운동사는 우리 역사의 전환점마다 매우 적극적으로 참여하였음을 보여준다. 『고려대학교 학생운동사』에 따르면, 3·1 운동과 같은 민족운동으로서의 독립운동, 해방 후의 독립국가 건설을

75 보성전문학교(1925), 『보성전문학교일람(一覽)』.

위한 반탁 학생운동, 4·19운동 및 반독재 민주화운동, 1980년대의 반독재운동 등 우리 사회와 정치의 굴곡이 있을 때마다 선도적으로 변화를 추구해왔다.[76] 우선 1919년 3·1운동은 보성법률상업학교와 밀접하게 연계되어 있었다. 교장 윤익선이 투옥되었고, 당시 학교의 경영자였으며 천도교 지도자였던 손병희와 보성고등보통학교 교장이었고 보성법률상업학교의 강사였던 최린은 33인의 민족대표에 포함되어 있었다. 당시 강사들이 여럿 포함되어 있었고, 또한 상업과 학생들도 연루되었는데, 이로 인해 이태운, 방정환(이후 아동문학가로 활동), 박용희, 김상진 등은 퇴학처분당하였다. 3·1운동 이후 조선학생회운동(1921), 6·10만세운동(1926), 광주학생운동(1929), 그리고 4·19학생운동(1960)과 같은 우리 사회의 중요한 사회변혁 운동이 있을 때마다 고려대 학생들의 주도적인 역할은 주목할 만하다.[77]

3. 교수 및 강사

1905년에 이재학으로 시작하였고 경제학 과목이 많이 가르쳐졌는데, 경제학을 가르친 교·강사 명단과 그들의 재직기간은 〈표 7〉에 정리되어 있다. 이 명단에는 초대 교장을 지낸 신해영과 교감 조제환을 포함한 다수의 경제학 교·강사가 포함되어 있다. 교장 신해영은 일본에 유학하여 경응의숙(慶應義塾)에서 경제학 전공으로 졸업하였고 대한독립협회 회장을 역임하였다. 그가 원응상과 공저로 『經濟學』(1907)을 저술하였지만, 흥미로운 것은 그가 『윤리학교과서 상, 하』(1906)를 저술하였다는 점이다. 교장 신해영과 교감 조제환은 전임교원이었으나 나머지는 대부분 강사였다.[78] 1905년 처음 학교를 시작할 때는 교·강사가 대부

76 고려대학교 100년사 편찬위원회(2005), 『고려대학교 학생운동사』.
77 고려대학교 100년사 편찬위원회(2005)의 앞의 책.
78 신수식(2006)의 앞의 책.

분 일본유학생 출신들이었지만, 1907년 제1회 졸업생이 나오게 되자 우등으로 졸업한 김현태, 최병찬, 윤성희는 〈표 7〉에 나타나 있는 바와 같이 바로 강단에서 학생들을 가르쳤다.

〈표 7〉 보성전문학교의 설립 초기 경제학 교 · 강사 명단

專攻	姓名	就任年月	離任年月
經濟	신해영(申海永)	1905. 4	1907. 12
經濟	조제환(趙齊桓)	1905. 4	1908. 2
經濟	원응상(元應常)	1905. 4	1907. 11
經濟	유승겸(兪承兼)	1905. 4	1908. 2
經濟	이승교(李承敎)	1907. 2	1908. 2
經濟	김현태(金鉉台)	1907. 9	1908. 2
經濟	최병찬(崔秉瓚)	1908. 2	1910. 4
經濟	윤성희(尹成熙)	1908. 2	1910. 5
經濟	박해원(朴海遠)	1911. 4	1914. 5

☞ 자료: 보성전문학교일람(1925)과 송기철(1986, p.365) [표 I-17]을 참조.

이기준에 따르면 한말 대표 경제학자로 유승겸(兪承兼), 김대희(金大熙), 김진초(金鎭初) 세 학자를 꼽는다.[79] 이들 세 학자는 일본 유학을 하였고, 연구활동, 교육활동 및 정책제시 등을 통한 사회기여 등에서 중요한 역할을 하였다고 본 것이다. 유승겸은 경제학자였고, 김진초는 농학자였다. 반면, 김대희는 『상업범론(商業汎論) 상, 하』의 저자였고, 보성전문학교의 강사로 있었던 한말의 대표적인 초기 상업학자로 꼽힌다.[80]

상업학자 김대희는 경응의숙 보통과를 1896년 12월에 졸업하고 1897년 1월에 동경상업학교에 입학하여 1900년 3월에 졸업하였다. 곧바로 귀국 후 교사생활을 하다가 1911년 4월 보성전문학교 강사로 상업학을 강

79 이기준(1985), 『한말서구 경제학 도입사연구』.
80 신수식(2006)의 앞의 책. 이하 내용은 본 참고문헌에서 참조한 것임.

의하였으나, 1년도 못 채우고 그만두게 된다. 1909년에 출간된 『應用商業簿記學』은 임경재의 저술에 이은 두 번째 서구의 부기 관련 저술이다.

임경재(任璟宰)는 1908년 『新編銀行簿記學』과 『簡易商業簿記學』이라는 두 권의 부기학 저술을 출판하게 된다. 은행부기에 대한 책이 보름 정도 먼저 출간된 것을 두고 신수식(2006) 교수는 당시 현실적 필요성의 절박성 때문이라고 지적한다. 이 두 권의 부기서는 현재까지 알려진 국내 최초의 서양부기서이다. 임경재는 경기도 포천 출신으로 官立外國語學校의 日語部를 졸업하였는데, 일어부에 부기과목이 있었다. 1914년 3월부터 보성전문학교 부기학 강사를 시작하여 만 3년 동안 강의를 하였다.

〈표 8〉 보성전문학교 상업학 교 · 강사 명단 (1905-1920)

專攻	姓名	就任年月	離任年月
商業	윤정하(尹定夏)	1910. 4	1913. 4
商業	장홍식(張弘植)	1910. 4	1912. 3
商業	김만규(金晩圭)	1910. 4	1910. 10
簿記	신승균(申昇均)	1910. 4	1912. 4
簿記	김대희(金大熙)	1911. 4	1911. 9
商業	문상우(文尙宇)	1911. 9	1912. 9
商業	고철(高喆)	1911. 10	1915. 5
珠算	박유진(朴裕鎭)	1912. 1	1919. 11
商業	김상옥(金尙沃)	1913. 4	1921. 12
簿記	임경재(任璟宰)	1914. 3	1917. 3
商業	구자욱(具滋旭)	1915. 2	1915. 10
商業	임긍순(任兢淳)	1918. 10	1920. 8
珠算	平田實(日人)	1920. 1	1921. 4
商業	原孝司郎(日人)	1920. 4	1921. 7
商業	富永四方司(日人)	1920. 5	1921. 12

☞ 자료: 송기철(1986, p.364) [표 I-16]과 p.363, 신수식(2006, p.60) [표 02]와 pp.58-59에서 정리.

〈표 8〉은 1910년대의 보성전문학교의 상업학 교 · 강사 명단이다. 이들 교 · 강사들은 짧게는 6개월(김대희) 정도, 길게는 8년 9개월(김상옥) 동안 강의를 맡았다. 이들이 맡은 전공과목은 '상업', '부기', 그리고 '주산'이었다.

1910년에 경제학전문과를 상업학과로 개칭 후 상학관련 강사를 대폭 채용하였다. 상학을 가르치는 강사로 윤정하, 현상우, 고철, 부기 과목을 위해서는 신승균, 임경재, 구자국, 주산 과목은 박유진, 그리고 수학은 장응진을 강사로 초빙하였다. 이후 1913년 4월에 최초의 상업학 전임교수로 김상옥(金尙沃) 교수를 임용하여 상업학을 가르치게 하였고, 상업학과 과장이 되었다. 그는 明治大學 법과출신이지만 상학과에 부임한 후 상업학 전반에 대해 강의하였다. 또한 1919년에는 교장대리로 취임하였다.[81]

〈그림 2〉 보성전문학교 상업학 주요 교 · 강사

김상옥 교수
(상업, 1913.4-1921.12)

임경재 교수
(부기학, 1914.3-1917.3)

강사 박유진
(주산, 1912.1-1919.11)

81 신수식(2006)의 앞의 책, p.696.

4. 교과과정과 교과목

당시에 시행되었던 교과과정을 살펴보면 어떤 과목이 구성되었고 무엇을 가르치려고 했는지 개략적으로 알 수 있다. 그러나 교과과정에 나

〈표 9〉 이재학전문과 교과과정표(理財學專門科 敎科課程表)(1905)

제1학년		제2학년	
제1학기	제2학기	제1학기	제2학기
법학통론(法學通論)	법학통론(法學通論)	조세원론(租稅原論)	국채론(國債論)
경제학(經濟學)	경제학(經濟學)	국채론(國債論)	세계예산론(歲計豫算論)
재정학(財政學)	재정학(財政學)	통계학(統計學)	통계학(統計學)
화폐론(貨幣論)	화폐론(貨幣論)	회사법(會社法)	회사법(會社法)
채권법(債權法)	채권법(債權法)	외국환표요해(外國換票要解)	외국환표요해(外國換票要解)
물권법(物權法)	물권법(物權法)	실용어험법석의(實用魚驗法釋義)	실용어험법석의(實用魚驗法釋義)
민법총론(民法總論)	민법총론(民法總論)	은행회사상점관리법(銀行會社商店管理法)	은행회사상점관리법(銀行會社商店管理法)
상법총론(商法總論)	은행실무지(銀行實務誌)	은행부기학(銀行簿記學)	국제무역론(國際貿易論)
은행실무지(銀行實務誌)	조세원론(租稅原論)	세계예산론(歲計豫算論)	관청부기학(官廳簿記學)
상업부기학(商業簿記學)	상업부기학(商業簿記學)	산술(백분지이식)[算術(百分至利息)]	산술(평방지구적)[算術(平方至求積)]
산술(사칙지분수)[算術(四則至分數)]	산술(비례지차분)[算術(比例至差分)]		
총11	총11	총10	총10

☞ 자료: 고려대학교(1965), 『고대60년지』(pp.45-46); 보성전문학교(1905), 『사립보성전문학교규칙』(pp.15-17); 송기철(1986, p.347) [표 I-1]; 그리고 신수식(2006, p.78) [표 06] 등을 참조. ___은 상업학과목임.

와 있는 교과목이 실제로 개설되었는지, 그리고 개설이 된 과목의 경우 어떤 내용으로 가르쳐졌는지는 정확히 알 수가 없다. 따라서 여기서 소개되는 내용은 당시 의도한 교육의 방향을 확인하는 것이 될 것이다.

가장 먼저 살펴볼 내용은 1905년 개교 직후의 교과과정이다. 이재학전문과의 교과과정표와 상업학전문과의 교과과정표는 〈표 9〉와 〈표 11〉에 정리되어 있다. 모집정원을 채우지 못해 개강을 시작할 때 법률학전문과와 이재학전문과로 시작을 하였는데, 이재학전문과의 교과과정 구성을 보면 1학년의 경우 각 학기당 11과목, 2학년의 경우 각 학기당 10과목으로 구성되어 있다. 이 중에서 상업학 관련 과목은 1학년 1학기에 은행실무지와 상업부기학으로, 2학기에도 동일한 두 과목으로 구성되어 있다. 2학년 1학기에는 외국환표요해, 은행회사상점관리법, 은행부기학, 2학기에는 외국환표요해, 은행회사상점관리법, 국제무역론, 관청부기학으로 구성되어 있다.

이재학전문과의 교과과정에서 각 과목별 총시간수와 총수업면수(總授業面數)가 〈표 10〉에 표기되어 있는데, 1학년과 2학년 총시간수는 1,402시간으로 나타나 있다. 두 학년을 합해서 80시간 이상으로 표기된 것은 물권법, 민법총론, 어험법이 있고, 10시간 미만에 해당하는 것은 국가학, 상행위, 조세각론 등이다. 상업학과 관련된 과목의 경우 은행론은 71시간, 은행부기학은 17시간 등으로 구성되어 있다.

〈표 10〉 이재학전문과의 엽수와 시수 (理財學專門科의 頁數와 時數)(1905)

教科目		1학년		2학년		計	
		頁數	時數	頁數	時數	頁數	時數
1.	法學通論	148	40	48	10	196	50
2.	財政學	176	50	-	-	176	50
3.	物權法	308	82	57	5	365	87

教科目		1학년		2학년		計	
		頁數	時數	頁數	時數	頁數	時數
4.	民法總論	256	81	16	3	272	84
5.	經濟學	200	50	-	-	200	50
6.	債權法	208	69	100	8	308	77
7.	國家學	32	9	-	-	32	9
8.	憲法	48	12	92	18	140	30
9.	銀行論	204	64	28	7	232	71
10.	貨幣論	188	64	8	4	196	68
11.	歲計論	52	12	69	17	121	29
12.	商法總論	-	-	119	27	119	27
13.	會社法	-	-	261	35	261	35
14.	行政法	-	-	293	66	293	66
15.	魚驗法	-	-	247	80	247	80
16.	債權法二部	-	-	189	41	189	41
17.	國際私法	-	-	280	23	280	23
18.	海商法	-	-	290	47	290	47
19.	破産法	-	-	136	32	136	32
20.	相續法	-	-	96	19	96	19
21.	契約各論	-	-	12	12	12	12
22.	商行爲	-	-	24	1	24	1
23.	公債論	-	-	104	29	104	29
24.	簿記學	-	-	-	58	-	58
25.	統計學	-	-	144	35	144	35
26.	租稅論	-	-	160	39	160	39
27.	銀行簿記學	-	-	24	17	24	17
28.	租稅各論	-	-	12	3	12	3
29.	日語	-	76	-	-	-	76
30.	算術	-	70	-	88	-	158
計		1,820	679	2,809	723*	4,629	1,402*

☞ 자료: 法政學界(1907) 第1號, p.57-61.

* 실제 계산을 하면 2학년 시수합계는 724이며, 두 학년의 시수 합계는 1,403임.

상업학전문과 교과과정표를 보면 전체과목수(상업학과목수)가 1학년 1학기에 10(4), 2학기에 11(6), 2학년 1학기에 10(5), 2학기에 10(5)으로 구성되어 있다. 과목을 보면 부기학의 경우 상업부기학, 은행부기학, 관청부기학으로 구분이 되어 있다. 은행의 관리에 많은 비중을 둔 것을 볼

〈표 11〉 상업학전문과 교과과정표(商業學專門科 敎科課程表)(1905)

제 1학년		제 2학년	
제1학기	제2학기	제1학기	제2학기
상업학대의(商業學大意)	경제학(經濟學)	상업실무론(商業實務論)	회사법(會社法)
경제학(經濟學)	만국상업지리(萬國商業地理)	회사법(會社法)	외국환표요해(外國換票要解)
만국상업지리(萬國商業地理)	화폐론(貨幣論)	외국환표요해(外國換票要解)	실용어험법석의(實用魚驗法釋義)
채권법(債權法)	채권법(債權法)	실용어험법석의(實用魚驗法釋義)	은행회사상점관리법(銀行會社商店管理法)
물권법(物權法)	물권법(物權法)	은행회사상점관리법(銀行會社商店管理法)	보험법(保險法)
상법총론(商法總論)	은행실무지(銀行實務誌)	보험법(保險法)	계약법원론(契約法原論)
은행실무지(銀行實務誌)	세계상업사(世界商業史)	계약법원론(契約法原論)	합동조합론(合同組合論)
상업부기학(商業簿記學)	상품교과서(商品敎科書)	합동조합론(合同組合論)	국제무역론(國際貿易論)
화폐론(貨幣論)	상업부기학(商業簿記學)	은행부기학(銀行簿記學)	관청부기학(官廳簿記學)
산술(사칙지분수) [算術(四則至分數)]	은행부기학(銀行簿記學)	산술(백분지이식) [算術(百分至利息)]	산술(평방지구적) [算術(平方至求積)]
	산술(비례지차분) [算術(比例至差分)]		

☞ 자료: 보성전문학교(1905), 『사립보성전문학교규칙』(pp.19-21); 송기철(1986, p.348) [표 I-3]; 그리고 신수식(2006, p.80) [표 08] 등을 참조. ___은 상업학과목임.

수 있는데, 은행부기학뿐만 아니라 은행실무지와 은행회사상점관리법을 두 학기에 걸쳐 편성한 것을 볼 수 있다. 한 가지 더 주목할 것은 당시 외국과의 교류에도 비중을 두어 편성한 점이다. 오늘날 국제경영에 관련된 과목을 보면 만국상업지리, 세계상업사, 외국환표요해, 국제무역론 등이다(표 11 참조).

상업학 교과과정표의 구체적인 구성은 〈표 12〉에 제시되어 있다. 총 41과목 중 상업학 과목이 20개 정도로 약 절반을 차지하고, 다음으로 법률학 과목이 13개로 구성되어 있다. 경제학 과목은 5개로 그 비중이 낮게 편성되어 있다.

〈표 12〉 상업학전문과 교과목구성표(商業學專門科 敎科目構成表)(1905)*

학년 · 학기별 / 과목명	제1학년		제2학년		합계
	제1학기	제2학기	제1학기	제2학기	
상업학과목(商業學科目)	4	6	5	4	19
경제학과목(經濟學科目)	2	2	-	1	5
법률학과목(法律學科目)	3	2	4	4	13
교양과목(敎養科目)	1	1	1	1	4
계	10	11	10	10	41

☞ 원주: 합동조합론은 상업학과목으로 상업학교과목과정표에 따라 송기철교수가 작성.
☞ 자료: 송기철(1986, p.350) [표 I-6]과 신수식(2006, p.81) [표 11].
* 〈표 11〉에 의하면 2학년 2학기 상업학과목이 5과목이며, 경제학과목은 없는 것으로 보임. 따라서 상업학 과목의 합계가 20이고 경제학 과목은 4가 됨.

이재학전문과는 1907년에 경제학전문과로 개칭되고 3년제 야학으로 변경되었다. 〈표 13〉의 교과과정 내용을 보면, 1학년의 경우 1학기 9과목, 2학기 11과목, 2학년의 경우 각 학기에 12과목, 3학년의 경우 각 학기에 11과목으로 총 66과목으로 구성되어 있다. 특이한 것은 경제학전문과임에도 법률학과목이 25과목으로 가장 많았다는 점이다. 경제학 과

〈표 13〉 3년제 경제학전문과의 교과과정표 (3年制 經濟學專門科의 教科課程表)(1907)

제 1학년		제 2학년		제 3학년	
제1학기	제2학기	제1학기	제2학기	제1학기	제2학기
경제학 (經濟學)	재정학 (財政學)	상업경제 (商業經濟)	상업경제 (商業經濟)	조세각론 (租稅各論)	조세각론 (租稅各論)
화폐론 (貨幣論)	화폐론 (貨幣論)	상법총론 (商法總論)	통계학 (統計學)	세계예산론 (歲計豫算論)	세계예산론 (歲計豫算論)
은행론 (銀行論)	은행론 (銀行論)	상행위법 (商行爲法)	상행위법 (商行爲法)	공채론 (公債論)	공채론 (公債論)
법학통론 (法學通論)	법학통론 (法學通論)	회사법 (會社法)	회사법 (會社法)	국제무역론 (國際貿易論)	국제무역론 (國際貿易論)
民法總論 (민법총론)	民法總論 (민법총론)	어험법 (魚驗法)	어험법 (魚驗法)	해상법 (海商法)	해상법 (海商法)
물권법 (物權法)	물권법 (物權法)	채권법 (債權法)	채권법 (債權法)	파산법 (破産法)	파산법 (破産法)
채권법 (債權法)	채권법 (債權法)	사회학 (社會學)	사회학 (社會學)	국제공법 (國際公法)	국제공법 (國際公法)
사회학 (社會學)	사회학 (社會學)	조세원론 (租稅原論)	조세원론 (租稅原論)	국제사법 (國際私法)	국제사법 (國際私法)
산술(算術)	산술(算術)	행정학 (行政學)	행정학 (行政學)	부기학(은행) [簿記學(銀行)]	부기학(은행) [簿記學(銀行)]
	외국어 (外國語)	부기학(상업) [簿記學(商業)]	부기학(상업) [簿記學(商業)]	산술(算術)	산술(算術)
	헌법(憲法)	산술(算術)	산술(算術)	외국어 (外國語)	외국어 (外國語)
		외국어 (外國語)	외국어 (外國語)		

☞ 자료: 法政學界(1907) 第1號의 끝부분에 첨부된 광고 내용을 활용하였음; 송기철(1986, p.351)[표 I-7]; 신수식(2006, p.81)[표 12]. 밑줄친 것은 상업학과목인데 이것은 송기철(1986)의 앞의 자료에서 가져온 것임.

목의 경우 13과목이고 상업학 과목이 11과목으로 되어 있다. 상업학 과목은 은행론 두 번, 상법총론, 상업경제 두 번, 상업부기학 두 번, 국제무역론 두 번, 은행부기학 두 번으로 구성되어 있다.

앞서 설명한 바와 같이 1910년에 경제학전문과 대신에 상업학과로 학생모집을 하게 된다. 1910년 4월부터 보성전문학교는 법률학과와 상업학과 두 개의 전문과 체제로 전환된 것이다. 상업학전문과의 학생모집을 위한 황성신문의 광고에는 다음과 같은 교과목을 싣고 있다.[82]

제1학년
상업도덕(商業道德), 상업문(商業文), 상업산술(商業算術), 상업주산(商業珠算), 상업부기(商業簿記), 상업통론(商業通論), 상업경영론(商業經營論), 상업지리(商業地理), 은행론(銀行論), 법학통론(法學通論), 경제원론(經濟原論), 민법총론(民法總論), 물권법(物權法), 일어(日語), 영어(英語), 청어(淸語)

제2학년
내국상업사(內國商業史), 은행부기(銀行簿記), 취인소론(取引所論), 철도론(鐵道論), 해운론(海運論), 화폐론(貨幣論), 채권원론(債權原論), 채권각론(債權各論), 상법총칙(商法總則), 회사법(會社法), 통계학(統計學), 평시국제공법(平時國際公法), 상품학(商品學), 일어(日語), 영어(英語), 청어(淸語)

제3학년
외국상업사(外國商業史), 보험법(保險法), 해관론(海關論), 창고론(倉庫論), 부기원리(簿記原理), 공업부기(工業簿記), 외국무역론(外國貿易論), 상행위(商行爲), 수형법(手形法), 해상법(海商法), 재정학(財政學), 국제사법(國際私法), 파산법(破産法), 일어(日語), 영어(英語), 청어(淸語)

상업학과의 교과목 구성표가 〈표 14〉에 정리되어 있다. 상업학과에서는 총 46과목을 개설하였는데 그 내용을 보면 상학 20과목, 경제학 4과목, 법률학 13과목, 그리고 교양 9과목이었다. 이 구성 자체는 처음 상업학을 시작할 때와 큰 차이가 없지만 과목들은 제법 바뀌어 있다. 그리고 교양과목이 제법 많아진 것을 볼 수 있다. 어학이 매 학년 세 과목씩 들어 있어서 외국어를 중시한 것으로 보인다.

82 황성신문(皇城新聞) 1910년 3월 29일. 이윤영(1986), "보성전문학교의 법학 · 경상학 교과과정에 대한 연구," p.434와 신수식(2006)의 앞의 책, p.82에서 재인용.

〈표 14〉 상업학과 교과목구성표(商業學科 敎科目構成表)(1910)

과목명 \ 학년별	제1학년	제2학년	제3학년	합계
상업학과목(商業學科目)	9	6	5	20
경제학과목(經濟學科目)	1	2	1	4
법률학과목(法律學科目)	2	5	6	13
교양과목(敎養科目)	3	3	3	9
계	15	16	15	46

☞ 자료: 송기철(1986, p.352) [표 I-9]와 신수식(2006, p.83) [표 14].

5. 상업학 관련 교재

신수식(2006) 교수는 경상계 저서가 본격적으로 발간된 시기를 1907년으로 추정하며, 1907-1908년에 출간된 서적이 1907-1910년 사이 출간된 경상계 서적 총 35권 정도의 3분의 2를 차지하고 있음을 주시한다. 경상계 저술이 소개된 참고문헌은 세 가지 정도가 되는데, 그것은 송기철(1976), 안병직(1982), 그리고 이기준(1985)이다.[83] 이들 세 문헌에 등장하는 1907-1910년 사이 발간된 저술의 수는 각각 23권(경제학 14권, 상학 9권), 15권, 25권(경제학 14권, 상학 7권, 경상 관련 역사서 4권) 등이다. 이들 문헌에 나타난 중복되지 않는 구한말에 발간된 경상계 교재의 수는 대략 35권 정도가 된다(첨부자료 2 참조). 이 중 상업학 관련 교재는 11권 정도가 되는데, 그 내용은 〈표 15〉에 정리되어 있다. 그리고 이후에 발간된 任璟宰의 最近商業簿記(1913)도 보성의 교재로 사용된 것으로 확인된다.

---

83 신수식(2006)의 앞의 책. 세 참고 자료는 ① 송기철, 『韓國 現代文化史 大系』(高大民族文化研究所, 1976)의 經濟學 항목; ② 安秉直, "舊韓末 經濟學敎育과 經濟學敎科書에 관한 研究", 『韓國敎育史研究의 새방향』(1982)에 수록; ③ 李基俊, 『韓末 西歐經濟學 導入史 研究』(1985).

〈표 15〉 구한말에 발간된 경상계 교재 중 상업학 관련 교재[84]

著者	書名	發行處	出刊年度
金大熙	商業汎論 上	普成館	1907
金大熙	商業汎論 下	普成館	1907
張志淵	商業學	皇城廣學書舖	1907
光東書房	商業學	-	1907
劉文相	銀行論 上	普成館	1907
劉文相	銀行論 下	普成館	1907
劉玩鐘	外國貿易論	普成館	1908
任璟宰	簡易商業簿記學	徽文館	1908
任璟宰	新編銀行簿記學	徽文館	1908
金大熙	應用商業簿記學	義進社	1909
安國善	商業經營法 · 附工業簿記法	廣學書館	1909

☞ 자료: 신수식(2006, pp.65, 73) [표 03]과 [표 04]에서 발췌; 경제학 관련 저술은 제외하였음.

앞에서 설명한 교과목구성표나 발간된 교재를 살펴보면 상업학에서 가르쳐진 내용이 대략 네 개 정도로 분류가 되는데, 그것은 상업학, 은행론, 부기학, 그리고 무역론이다. 교재로 보면 상업학은 김대희, 장지연, 유완종, 은행론은 유문상, 부기학은 임경재와 김대희, 그리고 무역론은 유완종 등이 저술한 책들로 구분해 볼 수 있겠다.

84 송기철(1986), "조선왕조말과 일제 전반기의 상업고등교육과 보성전문학교," p.385. 발행처에 보성관(普成館)은 보성전문학교 부속기관으로 편집소 역할을 하였고, 역관(譯官)들을 두어 책을 번역하여 출판하게 하였으며, 또한 보성사(普成社)에서 인쇄하게 하였음. 보성전문학교를 인수한 천도교에서 후에 보성인쇄주식회사를 설립하였는데, 이 인쇄사에서 3·1운동의 독립선언문 인쇄를 맡기도 하였음.

6. 상업학 교재의 주요 내용

상업학과에서 가르친 상업학, 부기학, 은행론, 무역론 등에 대해 간략히 살펴보려고 하는데, 특히 상업학과 부기학 중심으로 당시 발간된 교재의 내용을 바탕으로 소개하려고 한다.

(1) 상업학의 내용

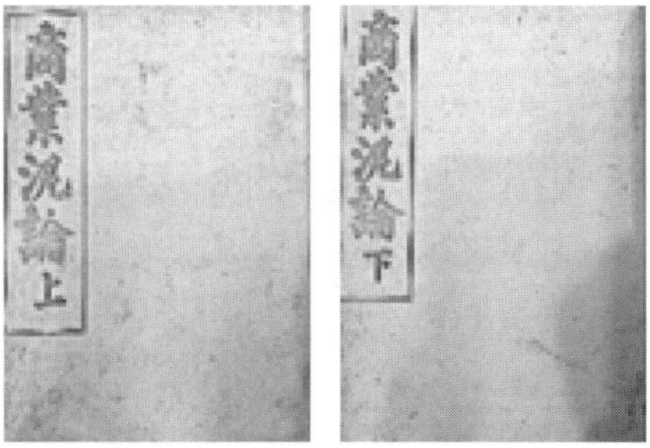

우선 상업학부터 소개해 보자. 김대희의 상업범론 상(商業汎論 上)은 140쪽의 책으로 그 목차별 내용을 보면, 제1편 '상업'의 제1장 '총론'에서는 상업과 실업의 관계, 상업의 의미, 매매에 필요한 지식 등을 제시하고 있다. 제2장 '상업의 창립'에는 인류생존의 목적을 위해 노동을 해야 함을 설명하고, 인류사회에서의 상업, 상업진보, 그리고 화폐 등에 대한 설명을 하고 있다. 제3장 '상업의 정의'에서는 상업을 한마디로 '이익을 목적으로 하는 교환매매'로 제시한다. 제4장에서는 '상업의 종류'를 상업 본래의 구별, 방향적 상업, 방법적 상업 등으로 구분하고 있다. 가령 상업 본래의 구분으로는 매매업, 운송업, 은행업, 보험업, 기탁업(寄託業), 상업대리업 등을 제시하고 있다. 방향적 상업은 내국상업, 외국상업(수입상업, 수출상업), 그 외 육상상업과 해상상업 등을 제시한다. 방법적 상업으로는 여각업(旅閣業), 거간업(居間業), 소매업(小賣業), 여상업(旅商業), 투기업(投機業), 거래소상업(去來所商業) 및 운송업(運送業) 등을 제시한다. 제5장 '상품'에서는 사업과의 관계, 정의, 종류, 거래방법에 기인한 유형 등을 언급하고 있다. 제6장 '상인'에서는 상업상의 상인과 법률상의 상인을 설명하고, 상인의 자격과 종류, 회사

의 종류 등에 대한 내용을 담고 있다. 제7장 '상업기관'에는 각종 점방, 야시(夜市), 권공장(勸工場: 만물상과 같은 점포의 한 형태), 시장, 그리고 거래소 및 경매소가 있고, 보조상업에 속한 기관으로 운수교통기관, 금융기관, 보험기관, 기탁기관 및 교환기관 등을 설명한다.

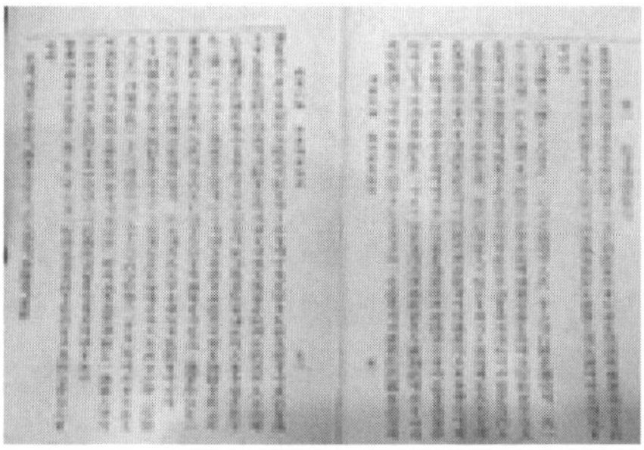

상업범론 하(商業汎論 下)는 총 89쪽의 교재로 그 목차를 보면, 제2편 '상업학'에 제1장 '상업제과(諸科)의 필요와 응용'에는 여러 내용들이 나오는데, 필요한 학문의 내용으로 상품학, 상업지리, 공학, 상법과 기타법률학, 습관법(習慣法), 상업산술, 해관법(海關法), 은행법 · 창고법 · 보험법, 부기학, 어학을 제시하고 있다. 그리고 이 외에 보조적으로 더 필요한 내용으로 경제와 통계, 상업사(史), 재정학, 국제법 · 민법 등을 제시한다. 제2장에서는 '상업학과목'을 다루는데, 수준에 따라 보습간이과(補習簡易科), 보통과, 고등과, 전공과로 구분하여 해당 과목들을 나열하고 있다. 여기에 특이한 것은 상업학을 좁게 보지 않고 다양한 주변 학문들을 습득하게 하였다는 점이다. 그리고 또 한 가지 특이한 점은 외국어를 제시하면서 ① 영어, ② 한어(漢語), ③ 덕어(德語) (독일어), ④ 법어(法語) (프랑스어), ⑤ 일어, ⑥ 노어, ⑦ 기타(사정에 따라 각 시기에 필요한 언어) 등으로 제시되어 있다는 것이다. 당시에도 외국어에 대한 요청이 강하게 제시되었다는 점은 주목해볼 내용으로 보인다.[85]

제3편 '상업의 자성(資性)'[86]에는 제1장 '資本'과 제2장 '품성'으로 구

85 여기에 언급된 언어들은 고려대학교 문과대학의 현재 어학/문학 관련 학과와 거의 유사함.

86 천성(天性)을 의미함.

성되어 있다. 제1장의 첫 문장은 "資性의 一은 卽資本이라"라고 되어 있다.[87] 그리고 경제학에서 언급하는 생산의 세 요소인 토지, 노동력, 그리고 자본에 대해 언급하고 있다. 제2장 품성에서는 전쟁을 하는 군대에 비유하면서 상업군대도 필요한 도덕적 품성을 갖추어야 함을 강조한다. 여기에 독립의 사상, 결합의 힘, 그리고 신용을 제시하는데, 특히 신용을 강조하고 있다. 기타 품성으로 용기, 과단, 기민(機敏), 선견(先見)을 제시한다. 제4편 '상업교육'에는 제1장 '세계의 상업교육', 제2장 '일본상업교육론'으로 구성되어 있다. 세계의 상업교육에는 맨 먼저 白耳義(벨기에) 상업교육을 언급하고 있다. 약 16쪽을 할애하여 상업교육에 대해 자세히 소개하고 있는 이유는 벨기에가 한국의 78분의 1에 해당하는 작은 나라이지만 화란을 제외하고는 세계최대의 상업국이라는 점 때문일 것으로 보인다. 두 번째로 英國(영국)의 상업교육에 대해 소개하고, 다음으로 法國(프랑스) 상업교육, 德國(독일) 상업교육, 北米合衆國(미국) 상업교육을 차례로 소개하고 있다. 미국의 상업교육에 대해서는 겨우 다섯줄로 간단히 언급하고 지나간다. 아마 당시에 미국 경영학의 발달에 대해 정확히 알고 있었다고 하기는 어려운 것으로 보인다. 미국 상업교육을 소개하면서 가리후올니아 상업학교와 서스싸고다 상업학교를 소개하고 있다.[88] 일본상업교육에 대해서는 제2장에서 별도로 소개하고 있다. 일본에서는 전통적으로 상공업을 비천한 직업으로 보던 전통이 있어 정부의 특별한 지원과 장려가 있어야 함을 설명한다.

현재까지 알려진 국내 최초의 인쇄된 상업학 서적은 유완종(劉玩鐘)이 1907년 4월에 출간한 『商業大要』이다. 이 책은 김대희의 『商業汎論』보다 3개월 앞선 시기이다. 이 책에서는 제1편 '총론'에 다섯 개의 장이 있는데, 제1장 '상업', 제2장 '상민', 제3장 '상업상에 사용하는 인(人)'의 내

87 김대희(1907), 『상업범론 下』, p.45.
88 두 지명은 캘리포니아와 사우스다코타로 추정됨.

용을 담고 있다. 제4장 '재화'에서는 화폐, 상품, 채권과 대표증권, 어험(魚驗)(현재의 어음), 그리고 무형재화 등을 포함하고, 제5장은 '상업자본'으로 구성되어 있다. 제2편은 '매매(賣買)'에 대한 내용인데, 매매의 의미, 매매계약의 내용, 매매의 종류, 당사자의 권리와 의무, 매매서식 관련 내용을 포함한다. 제3편은 '기관(機關)'인데, 제1장은 '은행'이고 제2상은 '철도'에 관한 내용이다. 제3장은 '항수(航水)'로 그 내용으로는 배로 화물을 실어 나르는 조운(漕運), 운송계약 내용, 운비, 용선계약의 종류 등을 포함하고 있다. 제4장은 '창고'에 대해서 다루고, 제5장 '보험'에는 화재보험, 해상보험 등으로 구성되어 있다. 제6장 '여각(旅閣)'은 매매기관으로서의 거래소를 다루는데, 설립, 조직, 거래종류, 여각종류 등을 다룬다. 제7장 '상민의 기관'에는 도가(都家)[89]와 상업회의소로 구성되어 있다.

장지연의 상업학은 총 120쪽 20장으로 구성되어 있다. 각 장을 보면 ① 상가(商家)에 들어가는 자의 명심, ② 자본, ③ 개업과 관련하여 개인영업과 결사영업, ④ 매매, ⑤ 투기(投機), ⑥ 대리상인, ⑦ 화폐와 이식(利息), ⑧ 수형(手形, 어음) 세계, ⑨ 은행(은행가와 은행업), ⑩ 각종 취인소(取引所, 거래소), ⑪ 해상보험, ⑫ 생명 화재 및 각종 보험, ⑬ 창고업, ⑭ 매방증서(賣放證書), 송장(送狀), 제회계서, ⑮ 선복(船卜, 뱃짐), 외국무역, ⑯ 선박(船舶) 대차계약서와 선복(船卜)증서, ⑰ 상용서간(商用書簡), ⑱ 부기, ⑲ 각종 상업기관, 그리고 ⑳ 파산(破産)이다.

89 동업자들의 계 혹은 장사를 논하던 집.

(2) 부기학의 내용

오늘날 회계학에 해당하는 부기학과 관련해서는 당시 실무적으로 특정 부기법이 있었던 것으로 보인다. 전통적으로 상인들이 사용한 회계처리법은 송도사개치부법(松都四介置簿法)[90] 또는 사개치부법으로 알려져 있다. 이 부기법은 1920년대까지 사용된 것으로 전해지며, 이전에 언제부터 사용되기 시작하였는지에 대한 명확한 기록은 확인되지 않는다. 문헌에서는 이것이 과거 개성 상인들이 경제활동에 대한 회계처리방법으로 사용한 것으로, 서양의 복식부기와 근본원리가 같다고 설명하고 있다. 치부법은 오늘날의 부기법을 의미하며, 사개(四介)는 봉차(捧次, 자산), 급차(給次, 부채), 이익(수익), 소비(비용)의 네 가지로 구분하여 분개하는 것을 말한다. 사개는 건축에서 사용하는 말로 "네 모퉁이가 서로 물려서 밀접하게 관련되어 있는 상태"를 나타내는데,[91] 상인의 현금 흐름과 상품의 거래 내용을 사개(四介)로 긴밀하게 관련시켜 작성하는 회계법을 뜻하는 것이다. 송도사개치부법 장부체계는 현금출납장인 일기장(日記帳), 계정별 원장인 장책(帳冊), 대차손익 잔액표인 회계책(會計冊)으로 구성된다. 장책은 타급장책(他給帳冊)과 외상장책(外上帳冊)으로 구분되며, 회계책은 봉차/급차표(현재의 재무상태표)와 손익계산서를 포함한다.[92] 송도사개치부법에서 특기할 사항은 질(秩)의 기록이다. 질은 "같은 성질의 물건이나 문서나 사람을 한데 묶어서 표시한다는 뜻"으로[93] 거래가 이루어진 사람과 상품에 대하여 인명계정과 과목계정을 기록하고 있다.[94] 이 부기법은 근대시기의 우리나라의 대표적인 은행인

90 국사편찬위원회(2005)의 『거상, 전국 상권을 장악하다』에는 송도사개치부법(松都四介置簿法)으로 표기되어 있고, 조익순 · 정석우(2006), 『(조선시대 회계문서에 나타난) 사개송도치부법의 발자취』에는 사개송도치부법(四介松都置簿法)으로 표기되어 있어서 혼용하여 쓰이는 것으로 보임.

91 국사편찬위원회(2005)의 앞의 책, p.254.

92 현병주(2011), 『사개송도치부법의 정해』, p.218.

93 조익순 · 정석우(2006)의 앞의 책, p.70.

94 현병주(2011)의 앞의 책, p.274.

한성은행과 대한천일 은행에서 사용되었으며, 대한천일은행의 초기(1899-1906) 장부(예: 정일기, 장책)는 사개치부법에 따라 작성되었다는 기록이 남아 있다.[95]

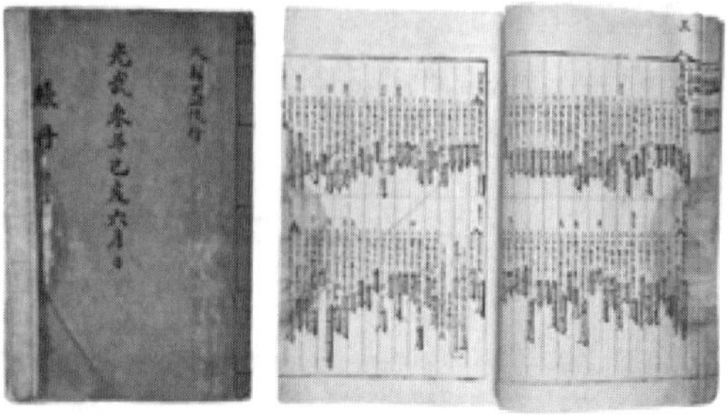

대한천일은행 장책(출처: 국사편찬위원회, 2005)

이와 함께 1900년대에는 체계적인 서양식 복식부기 회계법이 도입되었는데 고등교육기관에서 교과서가 출판되고 교과목이 지정되었음을 통해 명확히 알 수 있다. 부기학은 보성전문학교에서 교과목이 되었으며, 수업에서는 서양식 복식부기 회계법이 설명된 교재를 사용하였다. 우리나라의 부기 교과서는 1908년부터 출간되었는데 서양식 복식부기의 대표적인 교과서로는 임경재의 1908년 『신편은행부기학(新編銀行簿記學)』, 1908년 『간이상업부기학(簡易商業簿記學)』, 1913년 『최근상업부기(最近商業簿記)』와 김대희의 저서로 1909년 『응용상업부기학(應用商業簿記學)』 등이 있다. 저자들은 당시 보성전문학교 상과에서 부기학을 강의하였으며, 또한 한국공인회계사의 선구자인 윤정하(1910.4-1913.4)와 구자국(1915.2-1915.10)도 부기학 강사로 참여하였다. 이후에도 보성전문학교에서는 회계학의 중요성을 인식하여 유능한 교수들을 채용하였고, 원가계산, 세무회계, 회계감사 등 교과목을 세분화하여 전문성 있는 교육이 이루어졌다.[96] 이런 교육의 전통이 이어져 공인회계사 배출에도 기여를 하였는데, 1955년 처음으로 '계리사'라는 이름으로 국가고시가 실시되었을 때 1회 시험의 유일한 합격자는 고려대 출신 김교협(상 53)이었으며, 2회 합격자 2명 모두와 3회 유일한 합격자도 모두 고려대학

95 조익순 · 정석우(2006)의 앞의 책, pp.155, 172, 204.
96 신수식(2006)의 앞의 책, pp.273-278.

교 상과대학 출신이었다.[97]

대표적인 부기학 교과서로서 김대희와 임경재의 저서는 회계학 용어에 대한 표현에 있어 일부 차이가 있으나, 서양식 복식부기의 내용을 담고 있으며 대륙식 결산법을 설명하고 있다. 당시의 교과서는 현재 회계법에 포함된 수정분개에 대한 설명은 없었으나 현재의 회계학 교과서에 견주어 부족함이 없었다고 평가된다. 또한 김대희는 앞서 언급한 대한천일은행과 한성은행 등에서 사용되었던 우리나라 고유의 치부법(송도사개치부법)에 대한 합리성을 언급하기도 하였다.[98]

먼저 1908년에 출판된 임경재의 『간이상업부기학(簡易商業簿記學)』의 내용을 살펴보면, 본서는 총 8장 111쪽으로 구성되어 있다. 제1장 '복식부기'에서는 거래의 정의와 그 구성요소, 대차기록에 대한 설명으로 이루어져 있으며, 제2장 '계산과목(計算科目)의 설명'은 유가물과 금전대차, 손익에 각각 속한 계산과목과 거래구분방법에 대한 예제가 제시되어 있다. 제3장은 '장부 및 기입법'에 대해, 제4장 '결산'에서는 결산방법과 결산보고표작성에 대하여 설명하고 있다. 제5장 '소절수 및 수형(小切手及手形)'에서는 소절수(수표)와 수형(어음)에 대한 정의와 분개법을 다루고 있다. 제6장에는 '장부조직 및 기입복습예제'를 다루고, 제7장에서는 '단식부기'에 대해, 그리고 제8장은 '단복식변경절차'에 대한 설명으로 책을 마무리하고 있다.

임경재의 1913년 저서 『최근상업부기(最近商業簿記)』는 총 7장(총 243쪽)으로 구성되어 있으며, 1908년에 출판된 『간이상업부기학』과 목차와 내용 측면에서 유사하다. '총론'과 제1장 '복식의 원리'에서는 복식부

97 신수식(2006)의 앞의 책, p.453.
98 조익순 · 정석우(2006)의 앞의 책, pp.16-19.

기의 개념과 원리에 대하여 설명하고 있다. 제2장 '감정(勘定, 계정)과목의 분류'는 유가물에 속하는 현금이나 상품 및 부동산 등, 금전대차에 속한 대부금, 차용금, 또는 손익에 속한 영업비, 이자 및 할인료 등 감정과목의 정의와 개념을 설명한다. 제3장 '장부'에서는 일기장, 사역장, 원장으로 구성되는 주요부와 보조부 장부와 관련된 내용으로 구성되어 있다. 제4장 '결산'은 결산절차와 결산보고표, 손익표 및 대차대조표의 작성방법에 대한 내용을 담고 있다. 제5장 '감정과목의 설명'은 감정과목에 대한 상세한 설명이 제시되이 있으며, 제6장 '장부조직 및 기장연습(帳簿組織及記帳練習)'에서는 제3장 '장부'에 포함된 내용을 바탕으로 업무의 종류와 규모에 따라 상이한 장부조직에 대한 다양한 예시를 제시하였다. 마지막 제7장 '단식부기'에서는 단식부기법에 대하여 언급하고 단식과 복식부기 방식에 따른 장단점과 단복식변환법을 설명하였다.

1909년 출판된 김대희의 『응용상업부기학(應用商業簿記學)』에 포함된 내용은 크게 일반상업부기학과 공업부기학 두개의 부분으로 구성되어 있다. 일반상업부기학에는 제1장 '총론', 제2장 '계산의 요소', 제3장 '대차분개와 장부과목'의 내용을 담고 있다. 제4장은 '장부의 종류', 제5장은 '분개예제', 제6장은 '제1종기입법 예제와 전기검정법(轉記檢定法)', 그리고 제7장은 '결산'이다. 다음으로 제8장은 '적송품 및 위탁품(積送品及委托品)', 제9장은 '제2종기입법 및 예제', 그리고 제10장은 '보조부'에 대한 내용이다. 이 책 후반부에 부가적으로 포함된 공업부기학 부분에서는 제1장은 '공장의 분직'에 대한 내용이고, 제2장 '원료'에서는 원료에 대한 청구권 및 출급부를 다루고 있다. 제3장 '고가(雇價, 품삯)의 처리와 기장'에서는 직공의 노동시간부(勞動時間簿)와 고가명세부(雇價明細簿)의 작성법, 그리고 보험과 관련된 내용을 담고 있다. 제4장 '원가'는 제작품 및 저장품의 원가를 구성하는 세부과목과 기록법을, 제5장 '저장품'은 저장품 및 환송상품의 관리방법에 대해, 제6장은 '판매'에 대한 내용을, 그리고 제7장은 '통지서'에 대해 설명하고 있다.

(3) 은행론과 무역론의 내용

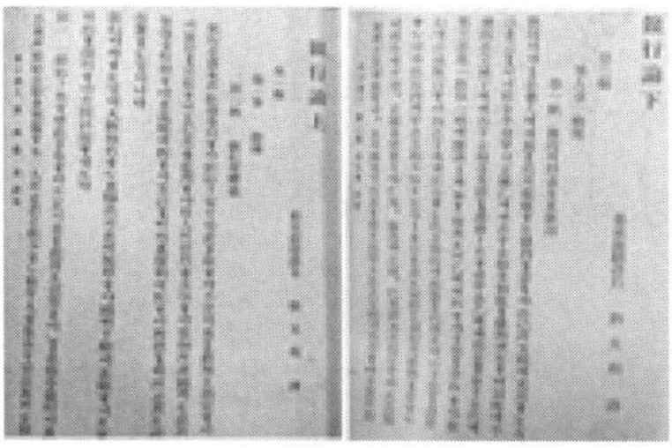

상업학과에서 다루어졌던 주요 과목에는 '상업학'과 '부기학' 외에 '은행론'과 '무역론' 등도 다루어졌다. 은행론에 대한 책은 1907년에 보성관에서 출간된 유문상의 『은행론 上』과 『은행론 下』 두 권이 있다. 앞서 설명한 바와 같이 19세기 말에 이미 여러 개의 은행이 설립되어 운영되고 있었기 때문에 상업학과에서 심도 있게 다루어진 것으로 보인다. 상권에서는 은행에 대한 총론, 자금, 자금의 사용, 추심, 교환소 등의 내용을 다루고 있다. 하권에서는 환간(換簡),[99] 공황(恐慌), 특립은행과 지점, 은행, 회사의 책임 등의 내용을 담고 있다.

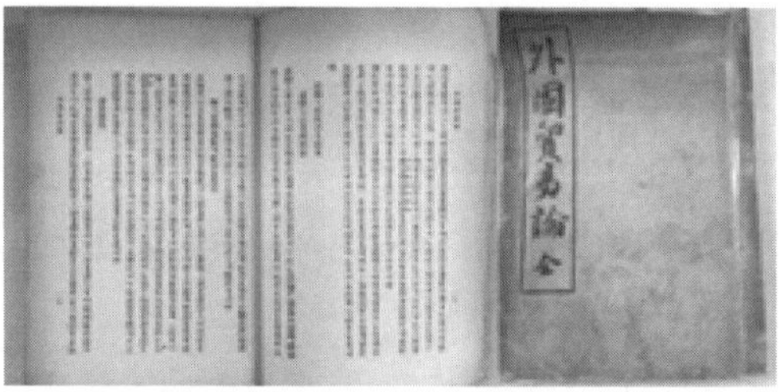

은행론 외에 무역론과 관련해서는 1908년 보성관에서 발간된 『외국무역론』이 있다. 『외국무역론』의 내용을 보면 수입 및 수출과 관련된 실무적인 내용들을 구체적으로 담고 있다. 먼저 무역상이 되고자 할 때 예방적 차원에서 주의를 기울여야 하는 분야를 언급하는데, 그 내용들을 보면 상공지리, 상품, 경제학, 통계학, 상법, 응용물리학과 응용화학, 상업산술, 부기학, 외국어 등이다. 다음으로 상업통신에 대해 자세히 언급을 하고 있다. 이어서 직수출의 순서와 절차에 대해 언급을 하면서 수출거래의 개시부터 화물 적송, 통관절차, 그리고 대금을 받는 방법 등에 대해 설명하고 있다. 동일하게 직수입의 순서와 절차에 대해서도

99 환표(換標)라고도 하는데, 이것은 예전에 멀리 떨어진 사람끼리 돈을 거래할 때, 누구에게 돈을 지급하라고 증표로 쓰는 편지를 말함(고려대한국어대사전).

설명을 하는데, 내용은 역순이지만 직수출과 유사한 내용들을 담고 있다. 그 외 대리상과 위탁판매, 외국환, 해송(海送), 해상보험, 세관(稅關) 등과 관련된 구체적인 내용을 다룬다. 그리고 책의 여러 곳에 발송장(發送狀)과 같은 수출입에 필요한 구체적인 양식들을 소개하고 있다.

IV. 보성전문에서의 상업학 교육의 의의

이제 마지막 절에서는 본 글이 다루는 시기에 해당하는 일본과 미국의 경영학 교육에 대해 간략히 살펴보면서 보성전문학교의 상업학 교육이 가지는 의의를 설명하려고 한다.

1. 일본의 상업학 교육과 보성전문

일본에서 상업학(경영학) 교육에 영향을 미쳐온 중요한 두 대학은 1875년에 설립된 一橋大學(히토츠바시대학)과 1858년에 설립된 慶應義塾大學(게이오대학)이라고 볼 수 있을 것이다.

一橋大學부터 살펴보자. 상업학의 시작은 1875년 동경 긴자에 개설된 商法講習所까지 거슬러 올라간다.[100] 상법과 함께 상업하는 방법에 대해 가르친 것으로 알려져 있다. 메이지 시대에 근대 일본을 구축한 사람들이 일본 경제의 발전을 위해서는 기업과 경영, 상업과 기업환경 등에 대한 체계적인 교육이 중요하다고 생각하여 설립한 것이다. 이것은 그 이후 동경상업학교, 고등상업학교, 그리고 동경고등상업학교 등으로 학교의 명칭을 바꾸어 왔다. 동경고등상업학교에서 1893년에 제정된 학칙에 있었던 교과목인 商事要項을 1896년에 商業學(商業通論)으로 바

---

100 一橋大學 商學部 홈페이지(http://www.cm.hit-u.ac.jp/feature/) 참조.

꾸면서 본격적으로 상업학을 제대로 교육하였다고 볼 수 있다.[101] 이 과목에 대한 김원수 교수의 설명에 따르면 일관된 체계를 갖춘 것이라기보다는 상업에 대한 다양한 지식의 묶음으로 볼 수 있다는 것인데, 이런 측면에서 보면 보성전문의 내용과 다를 바가 없어 보인다. 그 후 1920년에 東京商科大學이 되었는데, 이것은 일본 최초의 관립(국립) 단과대학이었다. 이런 변화 속에서 계속 '商'이라는 글자를 간판에 내걸어 왔다. 이것이 어어져 현재의 히토츠바시대학의 상학부로 이어져 오고 있다.

慶應義塾大學의 경우를 보면 대학설립은 一橋大學보다 앞서지만 상업학 교육은 더 늦은 것으로 보인다. 대학 홈페이지에 소개된 연혁을 보면 1873년에 회계학 관련 서적 번역을 시초로 보고 있다.[102] 이것은 상업학 교육과는 거리가 있어 보인다. 아마도 一橋大學의 전신인 1875년의 상법강습소를 염두에 둔 것으로 보인다. 1890년에 이재과를 설치하여 실업 세계에 유용한 상업관련 분야를 가르친 것을 상업학 교육의 시작으로 볼 수 있겠다. 1920년에 이재과를 경제학부로 개칭을 하고, 과목을 경제학 계통 과목과 상학 계통 과목으로 분류하여 가르쳤다. 1938년에 경제학과와 상학과를 병치하게 되고 1957년에 와서야 상학부를 개설하게 된다.

상업학의 학문화 작업은 세 가지 방향으로 이루어지는데, 하나는 상업경제학의 방향이고, 두번째는 상업관련 기법(마케팅 등을 포함하는 내용)과 관련되어 발전한 것이고, 세번째는 상업 자체가 아니라 기업을 대상으로 商事經營學으로의 체계화이다.[103] 보성전문과 비교해보면 초기 이재학전문과에서 상업학을 가르치면서 경제학과 함께 발전할 가능성도 있었지만 상업학과에 이어 상학으로 이어지면서 고려대에서는 경영학으로 독자적인 발전의 행보를 보였다고 볼 수 있다.

---

101 김원수(1985),『經營學史』. 이하 내용도 동일 문헌을 활용한 내용임.
102 慶應義塾大學 商學部 홈페이지(https://www.fbc.keio.ac.jp/about/feature/) 참조.
103 김원수(1985)의 앞의 책.

사사키요시로(佐佐木吉郎)는 일본경영학의 특성으로 세 가지를 제시하는데, 미국 회계학의 도입으로 경영학연구에서 회계학이 분리되어 있고, 독일 경영학의 영향을 받아 학문적 방법론에 중점을 두고 있으며, 그리고 미국의 경영학이나 독일의 경영학에는 없는 변증법적 접근을 하는 비판경영학이 있었다는 점이다.[104] 이로 보건대, 일본에서의 상업학(경영학)의 발전과정에서는 독일경영학과 미국경영학의 영향을 둘 다 받아왔지만 상대적으로 독일경영학의 영향이 더 컸던 것으로 보이고 나중에 독자적인 일본경영학으로 발전되어 온 것으로 이해된다.

보성전문학교의 상업학 교육이 일본의 영향을 받았겠지만, 一橋大學의 경우 상법이 우선되었을 것으로 보이고, 慶應義塾의 경우는 이재학에서 출발한 것을 볼 수 있다. 앞에서 언급한 대로 동경고등상업학교에서 1896년 본격적인 상업학 교육을 시작한 것으로 추정한다면 우리보다 9년 정도 빠른 것이고, 상법강습소까지 치면 30년 정도의 차이를 가진다. 한국의 경영학의 발전은 일본의 영향도 있었지만 해방 이후에는 미국의 압도적인 영향이 있었다. 고려대학교에서는 해방 이후에도 상과대학 내에 상학과와 경영학과가 동시에 있었는데, 1955년 초부터 1968년 말까지 약 14년간 지속되었다. 상학과가 병존했던 것은 일본이나 독일에서 수학한 교수들이 재직하고 있었기 때문일 것이라고 추측된다. 당시 이상훈, 김순식, 김효록, 성창환, 정수영 등의 교수들은 일본의 대학 출신이었고, 이후 윤병욱, 송기철, 김해천 교수는 독일의 대학 출신들이었다. 경영학과라는 명칭을 사용하게 된 것은 미국경영학의 영향을 받았을 것으로 보인다.

---

104 김원수(1985)의 앞의 책, p.304를 정리.

2. 동시대의 미국 경영학 교육

미국 대학에서의 전문적인 경영학 교육의 시작은 주로 1800년대 후반에 이루어졌다. 1881년에 설립된 펜실베이니아대학교의 워튼 스쿨(Wharton School)을 필두로 시카고대학과 캘리포니아 주립 버클리대학에서 1898년에, 다트머스대학교의 아모스턱 스쿨(Amos Tuck School)이 1900년에, 그리고 하버드대학교 경영대학이 1908년에 각각 설립되었다. 1900년부터 1913년까지의 기간 동안 25개 경영대학이 설립되었다. 설립시기를 보면 보성전문학교의 상업학 교육과 큰 차이가 없다. 그러나 그 실상은 다르다. 여기에 언급한 경영대학들은 상업학 수준을 넘어서는 전문성을 가진 경영학을 교육시키기 위한 것이다. 가장 먼저 설립된 워튼 스쿨의 경우를 보자. Joseph Wharton이 10만 달러를 기부하여 워튼 스쿨을 설립하고자 하였다. 1880년대에 이미 여러 상업대학(Commercial College)들이 존재하고 있었고, 이들 대학에서 매년 약 5만 명의 청년들에게 상업을 위한 훈련을 시키고 있었다.[105] 워튼은 이들 대학에서 길러내는 인재는 경영의 리더가 아니라 단지 사무원(clerks)이 되도록 훈련시키고 있다는 불만을 가지고 있었다. 따라서 워튼 스쿨은 전문경영자를 양성하고자 의도하였던 것이다.

워튼의 초기 의도는 의학, 법학 혹은 신학처럼 독립된 학교를 세우고자 하는 것에 반대하고 인문대학에 사업가들을 교육시키도록 기획하였다. 그 이유는 미국 사회를 위해서 인문교육을 받은 리더들을 양성하는 것을 원했기 때문이다. 그래서 그가 워튼 스쿨을 설립하는 목적을 "금융과 경제와 관련된 제반 문제에 대하여 인문교육을 제공하는 기제를 구축하는 것(to establish means for imparting a liberal education in all matters concerning Finance and Economy)"으로 규정하였다.[106]

---

105 Sass(1982), 『The pragmatic imagination: A history of the Wharton School, 1881-1981』.

그 이후에도 워튼 스쿨은 이런 기조를 유지하려는 다각적인 노력을 기울였다. 워튼이 4년제로 학제가 편성된 이후 1899년에 사회사업(Social Work) 분야에 2년제 코스를 열어 사회학, 경제학, 역사, 교양분야 등의 훈련을 제공하였다. 이를 통해 사회개혁을 원하는 성직자와 교육가, 그리고 박애주의적 활동을 하는 교장과 관리 책임자들을 교육시키고자 하였다. 그 이후 1924년에는 교과과정위원회가 교과과정을 세 영역으로 구분하였는데, 그것은 ① 모든 사람들의 전인격적 개발에 필수적인 교육의 보편성과 관련된 공동 핵심 영역, ② 모든 경영자가 갖춰야 할 최소한의 직업적 준비를 위한 경영기반의 공통 핵심 영역, 그리고 ③ 경영의 세부 기능에 특화된 전문화를 위한 영역 등이다.[107] 이 위원회도 워튼의 초기 이념과 유사하게 세분화된 기술적 전문가를 양성하는 것이 아니라 일반적인 경영책임자를 양성하는 데 집중하였다. 이후에도 이와 유사한 인문교육의 중시 경향을 강조한 바가 있다. 이렇듯 초기 경영대학 설립 이념은 인문교육을 기본으로 생각하였고, 기능적인 전문가가 아니라 보편적 가치에 기반하고 보다 넓은 맥락에서 책임있는 경영리더를 키우는 데 관심이 많았다.

이런 현상은 워튼 스쿨에 한정되지 않는다. 하버드대학교에서도 동일한 움직임이 있었던 것을 볼 수 있다. 1869년부터 1909년까지 하버드의 총장이었던 Charles W. Eliot는 하버드대학은 교양교육과 직업교육의 목표를 통합할 책임을 가지고 있다고 주장하였다. 그리고 Eliot 뒤를 이은 Abbott Lawrence Lowell도 비슷한 기조를 유지하였는데, 그는 최상의 교양교육은 모든 것을 조금씩 알고 특정한 것을 잘 아는 그런 사람을 길러내는 것을 목표로 삼아야 한다고 주장하였다.[108] 미국의 대학들은

106 Sass(1982)의 앞의 책, p.21.
107 Sass(1982)의 앞의 책.
108 Hardy & Everett (Eds.)(2013), 『Shaping the future of business education: Relevance, rigor, and life preparation』.

직업교육을 제공하기 시작한 초기에는 지속적으로 인문교육과 직업교육을 어떻게 통합시킬지, 전문가 양성은 전문스쿨에 맡겨야 하는지 아니면 인문대학과 공동노력을 해야 하는지 등에 대한 고민들을 꾸준히 지속하였다.

이상의 내용에 기반해서 보면 19세기 말에서 20세기 초에 세워진 미국의 경영대학의 설립은 상업학의 수준이 아니라 산업혁명 이후의 경제와 재무 및 기업경영과 관련된 전문경영자를 양성하는 데에 그 초점이 있었다. 그리고 이를 성취하기 위해 미국대학 비즈니스 스쿨에서의 최소한 설립초기의 정신은 인문교육을 중시하였음을 볼 수 있다. 이것은 최근 미국경영학이 실용주의적 입장에서 인문학적 사고와 멀어진 것과는 차이가 있다.

이후 고려대학교에서 미국경영학을 전격적으로 배우게 되는 계기는 Washington University(WU) Project와 관련이 있다.[109] 한국전쟁 후 한국의 경제재건을 위해 미국의 기술원조, 기술교육원조, 장기저리차관 등의 계획들이 있었다. WU Project는 이 중 기술교육원조의 일환으로 세인트루이스(St. Louis)의 Washington 대학의 Ross M. Trump 경영대학장이 1957년 12월에 미국 국무부와 계약을 체결하여 고려대학교와 연세대학교의 경영학과에 경영학교육 지원을 맡기로 한 것이 그 시작이었다. 이에 대해 주한 OEC(Office of the Economic Coordinator for Korea)를 통해 1958년 2월부터 이 프로젝트의 시행을 통지해옴으로써 실시가 되었다. 고려대 총책임자는 당시의 유진오 총장이었고 실무담당자로는 김효록 상과대학장이었다. 1차 계약은 1960년 6월에 만료되었고, 고려대학교 측이 협약연장을 요청하여 다시 3년간 제2차 계약이 체결되어 추가로 시행되었다. 이 프로젝트에 참여하여 WU 등에서 연구한 상과대학 교수로는 김순식, 성창환, 김효록, 윤병욱, 조익순, 정수영, 조구연,

109 신수식(2006)의 앞의 책에서 정리. 보다 자세한 내용은 이 책의 pp.228-231 참조.

유세환, 이준범, 김행권 등이었다. 이 프로그램에 참여한 교수들의 주도로 기업경영연구소 설립, 경영대학원 설립, 경영신문사 창간, 경영학과 교과목 개편 등 다양한 혁신적 변화가 일어났다. 이것이 한국의 경영학과 산업의 발전에 초석이 되었음이 분명하다.

고려대 경영학과는 일본과 미국의 경영학의 영향만 받은 것이 아니라 독일 경영학의 영향도 받았다. 고대출신 세 교수(윤병욱, 송기철, 김해천)가 서독정부 초청 장학생(DAAD)으로 독일 쾰른대학에 유학을 하였다. 이들은 미국 경영학과 독일 경영학을 결합하여 한국적인 경영학 구축에 공을 세웠다.[110] 윤병욱 교수는 1963년의 박사학위 논문 제목이 「독일 경영학의 문헌사적 고찰」이었고 독일 학자가 쓴 회계학 저술을 번역하여 독일 경영학을 소개하였다. 이들 독일 대학 유학을 한 교수들은 1960년대에 원서강독 과목을 가르치기도 하였다.[111] 이후 신수식 교수가 1970년 동일한 장학생으로 쾰른에 유학을 하였고, 이후 세 명의 독일 출신 외국인 교수를 경영대 교수로 초빙한 바 있다.

3. 보성전문학교의 상업학 교육의 의의

보성전문학교는 처음 설립된 1905년부터 3·1운동 직후인 1920년까지 유능한 교·강사를 두고, 좋은 교재를 발간하여 상업학 교육에 사용하였다. 당시 근대적 기업과 은행들이 생성되던 시기였는데 이들 조직의 관리와 상업의 활성화를 위해 요구되던 상업학 교육에 힘쓴 것은 여러 측면에서 의의가 있다.[112]

110 신수식(2006)의 앞의 책. 이하 내용도 이 책에서 정리. 한국에서의 경영학의 발전 과정에서 분야별로 미국이나 일본의 영향을 받는 정도는 상이할 것인데, 인사관리의 경우를 보면 미국은 직무기반 시스템이고 일본은 직능(직무능력)기반 시스템을 구축한 반면에 한국은 사람기반 접근을 하여 독특성을 지녀왔음.

111 원서강독은 2학점에 해당하는 과목으로 영어 강독과 독일어 강독이 있었음.

112 송기철(1986)의 앞의 글, pp.398-399.

첫째, 가장 우선되는 의의는 보성전문학교에서의 상업학 교육은 한국에서 최초(最初)의 상업전문교육이었다는 점이다. 최초로 시작한 것들을 보면, 경영학과를 개설(1955), 기업경영연구원 창립(1958), 경영신문 발간(1960), 경영대학원 설립(1963), 경영교육그룹 전체에 대한 AACSB 인증(2005)과 EQUIS 인증(2007) 등이다. 그리고 1955년부터 시작된 공인회계사(당시 계리사) 시험의 제1회부터 제3회까지 합격자는 모두(각 1명, 2명, 1명) 고려대 상과대학 출신이었다. 이러한 주도적 시도들은 현재 경영교육그룹인 경영대학과 경영전문대학원과 기업경영연구원으로 면면히 이어져 내려와 한국 경영학의 발전에 선도적이고 중추적인 역할을 충실히 수행해왔다. 이런 상업교육은 연희전문학교의 상과(1917)보다 앞서며,[113] 관립 경성고등상업학교(1922)보다도 앞선다.[114] 송기철 교수는 "구한말과 일제 초에 있어서 보성전문학교가 최고 상업교육기관으로서 차지한 위치와 영향은 굉장히 컸던 것으로 보인다"라고 평가하고 있다.[115] 이런 위치와 영향은 오늘날에도 계속 이어져오고 있다.

둘째, 최초(最初)이면서 또한 최고(最高)의 상학 교육의 시발점이 되었다. 상업학 교육을 시작한 초기의 교·강사 수준을 보면 이를 짐작해볼 수 있다. 이기준(1985)의 저술에 기반하여 송기철(1986) 교수가 정리한 것을 보면 다음과 같다. 우선 1896년에서 1903년 사이의 일본유학생 10명 중 세 명이 보성전문학교와 관련을 맺고 있었다. 그 외 경상학 관련자 105명 중 보성전문학교 경제학 관련자가 29명이고 상업학 관련자가 7명으로 파악되고 있다. 이런 교·강사와 사람의 문제뿐만 아니라 앞서 설명한 바와 같이 저술과 논문 등에서도 탁월한 결과물을 보이는 것으로 파악된다. 송기철 교수는 "저서, 번역서, 논문 등으로 선진이론과 기

113 연세대학교 경영대학 홈페이지(https://ysb.yonsei.ac.kr/)에 1919년 상과 1회 졸업생 10명을 배출하였다고 기록하고 있음.

114 송기철(1986)의 앞의 글.

115 송기철(1986)의 앞의 글, p.399.

법을 도입·소개·소화하는 데 선도적 역할"을 수행하였음을 명시하고 있다.[116] 보성전문학교가 부속기관으로 두었던 보성관과 보성사를 통하여 많은 역서와 저술들이 출판되었던 것도 한몫을 하였다.

셋째, 보성전문의 상업학 교육과 관련된 주체들의 민족의식이 강하였다. 교육의 내용과 방식에서도 일본과 구별된 교육을 시도하였다. 보성전문학교의 시작 자체가 황실과 관련이 있고, 천도교의 손병희 선생은 3·1운동과 직접적으로 관련이 있으며, 천도교가 설립한 보성인쇄주식회사가 독립선언문 인쇄를 하였다. 일본에서 유학을 한 사람들이 많았던 시기이고 일본 대학의 영향을 받았겠지만, 초기 이재학전문과 교과목은 일본과 구별된 측면이 있다.[117] 상업학에서 가르쳤던 부기학 내용은 우리나라의 고유한 치부법에 대한 내용도 일부 담고 있다. 물론 교·강사와 학생들의 민족의식과 사회운동의 참여는 매우 적극적이었다.[118] 종합하면 보성전문의 지성은 근대민족주의 정신을 잘 보여 주는데, 보성전문생들을 지배한 사상이 자강주의(自强主義)였다는 것이 그러하고 보성전문과 밀접하게 관련이 있던 신민회운동(新民會運動)을 통한 애국심의 계발에서도 잘 드러난다.[119]

넷째, 전문학교의 면모를 갖추고 있으면서도 현실과 괴리되지 않고 현장과 밀접한 수요중심의 접근을 시도하였다. 모든 응용학문이 그러하지만, 경영학은 경영현장과 괴리되기 어렵다. 앞서 설명한 저술들의 내용들도 많은 이론들로 채워진 것이 아니라 현장의 실무에 직접적으로 사용되는 실천지식이 많이 포함되어 있음을 확인할 수 있다. 초기 근대적 기업 및 은행의 대두와 그 조직들의 관리에 필요한 기초적인 원리와 실무적 지식을 잘 담아내고 있다. 나아가 이런 교육을 받아 배출된 많은

---

116 송기철(1986)의 앞의 글, p.399.
117 이헌창(2005)의 앞의 글.
118 고려대학교 100년사 편찬위원회(2005)의 앞의 책.
119 신일철(1986)의 앞의 글.

인재들을 통해 이 나라의 산업에 실질적인 기여를 해왔다.

다섯째, 다양한 주변 학문분야의 내용을 포함시켜 폭넓은 시각을 갖추도록 시도하였다. 상업학 교과목구성표를 보면 법률학과 경제학이 제법 많이 포함되어 있고, 김대희의 『상업범론 下』에는 상업학에 연관된 다른 학문으로 상품학, 상업지리, 공학, 상법, 상업산술, 어학, 경제와 통계, 재정학, 국제법 등 다양한 학문분야에 걸친 내용들이 포함되어 있다. 당시 상업학을 단순히 점포관리 정도의 내용으로 파악한 것이 아니라, 더 포괄적이고 폭넓은 영역에서 상업활동이 확장되어야 함을 시사했던 대목이라고 보여진다.

여섯째, 외국의 변화를 주시함과 동시에 외국어 교육에도 큰 관심을 가졌다. 김대희의 『상업범론 下』에 보면 외국의 상업교육을 소개하면서 벨기에, 영국, 프랑스, 독일, 미국, 일본 등의 사례를 설명하고 있다. 상업학전문과 교과과정표에도 만국상업지리, 세계상업사, 외국환표요해, 국제무역론 등이 포함되어 있다. 나아가 필요한 어학으로 영어, 한어, 독일어, 프랑스어, 일어, 노어 등 다양한 언어의 필요성을 1세기 전에 이미 강조하였다는 점은 당시 우리나라가 처한 여건을 고려한다면 놀라운 일이다.

고려대학교 경영대학은 그 전신인 보성전문학교가 1905년에 상업학 교육을 시작하여 2020년 현재 115년의 역사를 가지고 있다. 환경의 변화와 수많은 역경 속에서도 민족의 독립과 발전, 그리고 민족 산업의 형성과 성장을 위해 한 세기 전의 선배들이 보여준 지혜와 투지를 실현한 과정은 경영의 본성을 역사 속에서 앎으로 삶으로 드러낸 귀한 표본이다. 보성전문학교 상업학에서 시작된 고대 경영의 정신은 무엇인가? 세계의 맥락 속에서 민족대학으로서 교육구국의 이념으로 나라를 염려하며 발현한 민족의식(Korea), 사람을 중시하고 함께 단결하며 사회 세계의 존재자인 조직을 생각하는 마음(Organization), 역사 앞에서 시대적인 문제의식을 가지고 현실에 참여하고자 했던 책임 의식(Responsibility),

전문성과 기량으로 사회와 산업의 창성을 위해 최고를 지향하는 탁월성(Excellence), 그리고 변화하는 시기에 두려움 없이 새로운 것을 개척해 온 모험의 정신(Adventure) 등이다. 이제 우리의 과제는 무엇인가? 앞에서 언급한 고대 경영의 정신을 계승 발전시켜 인류가 더불어 좋은 삶을 누리도록 경영의 본성을 더욱 잘 드러내는 데 필요한 연구와 교육, 그리고 그것의 실천에 열정을 쏟아 내는 것이 아니겠는가?

〈첨부자료 1〉 국민계정 통계 (1911-1920)[120]

	1. 경제규모 및 국민소득(명목)			2. 경제활동별 성장률 (실질)		3. 인구	4. 생산구조(명목)						5. 공업구조	
	국내 총생산	국민 총소득	1인당 국민 총소득	국내 총생산	국내 총소득	전체 인구	농림 어업	광공 업	제조 업	전기 가스 수도 업	건설 업	서비 스업	경공 업	중화 학공 업
	천원	천원	원	%	%	천명	%	%	%	%	%	%	%	%
1911	518,896	516,515	31	-	-	16,615	67.2	5.1	4.5	0.1	2.0	25.6	95.7	4.3
1912	633,696	629,982	37	3.8	4.5	16,896	68.1	4.7	4.2	0.1	1.8	25.3	95.6	4.4
1913	703,084	698,130	41	9.1	8.5	17,181	69.0	4.9	4.3	0.2	1.6	24.4	94.8	5.2
1914	524,134	628,500	36	6.4	5.4	17,472	66.2	6.0	5.2	0.2	1.8	25.9	93.8	6.2
1915	573,344	567,017	32	4.0	2.8	17,768	61.9	7.6	6.6	0.3	1.8	28.4	94.2	5.8
1916	667,929	661,514	37	6.5	5.8	17,935	63.3	7.3	6.1	0.5	1.6	27.3	91.9	8.1
1917	903,209	896,087	49	4.6	3.8	18,103	62.5	7.1	6.0	0.3	1.5	25.8	90.7	9.3
1918	1,423,867	1,413,857	77	7.3	7.2	18,274	66.7	6.8	6.1	0.9	1.5	24.1	88.7	11.3
1919	1,842,653	1,828,684	99	-9.5	-10.3	18,445	62.4	7.7	7.1	0.6	1.7	27.5	90.8	9.2
1920	1,971,127	1,950,289	105	13.5	13·1	18,617	65.0	6.4	5.8	0.5	2.0	26.1	91.4	8.6

120 식민지 시기에 조선총독부가 발행한 종합 통계서인 조선총독부통계연보(朝鮮總督府統計年報)에 실려 있는 산업별 생산통계, 세입 세출 통계, 물가 및 임금 통계 등이 입력된 것이다. 이와 함께 조선총독부가 산업별로 발행한 통계서들 농업통계표, 조선광업의 추세, 조선총독부철도국연보, 조선총독부체신연보, 조선총독부전매국연보, 전기사업요람, 조선토목건축협회회보, 조선무역연보, 조선총독부 특별회계세입세출결정계산서, 조선지방재정요람, 경성상공회의소경제월보, 조선상품위인편람 등의 품목별 가격통계가 데이터로 활용되었다. 그리고 이 통계의 비교가능성을 위해 기준으로 삼은 것은 1970년판 한국표준산업분류가 활용되었고, 식민지 시기 생산통계의 각 품목에 적절한 표준산업분류 코드를 찾아 부여하는 방식으로 연결시킨 것이다(김낙년, 2006, pp.6, 9, 15 참조).

〈첨부자료 2〉 구한말에 발간된 경상계 교재

著者	書名	發行處	出刊年度
朴昂東(譯)	經濟原論		1907
金雨均(譯)	經濟原論		1907
李弼善(譯)	普通經濟學		1907
李弼善	貨幣論	普成館	1907
俞致衡(申海永校閱)	經濟學		1907
著者없음	經濟學		1907
元應常(申海永校閱)	經濟學		1907
金大熙	商業汎論 上	普成館	1907
金大熙	商業汎論 下	普成館	1907
張志淵	商業學	皇城廣學書舗	1907
光東書房	商業學		1907
劉文相	銀行論 上	普成館	1907
劉文相	銀行論 下	普成館	1907
李採而(譯)	世界植民史		1907
俞承兼	中等萬國史	唯一書館	1907
李炳台	經濟學教科書	大邱廣文社	1908
李炳台(譯) (金鳳俊校閱)	經濟學教科書	大邱廣文社	1908
(著者未詳)	普通經濟學		1908
朴承鑣, 朱定均(共著) (兪承兼校閱)	最新經濟學	普成社	1908
蔡基斗, 韓相愚 外 4人	法律・經濟辭義通解		1908
李豐鎬(譯)	生計學說	右文館	1908
卞榮晩	20世紀 大慘劇帝國主義	廣學書舗	1908
劉玩鐘	外國貿易論	普成館	1908
任璟宰	簡易商業簿記學	徽文館	1908
任璟宰	新編銀行簿記學	徽文館	1908
(學部編著)	經濟通論	廣德書館	1909
尹成熙, 柳興世(共著)	韓國稅制考	度支部司稅局	1909
金大熙	應用商業簿記學	義進社	1909
安國善	商業經營法・附工業簿記法	廣學書館	1909
俞承兼	最新經濟教科書	唯一書館	1910
光東書局	經濟教科書		1910
同文書林	經濟原論		1910
金祥演	經濟學	修文書館	1910
(著者未詳)	貨幣論		1910
元應常	財政學		1910

☞ 자료: 신수식(2006, p.65) [표 03]에서 발췌.

3·1운동 시대 출판 미디어 그룹으로서의 보성사와 보성관 그리고 보성전문학교

구자훈* · 김성철**

I. 시작하며

명순구 교수는 "독립선언문 인쇄 출판사, 普成社의 자취 —3·1운동 100주년에 고려대학교에서 역사 보듬기—"라는 글에서 〈독립선언서〉를 인쇄한 보성사의 역사적 의미를 재조명했다. 또한 올해에는 '역사 보듬기' 작업의 일환으로 조계사 경내에 서 있는 회화나무의 종자를 채취하여 고려대학교 캠퍼스에 식재하는 행사를 통해 그 시작을 되돌아보고 오늘에 계승하는 보본추원(報本追遠)의 행사를 수행한 바 있다.

명순구 교수의 글이 보성사의 공간성에 주목하고 그것을 고증함으로써 100년 전 3·1운동과 보성전문의 내적 연관을 오늘날로 연계하는 작업이었다면, 본고는 보성사라는 기관(하드웨어) 속에서 배태되어 콘텐츠와 여론의 생성기관으로서 역할을 담당했던 보성관, 보성관번역부, 보성관번역원 등 그 인적 구성원들의 발자취를 더듬어보는 작업이 될 것이다.

* 고려대학교 도서관 학술정보서비스부 과장.
** 고려대학교 미디어학부 교수 (교신저자).

본고는 1905년 보성소학교, 보성전문, 1906년 보성사, 보성중학교, 1907년 보성관으로 이어지는 '보성' 명칭의 각종 기관과 기구들의 탄생과 확장의 역사를 당시 언론 기사를 바탕으로 살펴보면서 이들 기관이 교육구국을 위한 신학문 교육의 단순 부설기관이었던 것이 아니라 계몽민지(啓蒙民智)의 미디어 기능도 수행했으며 특히 보성관(普成館)은 이 시기 다양한 신지식인들의 네트워크를 구성하는 구심점으로 작동했음을 방증하고자 한다.

II. 보성사와 보성관의 설립

근대 초기 대한제국의 문명개화를 위한 신교육 강화의 구체적 방안으로서 이용익의 건의와 고종황제의 '성지(聖旨)'를 바탕으로 1905년 4월 1일에 보성전문학교가 개학하게 된다.

당시 이용익의 구상은 교육 구국을 위한 전 민족적 인재양성에 있었으므로, 보성전문의 설립 이전인 1905년 2월 26일에는 구한국 경기감영의 일부인 천연정(天然亭)에 유소년 교육을 위한 기관인 사립보성학교가 김중환(金重煥)을 교장으로 하여 개교하였고, 5월경에는 전 서북철도국 건물에 두 번째 보성학교가, 매동(梅洞) 전 중추원 자리에 보성보통과가 설립되었다. 이후로도 김중환을 중심으로 도성 내 동 · 서 · 남 · 북 · 중서(署)별로 유소년 교육기관의 설립이 추진되었고, 그 결과 한강 보성학교 설립 등의 결실을 맺고 있음을 1905년도 『황성신문』의 기사를 통해 확인할 수 있다.

소학, 중학, 고등, 전문 교육 기관이 동시에 설립되고 시행되는 기획이었으므로, 당연히 이들을 교육에 필요한 교과서를 인쇄 간행하는 부설기관이 필요했겠으나, 이를 위해 특별히 기관을 설립했다는 기사는 1905년 당시에는 확인되지 않는다. 초중등용 교과서의 경우는 기존에 설치되어 있던 관립소학교 등의 관찬 교재인 학부편집국 자료가 대용될 수 있다. 그러나 고등, 전문 교육에 쓰일 교과서의 간행은 필연적으로 출판사와 인쇄기구의 성립을 요하게 되는데 보성사와 보성관, 보성전문의 세 기관의 설립 초기 상황을 동시에 증언해주는 기록은 거의 없는 형편이다.

1. 보성사의 설치

최남선은 이용익의 보성학원 창건에 관해서 다음과 같이 서술한 바 있다.

> 러일전쟁의 발발과 함께 시세가 크게 변하게 되자 지식인들이 깊은 근심을 품고 구국운동을 전개할 때, 그 최대의 목표는 교육의 보급에 있었다. 광무 9년(1905) 봄에 이용익이 일본으로부터 놓여올 때 수많은 도서와 인쇄기기를 가지고 와서 신해영, 김주병 등으로 더불어 편집소로 보성관, 인쇄소로 보성사, 교육기관으로서 보성소학, 보성중학, 보성전문학교를 시설하니 민간의 교육사업이 이때부터 비약적인 성황으로 향하게 되었으며 …[1]

광복 이후 시점(1946년)에서 가까운 과거를 회고하여 정리된 내용으로 보성관, 보성사, 보성 소·중·전문 각 시설의 성립 시기가 모두 하나로 뭉뚱그려져 있지만[2] 비교적 정확하면서도 일목요연하게 정리된 기록이다. 1905년 봄 이용익이 일본에서 많은 도서와 인쇄 기구를 가지고

1 최남선, 『국민조선역사』, 1946년, 동명사. p.210.의 내용을 현대어로 윤문한 것이다. 근대기 국한문 혼용체의 국문은 윤문보다는 해독에 가까운 정치한 읽기를 필요로 한다. 사실을 보다 명확하게 하기 위해 인용문은 모두 필자가 현대어로 윤문했다.

2 예를 들어 각 기관의 설립 시기는 1905년 보성소학교, 보성전문, 1906년 보성사, 보성중학교, 1907년 보성관의 순서로 성립되는 것으로 보인다.

와서 편집소로 보성관, 인쇄소로 보성사, 교육기관으로 보성소학, 보성중학, 보성전문학교를 개설했다는 내용이다.

최남선의 이러한 설명이 특별한 점은, 잘 알려져 있지 않던 '보성관'의 성격을 편집소로 지목하여 인쇄소인 '보성사'와 분리된 기관으로 인식 서술하고 있다는 것과, 보성전문 교장 신해영 외에, 출판시설인 '보성관' 관련자인 '김주병(金洲炳)'을 지목하여 신해영과 병칭하고 있다는 점이다. 이는 최남선이 직접 출판사를 운영한 경험이 있는 출판가로서의 평소 관심과 안목이 반영된 것으로 보인다.

> 대한제국에 전문대한학교(專門大韓學校)는 아직 채 건설하지 못하고 한성법학교가 창립되어 있지만 야학(夜學)일 뿐이므로 아직 완전하지 못하더니, 박동(磚洞)에 신설한 보성전문학교는 지위가 전문대학 주간(晝學)으로 대황제 폐하께서 특별히 세우신(特立)바, 매월 수천 원(元)의 경비를 내탕금(內帑錢)을 잘라 내리시고(劃下), 도서관(圖書館)을 부설하여 각 전문 교과

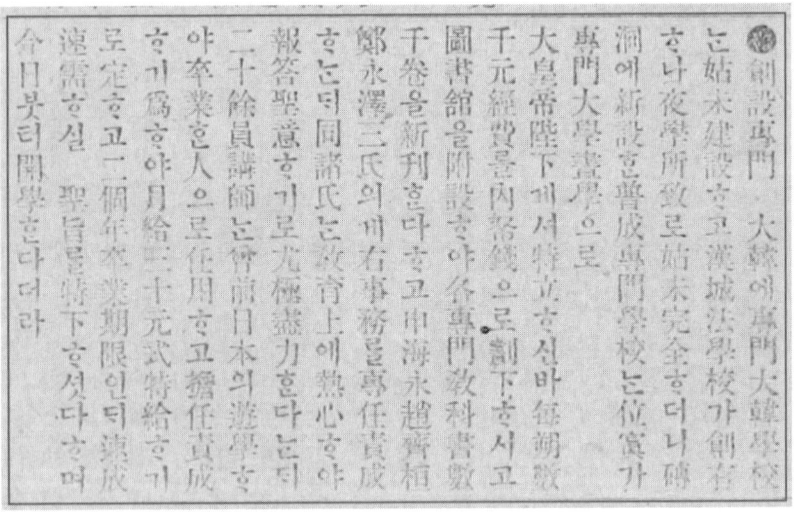
◎創設專門 大韓에專門大韓學校
는姑未建設ᄒᆞ고漢城法學校가創有
ᄒᆞ나夜學所致로姑未完全ᄒᆞ더니磚
洞에新設ᄒᆞᆫ普成專門學校는位寘가
專門大學晝學으로
大皇帝陛下게서特立ᄒᆞ신바每朔數
千元經費를內帑錢으로劃下ᄒᆞ시고
圖書館을附設ᄒᆞ야各專門敎科書數
千卷을新刊ᄒᆞᆫ다ᄒᆞ고申海永趙齊桓
鄭永澤三氏의게右事務를專任責成
ᄒᆞ는ᄃᆡ同諸氏는敎育上에熱心ᄒᆞ야
報答聖意ᄒᆞ기로尤極盡力ᄒᆞᆫ다는ᄃᆡ
二十餘員講師는曾前日本의遊學ᄒᆞ
야卒業ᄒᆞᆫ人으로任用ᄒᆞ고擔任責成
ᄒᆞ기爲ᄒᆞ야月給二十元式特給ᄒᆞ기
로定ᄒᆞ고二個年卒業期限인ᄃᆡ速成
速需ᄒᆞ실 聖旨를特下ᄒᆞ셧다ᄒᆞ며
今日붓터開學ᄒᆞᆫ다더라

「창설전문」, 『황성신문』(1905.4.1.)

서 수천 권을 새로 간행한다 하고, 신해영 조제환 정영택 3 씨에게 이상의 사무를 전적으로 책임지고 달성하게 하는데, 이 세 사람은 교육 분야에서 열심인 분들로서 대황제 폐하의 성의(聖意)에 보답하기 위해 더욱 진력을 다하겠다는데, 20여 명의 강사는 일찍이 이전에 일본으로 유학하여 졸업을 한 사람으로 임용하고, 책임지고 달성하게 하기 위하여 월급으로 30원씩을 특별히 지급하기로 정하였고, 2년을 수학해야 졸업하지만, 속히 키워서 속히 쓰고자 하시는 대황제 폐하의 뜻을(聖旨) 특별히 내리셨다고 하며, 오늘(1905.4.1.)부터 개학한다고 하더라.

위에 소개된 황성신문 1905년 4월 1일자 기사는 제목을 '전문학교 창설'로 명기하여 대한제국 최초의 전문학교임을 분명히 하고 있다. 아울러, 보성전문이 고종의 내탕금을 바탕으로 운영되고 있음을 언급하여 '황립학교'적인 성격을 가지고 있음을 비치고 있다.

이 기사의 독특한 점은 도서관을 부설하여 각 전문별로 쓰일 교과서를 새로 간행한다는 소식을 전하고 있는 것인데, 여기서 '도서관'은 이어지는 문장을 고려할 때, 출판기관을 대칭(代稱) 혹은 범칭(汎稱)한 것으로 이해할 수 있겠고, 이것이 보성전문 개교와 함께 언급된 출판기관 보성사에 대한 첫 번째 기록이다.

「보성사 설치」 1906년 7월

신해영 조제환 두 분이 교육상(教育上) 및 기타 민지발진(民智發進)에 도움이 되는 각종 서적을 인쇄하여 널리 배포하기 위해 중서(中署) 박동(礡洞) 等地에 보성사(普成社)를 설치한다고 하더라.

실제로 출판기관으로서 '보성사'의 명칭은 황성신문 1906년 7월 9일자 「보사설치(普社設置)」 기사에서 처음 보인다.

교육상의 목적과 일반 대중의 계몽에 도움이 되는 각종 서적을 인쇄

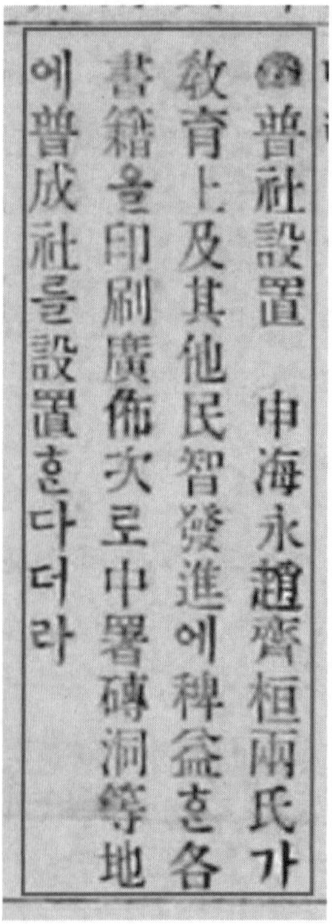
◎普社設置 申海永趙齊桓兩氏가
敎育上及其他民智發進에裨益혼各
書籍을印刷廣佈次로中署磚洞等地
에普成社를設置혼다더라

『황성신문』(1906.7.9.)

하고 널리 배포하기 위해서 보성전문학교가 위치한 박동 인근에 '보성사'라는 명칭으로 기구를 설치한다고 밝히고 있다.

보성사의 위치가 '박동 등지'로 모호하게 언급되어 있음을 볼 때 7월 9일 시점까지는 아직 독립적인 건물을 가지지 못했던 것으로 짐작된다.

또한 기사 내용 자체는 보성전문학교 교장 신해영과 교감 조제환이 주체가 되어서 보전 창립 1년이 경과된 시점에 학생 교육상 필요한 교과서 출판의 필요에 의해 출판기구를 부설한 것처럼 설명되어 있지만, 실제 출판기구의 설립 의도는 이보다 먼저 이용익의 계몽을 위한 도서보급에 의해 계획되어 있었다.

> ○ **교육방침**: 이용익씨는 일본을 유력한 뒤로 한층 개명하여서 벼슬길에서는 영영 스스로 물러나겠노라고 (황제께) 아뢰고, 시정 개선에 유익한 서책 600여 권을 일본에서 사들여 인민을 교육하기 위한 목적으로 지금 인원을 고용하여 번역하는 중이라더라.

1905년 1월의 대한매일신보 기사이다. 이는 일본 억류에서 풀려난 지 얼마 안 된 시점에 이루어진 이용익의 인터뷰를 담고 있다. 이 무렵(1월)에는 아직 '보성' 네이밍의 교육 출판기관의 설립에 대한 구체적 내용이 없었지만, 계몽을 위한 서적의 간행 보급에 뜻을 분명히 하고 있다는 점도 알 수 있다. 또 구체적으로 "인원을 고용하여 번역하는 중"이라고 하는 전언은, 계몽민지의 의도가 구체적으로 진행되고 있었다는 점을 보

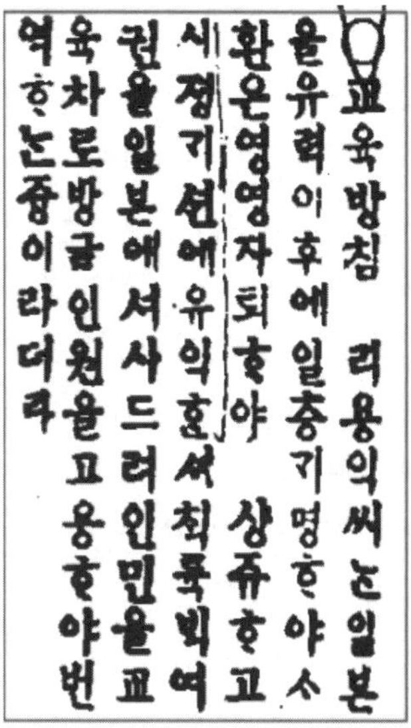
교육방침 리용익씨는일본
을유력이후에일층긔명ᄒᆞ야ᄉᆞ
환온영영자되ᄒᆞ야 상쥬ᄒᆞ고
시졍긔션에유의ᄒᆞ셔최륙빅여
권을일본에셔사드려인민을교
육차로방금인원을교용ᄒᆞ야번
역ᄒᆞ논즁이라더라

『대한매일신보』(1905.1.6)

여주고 있는데, 이러한 이용익의 출판구국에 대한 뜻이 을사늑약 이후 러시아 망명으로 인해 그 자신이 국내에 부재했던 상황임에도 1906년 7월 시점에 '보성전문'이라는 기관을 통해 '보성사'라는 부설 인쇄출판 기구의 설치로 결실을 맺은 것임을 알 수 있다.

보성사 설치 후 첫 번째 간행물은 보성전문 교장 신해영이 보성중학교의 수신(修身) 과목을 위한 교과서로 편술(編述)한 『윤리학교과서』 상 · 하 2책이다. 상책은 1906년 6월 20일에 발행되었고, 하책은 동년 7월 10일에 발행되었는데, 두 책 모두 인쇄가 보성사에서 이루어졌음을 판권지에서 분명히 하고 있다.

이 책이 1906년 6월 20일경에는 간행되었다는 사실은 인쇄기관인 보성사에 교과서 출판에 필요한 활자와 인쇄시설 등의 장비와 인쇄를 수행할 인쇄기술자의 확보 등 물질적인 인쇄소의 설비가 다 갖추어졌음을 방증한다.

(1) 개화기 인쇄소의 설립 개황, 그리고 보성사

우리나라에 처음으로 근대식 인쇄기계와 인쇄술이 들어온 곳은 1883년 10월에 정부가 신설한 박문국(博文局)이다. 이곳에서 구한국 최초의 신문인 『한성순보』가 인쇄되었다. 이 당시 인쇄 시설이라는 것은 매우 엉성해서, 수동식 기계로 손잡이를 제껴서 인쇄하는 형태였으니, 조금 뒤에 개량되어 손잡이를 회전시켜서 인쇄하는 압통식 인쇄기를 거쳐, 발로 밟아서 인쇄하는 족답식 압통식 인쇄기계로 발전했다. 동력을 사용한 압통식 인쇄기계의 사용은 1920년대에 가서야 이루어진다. 당시 박문국에서 인쇄사무를 관장한 것은 이노우에 가꾸고로우(井上角五郎)라는 인물인데 인쇄전문가라기보다는 낭인에 가까웠고 개화파의 갑신정변 때 폭약과 무기 등을 제공한 자였다.

갑신정변 실패 후 수구파에 의해 박문국은 소각되었고, 『한성순보』의 인쇄는 1884년에 설립된 광인사 인쇄공소(廣印社 印刷工所)에서 계속된다. 광인사는 기존에 목활자 인쇄를 해오던 재래식 인쇄소였으나, 1884년 4월 일본에서 신식 활사를 수입하고, 7월부디 『한성순보』라는 정부간행물을 인쇄하게 되는 반민반관 성격의 인쇄소로 성립되었다.

1886년에는 배재학당 인쇄부가 설립되어 한글 성경, 서재필의 순한글 〈독닙신문〉이 인쇄되는데, 한글 관련 활자와 출판물 인쇄가 특징이었다.

1902년에는 대한제국 정부의 주화 지폐 제작을 위한 전환국 인쇄소(典圜局 印刷所)가 설립되었다. 인쇄시설은 모두 독일제이고, 당시 국장 오태환(吳台煥)과 기수 박인환(朴仁煥)을 제외하고 모두 다 일본인으로 구성되어 있었다. 돌연한 화재를 겪은 이후 한국정부인쇄국으로 명칭을 변경하였고, 1910년 경술국치 이후로는 조선총독부관방인쇄국이 된다.

개화기 민간인쇄소로는 1905년경 고모 씨가 세운 탑인사(塔印社), 1906년 김진환(金晋桓)의 보진재(寶晋齋) 인쇄소, (전 전환국 인쇄소 국장) 오태환의 博文社 등이 있었다.

한편 일본인들이 운영하는 민간인쇄소로는 1900년에 모모야마(桃山)인쇄소, 에가와(江川)활판소, 야마도(大和)상회 인쇄부 등이 생기기 시작하여, 1907년 무렵에는 일본인 인쇄소가 10여 곳에 이르러 일한인쇄합명회사(日韓印刷合名會社), 도사가미(土佐紙)회사 인쇄부, 게이조(京城)인쇄소, 후쿠다(福田)인쇄소, 기다우찌(北內)인쇄소 등등이 활동하고 있었다.

이러한 상황에서 보성전문 부설로 이종호(李鍾浩)의 보성사[3]가 당시 박동에 설립되었는데, 보성사는 8면 활판기 등을 독일에서 수입하였고,

또한 도판 식재를 위한 석판 시설도 갖추어 당시의 한인경영 인쇄소로서는 가장 시설이 좋았다고 한다.

이후 1907년에는 손병희 공진환의 보문사(普文社)가 소안동(지금 종로 경찰서 자리)에 설립되었고, 1908년에는 일본에서 돌아온 최남선의 신문관(新文館),[4] 홍순필의 성문사(誠文社) 등의 설립이 이어졌으며, 1911년에는 정경덕의 복음인쇄소(福音印刷所), 양재관의 문아당(文雅堂)이 설립되었다.

1919년 최남선이 작성한 역사적인 독립선언문은 신문관이 조판을 담당하고, 33인 중 한 사람인 천도교 계통의 이종일(1858-1925)의 보성사에서 인쇄를 맡았다. 이러한 사실이 탄로되자 일경은 인쇄인들까지도 체포 투옥하였다. 조판을 맡은 신문관 식자과장 김년제(金年濟), 인쇄를 맡았던 보성사 공장장 김홍규(金弘奎) 양씨가 투옥되었으며 1920년 6월 보성사는 일경에 의하여 소각되었다.

당시 보성사 인쇄소에 재직 중이던 박인환,[5] 박진봉 두 사람은 "쥐도 새도 모르게 했는데, 나중에 보성사에서 인쇄한 사실이 발각되자, 왜경들이 몰려와 공장을 둘러싸고, 무지하게 석유를 마구 뿌리곤 불을 지릅디다. 모두 불태워 버렸지요"라고 당시를 회고한 바 있다.[6]

이때부터 한인 경영 인쇄소는 모두 등록을 하게 되었고, 인쇄업계에 대한 탄압이 가해지기 시작했고 연보, 관보, 교과서뿐 아니라 일반인쇄물 단행본 등 인쇄물이라는 인쇄물은 모두 일인 인쇄소가 독차지하게 되어, 당시 어느 정도 기반을 잡아가고 있던 한인 인쇄소들은 고사 위기

3 보성사의 설립인은 이용익의 손자로 보성전문의 2대 교주가 되는 이종호이고, 설립 연도는 1906년인 것으로 『朝鮮工場名簿』(1920년)에 나와 있다.

4 1907년 일본 도쿄 슈에이사(秀榮社)에서 인쇄기, 한글 및 한자 활자 세트를 구입하여 1908년에 설립. 남부 사정동(외환은행본점 근처).

5 박인환은 앞서 전환국 인쇄소에서 몇 안 되는 한국인 기술자 중 기수(技手)로 일했던 인물과 동일인으로, 1919년 〈기미독립선언서〉 인쇄 당시에는 보성사에서 근무했던 것으로 보인다.

6 『한국인쇄대감』, 1969. p.129.

에 내몰리게 되었다. 일례로, 탑인사는 족보전문 인쇄사가, 신문관은 조선광문회의 고서간행사업 전담 인쇄소가 되었으며, 나머지 일반 한인 인쇄소의 경우는 춘향전 등 고대 소설 인쇄로 연명하였다. 비교적 높은 기술력을 가진 것으로 평가받던 보진재도 석판인쇄를 중심으로, 색판, 도판 중심 서적 간행을 주로 하게 되었다.

1920년 이후로는 한인 인쇄소들이 합자회사 형식으로 대형화되기 시작하는데, 심우택 지송욱[7]의 대동인쇄주식회사[8]와 윤치호 김홍규의 창문사(彰文社),[9] 한규상의 안국동 소재 한성도서(漢城圖書), 박홍식의 선광인쇄소(鮮光印刷所), 이근택의 평화당인쇄소가 대표적이다.

시설로는 대동인쇄주식회사의 경우, 사륙전지활판기계를 비롯하여 오칠전지활판기계를 여러 대 갖춘 규모로 회동서관[10]과 영창서관 등이 발행하는 신구 소설책의 대부분을 여기서 인쇄했고, 창문사의 경우 사륙판전지기계 1대, 오칠전지기계 10대를 갖춘 대규모 공장이었다. 또 한성도서의 경우도 오칠전지기계 3대를 갖춘 중대형 규모였다.

또한 일제강점기 부호로 유명한 화신백화점 박홍식이 인쇄소 사업으로부터 발재(發財)했음은 이 당시 출판과 출판사업이 얼마나 유망하고 중요한 사업이었는지를 보여준다고 하겠다.

다음으로는 보성사에서 간행된 서적 목록을 살펴보면서 보성사 간행물의 종류와 성격을 일별해보도록 한다.

---

7 1887년 지송욱 신구서림 설립, 里門안(화신 뒤)에서 성문사 인쇄소 설립한 바도 있음.

8 심우택, 지송욱, 노익형, 홍순필, 고유상 등이 설립한 법인체.

9 윤치호 김홍규 구자혁이 당시 오공골(경기여고 부근)에 설립한 회사. 성서 전문 출판사. 1925년 화재로 폐업, 기기들은 신영구에게 매도되어 종로3가 광성인쇄소 설립으로 이어져 얼마간 운영.

10 1897 고제홍의 회동서관 설립.

(2) 시기별 보성사 간행물의 종류와 성격

서명	저자	출판사	인쇄소	출판년▲
倫理學教科書 上	신해영	보성중학교 발행	보성사	1906
倫理學教科書 下	신해영	보성중학교 발행	보성사	1906
蒙學漢文初階	원영의(元泳義)	普成社		1906
新編大韓地理	김건중 譯述	普成館	보성사(普成社)	1907
新舊刑事法規大全 . 1	대한제국	普成社		1907
新舊刑事法規大全 . 2	대한제국	普成社		1907
(中學) 鑛物教科書	현공렴(玄公廉)	普成社		1908
(最新) 初等小學 一	정인호(鄭寅琥)	구릿재(銅峴) 玉虎書林	보성사(普成社)	1908
(最新) 初等小學 二	정인호(鄭寅琥)	구릿재(銅峴) 玉虎書林	우문관(右文館)	1908
(最新) 初等小學 三	정인호(鄭寅琥)	구릿재(銅峴) 玉虎書林	보문사(普文社)	1908
(最新) 初等小學 四	정인호(鄭寅琥)	구릿재(銅峴) 玉虎書林	보성사(普成社)	1908
小學漢文讀本 上	원영의(元泳義) 纂輯	광학서포 (廣學書鋪)	普成社(印刷)	1908
小學漢文讀本 下	원영의(元泳義) 纂輯	광학서포 (廣學書鋪)	普成社(印刷)	1908
(最新) 高等小學 理科書, 1	현채(玄采) 著譯		日韓印刷株式會社	1908
(最新) 高等小學 理科書, 2	현채(玄采) 著譯		日韓印刷株式會社	1908
(最新) 高等小學 理科書, 3	현채(玄采) 著譯		普成社 印刷	1908
(最新) 高等小學 理科書,4	현채(玄采) 著譯		日韓印刷株式會社	1908
高等大韓地誌	정인호	普成社		1909
果樹栽培法	김진초	普成社		1909
宜田合稿	육용정	普成社		1912
无體法經	손병희	보서관(普書館) 發行	보성사(普成社)	1912

佛說觀彌勒菩薩上生兜率天經	이회광(李晦光) 譯述		보성사(普成社)	1913
(詳密註釋) 史略諺解 1	지송욱		성문사(誠文社) 印刷	1914
(詳密註釋) 史略諺解 2	지송욱		보성사(普成社)	1914
(詳密註釋) 史略諺解 3	지송욱		보성사(普成社)	1914
(懸吐) 士小節	이덕무	한남서림(翰南書林) 發行	보성사(普成社) 印刷	1916
集註論語	이종정(李鍾楨) 편집	光東書局 發行, 唯一書館 發賣	보성사(普成社) 印刷	1912
(懸吐釋字具解) 集註論語, 3版	현채(玄采) 編輯	普及書舘, 大昌書院 發行	보성사(普成社) 印刷	1917
秘書三種合刻, 再版	고경상	廣益書館, 滙東書館 發行	보성사(普成社) 印刷	1918
栗軒集	정일우(丁日宇)	普成社	보성사(普成社)	1918
동경대전	천도교교서편찬회	普成社出版部		1947
春圃詩集 . 1-8	공성학	普成社		1949
春圃詩集	고성학	普成社出版社		1949
物理學 講義	김이갑	普成社出版部		1949
文章論新講	김기림	보성사		1950

ㅇ 1906년~1909년. 대중 보급형 교과서류 제작 시기

보성사 설치 이후 1909년까지 발행된 도서들의 성격을 일별해보면, 대부분이 교과서류 도서임을 알 수 있다. 1906년 신해영의 『윤리학교과서』를 비롯해서, 동년 원영의의 『몽학한문초계』, 1907년 김건중의 『신편 대한지지』, 1908년 정인호의 『최신 초등소학』, 1908년 현채의 『최신 고등소학 이과서』,[11] 1909년 정인호의 『최신 고등 대한지지』 까지 대부

11 현채의 『최신 고등소학 이과서』는 4책으로 된 상당히 완성도가 높은 책으로, 일한인쇄주식회사 판으로 알려져 있는데, 일부 기관에 소장된 책의 판권지에서 보성사 인쇄기록이 있어서 논의에 포함시킴.

분 교과서류이며, 보다 구체적으로는 초중고등 교과서로 보인다. 단 하나의 예외라면 1907년 장도(張燾)의 『신구형사법규대전』 상하 2책이 전부이다. 장도의 이 책은 대한제국 법부 인가를 받은 책으로 상하 1,200쪽에 달하는 대작으로 인쇄기술사적으로도 기념비적인 책이다.

또한 옥호서림, 광학서포, 보성중학교 등 발행자를 따로 가지고 있는 책들이 많고, 『최신 초등소학』의 경우, 보성사, 우문관, 보문사의 3개 출판사에서 협력하여 인쇄되고 있음을 볼 수 있는데, 이는 보성사가 출판사의 기능보다는 인쇄소의 기능으로 작동하고 있음을 보여주는 것이다.

○ 1910년~1919년. **천도교 인수 후 보문사(普文社)와 합병**

1912년에 손병희의 『무체법경』, 육용정의 『의전합고』 등의 천도교 관련 서적과 불교서적이 간행되고 있음을 보이는데, 이는 천도교 측의 보문사와 보성사가 합병되어 보성사의 이름은 살아남았지만, 실질적 인쇄물은 천도교 관련 인쇄물 간행으로 변화되었음을 보여주는 것이다.

또한 상시적 수요가 여전하던 조선 시대 교과서류인, 『소학언해』, 『사소절』, 『집주논어』 등 상업적 가치를 가진 책들이 주로 인쇄되고 있음도 목도할 수 있다. 특기할 만한 점은 1918년에 정일우의 『율헌집』을 간행했다는 사실이다. 정일우는 전남 장성의 최고 세력가이자 유명한 장서가로서 이들 집안 소장서인 묵용실 장서들은 그의 아들 정해태, 정봉태 등에 의해 1937년경 보성전문과 연희전문에 부분적으로 기증되었고, 광복 이후에는 나머지 장서들도 모두 고려대학교로 기증되었다.

○ 1919년 이후

1919년 〈기미독립선언서〉 인쇄 이후 보성사는 전소되어 시설적 기반을 잃게 되어 간행물을 내지 못하다가, 광복 이후에 복치되어 1947년에 『동경대전』이라는 처음 천도교 관련 간행물이 보성사의 이름으로 나온다. 이후 1970년대까지 계속 보성사의 명맥만 전해지고 있다.

전체적으로 일별했을 때 설립 초기 이용익이 의도했던 "교육상 그리고 민지발진"을 위한 도서간행 의도에 비할 때 성과가 너무 보잘것없다고 느끼게 된다.

아래에서 살펴보겠지만, 이러한 이용익의 뜻은 '인쇄소' 보성사가 아니라, 전문 '출판기관'으로서의 보성관, 보성관번역부, 그리고 보성관 번역원들에 의해 충실하게 이행되고 있음을 확인할 수 있다.

2. 보성관의 성립

(1) 보성관과 보성관 번역원

'보성관'이라는 명칭이 처음 언론에 등장하는 것은 1907년 2월의 아래 기사에서이다.

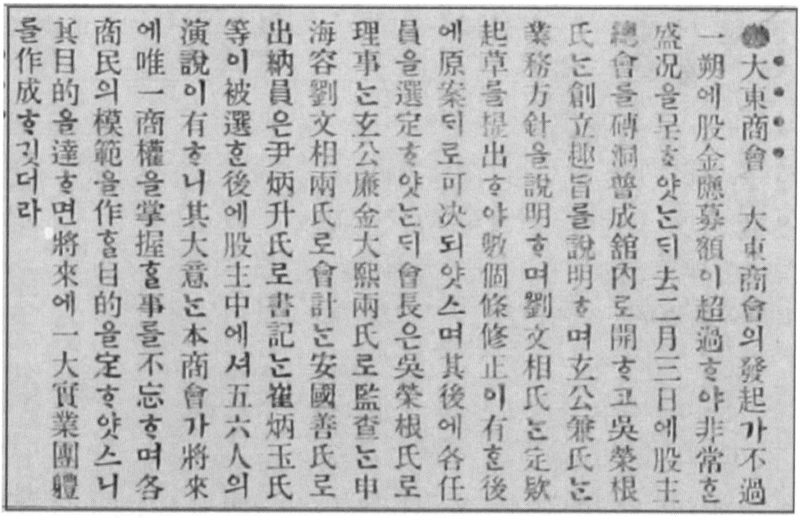
●大東商會● 大東商會의發起가不過一朔에股金應募額이超過ᄒᆞ야非常ᄒᆞᆫ盛況을呈ᄒᆞ얏ᄂᆞᆫᄃᆡ去二月三日에股主總會를磚洞普成舘內로開ᄒᆞ고吳榮根氏ᄂᆞᆫ創立趣旨를說明ᄒᆞ며玄公廉氏ᄂᆞᆫ業務方針을說明ᄒᆞ며劉文相氏ᄂᆞᆫ定款起草를提出ᄒᆞ야數個條修正이有ᄒᆞᆫ後에原案ᄃᆡ로可決되얏스며其後에各任員을選定ᄒᆞ얏ᄂᆞᆫᄃᆡ會長은吳榮根氏로理事ᄂᆞᆫ玄公廉金大熙兩氏로監査ᄂᆞᆫ申海容劉文相兩氏로會計ᄂᆞᆫ安國善氏로出納員은尹炳升氏로書記ᄂᆞᆫ崔炳玉氏等이被選ᄒᆞᆫ後에股主中에서五六人의演說이有ᄒᆞ니其大意ᄂᆞᆫ本商會가將來에唯一商權을掌握ᄒᆞᆯ事를不忘ᄒᆞ며各商民의模範을作ᄒᆞᆯ目的을定ᄒᆞ얏스니其目的을達ᄒᆞ면將來에一大實業團體를作成ᄒᆞ깃더라

「大東商會」, 『皇城新聞』(1907.2.6.)

○ **大東商會**: 대동상회가 발기하여 불과 1개월 만에 기금응모액이 초과하는 등 비상한 성황을 보였는데, 지난 2월 3일에 주주총회(股主總會)를 박동(磚洞) 보성관(普成館) 내에서 개최하여서, 오영근(吳榮根)씨는 창립 취지를 설명하고, 현공렴(玄公兼)씨는 업무방침을 설명하며 유문상(劉文相)씨는 정관기초(定欵起草)를 제출하여 몇 개 조항을 수정한 후에 원안대로 가결되었으며, 그 뒤에 각각의 임원을 선정하였는데, 회장은 오영근씨로, 이사는 현공렴 김대희(金大熙) 두 사람으로, 감사는 신해용(申海容) 유문상(劉文相) 두 사람으로, 회계는 안국선(安國善)씨로 출납원은 윤병승(尹炳升)씨로, 서기는 최병옥(崔炳玉)씨 등이 피선되⋯.

'보성관'이라는 명칭이 언론에 처음 등장한 기사이다. 이는 1907년 2월 6일의 일이고, 앞서 '보성사' 명칭이 등장한 1906년 7월로부터 반년가량 경과한 시점이다. 이 무렵에는 타 기관의 주주총회를 개최할 수 있을 정도로 보성관이 구체적으로 대중들에게 장소성을 획득했음을 짐작할 수 있다.

또한, 이 기사에 등장하는 인물인 현공렴, 유문상, 김대희, 신해용, 안국선 등은 주목을 요하는데, 아래에서 살펴볼 보성관 간행물 목록에서 확인할 수 있듯이 이들이 '보성관'이라는 기관에서 일본 서적의 번역을 통해 교과서 등을 제작한 신지식층들이기 때문이다.[12]

---

12 '보성관'에 대한 개략과 '보성관 번역원'에 대한 이해는 전적으로 권두연의 아래 논문에 힘입어 정리하고 보충한 것이다. 권두연, "보성관(普成館)의 출판활동 연구 –발행 서적과 번역원(繙譯員)을 중심으로–," p. 9, 『현대문학의 연구』 44호. 2011.

서명	저자	출판사	출판년도
東國史略 . 卷1-4	현채 역술	普成館	1906
初等小學 . 卷1	보성관 편집부	[普成館]	1906
(中等)生理學 : 附圖	판권없음	普成館	1907
(中等)生理學 : 解說	김하정, 보성관 번역원	普成館	1907
家庭教育學	저작 표시 없음. 보성관	普成館	1907
農學初階	보성관 번역원 황윤덕 역	普成館	1907
大韓地理	金建中 역	普成館	1907
東西洋 歷史 . 卷1-2	현채 역	普成館	1907
萬國 地理, 上 下.	보성관 번역원 황윤덕	普成館	1907
普通經濟學	보성관 번역원 이필선	普成館	1907
比斯麥傳	보성관 번역원 황윤덕	普成館	1907
比律賓戰史,全	보성관 번역원 안국선	普成館	1907
師範教育學	보성관 번역원 윤태영	普成館	1907
商業大要 : 全	유완종 번역, 현공렴 교열	普成館	1907
商業汎論 . 上 下	보성관 번역원 김대희 역보	普成館	1907
世界一覽	낙은 김하정 역	普成館	1907
小物理學	안형중 역술	普成館	1907
新編 博物學	普成館飜譯部 역; 李弼善 譯述 , 申海容 校閱.	普成館	1907
新編 化學	안형중	普成館	1907
新編大韓地理	보성관 번역원 김건중(金建中) 譯	普成館	1907
心理學教科書	김하정	普成館	1907
五偉人小歷史	좌등소길 저, 이능우 역	普成館	1907
外交通義, 上 . -1	장강춘일 저, 안국선 역술	普成館	1907
外交通義, 下 . -2	장강춘일 저, 안국선 역술	普成館	1907
銀行論 . 上	보성관 번역원 유문상	普成館	1907
銀行論 . 下	보성관 번역원 유문상	普成館	1907
中等 地文學	보성관 번역원 윤태영	普成館	1907
初等 理化學	관본행태랑 저, 보성관 번역원 李弼善, 陳熙星 共譯	普成館	1907
漢文學教科書	여규형 주석, 윤태영 역술	普成館	1907

서명	저자	출판사	출판년도
貨幣論	보성관 번역원 李弼善	普成館	1907
會社法綱要, 卷上 . -1	보성관 번역원 이연웅	普成館	1907
(實用)森林學 . 上卷	보성관 번역부 譯述	普成館	1908
(實用)森林學 . 下卷	보성관 번역부 역술	普成館	1908
農學入門	보성관	普成館	1908
普通理科教科, 全		普成館	1908
商業大要 . 全	김성희	普成館	1908
植物學教科書	보성관 번역원 윤태영 역	普成館	1908
新式鑛物學	보성관	普成館	1908
新編大韓地理	김건중	普成館	1908
外國貿易論	유완종 역술	普成館	1908
越南亡國史	양계초 저, 현채 역	普成館	1908
政治學大綱	보성관편집부	普成館	1908
政學原論	보성관편집부	普成館	1908
中等 生理學		普成館	1908
天文學	정영택(鄭永澤) 譯	普成館	1908
學校管理法	한면우 역술	普成館	1908
行政法, 上 下	보성관 번역원 안국선	普成館	1908
會社法綱要, 卷下 . -2	이연웅	普成館	1908
農産製造編 . 全	보성관편집부	普成館	1909
新撰家畜飼養學目次	보성관편집부	普成館	1909
蠶業大要	문석완(文錫琬)	普成館	1909

이 표에 의하면 대략 50여 종의 책을 보성관이라는 이름으로 출판하고 있음을 볼 수 있는데, 이 수치는 당시 학부에서 편찬 간행된 교과서가 22책이었음을 감안할 때,[13] 양적인 측면에서도 곱절이 넘는 수치임을 알 수 있다. 또한 대부분의 책이 1907년과 1908년에 집중되어 있다는 점에서 단기간에 많은 번역원을 투입하여 집중적으로 진행되었음을

13 안춘근의 연구를 참고하면 학부에서 발행한 도서는 총 22책이다. 『한국출판문화사대요』.

알 수 있다.

또한 『초등소학』, 『초등 이화학』 등의 보통학교 교재뿐 아니라, 『은행론』, 『회사법강요』, 『화폐론』 등과 같이 전문성을 가진 고등과 교과서들까지 폭넓게 간행되었음을 알려준다.

특기할 점은 '보성관 번역원(繙譯員)'이라는 칭호가 단순히 보성관 내에서 부여된 직능별 명칭이 아니라, 『대한제국관원이력서』에도 등재되는 정부 관원의 공인된 이력이자 직함이라는 점, 보성관의 교과서 번역 작업에 현직 관원이나 관원에 준하는 인물들을 전문 번역원으로 고용하는 형태를 취했다는[14] 점이다. 고용의 형태를 갖추지 않은 인물들은 저작에는 번역원이라는 호칭 없이 본인의 이름 뒤에 저작 활동 즉, '번역 및 서술(譯述)'로만 표기되어 있다.

이는 보성관 번역원들이 현직 관원들이 보성관에 고용되어 겸업하는 형태를 취했을 것임을 말해주는데, 선행연구에 따르면 보성관 번역원으로 호칭되고 있는 인물로는 김하정, 안국선, 김건중, 황윤덕, 김대희, 이필선, 윤태영, 유문상, 이연응, 진희성, 이능우, 유완종의 12명이고, 이들 중 김하정, 이필선은 번역에 참여하고 있을 당시 관립한성중고등학교 교사를 겸직하고 있었고, 윤태영, 김대희, 유완종은 법관양성소, 농공상학교 및 광신상업학교, 외국어학교 등 보성학원이 아닌 다른 기관의 교사를 겸직했던 인물들로 확인되었다.

따라서 이상에서 언급된 보성관 번역원들은 저술 활동 및 각종 사회활동에 활발하게 참여하고 있었던 인물들로 대한제국 시기 근대적인 교육의 수혜를 받아 관리나 교사로 활동하면서 번역원직을 동시에 겸하고 있었던 것으로 간주된다.[15]

---

14 예를 들어 박태서의 이력은 1906년 12월 5일 "普成館繙譯員被雇(고용되었고)," 1907년 4월 1일 "普成館校正員被選(선발되었다)"고 되어 있다.

15 이러한 점은 보성전문의 사례에도 마찬가지로 확인되는 점이다. 교장 신해영이 학부편집국장으로 있으며, 야간인 한성법학교에 출강하고 있던 중, 이용익에 의해 보성전문의 교장을 전임하게 되었다는 점이나, 보성전문에 초빙된 20여 명의

보성관은 대한제국과 황실의 유무형의 지원을 바탕으로 설립된 최초의 고등 전문교육 기관인 보성학원의 교재를 제작하는 기관이라는 성격을 지니고 전현직 관원 출신으로 외국어에 능통한 인물들을 보성관 번역원으로 고용함으로써 이들 사이의 인적 네트워크는 보성관의 출판의 본연의 업무인 교과서 제작을 넘어선 보다 정치적이고 사회계몽적인 역할로 상승 확장될 가능성을 갖게 됐다.

이러한 측면에서 보성관 출간 서적들 중에서 교과서용 도서라기보다는 신지식층을 대상으로 애국계몽의식을 고취하는 서적들의 번역이 보인다는 점을 주목할 필요가 있다. 대표적으로 근대 초기 최고의 베스트셀러로 일컬어지는『월남망국사』와 필리핀 독립전쟁을 다룬『비율빈전사』, 독일 통일의 영웅 비스마르크에 대한 전기인『비사맥전』 등이 이에 해당하는데, 이들 자료는 국권회복과 부국강병에 대한 보성관과 보성관 번역원들의 정치적 지향이 매개되어 출간된 서적들로 평가할 수 있는데,『월남망국사』와『비율빈전사』는 모두 1908년 8월 이전에 통감부에 의해 금서 조치된다.

(2) 국채보상연합회의소 설치와 애국계몽 잡지『야뢰』의 간행

보성관은 보성전문에 필요한 교과서를 발행하는 일 외에도 신지식층을 대상으로 한 서적을 발행하는 등 이 시기 "애국적 출판운동의 중요한 근거지로 인식되었다."[16] 뿐만 아니라 보성관은 국채보상연합의 회의소나 잡지『야뢰』의 임시 사무실을 비롯해 각종 학회의 모임장소로도 이용되었다.

강사들이 전임 지위를 가지지 못했던 까닭에, 1907년 설립되는 친일적 전문교육 기관인 대동법률학교에 동시에 출강하는 경우가 대부분이었으며, 개인적으로 변호사 등의 전문직 종사자들이 교육을 겸업하는 경향이 많았다.

16 김민환, 「개화기 출판의 목적 연구」, 『언론정보연구』 47권 2호.

○ 임원조직

보성관 내에 있는 국채보상연합회의소에서 임원을 조직하는데, 의장은 이준 씨로, 부의장은 김광제 씨로, 위원장은 윤효정 씨로 선정하였는데, 부의장 김광제 씨는 고사한다고 하더라.

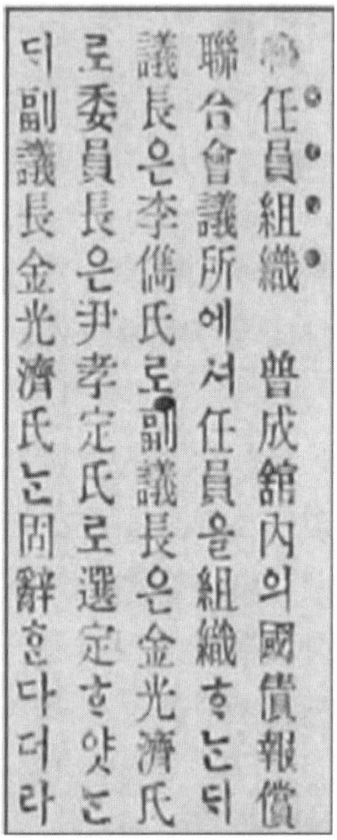
◎任員組織◎ 普成館內의國債報償
聯合會議所에서任員을組織ᄒᆞᄂᆞᆫᄃᆡ
議長은李儁氏로副議長은金光濟氏
로委員長은尹孝定氏로選定ᄒᆞ얏ᄂᆞᆫ
ᄃᆡ副議長金光濟氏ᄂᆞᆫ固辭ᄒᆞᆫ다더라

황성신문(1907.4.8.)

국채보상운동과 관련하여 보성관은 이 운동에 결사의 장을 제공하고 회원을 조직하는 등 상당히 깊이 관여한 것으로 보인다. 위의 기사에 따르면, 보성관 내에 이미 국채보상연합회의소가 설치되어 있는 것을 확인할 수 있다.

또한 황성신문 1907년 2월 25일자 「국채보상기성회취지서」를 보면 유문상, 안국선, 윤태영, 김대희 등 보성관 번역원과 김성희, 김주병, 백태서, 현공렴, 김동규, 이승교 등 보성관의 출판 활동에 관여한 인물들이 대거 발기인으로 참여하고 있음을 확인할 수 있다.

○ 야뢰보(夜雷報) 신간 광고

우승열패(優勝劣敗)는 천리(天理)의 정해진 이치이다. 지금 경쟁시대(競爭時代)를 당하여 이에 상응하는 지식이 없다면 어찌 나의 존중(尊重)한 독립(獨立)을 도모할 수 있겠는가. 우리나라의 정형(政形)이 정치를 개량하는 것도 좋겠고, 농업 공업 상업의 제반 사업을 홍기시키는 것도 좋겠지만, 국가사회를 계발하는 방법은 지식이 제일이라. 우리가 천견박식에도 불구하고 본보(本報)를 발간하여서 제군자의 총람(寵覽)을 요청코자 하오니 바라건대 뜻있는 인사는 일독하시오.

但 제1호 목록 개요:

취지(趣旨) 논설(論說) 사설(社說) 축사(祝辭) 시사(時事) 평론(評論) 기예(技藝) 학술(學術) 실업(實業) 관보(官報) 잡보(雜報) 소설(小說) 역사(歷史) 지리(地理) 내외사정(內外事情) 인물(人物) 등

발간일자: 매월 5일

정가: 金 15전

광무11년(1907) 1월 5일

중서 전동 12통 1호 보성관 내 야뢰보관(夜雷報館) 임시사무소

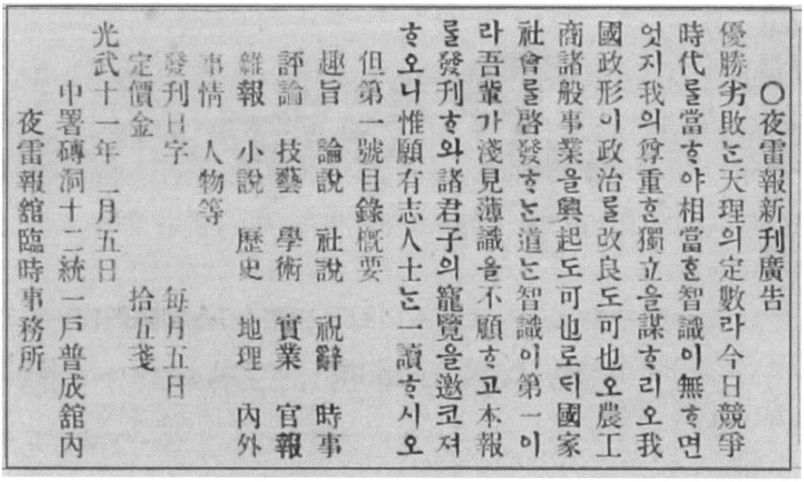
○夜雷報新刊廣告
優勝劣敗는天理의定數라今日競爭時代를當ᄒᆞ야相當ᄒᆞᆫ智識이無ᄒᆞ면엇지我의尊重ᄒᆞᆫ獨立을謀ᄒᆞ리오我國政形이政治를改良도可也오農工商諸般事業을興起도可也로ᄃᆡ國家社會를啓發ᄒᆞ는道는智識이第一이라吾輩가淺見薄識을不願ᄒᆞ고本報를發刊ᄒᆞ와諸君子의寵覽을邀코져ᄒᆞ오니惟願有志人士는一讀ᄒᆞ시오
但第一號目錄概要
趣旨 論說 社說 祝辭 時事 評論 技藝 學術 實業 官報 雜報 小說 歷史 地理 內外事情 人物等
發刊日字 每月五日
定價金 拾五戔
光武十一年一月五日
中署磚洞十二統一戶普成館內
夜雷報館臨時事務所

「夜雷報新刊廣告」, 『皇城新聞』(1907.2.6.)

"소리를 크게 내어 온 나라를 긴 밤 단꿈 속에서 깨어나게 하려[17]"는 의도로 간행된 월간지 『야뢰』[18]는 국채보상에 관한 논설이나 시사평론,

17 『야뢰』 창간호에 실린 오영근의 「취지서」. 1907.2.

18 『야뢰』는 1907년 2월 5일에 창간호를 내어 같은 해 7월 통권 6호를 마지막으로 종간된 월간지이다. 창간호 판권지에 기재된 편집 겸 발행인은 위에서 살펴본 大東商會 주주총회 기사에서 회장으로 추대된 오영근(吳榮根)이고, 인쇄소는 보성사, 발행사는 야뢰보간으로 나와 있다.

그리고 국채를 보상하기 위한 각 인물들의 활동 등을 공지하면서 매체를 통해 이 운동을 확산시키려는 의지를 여실하게 드러냈다. 또한 『야뢰보』는 신간 광고에서 "경쟁시대에 이에 상응하는 지식의 보급"을 중요하게 내세우고 있는데, 특히 이 잡지의 학술과 실업분야의 필자들이 대부분 보성관 번역원과 일치하는 경향이 있었다.

구체적으로 이필선(이학), 윤태영(식물학), 이년웅(법학), 유완종(광물학), 김대희(실업), 안국선(정치, 경제), 김건중(문예) 등이 활약했음을 확인할 수 있다. 수치상 보성관 번역원 12명 중 7명이 『야뢰』의 필자로 활동한 셈이므로, 거의 보성관의 월간 잡지로 보아도 무방할 정도이다.

이는 보성관에서 교과서 번역 저술 작업과 잡지에 기고하는 저술 활동이 동시에 진행되었으며, 근대 초기 지식의 장의 형성에 있어서 보성관이 그 역할을 담당했음을 뚜렷이 드러내고 있으며, 보성관 번역원이 지식층 형성의 중요한 네트워크로 이어지고 있는 것으로 이해할 수 있다.

이 밖에도 보성관은 당시 여러 학회(기호학회와 서북학회 등)의 간친회(懇親會)의 친목 장소나 임시사무소로 당시 저널리즘에 여러 차례 등장하고 있음을 볼 수 있다.

보성관의 가열찬 출판 · 언론 활동은 1910년 경술국치 이후로는 그 자취를 찾을 수 없다. 대한제국의 국권상실과 함께 자연스럽게 해산된 것으로 짐작되는데, 보성관의 존립이 정확히 대한제국의 명운과 함께 한다는 점은 보성관이 반민반관의 공적 기관의 성격을 띠고 있었음을 방증한다.

3. 전문학교 교과서의 제작과 보성전문

(1) 보성전문의 교과서 제작

이상에서 보성사의 설치와 보성관의 성립을 살펴보면서 두 기관의 본

연의 기능인 교과서 제작 현황도 아울러 훑어보았다. 전체적으로 70여 종이 넘는 '보성' 명칭의간행물들을 함께 일별해보았지만, 신기하게도 보성전문의 교과서로 지목할 만한 서적이 거의 보이지 않는다.

○『법정학계』1호, p.53-54,「본교연혁」1907년 5월 5일

— 광무 9년(1905) 1월에 고 군부대신 이용익씨가 신해영씨를 특별히 불러서, 학교를 설립하여 인재를 배양하여 국가의 기초를 완성하고 국민의 지식을 발달하게 할 목적으로 전적으로 맡겨서 운영하게 하고 유지 방법은 영원히 본인이 담당할 뜻을 진술하니, 신해영씨가 이러한 뜻에 감격해서 두세 동지들과 함께 학교의 설립방법을 연구하니, 현재 국내에 전문학교가 없으므로 법률, 경제, 농업, 상업, 공업 다섯 개 전문과를 함께 설립하는 것으로 결정하였지만 그 실제 방법 때문에 우선 법률학과 경제학 두 개 전문과를 설립하고 학생을 모집하였지만, 국민의 지식이 몽매하여 법률과 경제가 어떠한 것인지 모르는 까닭에 응모한 인원이 약 100명에 불과하였다.

— 같은 해(1905) 4월 3일에 학교를 보성전문학교라고 명명하고, 장소는 전동 앞에 있는 러시아어학교(아어학교)를 빌어서 썼다.

— 교장은 신해영씨, 교감은 조제항씨, 학감은 정영택씨가 임명되었다. 강사로는 신우선, 유승겸, 유치형, 장도, 장헌식, 홍재기, 유문환, 석진형 씨들을 초빙하여 해당 과목에 관한 강의록을 새로 간행하여 교수하였다.

1907년 5월 5일에 보성전문에서 발행한 기관지『법정학계』창간호에 실려 있는「본교연혁」의 첫머리 부분이다.「연혁」에 따르면 1905년 설립 초기부터 각 전문 과목에 대한 강의록을 새로 간행하였다고 분명히 밝히고 있다.

또한 1907년에는 보성전문에서 첫 번째 졸업생을 배출한 상황이었으므로,「연혁」의 뒤쪽에「제1학년 각과 수업 정도표(1회)」라는 제목으로 제1회 졸업생에 대한 각 과별(科別) 수업 진행 사항을 과목명과 강의한 예

1학년 과정		법학통론	민사소송법	형사소송법	재정학	물권학	형법총론	상법총론	민법총론	경제학	채권법	회사법	평시국제공법	경찰학	국가학	헌법	은행론	화폐론	세계론	일어	산술	합
법률학	예수	148	304	268	.	.	232	.	256	200	.	.	176	180	32	48	.	.	.	.	.	1844
	시수	40	89	72	.	.	54	.	85	54	.	.	58	48	9	12	.	.	.	77	66	664
경제학	예수	148	.	.	176	308	.	.	256	200	208	.	.	.	32	48	204	188	52	.	.	1820
	시수	40	.	.	50	82	.	.	81	50	67	.	.	.	9	12	64	64	12	76	70	679
2학년 과정		법학통론	민사소송법	형사소송법	재정학	물권학	형법총론	상법총론	민법총론	경제학	채권법	회사법	평시국제공법	행정법	은행론	세계론	헌법	어음법	채권법二부	국제사법	형법각론	해상법
법률학	예수	52	56	36	175	371	256	119	16	.	304	261	172	293	.	.	92	247	189	296	108	290
	시수	1	4	4	18	79	45	27	3	.	47	35	42	66	.	.	18	81	41	73	23	47
경제학	예수	48	.	.	.	57	.	119	16	.	100	261	.	293	28	69	92	247	289	280	.	290
	시수	10	.	.	.	5	.	27	3	.	8	35	.	66	7	17	18	80	41	23	.	47
2학년 과정		파산법	상속법	전시국제공법	계약각론	증거법	상행위	경찰학	공채론	부기학	화폐론	통계학	조세론	은행부기학	조세각론	산술	합					
법률학	예수	136	96	72	12	127	24	12	.	.	.	.	.	.	.	.	3812					
	시수	32	19	19	12	21	1	2	.	.	.	.	.	.	.	.	760					
경제학	예수	136	96	.	12	.	24	.	104	.	8	144	160	24	12	.	2809					
	시수	32	19	.	12	.	1	.	29	58	4	35	39	17	3	88	723					

수(頁數: 페이지수) 및 수업시수를 명기한 표로 작성하여 제시하고 있다.

이 책에는 2년 과정의 보성전문의 전 과목명과 당시 설치되었던 법률학전문과, 경제학전문과, (한성법학교 출신 학원을 흡수하면서 개설되었던) 야간반인 법률학전문야학과까지 포함하여 번다하게 정리되어 있지만, 논의 전개에 필요한 부분만 임의로 축소하여 위의 표와 같이 제시한다.

1학년 과목으로 법학통론, 민사소송법, 형사소송법, 재정학, 물권학, 형법총론, 상법총론, 민법총론, 경제학, 채권법, 회사법, 평시국제공법, 경찰학, 국가학, 헌법, 은행론, 화폐론, 세계론(歲計論), 일어, 산술의 총 20개 과목이 교수되었고, 2학년 과목으로는 1학년 과목과 겹치는 과목들을 제외하고도 행정법, 어음법, 채권법 2부, 국제사법, 형법각론, 해상법, 파산법, 상속법, 전시국제공법, 계약각론, 증거법, 상행위, 공채론, 부기학, 통계학, 은행부기학, 조세각론 등 17개 과목이 교수되었다.

따라서 적어도 37종의 강의록이 새로 간행되어 활용된 것이 분명해 보인다. 왜냐하면 교재가 없는데 수업한 페이지 수가 있을 리 만무하기 때문이다.

이때의 강의록으로 추정되며 당시의 교과서로 인정받는 책으로 현전하는 도서는 이면우 강술(講述)의 『회사법』, 조성구 강술의 『헌법』 정도이고, 거의 대부분의 강의록이 확인되지 않는다. 왜 그럴까?

교과서(강의록) 문제와 관련하여 주목을 끄는 기사가 다음과 같이 『황성신문』에 「보전교 교외생」이라는 제목으로 실려 있다.

○ **보성전문학교 교외생 제도**

박동 보성전문학교에서 법학과 교외생(校外生)에 관한 사무를 확장하고 각 지방에서 법학연수를 원하는 인사들에 대해서 편이한 방법을 정하여 통지함이 아래와 같으니,

일, 교외생 입학청원서는 보통의 인쇄된 편지지에 주소를 상세히 기록하여 우송하되 수업과목을 첨부하고(입학시험은 필요하지 않으며, 어느 때든지

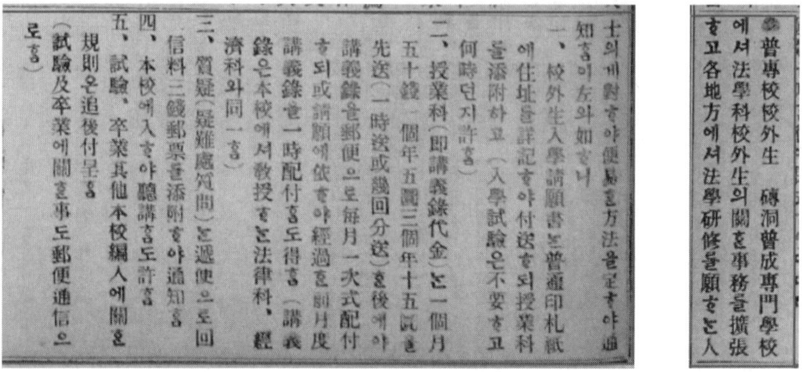
◉普專校校外生　磚洞普成專門學校에셔法學科校外生의關ᄒᆞᆫ事務를擴張ᄒᆞ고各地方에셔法學研修를願ᄒᆞᄂᆞᆫ人士의게對ᄒᆞ야便易ᄒᆞᆫ方法을定ᄒᆞ야通知ᄒᆞᆷ이左와如ᄒᆞ니

一、校外生入學請願書ᄂᆞᆫ普通印札紙에住址를詳記ᄒᆞ야付送ᄒᆞ되授業料를添附ᄒᆞ고（入學試驗은不要ᄒᆞ고何時던지許ᄒᆞᆷ）

二、授業料（即講義錄代金）ᄂᆞᆫ一個月五十錢一個年五圜三個年十五圜을先送（一時送或幾回分送）ᄒᆞᆫ後에야講義錄을郵便으로每月一次式配付ᄒᆞ되或請願에依ᄒᆞ야經過ᄒᆞᆫ前月度講義錄을一時配付ᄒᆞᆷ도得ᄒᆞᆷ（講義錄은本校에셔教授ᄒᆞᄂᆞᆫ法律科、經濟科와同一ᄒᆞᆷ）

三、質疑（疑難處質問）ᄂᆞᆫ遞便으로回信料三錢郵票를添附ᄒᆞ야通知ᄒᆞᆷ

四、本校에入ᄒᆞ야聽講ᄒᆞᆷ도許ᄒᆞᆷ

五、試驗、卒業其他本校編入에關ᄒᆞᆫ規則은追後付呈ᄒᆞᆷ（試驗及卒業에關ᄒᆞᆫ事도郵便通信으로ᄒᆞᆷ）

「보전교 교외생」, 『황성신문』(1909.4.20)

허가함)

이, 수업료(즉 강의록 대금)은 1개월에 50전(錢), 1개년에 5환(圜), 3개년에 15환(圜)을 먼저 송금한 후에야 강의록을 우편으로 매월 한 차례씩 배부하되 혹 요청이 있으면 경과한 전월도 강의록을 함께 배부함도 가능함(강의록은 본교에서 교수하는 법률과 경제과와 동일함)

삼, 질문에 대해서는 우편으로 회신료 3전 우표를 첨부하여야 통지함

사, 본교에 찾아와서 청강함도 허락함

오, 시험, 졸업 및 본교 편입에 관한 규칙은 추후에 보내 드림(시험 및 졸업에 관한 일도 우편통신으로 함)

이는 1909년경 보성전문에서 교외생 제도를 마련하여 통신대학 형태의 교육 확장을 도모한 것에 대한 기사이다. 입학 시험 없이 우편으로 송부받은 강의록을 가지고 학습하되, 우편으로 질의 문답도 가능하고, 시험과 졸업의 과정도 갖추어져 있다는 내용이다. 본교에 출입하여 청강할 수도 있으며, 향후 본교 편입의 방안도 마련해 놓았다고 한다.

여기에서 주목할 점은 학습에 필요한 강의록이 우편으로 매월 한 차례씩 배부된다는 점이다. 즉, 간행되어 성책(成册)된 교과서가 아니라,

각 과목의 강의록이 월별로 분할되어 우편 배송되고 있다.

우리는 여기서 보성전문의 교과서가 강의록 형태의 낱장 자료로 존재했고, 한데 묶여 간행되지 못했을 가능성에 대해서도 고려해 보아야 한다. 이러한 까닭으로 현전하는 당시 교과서의 유물이 이렇게도 보잘것없는 것으로 보인다.

(2) 고려대도서관 소장 윤하용 구장 교과서 29책

고려대학교 도서관 희구서고에는 1996년 9월 5일에 윤서석 선생이 기증한 법률 관련 교과서로 추정되는 29책이 소장되어 있다. 그중 5책은 판권지를 갖추고 있어 정확한 간행 사항을 확인할 수 있고, 2책은 필사본으로 되어 있는데, 이들 7책을 제외한 나머지 22책은 모두 근대의 신식 활자로 인쇄된 신연활자본 고서들이지만 모두 판권지를 결하고 있다. 또한 모든 책에 원형(圓形)의 성명인 '윤하용장(尹夏/鏞章)'과, 정방형 아호인(雅號印) '벽농거사(碧農/居士)'인 등이 날인되어 있어 원소유자를 분명하게 확인할 수 있다.

윤하용(1890-1968?)은 기증자 윤서석 선생의 부친으로, 구한말에 태어나 일제강점기와 한국전쟁을 겪은 인물로서 자신의 이름을 붙인 『윤하용시집』이라는 한시집을 남긴 인물이다.[19]

그는 자신의 시집 앞머리에 '이력서'라는 제목으로 자신의 행적을 간략히 기록해 두었는데 다음과 같다.

---

19 윤하용의 생애와 이력과 관련해서는 박종훈의 「經石 尹夏鏞의 感舊詩 一考」, 『한국언어문화』. Vol. 41 (2010)에 힘입은 바 크다. 윤하용의 『윤하용시집』은 필사본으로, 박종훈 개인소장으로 보인다.

이력서

본적 서울특별시 종로구 종로6가 215번지
주소 서울특별시 서대문구 충정로2가 61번지
윤하용
단기 4223(1890)년 10월 17일 생

〈학력 및 경력〉
1. 단기 4242년(1909) 20세 3월 보성중학교 졸업
1. 단기 4245년(1912) 23세 3월 대동법률전문학교 졸업
1. 단기 4245년(1912) 23세 10월 대동법률전문학교 교수
1. 단기 4250년(1917) 28세 3월 조선제사주식회사 총무주임
1. 단기 4251년(1918) 29세 4월 조선제사주식회사 부지배인
1. 단기 4253년(1920) 31세 5월 주식회사 호남은행 지배인대리
1. 단기 4256년(1923) 34세 7월 주식회사 한성은행 입사
1. 단기 4260년(1927) 38세 1월 주식회사 한성은행 문서과주임
1. 단기 4264년(1931) 42세 7월 주식회사 한성은행 서무과차장
1. 단기 4275년(1942) 53세 4월 주식회사 조흥은행 장호원 지점장
1. 단기 4278년(1945) 56세 11월 주식회사 조흥은행 검사역
1. 단기 4279년(1946) 57세 1월 주식회사 조흥은행 조사과장
1. 단기 4279년(1946) 57세 11월 태창방직 주식회사 서무과장
1. 단기 4283년(1950) 61세 2월 태창방직 주식회사 이사 겸 총무부장
1. 단기 4286년(1953) 64세 2월 태창방직 주식회사 이사 겸 총무부장 중임
1. 단기 4287년(1954) 65세 11월 태창방직 주식회사 상무이사
1. 단기 4289년(1956) 67세 2월 태창방직 주식회사 상무이사 중임
1. 단기 4290년(1957) 68세 5월 중앙증권 주식회사 이사 사장 취임
이상과 다름이 없음

단기 4290(1957)년 7월
윤하용

윤하용은 생소한 인물로 그의 생애를 문서로 확인할 수 있는 것은 이력서가 전부인데, 우리의 논의 목적인 전문학교 교과서 문제와 관련하

여 주목할 부분은 그의 생애 전반기이다.

윤하용은 첫 번째 이력으로 1909년 보성중학교를 졸업하였다고 했다. 보성중학교의 설립년이 1906년이고 당시 고등학교령 실시에 따라 4년제로 운영되었으므로, 윤하용이 1909년에 보성중학교를 졸업했다면 그는 보성중학교 1회 졸업생인 셈이다.

두 번째 이력은 1912년 대동법률전문학교를 졸업했다고 되어 있다. 대동법률학교는 친일적 성향의 기관 대동학회에서 설립한 전문교육 기관으로서 법부 대신을 역임한 친일파 조중응과 신기선, 민병석 등이 중심이 되어 1908년 3월에 설립한 학교이다. 구한국 초대총감 이또 히로부미의 기부금 1만 환(圜)을 바탕으로 설립되었으며, '화족(華族)' 즉 사대부 자손들만 입학시켜 전문 교육을 시켰던 기관이다. 따라서 대동법률학교의 입학을 위해서는 대동학회 정회원의 '보증'이 필수적이었다. 대략 1916년까지 존속했던 것으로 알려져 있다.[20] 아래 사진은 대동법률전문학교의 학생모집 광고이다.

○ **학원모집광고**

대동학회에서 본 학교를 설립하고 법률 정치를 전문과와 속성과로 야학으로 교수하겠기에 이에 모집하오니 배우길 원하는 사람은 아래 적어 놓은 시험 날짜 이전에 본교로 빨리 와서 청원할 것

용지는 본교에다 청구할 것

보증인은 반드시 대동학회 회원이어야 함

수업연한 : 전문과 3년, 속성과 1년

입학연령 : 20세 이상

20 김효전, 「신식 법학교육의 태동(2)」, 『근대한국의 법제와 법학(9)』 p.4.

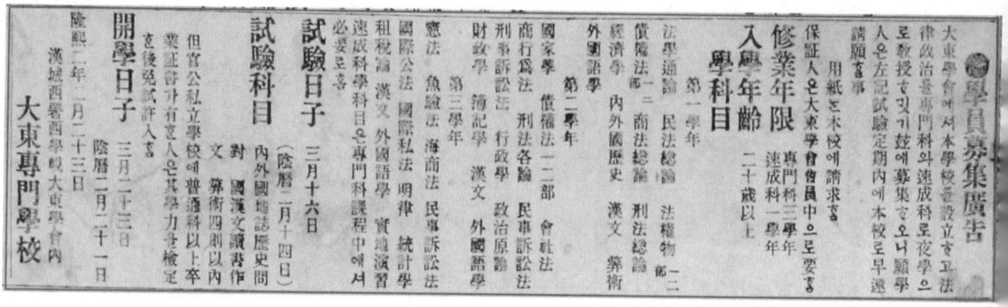
學員募集廣告
大東學會에서本學校를設立ᄒᆞ고法律政治를專門科와速成科로夜學으로教授ᄒᆞ깃기茲에募集ᄒᆞ오니願學人은左記試驗定期內에本校로早速請願ᄒᆞᆷ事
用紙ᄂᆞᆫ本校에請求ᄒᆞᆷ
保証人은大東學會會員中으로要ᄒᆞᆷ
修業年限 專門科三學年 速成科一學年
入學年齡 二十歲以上
學科目
第一學年
法學通論 民法総論 法權物 一二部
債權法 一二部 商法総論 刑法総論
經濟學 內外國歷史 漢文 筭術
外國語學
第二學年
國家學 債權法一二部 會社法
商行爲法 刑法各論 民事訴訟法
刑事訴訟法 行政學 政治原論
財政學 簿記學 漢文 外國語學
第三學年
憲法 魚驗法 海商法 民事訴訟法
國際公法 國際私法 明律 統計學
租稅論 漢文 外國語學 實地演習
速成科學科目은專門科課程中에서必要로ᄒᆞᆷ
試驗日子 三月十六日 (陰曆二月十四日)
試驗科目 內外國地誌歷史問對 國漢文讀書作文 筭術四則以內
但官公私立學校에普通科以上卒業証書가有ᄒᆞᆫ人은其學力을檢定ᄒᆞᆫ後免試許入ᄒᆞᆷ
開學日子 三月二十三日 陰曆二月二十一日
隆熙二年二月二十三日
漢城西署西學峴大東學會內
大東專門學校

「학원모집광고」, 『皇城新聞』, (1908.2.25.)

학과목: 〈제1학년〉

법학통론(法學通論), 민법총론(民法総論), 물권법(法權物) 1부 2부, 채권법(債權法) 1부 2부, 상법총론(商法総論), 형법총론(刑法総論), 경제학(經濟學), 내외국역사(內外國歷史), 한문(漢文), 산술(筭術), 외국어학(外國語學)

〈제2학년〉

국가학(國家學), 채권법(債權法) 1부 2부, 회사법(會社法), 상행위법(商行爲法), 형법각론(刑法各論), 민사소송법(民事訴訟法), 형사소송법(刑事訴訟法), 행정학(行政學), 정치원론(政治原論), 재정학(財政學), 부기학(簿記事), 한문(漢文), 외국어학(外國語學)

〈제3학년〉

헌법(憲法), 어음법(魚驗法), 해상법(海商法), 민사소송법(民事訴訟法), 국제공법(國際公法), 국제사법(國際私法), 명률(明律), 통계학(統計學), 조세론(租稅論), 한문(漢文), 외국어학(外國語學), 실지연습(實地演習)

속성과의 학과목은 전문과 과정 중에서 필요한 것으로 함

시험일자 : 3월 16일(음력 2월 14일)

시험과목 : 내외국지지, 역사문답, 국한문독서, 작문, 사칙연산 이내의 산술

단, 관 · 공 · 사립학교에서 보통과 이상 졸업증서가 있는 사람은 그 학력을 검정한 후에 시험을 면제하고 입학을 허락함

개학일자 : 3월 23일(음력 2월 21일)

융희 2년(1908) 2월 23일
한성 서서(西署) 서학현(西學峴) 대동학회 내 대동전문학교

보성전문보다 3년 뒤에 개설된 대동법률전문학교는 3년제로 운영되었고, 모집 공고로 볼 때 야간제 학교였던 것으로 보인다.

모집 공고에 제시된 교과목은 오늘날에도 뒤떨어지지 않을 정도로 상세하지만, 누가 무엇을 어떻게 가르쳤는지 알려져 있지 않았다.[21] 강사로 석진형(1877-1946)의 이름이 확인되며, 유진오가 『양호기』에서 회상한 바, 그의 부친 유치형(1877-1934)이 이 학교에 출강한 것이 전부이다.[22]

선친 자필의 이력서를 보면 선친은 1899년 일본 유학서 돌아오신 후 7, 8개월 동안 집에서 계시다가 이듬해부터 처가에 와 묵으면서 월급 생활을 시작하였는데, 처음에는 철도학교, 중교의숙 등에서 교편을 잡으시다가, 1902년에 잠깐 법부 법률기초위원을 지낸 것을 기점으로 1904년부터 본격적으로 관리생활로 들어가서, 궁내부 어공원 회계과장, 궁내부 참서관 겸 대신관방 내사과장, 어원사무국 이사 등을 역임하였다.

그러나 밤에는 1910년 즉 합방 때까지 계속하여 한성법학교, 보성전문학교, 양정의숙, 대동법률전문학교 등에서 강의를 하셨기 때문에, 공무원 생활과 교직 생활을 반반씩 하신 셈이다 … 중략 … 양정의숙에서는 당시의 정부 대관들을 상대로 신학문을 강의한 것으로 들었으며, 대동법전, 보전 등에서는 헌법, 물권법, 논리학 등을 강의하였다. 대동법률전문학교는 경성고보 아래 창간 당시의 동아일보 사옥이 된 집에 있었는데 나는 그곳에 가서 아버지가 의자에 앉아 강의하시는 모습을 창밖에서 바라본 일이 있다.

유진오가 회상한 유치형의 생애는 일본유학생 출신의 신지식인의 전형적 패턴을 그대로 보여주는데, 이들은 관비 유학의 혜택으로 일본에

21 김효전의 앞의 글, p.6.
22 유진오, 『양호기』, 고려대출판부, 1977.

서 수학하고 귀국하여 대한제국 정부기관의 하급관료로 관리 생활을 하게 되며, 당시 신지식, 전문적 지식에 대한 교육적 수요가 많았기 때문에 야간에 각종 전문학교에 출강을 하는 경우가 많았다.

또한 신해영과 같이 보성전문 교장으로 전임 교수직을 가지는 사람은 몇몇에 불과하였고, 대다수는 한 교육 기관에 전속되지 않고, 교육적 수요가 있는 곳이면 한성법학교, 보성전문, 양정의숙, 대동법률학교 등 각종 전문교육기관에 두루 출강하는 경향이 뚜렷했다.

앞서 살펴본 보성관 번역원들의 경우에도 대부분 관비유학생 출신으로 귀국 후 각종 학교에서 교편을 잡고 번역의 일을 겸직하고 있었는데, 보성관 번역원과 전문학교 강사의 차이는 각자가 본업으로 몸담고 있던 기관이 중고등학교이냐 전문학교이냐의 차이와, 각자의 전공 분야가 전문교육의 수요가 많은 법학이나 정치경제 계통이냐 그 외의 이학, 생물, 공학이냐에 따라 구분되었을 뿐이다.

하지만 교육수요가 많은 법학 정치 경제 분야라 하더라도, 강사의 지위와 대우는 대단치 않아서, 유치형의 경우에도 1912년 봄에 강사를 그만두고 한성은행으로 직장을 옮기게 된다.

고려대학교 도서관 희구서고에 보관중인 29책의 서명은 아래 표와 같다.

No.	서명	저자	출판사	출판년
1	刑法草案	野澤雞一, 玄映運 共編	[大韓帝國], [法律起草委員會]	1897
2	行政法大意	張憲植 講述, 申海永 校閱	[발행자 미상]	1906
3	新舊刑事法規大全. 卷上	대한제국, 張燾 編	普成社	1907
4	新舊刑事法規大全. 卷下	대한제국, 張燾 編	普成社	1907
5	物權法. 第1部	兪致衡 講述	[발행자 불명]	1907
6	政治原論	安國善 編述	皇城新聞社	1907
7	平時國際公法論	石鎭衡 講述, 申海永 校閱	[普成社]	1907

8	法學通論	朱定均 著述	[발행자불명]	1908
9	最新經濟學	朴承鑣, 朱定均 共著	[발행자 미상]	1909
10	國家學	金祥演 譯述	[발행자 미상]	1910
11	刑事訴訟法	講師 劉文煥	[발행자 미상]	1910
12	商法總論	講師 李冕宇	[발행자 불명]	1910
13	商行爲	安國善 講述	[발행자 미상]	1910
14	財政學	저자 미상	[발행자 미상]	1910
15	民事訴訟法. 第1編	講師 崔鎭	[발행자 미상]	1910
16	會社法	李冕宇 講述	[발행자 불명]	1910
17	憲法	趙聲九 講述	[발행자불명]	1911
18	民事訴訟法. 第2編-第5編.	講師 朱定均 (筆寫本)	[필사자 미상]	1911
19	魚驗法論	申佑善 講述	[발행자불명]	1911
20	海商法	兪致衡 講述	[발행자 불명]	1911
21	戰時國際公法	講師 朱定均	[발행자 미상]	1911
22	(最新)朝鮮大法典. 卷2 : 朝鮮總督府現行	南宮濬 編	唯一書舘	1912
23	親族法論. 續	윤하용(?) (筆寫本)	[大東法律專門學校]	1913
24	刑法總論	張燾 講述	[발행자 미상]	미상
25	商法總論	金祥演 譯述	[발행자 미상]	미상
26	民法總論	講師 申佑善	[발행자 미상]	미상
27	物權法. 第2部	朴晩緖 講述	[발행자 불명]	미상
28	債權法. 第2部(甲)	趙聲九 講述	[발행자 불명]	미상
29	債權法. 第3部	趙聲九 講述	[발행자 불명]	미상

○ 윤하용 교과서의 개관

주정균의 『법학통론』, 신우선의 『민법총론』, 유치형의 『물권법 1부』, 박만서의 『물권법 2부』, 조성구의 『채권법 2부』, 『채권법 3부』, 김상연의 『상법총론』, 이면우의 『상법총론』, 장도의 『형법총론』, 박승희 주정균 공저의 『최신경제학』 이상의 10책은 대동법률전문의 1학년 교과목으로 고시된 9개 교과와 일치한다. 이중 이면우의 『상법총론』은 윤하용이 이면우로부터 성적우수생 상품으로 수령한 것이어서, 실제 교과서로 쓰인 것이 아니므로, 대동법률의 1학년 '상법총론' 과목은 김상연이 강의한 것으로 보인다.

김상연의 『국가학』, 이면우의 『회사법』, 안국선의 『상행위』, 최진의 『민사소송법 1편』, 주정균의 『민사소송법 2-5편』, 유문환의 『형사소송법』, 장헌식 강술, 신해영 교열의 『행정법대의』, 안국선의 『정치원론』, 저자 미상의 『재정학』 이상의 9책은 대동법률전문 2학년 교과목으로 고시된 10개 과목 중 '형법각론'을 제외하고는 모두 일치한다.

조성구의 『헌법』, 신우선의 『어음법론』, 유치형의 『해상법』, 석진형 강술 신해영 교열의 『평시국제공법론』, 주정균의 『전시국제공법』은 대동법률전문의 3학년 과목에 그대로 대응된다. 다만, 3학년 교과목 중 '대명률'과 '통계학', 그리고 '조세론'은 보이지 않지만, 이를 제외하면 정확히 일치한다.

○ 대동법률전문의 출강자와 저술자

교과서의 강술(講述)자[23]들은 장헌식(張憲植), 유치형(兪致衡), 안국선(安國善), 석진형(石鎭衡), 주정균(朱定均), 박승희(朴承禧), 김상연(金祥演), 유문환(劉文煥), 이면우(李冕宇), 최진(崔鎭), 조성구(趙聲九), 신우선(申佑善), 장도(張燾), 박만서(朴晩緖)로 총 14명이다.

이들 중 절반인 7명은 보성전문 설립 초기에 강사로 초빙된 인물로 밝혀져 있는 경우인데, 명단은 석진형, 장도, 유문환, 신우선, 이면우, 유치형, 장헌식이다. 수치상으로는 절반에 해당한다.

---

23 '강술(講述)'이라는 저작표시 용어에 주목을 요한다, 개화기 전문교과서 외에는 잘 쓰이지 않는 용어로, '강의를 하며 서술'하다, 혹은 '강의용으로 서술하다'의 뜻으로 이해된다. 이들 교과서가 대체로 일본의 책을 번역한 것이지만, 그 속에는 저자만의 의견이 포함되어 있어서 '서술(述)'했음을 부기한 것이다. 또 비슷한 저작표시 용어로 '역술(譯述)'도 쓰이는데, 이것은 번역서임을 분명히 하려는 의도를 가지며, 강의용 교재가 아니라는 뜻이다. 강술도 역술도 아닌 경우에는 저작자의 이름 앞에 '강사(講師)' 아무개라고 표기하기도 한다. '강술'이든 '강사 아무개'식의 표기이든 강의록이라는 것을 분명히 한 것으로 보인다.

이들 출강자들은 유치형의 사례에서도 보았듯, 한성법학교, 양정의숙, 보성전문과 대동법률전문 등 법률과목이 개설된 전문학교 여러 곳에 동시에 출강한 것으로 짐작된다. 더구나 대동법률전문의 경우는 야간학교였으므로, 주간제 보성전문과 동시 출강이 가능한 상황이었다.

○ 윤하용의 필기와 교과서 탄생의 비밀

홍미롭게도 윤하용의 교과서에는 그가 강의를 받으면서 남긴 필기 내용이 책장 곳곳에 새겨져 있는데, 태반이 모종의 필기구(-만년필로 보임)를 사용한 분홍 빛깔의 강조점(밑줄)이고, 일부 오탈자의 교정이 꼼꼼하게 이루어져 있으며, 간혹 당시 우등상품으로 시상되던 신문물 '연필'[24]을 사용하여 문단 전체의 주제를 요약한 부분들도 눈에 띈다.

예를 들어 김상연이 강술한 『국가학』에는 원소장자 윤하용이 수업받은 진도를 표시한 것으로 추측되는 분홍빛 글씨의 '以上一學期'(p.79)를

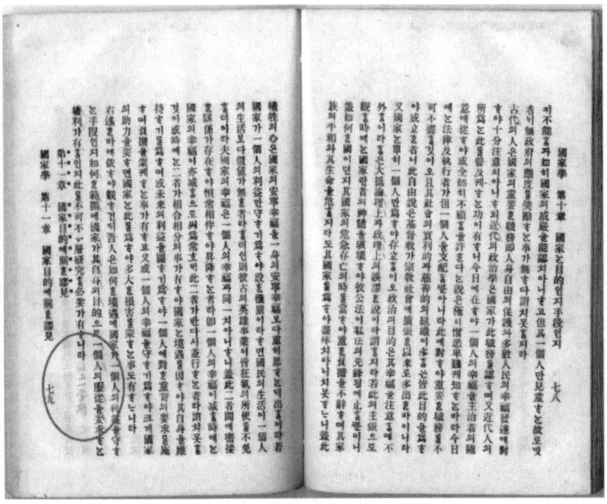

국가학 p.79에 남은 윤하용의 수업 진도 표시

김상연, 『국가학』 표지

24 연필을 시상품으로 이용한 사례는 『황성신문』 1905년도-1909년도 기사에 여러 곳에서 산견된다.

확인할 수 있는데, 그것을 대동전문의 교과과정과 비교하면, 이 책이 1910년 대동법률전문의 2학년 교재로 사용된 것임을 알 수 있다. 이러한 진도 표기는 나머지 책에서도 다수 확인되는데,

『헌법』에는 '一學期'(p.98)와 '二學期'(p.133)가 있어 이 책이 1911년 대동법률전문의 3학년 1-2학기 교재로 사용된 것을 알 수 있다.

『형사소송법』에는 p.112에 원소장자가 수업받은 기록 '二學期'가 있어 이 책이 1910년 대동법률전문의 2학년 2학기 교재로 사용된 것을 알 수 있다.

『상행위』에는 p.44에 원소장자가 수업받은 기록 '一學期'가 있어 이 책이 1910년 대동법률전문의 2학년 교재로 사용된 것을 알 수 있다.

『재정학』에는 p.168에 원소장자가 수업받은 기록 '二學期'가 있어 이 책이 1910년 대동법률전문의 2학년 2학기 교재로 사용된 것을 알 수 있다.

『민사소송법』에는 p.64에 원소장자가 수업받은 기록 '一學期'가 있어 이 책이 1910년 대동법률전문의 2학년 교재로 사용된 것을 알 수 있다.

『전시국제공법』에는 p.133에 원소장자가 수업받은 기록 '一學期'가 있어 이 책이 1911년 대동법률전문의 3학년 교재로 사용된 것을 알 수 있다.

『최신경제학』 p.78에 원소장자가 수업받은 기록 '以上一學期'가 있어 이 책이 1909년 대동법률전문의 1학년 교재로 사용된 것을 알 수 있다.

이상의 사례들로 볼 때 윤하용 구장본 교과서류는 모두 대동법률전문학교 시절에 수업받았던 강의록이라는 사실을 알 수 있다. 또한 개별 전공과목에 대한 거의 모든 강의록이 남아서 전해지고 있음을 알 수 있다.

그렇다면 대동법률전문의 교과서는 이렇게 상세하게 남아서 전하는데, 왜 보성전문 초기 시절의 강의록은 현전하는 것이 이다지도 드문 것일까? 이러한 의문을 풀 수 있는 단서를 아래 『재정학』 교과서에서 발견할 수 있다.

저자미상, 『재정학』 표지

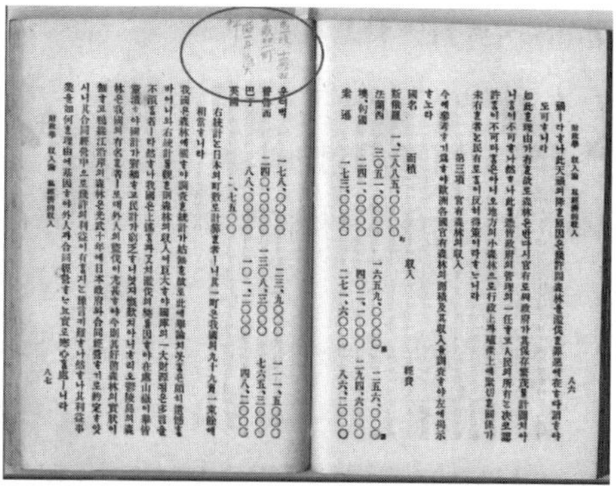
재정학 p.87 상단의 필기

『재정학』은 첫장부터 6쪽까지 하단부가 찢겨져서 저자를 확인할 수 없어 아쉬운 책인데, 이 책에도 윤하용이 수업을 받으면서 쓴 필기가 여러 군데 확인된다. 주목하는 부분은 87쪽 상단에 남아 있는 연필로 쓴 필기 내용이다. 본문의 내용은 관유 삼림의 수입과 관련하여 세계 각국의 수입과 경비를 도표로 제시하고 설명해가는 중이다.

상단에

"ㅇㅇ爲一段, 十斗落爲

ㅇㅇ十畝爲 一町

ㅇㅇ畓一斗落 大

ㅇㅇ秤"

과 같이 필기를 남기고 있는데,

지적(地積) 단위를 설명하고 있는 내용으로 보인다. "ㅇㅇ가 1단(段)이고, 10두락이 ㅇㅇ이며, 10무(畝)가 1정(町)이며 ㅇㅇ 밭 1두락의 크기는 ㅇㅇ평(坪)" 정도로 해석될 것이다. 중요한 것은 이 필기의 상단이 제본으로 인해 최소 2자 이상이 잘려나가서 문맥이 통하지 않는다는 점이다. 'ㅇㅇ'으로 표시한 부분이 그것인데, 『재정학』 자체가 애초 윤하용이 수업을 받을 당시에 책의 형태를 유지하고 있었다면, 필기의 일부가 잘려나간다는 것은 있을 수 없는 일이다.

또한 위 사진에서 볼 수 있듯이, 『국가학』과 『재정학』은 모두 같은 사람의 글씨로 유려하고 균형 잡힌 필체를 보여주고 있다. 나머지 20여 책에서도 같은 글씨체다.

또 조선 고래(古來)의 전통적인 5침안정법(다섯 개의 구멍에 실을 끼워 책을 매는 방법)이 아니라, 중국과 일본의 4침안정법(네 개의 구멍을 사용하는 제책법)으로 장정되어 있는 점도 확인할 수 있는데, 이는 근대초기 신연활자본 도서들의 간행에서부터 유행하기 시작한 장정법이다.

이상을 종합하여 결론적으로 말하자면, 윤하용의 교과서류는 낱장 형태로 지급받은 강의록을 장정 전문가에게 맡겨서 깔끔하게 제본한 형태라는 결론이다.

이러한 상황을 보성전문의 교외생 제도에서 강의록 낱장 지급의 사례와 비추어 본다면, 신식 전문 교육을 실시하던 초기 전문학교에서 사용되던 강의록은 거의 대부분 낱장으로 지급되었으며, 대동전문의 경우에도 마찬가지였던 것으로 결론할 수 있겠다.

또한 각 과목을 가르치던 강사들은 대부분 변호사나 전문직을 겸업하는 경우가 많았고, 전임교수는 존재하지 않았다. 따라서 강사들은 각 학교에 자신의 전공 과목별로 자유롭게 출강할 수 있었으며, 학생에게 자신들이 강술한 교과서를 진도에 따라 지급했던 것으로 보인다.

그리고 윤하용의 경우처럼 이 강의록을 성실하게 모아서 제책했을 경우에는 책으로 전해질 수 있었지만, 아닐 경우 그냥 파지로 소모되어버렸기 때문에 오늘날 교과서류의 전본이 극히 희소한 것이다. 그리고 각 과목별로 강사 자체가 브랜드화 되어 있는 상황이었기 때문에 초기 교과서류로 보이는 대부분의 책이 판권지를 갖추지 않고 있는 것이다.

따라서 윤하용의 교과서류는 그 강술자(강사)를 따라 공히 보성전문 초기 교과서로 정할 수 있겠다는 결론을 내릴 수 있다.

*고려대학교출판문화원에서는 "보성전문학교 교과서번역사업"을 진

행하여 2017년 첫 번째 책으로 신우선 저, 명순구 번역의 『민법총론』을, 2018년에는 유치형 저, 명순구 번역의 『물권법』을 현대어로 번역하여 간행한 바 있다. 2책부터는 "1905 시리즈"라는 애칭도 붙어서, 이 사업이 앞으로도 지속될 것임을 예고하고 있다.

이 사업의 기초가 되는 교과서류가 모두 윤하용 구장본이다. 따라서 이 글은 "1905 시리즈"를 응원하는 마음을 담아 그간 고려대학교 도서관에서 진행해온 윤하용 구장본에 대한 기초적인 서지학적 연구 성과를 정리하여 공개하는 의미도 겸하고 있다.

III. 마무리

> 활자는 그 나라의 정신, 문화 그리고 기술을 나르는 돛단배이다. 활자 하나 하나는 작은 납 합금의 입방체에 불과하지만 이것들이 모여 문장이 되고, 인쇄되어 사람들의 눈에 닿았을 때 그들의 정신을 빛나게 하고 그 의지나 발언이 큰 힘이 되어 사회에 영향을 주고 그리고 국가마저도 움직일 수 있다.
>
> — 고미야마 히로시, 류현국의 『한글 활자의 탄생』 추천의 글

서적의 출판은 개별적인 차원에 머무르지 않고 관계들을 형성하며, 기술력과 자본을 바탕으로 서적을 발행하는 출판사는 물적 토대로서 기능할 뿐 아니라, 결사의 장을 마련하고 나아가 공통된 담론의 공유까지도 가능케 한다.

1905년에 보성소학교와 보성전문학교가, 1906년에는 보성사와 보성중학교가, 1907년에는 보성관이 설립되는 등 교육구국을 위해 '보성' 명칭의 각종 기관이 설립되었고 기능을 했다. 1919년 〈기미독립선언서〉 인쇄 이후 인쇄소 보성사는 전소되어 시설적 기반을 잃게 되었으나 광복 이후에 복치되었다. 인쇄소 보성사의 성과는 설립 초기의 목적에 비

하면 초라한 것으로 판단된다.

이에 비해 전문 출판기관으로서의 보성관은 보성전문학교의 단순 부설기관에 그치지 않고 계몽민지(啓蒙民智)의 미디어 기능도 수행했다. 또한 그 시기 다양한 지식인들의 네트워크를 구성하는 구심점으로 작동했다고 평가할 수 있다. 아쉽게도 보성관이 출판한 현전하는 보성전문학교의 교과서는 거의 없다. 그 이유로 우리는 보성전문의 교과서가 강의록 형태의 낱장 자료로 존재했고, 한데 묶여 간행되지 못했을 가능성을 제시할 수 있다.

3·1 운동 시대 보성전문과 언어 문화

—김기전, 방정환, 박승빈을 중심으로—

신지영*

I. 서론: 왜 언어 문화인가?

2019년은 3·1 운동이 일어난 지 꼭 100년이 되는 해다. 3·1 운동 100주년을 회고하는 데 있어서 고려대학교는 빼놓을 수 없는 중요한 이름이다. 고려대학교의 전신인 보성전문이 3·1 운동의 중심적 역할을 수행했기 때문이다. 1910년 보성전문을 인수한 손병희는 기미 독립선언서에 이름을 올린 민족대표 33인의 대표로서 3·1 운동을 주도했다. 손병희 외에도 33인 중에는 보성전문 강사이며 보성고보 교장이었던 최린이 포함되어 있다. 또한 3·1 운동으로 인해 일본 제국의 법정에서 재판을 받은 민족대표 48인[1] 중에도 보성전문과 관련이 있는 사람이 세 명이

* 고려대학교 국어국문학과 교수.

1 선언서 서명자 33인 중 망명한 김병조와 재판 전 옥사한 양한묵을 제외한 31인과 인쇄 및 배포하고 탑골공원에서 만세 시위를 기획하고 조직하고 실행한 핵심 인물 17인을 합한 숫자이다.

나 되었다. 보성전문의 명의상 창립자인 박인호, 보성전문 강사였던 임규, 그리고 보성전문 3학년 재학생 강기덕이 그들이다.

이들 외에도 보성전문의 교장 윤익선을 비롯하여 강사 신익희, 졸업생 주익, 윤기섭, 성준용, 재학생 한창환, 오일철, 손재기, 이병헌, 이태운, 방정환, 박용회, 김상진, 이양식, 남위 등은 구속 수배를 당했고, 또 이들 가운데 이태운, 방정환, 박용희, 김상진은 퇴학을 당하게 되었다. 이들 외에도 다수의 학생들이 검거되어 옥고를 치렀다.[2] 또한 독립선언서의 출판 역시 보성전문의 부속 출판사였던 보성사에서 이루어졌다는 점 등을 고려할 때 보성전문은 3·1 운동의 중심에 있었다고 해도 과언이 아니다.

이러한 맥락에서 보성전문의 전통을 이은 고려대학교가 3·1 운동 100주년을 맞아 그 의미를 다각적으로 조명하는 일은 매우 뜻깊은 일이라고 할 수 있다.

이 글에서 필자는 3·1 운동 시대 보성전문과 언어 문화에 대해 이야기해 보려고 한다. 당대의 언어 문화를 논함에 있어서 필자는 특히 김기전, 방정환, 박승빈을 중심에 놓고 논의를 이어가 보려고 한다.

1894년 6월에 태어난 김기전은, 1913년 보성전문에 입학하면서 보성전문과 인연을 맺게 된다. 그리고 1917년 3월, 제10회 보성전문 졸업생이 된다. 3·1 운동 당시에는 보성전문을 졸업하고 《매일신보》의 평양지국에 근무하였다. 방정환은 3·1 운동 당시 보성전문의 재학생이었다. 하지만 3·1 운동을 준비하고 실행하는 과정에서 적극적으로 참여한 결과, 일제에 의해 퇴학 조치를 당한다.

한편, 박승빈은 3·1 운동 당시에는 보성전문과의 직접적인 관련이 드러나지는 않는 인물이다. 박승빈은 3·1 운동 당시 큰 성공을 이룬 변호사였다. 하지만 3·1 운동 이전에도 애국당 사건을 무료 변론하는 등 독

---

2 고려대학교100년사 편찬위원회, 『고려대학교 학생운동사』, 고려대학교 출판부, 44-45쪽.

립운동을 후원하였다. 또 3·1 운동 이후에는 특히 애국계몽 운동에 헌신한다. 박승빈이 보성전문과 직접적인 인연을 맺게 된 것은 1925년 보성전문의 교장으로 취임하면서다. 박승빈은 그 후 1932년까지 7년간 보성전문의 교장으로서 보성전문을 이끌었다.

3·1운동 시대는 엄청난 격변기였다. 사회 전체적으로 구질서가 무너지고 새로운 질서가 만들어지는 상황이었고, 구질서를 대체할 새로운 질서를 모색하는 상황이었다. 특히 3·1 운동의 결과로 수립된 대한민국 임시정부는 백성이 주인이 되는 나라, 즉 민주공화국을 건설하는 것을 목표로 하였다. 또한 신분제 사회에서 벗어나 모두가 평등한 나라를 건설하고자 하였다.

이러한 상황은 대한민국 임시정부가 1919년 4월 11일 공표한 대한민국임시헌장에도 그대로 드러난다. [그림 1]은 대한민국 임시헌장을 보인 것이다. 대한민국임시헌장은 총 10개 조항으로 구성되어 있는데, 제1조에 "大韓民國은民主共和制로함"을 두고 있다. 대한민국 임시정부가 지향하는 국가는 왕정이 아니라 공화정임을 천명한다. 그리고 제3조에 "大韓民國의人民은男女貴賤及貧富의階級이無하고一切平等임"을 둠으로써, 새

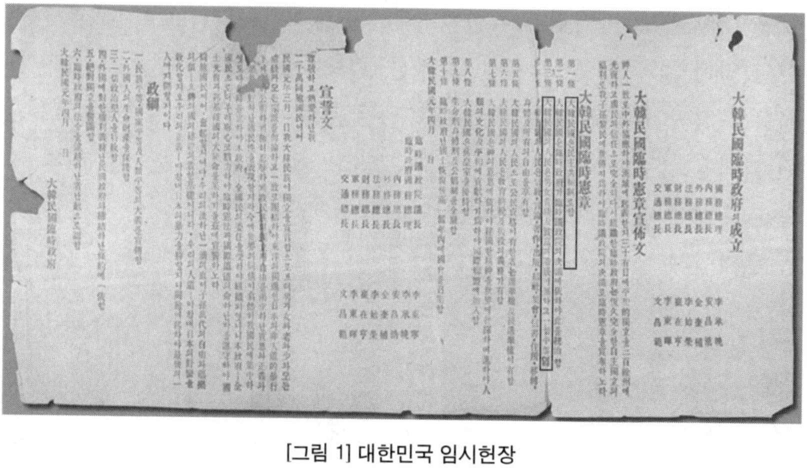
大韓民國臨時政府의成立
大韓民國臨時憲章宣佈文
大韓民國臨時憲章
宣誓文
政綱

[그림 1] 대한민국 임시헌장

로 만들어진 대한민국이 신분, 남녀, 빈부 등에 의해 계급이 나누어지지 않는 '평등'한 나라임을 선언한다.

사회의 변화란 세상을 바라보는 인식의 변화와, 이에 대한 사회적 공감의 형성으로부터 이루어진다. 따라서 사회적 변화는 필연적으로 언어의 변화 요구를 촉발하게 된다. 언어는 사회적 약속이고 그 약속을 학습을 통해 사회적으로 공유함으로써 유지되는 속성을 지닌다. 이러한 속성으로 인해 언어는 과거의 이데올로기를 담을 수밖에 없는 숙명을 갖는다. 따라서 사회의 변화를 요구하는 사람들은 반드시 언어의 변화를 통해 언어에 담긴 기존 질서를 변화시키고자 노력한다.

이처럼 사회의 변화는 언어의 변화를 가져오게 되고 그 변화가 언어에 드러나게 되기도 한다. 하지만 거꾸로 언어의 변화가 사회의 변화를 이끌기도 한다. 따라서 사회의 변화를 수용하기 위해 언어 사용의 전통이 어떻게 변화하였는지를 알아보는 것도 중요하지만, 사회의 변화를 위해 어떠한 언어 운동이 있었는지를 살펴보는 것 또한 큰 의미를 갖는다.

이러한 점에서 3·1 운동 시대는 흥미롭다. 사회적 격변기가 보여 주는, 새 시대를 담을 수 있는 새로운 언어적 전통을 세우기 위한 노력 외에도 자국어로 글말(문어)의 전통을 새로이 세워야 하는 시대적 소명에 답을 해야 했던 시기였기 때문이다. 이 글에서 필자는 보성전문과 관련이 깊었던 세 인물인, 김기전, 방정환, 박승빈이 사회의 변화를 위해 관심을 가졌던 언어 문제에 관심을 두고 살펴보려고 한다. 이들의 언어 관련 행적을 살핌으로써 이들이 당대 그리고 후대의 언어 문화에 끼친 영향은 무엇인지, 그리고 현재를 사는 우리가 귀 기울여 들어야 할 이야기는 무엇인지 살펴볼 것이다.

II. 배경: 3·1 운동 시대의 언어 환경

1. 한글의 공식 문자 채택 그리고 정서법 확립을 위한 노력

한글이 한국어를 적는 공식적인 문자로 인정된 것은 1894년 갑오경장 이후였다. 고종실록 32권에 있는 고종 31년 11월 21일자 기사를 보면 고종의 칙령 1호에서 8호까지를 총리대신 김홍집이 받는 장면이 기록되어 있다. 칙령의 제1호는 공문식제와 관련된 것으로 종전의 공문 반포 규례를 당일부터 폐지하고 새로운 방법으로 바꿀 것을 명하는 내용이다. 실록에는 제8호까지의 칙령 내용이 나열된 후에 공문식(公文式)에 대한 규정이 기록되어 있다. 그리고 (1)에 보인 바와 같이 공문식 관련 기록의 제14조에는 공문식에 대한 법령과 칙령을 모두 국문(즉 한국어를 한글로 쓴 글)을 기본으로 하고, 한문 번역을 붙이거나 국한문을 혼용하여 기록하라고 되어 있다.

(1) 고종실록 32권 고종 31년 11월 21일 기사 중에서(국사편찬위원회)

第十四條: 法律、勅令, 總以國文爲本, 漢文附譯, 或混用國漢文。
제14조, 법률·칙령은 모두 국문(國文)을 기본으로 하고 한문(漢文)으로 번역을 붙이거나 혹은 국한문(國漢文)을 혼용한다.

이로써 한글은 국가의 공식 문자로 인정받게 된 것이다. 한글이 공식 문자가 되기는 하였지만 공식 문자가 되기에는 여러 가지 준비가 미흡한 면이 있었다. 가장 시급한 것은 정서법을 만드는 일이었다. 어느 정도 통일된 정서법이 있어야 혼란 없이 사용될 수 있기 때문이다. 1905년 지석영, 1906년 이능화는 정서법 통일안을 직접 제안하거나 통일할 것을 촉구하는 상소를 올린다.

한글 체계 정비에 대한 필요성을 촉구하는 상소가 이어지자 1907년 7

월 학부 안에 국문 연구소를 설치하게 된다. 위원장은 학부 학무국장 윤치오였고, 초대 위원에는 학부 편집국장 장헌식, 관립 한성법어 학교 교장 이능화, 내부 서기관 권보상, 현은, 주시경, 그리고 학부 사무관이었던 일본인 우에무라가 임명되었다. 이후 위원들의 들고 남이 있었으나 국문 연구소는 1907년 9월 16일 1차 회의를 시작으로 1909년 12월 27일 23차 회의까지 2년 반 동안 활동한 결과를 정리하여 1909년 12월 28일 최종 보고서를 학부대신에게 제출한다. 그간의 연구와 토의를 통해 도출된 내용들인 '국문연구 의정안'이었다.[3]

하지만 이 의정안은 1910년 경술국치로 나라를 잃게 되면서 의미를 갖지 못한다. 국문 연구소의 해체 이후에도 학자들은 연구를 멈추지 않았다. 주시경을 중심으로 1908년 결성되었던 '국어 연구회'를 모체로 주시경의 제자들이 결성한 '조선어연구회(후의 조선어학회)'는 정서법을 만드는 일을 멈추지 않았고, 나아가 사전을 편찬하는 사업을 시작하게 된다. 1927년 '조선어사전편찬회'를 조직하여 사전 편찬 사업을 도모하면서 더더욱 철자법의 기준을 마련할 필요성을 느끼게 된다. 사전을 만들기 위해서는 올림말의 표기 원칙이 서야 했기 때문이다. 학자들은 3년간 125차례의 회의 끝에 『한글맞춤법통일안』을 마련한 후 1933년 10월 29일 한글날 기념식에서 이를 공표한다.

2. 한국어 글쓰기를 통한 새로운 문어(글말) 전통의 수립

앞서 논의한 대로 한글은 탄생 후 거의 500년 만에 국가의 공식 문자로서 인정을 받게 된다. 드디어 일상적으로 사용하는 언어, 즉 구어와 문자로 작성하는 언어, 즉 문어가 같아질 수 있게 된 것이다. 이전의 상황은 구어로는 한국어를 사용하지만 문어로는 한문, 즉 고전 중국어를

3 국사편찬위원회 우리역사넷(http://contents.history.go.kr/front/tg/view.do?treeId=0202&levelId=tg_004_0110&ganada=&pageUnit=10).

사용하는 상황이었다. 물론 한국어를 한글을 이용하여 글쓰기를 했던 전통이 전혀 없었던 것은 아니다. 하지만 매우 제한된 영역에서만 이루어졌던 만큼, 한국어의 글말 전통을 세우기 위해 다양한 노력이 필요한 상황이었다.

특히 3·1 운동을 통해 일제의 무단통치에 거세게 반발하는 민중의 힘에 압도되어 일제가 소위 '문화 통치'의 방식으로 통치 방식을 변경하게 된 3·1 운동 이후의 상황에서는 더욱 그러했다. 표면적으로는 교육의 기회가 확대되었고 민족 신문의 간행이 허가되었고 다양한 잡지가 출판되었다. 이를 통해 다양한 매체를 통한 글쓰기가 이루어질 수 있는 상황이 된 것이다. 물론 말로는 '문화 통치'를 내세웠지만, 신문과 잡지는 검열이 강화되어 정간 혹은 폐간되는 사태가 빈번했다. 그래도 이전의 무단통치 시기에 비하면 출판물의 양이 급증하면서 다양한 장르의 문체가 확립되어 가던 시기였다.

3. 신분제 폐지와 평등 · 인권 의식의 시작

1894년 갑오개혁으로 문벌 · 반상의 제도와 문무 · 존비의 구분이 폐지되었다. 또한 노비의 매매가 금지되었고, 연좌율이 폐지되었으며, 조혼이 금지되고 과부의 재가가 허용되었다. 이는 조선 사회의 폐단이라고 지속적으로 지목되어 왔던 바였다. 이러한 사회의 변화는 언어에도 변화를 일으킬 수밖에 없는 환경이 되었다. 특히 동학 운동과 천도교 사상을 바탕으로 평등 의식과 인권 의식에 눈을 뜨기 시작한다. 존비의 구분이 없어졌지만 존비에 따라서 언어를 달리 사용했던 전통이 하루아침에 없어질 수가 없었다. 특히 한국어가 높임말이 발달한 언어라는 점이 문제였다.

이 시기 평등 의식과 인권 의식에 가장 큰 영향을 미친 것은 천도교 사상이었다. 모든 사람이 '한울님(천주天主)'을 모신 존재이므로 남녀노소, 빈부귀천의 차이가 존재할 수 없다는 것이 천도교 사상의 근본이다. 즉, 모든 인간은 평등한 존재라는 믿음에서 출발하는 것이 바로 천도교 사상이다. 이러한 천도교 사상은 삼강오륜으로 대표되는 기존의 유교 사상과는 대척점에 있다고 해도 과언이 아니다.

유교 사상의 기본인 3강 5륜은 구분 짓기와 서열화에 의한 질서를 강조한다. 천도교의 기본 정신은 시천주(侍天主)와 인시천(人是天)으로 요약되는 평등사상이다, 즉 모든 사람들은 '한울님'을 모시고 있으며(侍天主), 모든 사람이 한울님이라고(人是天) 생각하는 것이다. 이러한 천도교 정신에 비추어 보면 유교의 구분 짓기과 서열화는 인간을 상하, 존비, 귀천의 관계로 얽매이게 하는 것이다. 천도교 사상은 이렇게 기존의 유교적 질서에서 유린된 평등과 인권의 자각과 현실 비판에서 출발하며, 자연스럽게 인간을 두고 벌어지는 반상(班常)의 차별, 장유(長幼)의 차별, 남녀의 차별에 반대한다.

1905년 교육 구국의 건학 이념으로 이용익에 의해 세워진 우리나라 최초의 고등교육기관인 보성전문은 식민 지배를 꿈꾸던 일제에 의해 탄압을 받아 어려움에 처하게 된다. 어려움에 처한 보성전문을 1910년 인수한 것이 바로 천도교의 교주였던 의암 손병희였다. 자연스럽게 보성전문은 개교 시 교육 구국의 이념에 천도교 사상이 더해지게 되면서 식민지의 시공간에서 조선의 독립과 조선의 개혁을 위한 사상의 산실이 되었다.

4. 김기전, 방정환, 박승빈에 주목하는 이유

3·1 운동 시대 보성전문의 언어 문화에 대해 논의하는 자리에서 특히 필자가 김기전, 방정환, 박승빈에 주목하는 이유는 3·1 운동 시대, 그리고 그 이후로 이어지는 시대에 언어 운동을 통한 사회 운동을 이끈 인물이 바로 이들이었기 때문이다. 그리고 이 세 인물은 공통적으로 언어의

변화를 통해 사회의 변화를 이루고자 했으며, 평등 사상과 인권 의식이 언어의 변화를 통해 달성될 것이라는 믿음을 가지고 있었다. 이들은 모두 당대에 큰 영향력을 가진 인물이었던 만큼, 이들의 생각은 실제로 당대에 큰 영향을 미쳤다.

이 글에서 주목하려 하는 세 인물 중, 김기전과 방정환은 보성전문 출신으로 천도교와 관련이 깊은 인물이었다. 천도교 사상은 이들에게 시대를 앞선 평등 의식과 인권 의식을 드러나게 한 것으로 보인다. 이들이 아동과 여성의 인권에 주목한 것은 이러한 맥락에서 자연스러운 일이라고도 할 수 있다. 물론 천도교 관련자들의 인권 의식과 평등 의식이 모두 이들의 수준까지 가지는 못했다는 점에서 이들의 이론과 실천력은 시대를 뛰어넘는 놀라운 업적이라고 할 수 있다.

앞선 두 인물과는 달리 박승빈의 경우는 사상적으로 천도교에 바탕을 둔 인물은 아니었다. 하지만 박승빈은 법률가로서의 치밀한 논리를 바탕으로 자신의 철학을 실천한 인물로 평가할 수 있다. 당시 사회의 부조리를 법정에서 그리고 현실에서 체계적 논리를 가지고 변론한 인물이었다. 박승빈은 법조인임과 동시에 자신의 문법 체계를 세운 당대의 탁월한 국어학자이기도 했다. 그는 국어학 연구를 통해 언어가 가진 힘이 무엇인지 누구보다도 잘 파악한 인물이었다. 하지만 더 놀라운 것은 언어를 통한 사회 변화를 이끌고자 했던 실천적인 국어학자였는 점이다. 박승빈의 삶을 따라가며 발견한 놀라움은, 연구를 통한 깨달음을 삶에서 실천했다는 점이다. 박승빈은 사회가 담고 있는 불평등과 구습을 없애는 방법의 하나로 언어 개혁을 부르짖었던 사상가였으며 동시에 실천가였다.

당시의 언어 운동은 크게 두 가지 방향으로 나누어 이루어졌다고 할 수 있다. 그 첫 번째 방향은 '한글 운동'으로 대표되는 주시경과 그의 제자들이 벌인 운동이었다. 이 한글 운동은 식민지 시공간에서 '한글'로 상징되는 한국어를 지키기 위한 운동이었다. 한국어를 지키는 것이 바로 식민 지배를 거부하고 독립을 이루는 일이라고 생각했다. 이 운동의 전통은 주시경의 제자인 최현배가 1926년 연희전문의 교수로 취임함으로써 연희전문과의 관련을 더 깊이 가지게 된다.

다른 한 방향은 바로 언어에 담긴 이데올로기를 간파하고 언어의 변화를 통해 사회의 변화를 이끌고자 했던 '언어 개혁 운동'이다. 사회의 변화를, 언어의 변화를 통해 주도하겠다는 깊이 있는 성찰에 기반한 운동이다. 이 방향에서 가장 큰 족적을 남긴 인물이 바로 김기전, 방정환, 박승빈이다. 흥미로운 점은 이들이 모두 보성전문과 관련이 있는 인물들이라는 점이다.

사실 그간 일제 강점기의 언어 운동과 관련한 연구는 거의 대부분 '한글 운동'에 주목한 면이 있었다. 그 시기 '언어 개혁' 운동에 대해서는 크게 주목하지 않았던 듯하다. 김기전과 방정환은 주로 '어린이 운동'의 측면에서 주목하였고, 박승빈은 비주류 국어학자로 기억된 측면이 있다.

하지만 이 세 인물이 남긴 업적을 통해 필자는 이들이 보여준 '언어 개혁 운동가'로서의 면모를 발견할 수 있었다. 이 글에서 필자는 필자가 발견한 언어 개혁 운동가로서의 면모에 주목하면서 이들의 행적을 따라가 보려 한다. 그리고 이 세 인물이 3·1운동 시대의 언어 문화에 어떤 영향을 미쳤는지에 대해 살펴보려 한다.

III. 생 애

1. 김기전

김기전은 1894년 6월 13일 평안북도 구성군에서 태어났다. 1899년부터 1908년 서당에 다니면서 한학을 익혔다. 1909년 16세의 나이로 천도교에 입도한다. 천도교 도정(道正)[4]이었던 부친에게 영향을 받았고, 또

[그림 2] 소춘(小春) 김기전

부친을 찾아오는 동학 지도자들의 덕망과 언행에 많은 영향을 받았다고 한다. 1911년부터 1년간 구성군 천도교 교리강습소에서 공부하였고 1913년 정주의 오산학교로 전학했다가 같은 해 보성전문 법과에 입학하여 1917년 졸업한다. 보성전문을 졸업한 후에는《매일신보》기자가 되었다. 3·1 운동 당시 김기전은《매일신보》평양지국에 근무하였다. 3·1 운동 이후인 1920년부터는 천도교 종단의 기관지《개벽》의 주필 겸 편집장이 된다.《개벽》을 비롯하여 다양한 지면에 수많은 논설을 발표한다.

특히 김기전은 소년운동을 일으키는 데 앞장선다. 1921년 4월 '천도교소년회'를 조직하고 유소년 윤리강령을 제정한다. 1922년 5월에는 방정환과 함께 어린이날을 제정하고 1923년에는《어린이》라는 잡지를 창간한다. 김기전은 어린이운동뿐 아니라 천도교 청년당 당두(黨頭)로서 1930년대 농촌운동과 노동운동을 주도하였다. 또한 청년당 내에 오심당이라는 비밀 결사를 조직하여 독립운동을 하기도 하였다. 하지만 1934년 비밀 결사 조직이 탄로 나면서 전국의 250명의 핵심 당원들과 함께 검거되기에 이른다. 또한 여성 문제에도 관심을 두어 여성 해방과 관련한 다양한 글을 발표하였다.

하지만 불행히도 1936년 폐결핵 3기라는 진단을 받고 해주요양원에 들어가게 된다. 이로써 이후 10년간 운동의 일선에서 물러나 신앙생활에만 몰두한다. 수도와 치료에 몰두한 결과 10년 후 폐결핵은 완쾌된다. 완쾌와 함께 해방을 맞게 된다. 해방 후인 1945년에는 천도교 청년당의

---

4 천도교의 하부 조직을 맡은 대표자의 직책 중 하나다. 신교의 호수 200호인 '포'를 대표하는 대표자의 직책이다.

후신인 천도교 청우당을 부활시켰고, 잡지 《개벽》을 속간하는 등의 활동을 시작하였다. 하지만 해방 후 갈등 상황에서 1946년 이돈화와 함께 북쪽의 천도교 재건을 위해 월북한다. 월북 후에는 불행히도 1948년 3월 반공의거운동(3·1 재현운동) 때 행방불명이 되어 이후의 행적을 추적할 수 없다.

김기전은 소년운동 역사에서 가장 중요한 역할을 차지하는 이론가이자 운동가였다. 1920년 《개벽》의 편집장이 되면서 방정환이 죽기 전까지 호흡을 맞추며 소년운동을 이끌었다.

2. 방정환

방정환은 세 인물 중에서 보성전문과 가장 깊은 인연을 맺은 인물이라고 할 수 있다. 방정환은 1899년 11월 9일 서울 당주동(당시에는 야주개라 불림)에서 태어났다. 야주개 시장 거리에서 어물전과 미곡상을 경영하는 유복한 집안의 아들로 태어났다. 방정환이 처음 보성전문과 인연을 맺은 것은 7세 때인 1905년이었다. 두 살 위인 삼촌을 따라서 서대문 근처에 있는 신식학교 보성소학교에 놀러 갔다가 김중환 교장의 권유로 머리를 자르고 유치반에 입학하게 된다. 보성소학교는 보성전문과 같은 재단의 학교였다.

[그림 3] 소파(小波) 방정환

하지만 보성소학교를 졸업하지는 못한다. 9세였던 1907년 종조부의 사업 실패로 가세가 기울었기 때문이다. 다시 학교에 들어간 기록은 11세 때인 1909년이다. 하지만 방정환은 10세에 8-9명의 친구들을 모아

'소년입지회'를 조직한다. 소년입지회는 공일(일요일)에 모여 석유 궤짝을 뜯어 만든 칠판을 걸어놓고 다양한 문제에 대해 토론을 벌였다고 한다. 소년입지회는 점차 회원이 늘어서 1910년 즈음에는 회원의 수가 160명으로 증가했다고 한다.

방정환은 이후 11세에 매동 보통학교에 입학하고 미동 보통학교로 전학한 후에 15세에 미동 보통학교 4학년을 졸업한다. 이후 할아버지의 권유로 선린상업학교에 입학하였지만 졸업을 1년 남겨놓은 시점에 중퇴한다. 가난한 집안 살림 때문에 어쩔 수 없는 선택이었지만 상업학교 공부가 적성에 맞지 않았기 때문이다. 선린상업학교를 중퇴한 후에는 가계를 도울 목적으로 토지조사국 사자생(寫字生)[5]으로 취직한다.

이후 방정환이 다시 보성전문과 인연을 맺게 된 것은 19세였던 1917년이었다. 그해 4월, 권병덕의 주선으로 손병희 선생의 셋째딸과 결혼을 하였고, 그 이듬해인 1918년 7월 보성전문[6]에 입학하게 되었기 때문이다. 하지만 그 다음 해에 일어난 3·1 운동에서 〈조선독립신문〉을 등사판으로 박아 배포하고 〈독립선언서〉를 돌리며 시위에 참가한다. 시위 현장에서 일본 경찰에 체포되어 고문을 당했고 검거 1주일 만에 풀려난다. 풀려난 후에는 일제에 의해 보성전문 퇴학 처분을 당한다.

1920년 9월 《개벽》의 도쿄 특파원과 천도교청년회 도쿄 지부의 회장직을 수행하기 위해 일본으로 건너간다. 그리고 이듬해 토요(東洋) 대학 전문학부 문화학과에 청강생으로 등록하여 아동문학과 심리학을 공부

---

5 사자생이란 측량사들이 측량을 하면서 적어놓은 기록과 지적도에 필요한 토지에 관한 각종 기록을 토지조사부에 정확히 정자로 옮겨 적는 일을 하는 사람을 말한다.

6 당시에는 교명이 '사립보성법률상업학교'였다. 하지만 여기서는 편의상 고려대학교 이전의 시기를 모두 '보성전문' 시기라고 이를 것이다. 일제는 1915년 〈개정사립학교규칙〉을 통해 사립학교를 압박한다. 전문학교 설치를 위한 까다로운 조건을 요구하는 한편, 1915년 〈전문학교 규칙〉 제정을 통해 이를 갖추지 못할 시에는 '전문학교'라는 이름을 붙일 수 없다고 규정한다. 이로 인해 1915년 4월 1일부터는 보성전문은 사립보성법률상업학교로 강등되었다. '보성전문학교'라는 이름을 다시 얻게 된 것은 1922년 12월이었다.

한다. 방정환은 1923년 귀국할 때까지 일본에 머물며 다양한 활동을 이어간다. 1923년 귀국한 후에는 《어린이》를 비롯하여 다양한 잡지의 발행과 편집을 맡는다. 또한 《어린이》를 비롯한 여러 잡지에 동화, 동시, 동요, 수필 등 다양한 장르의 글을 기고한다. 과로와 고혈압으로 1931년 7월 23일 영면에 들 때까지 어린이들을 위한 순회 강연과 동화 구연을 멈추지 않았다.

방정환은 33세라는 짧은 시간이 믿기지 않을 만큼 다양한 일을 하였고 수많은 업적을 남겼다. 1908년 10세 무렵에 '소년입지회' 결성을 시작으로 1917년 '경성청년구락부', 1923년 '색동회'를 조직하여 다양한 활동을 할 수 있는 인적 네트워크를 확보하였다. 그리고 여러 동인지의 출판을 주도하였고, 다양한 잡지의 발행에 관여하였다. 1919년 1월 청년구락부의 기관지이자 문예동인지인 《신청년》을 시작으로 같은 해 최초의 영화 잡지인 《녹성》을 발행하였다. 또 이듬해인 1920년에는 우리나라 최초의 여성 발행 잡지인 《신여자》의 발행 동인이 되기도 하였다. 1923년에는 《어린이》를 창간하였고, 1924년 《신여성》의 편집 겸 발행인을 맡게 된다.

3. 박승빈

박승빈은 1880년 9월 29일 강원도 철원 묘장면 대마리의 유복한 가정에서 태어났다. 박승빈은 유년 시절부터 한학을 공부하여 과거시험을 준비하고 14세와 15세에 두 번의 과거시험에 도전한다. 하지만 두 번의 도전 직후인 1894년 7월 갑오개혁에 의해 과거시험이 폐지된다. 19세까지 고향에서 한문 공부를 마치고 수학과 영어 등 신학문을 독학

[그림 4] 학범(學凡) 박승빈

으로 공부하며 신학문에 대한 동경을 갖게 된다.

19세인 1898년 서울로 이사한 후 20세가 되던 해에 판임관 시험에 응시하여 수석 합격하고 관리로서의 삶을 살게 된다. 외부주사로 근무하던 박승빈은 서양 유학을 꿈꾼다. 관료로 근무하면서도 사립 홍화학교 야학부에 다니면서 영어를 비롯한 신학문을 배웠다. 하지만 서양 유학의 꿈을 버리고 1904년 25세 늦은 나이에 동경으로 유학을 떠난다. 1905년 동경 중앙대학 법과에 입학하여 법학을 공부하는 한편, 유학생 단체에서도 활약한다.[7] 1907년 7월 동경 중앙대학 법과를 우등으로 졸업한 후 8월 귀국한다.

귀국 후 외부(外部)의 시험을 거쳐 1908년 2월 평양 지방재판소 판사 및 검사로 임명된다. 박승빈은 귀국 후 판검사로 부임하기 전까지 여러 학회와 협회를 창립하고 양정의숙의 교사로서 학생을 가르치기도 하였다. 판검사로 있으면서 박승빈은 일본의 법률책을 우리말로 번역하여 《言文一致日本國六法全書》를 내는 한편 법학협회를 창립한다. 법학협회는 1908년 3월 15일 창립된 우리나라 최초의 법학 관련 학회다.

1909년 3월에는 판검사를 사임하고 1909년 6월 22일부로 변호사로 개업한다. 변호사가 된 후에도 동료 변호사들과 변호사회를 조직하였고, 1914년에는 제5대 조선변호사회 회장이 된다. 1918년에는 경성 제1변호사회(일본변호사회)와 경성 제2변호사회(조선변호사회)로 이원되었던 변호사회가 '경성변호사회'로 일원화되면서 회장에 당선된다. 하지만 조선 사람이 회장이 된 것에 반대한 일본 변호사들의 반대로 일본인 회장이 다시 선출되었다. 1918년 친목과 사교를 주목적으로 한 한성구락부 조직에도 참여한다.

---

7 박승빈은 대한유학생회 부회장으로서 '단지학생' 문제를 해결하기 위해 노력한다. 단지학생 사건이란 동학교단과 일진회가 일본으로 유학생을 파견한 후 내부 문제로 대립하여 유학생들에게 지급해야 할 학비와 생활비를 중단하여 유학생들이 이에 항의하며 손가락을 잘라 혈서를 쓴 사건이다.

3·1 운동 후에는 3·1 운동으로 검거된 조선인을 변론하였고, 조선인의 참정권을 주장하는 자치운동을 벌이고 8월 1일에는 일본 수상을 만나 자치설을 주장한다. 1920년대부터는 애국계몽운동가로서, 교육자로서, 체육인으로서, 그리고 국어학자로서의 다양한 면모를 보인다. 1925년에는 보성전문의 9대 교장으로 취임하여 7년 동안 변호사 일을 멈추고 재정난에 빠진 보성전문을 맡았다.

1921년 한성구락부였던 친목 및 사교 모임을 계명구락부로 바꾸며 출간한 기관지 《계명》에 한국어 관련 논문을 싣기 시작하면서 한국어 연구를 본격적으로 시작한다. 특히 당시 철자법 제정의 바탕이 된 주류 문법이었던 주시경 문법을 정면으로 비판하며 자신의 문법 체계를 정리한다. 주시경 문법을 계승한 제자들을 중심으로 만들어진 조선어학회에 이론적으로 대응하고자 조선어학연구회를 조직하고 조선어학회의 '한글'이라는 기관지에 맞서는 '정음'이라는 기관지를 1934년 창간한다. 1935년에는 자신의 문법 이론을 집대성한 《조선어학》을 출간한다. 평생을 민족주의자로서의 신념을 지키며 살던 박승빈 또한 말년에는 일제의 황국신민화 정책을 지원하는 일부 행적을 남긴다. 국민정신총동원연맹 사건과 조선임전보국단 사건에 이름을 올린 것이다. 일제의 민족말살정책이 심해지면서 한국어 연구에 탄압을 받으며 1943년 10월 세상을 떠난다.

IV. 언어 문화에 끼친 영향

1. 언어를 통한 평등 사상의 실현: 경어 사용의 문제

흥미롭게도 김기전, 방정환, 박승빈은 모두 '경어' 사용과 관련한 생각을 실천적으로 이루고자 했다. 김기전과 방정환은 아동에게 경어를 사용할 것을 촉구하는 방향으로 운동을 전개했다. 반면에 박승빈은 경어 사용의 보편화를 위해 아동 상호간의 경어 사용을 시작으로 삼고 궁극적으로는 어른이 아이에게도 경어를 사용하는 방향을 제시하였다.

어린이운동에 있어서 김기전과 방정환은 따로 떼어 생각하기 어렵다. 방정환이 일본에 유학을 하고 있는 동안 김기전은 1921년 천도교소년회를 조직하고 유소년 윤리강령을 제정한다. 또, 1922년 5월에는 방정환과 함께 어린이날을 선포하고 기념식을 열었으며, 1923년에는 《어린이》라는 잡지를 창간한다. 두 사람은 각각 '소춘(小春)'과 '소파(小波)'로 서로의 호를 나누어 가졌을 정도로 친밀했고, 천도교 사상을 공유한 바탕에서 어린이운동을 함께 주도했기 때문이다. 윤석중의 말을 인용하여 윤석산이 지적한 대로 김기전은 운동의 의미 및 필요성과 방향을 제시한 이론가였고, 방정환은 실천적인 면에서 운동을 전개한 운동가였다고 할 수 있다.[8]

김기전과 방정환이 처음으로 아동에게 경어를 사용할 것을 결의한 것은 1921년 천도교소년회를 만들면서부터인 것으로 보인다. 이정호가 방정환에 대해 쓴 글에 보면 "그리하여 우선 방학 중에 귀국하시어 천도교에서 뜻 맞는 몇 분과 상의하신 후 비로서 소년운동의 첫 봉화인 천도교 소년회를 조직하시고 방학 기간이 찰 때까지 친히 나서서 열심히 회원을 모으고 조직을 튼튼히 하고 선전을 굉장히 하셨습니다. 그리고 그때부터 어린 사람에게 일체로 경어를 쓰도록 하셨습니다.[9]"라고 기록되어 있다. 일본 유학 중이던 방정환은 방학 기간 중에 서울에 와서 김기전과 소년회의 조직을 구상하고 이를 실천한 것으로 보인다.

천도교소년회는 회원 상호간에 서로 경어를 사용하게 한 것으로 기록이 전하는 것으로 보아 아동 상호간에도 경어 사용을 장려한 것으로 보인다. 또, 《개벽》에 실린 『아동 상호간의 경어사용』(1921.10)을 보아도 아동 상호간에도 경어를 사용할 것을 제안한 것으로 보인다. 하지만 이

8 윤석산, "천도교의 가르침과 어린이 교육," 『동학학보』 제9권 2호(2005), 378쪽에서 재인용.
9 이정호, "파란 많던 방정환 선생의 일생," 『어린이』 9권 7호(1931).

들의 우선 방향은 먼저 어른이 아동에게 경어를 사용하는 것이었던 듯하다. 어른들이 아동에게 경어를 사용함으로써 아동을 존중하는 것이 우선이라는 입장이었던 것으로 보인다.

이러한 생각은 김기전의 글을 통해 잘 드러난다. 김기전은 개벽에 실은 논문, 『장유유서의 말폐, 유년남녀의 해방을 제창함』(1920.7), 『개벽운동과 합치되는 조선의 소년운동』(1923.5), 『5월1일은 어떠한 날인가』(1923.5)를 통해 소년운동의 이론가적인 면모를 보인다. 이 글들을 읽어보면 김기진이 지닌 소년에 대한 태도, 소년이 처한 상황, 소년억압의 원인, 소년해방의 방향과 방법, 소년해방의 필요성이 구체적인 사례를 통해 잘 설명되어 있다(조극훈, 2016).

김기전은 『장유유서의 말폐, 유년남녀의 해방을 제창함』에서 장유유서의 폐단을 지적하고 해결책을 제시한다. 김기전이 생각한 장유유서의 폐단은 네 가지였다.[10]

첫째는 유년에 대한 비인간적인 태도, 즉 언어적으로 하대하는 말을 사용함으로써 유년의 기를 꺾는 상황을 말한다. 장자가 유년에게 "요놈, 어린놈이, 요 머리에 피도 마르지 않은 놈이"와 같은 말 혹은 "이 자식, 저 자식"과 같은 호칭, "이놈 배우지 못한 자식, 버릇없는 자식" 등과 같이 하대하는 말을 하는 것이다.

둘째는 양생송사(養生送死)를 소홀히 하는 것을 지적한다. 양생이란 기르는 일을, 송사란 장례 지내는 일을 의미한다. 양생과 송사에서 어른과 아이를 차별하는 일을 지적한 것이다. "떨어진 소반이나 아동에게 돌려라, 찌꺼기 음식이나 유아에게 주어라" 하는 것이 아동 양생법인 것처럼 여기는 현실을 고발하고, 조상의 분묘나 기일은 잊지 않기 위해 노력하며 제사와 성묘를 지내지만, 아동의 분묘나 망일을 돌보지 않는 실태를 지적하였다.

10 조극훈, "소춘 김기전의 동학 이해와 평등사상: 근대 계몽기 소년해방운동을 중심으로," 『동학학보』 제41호(2016)을 바탕으로 정리함.

셋째는 교사의 신체적, 언어적 학대를 지적하며 교사들이 회초리만 잡으면 나졸이 곤장을 잡는 모습으로 채찍질을 하며 이놈, 이 자식이라고 하며 유년 학생들에 대한 포악과 전횡을 하는 모습을 고발하였다.

넷째는 장자와 유자의 구분이 결혼 여부에 있는 것에 대한 문제를 지적하였다. 장자와 유자의 구분이 20세 전후를 기준으로 구분되는데, 이때 썼던 관이 결혼의 상징으로 바뀌어 결혼 여부에 의해 장자와 유자가 구분되는 문제를 지적한 것이다.

이러한 아동 차별의 문제는 근본적으로 장유유서의 모순에서 비롯되었다는 것이 김기전의 문제의식이었다. 그는 장유유서란 예의를 정할 때의 순서이지 인격을 무시하는 순서가 아니라고 하였다. 유년도 시비를 가릴 정도가 되면 경의를 표하고 예의를 따를 수 있는 능력이 있는 존재로 간주할 수 있다고 하였다.

그리고 이를 없애기 위해 다음의 방법을 제안한다.[11]

첫째, 유년에 대한 말투를 고쳐라. 유년이라는 점을 이해하여 포용력을 가지고 바른 말과 바른 빛으로 말하고 감정적 기분을 드러내서는 안 된다는 점을 강조한다. 특히, 유년의 주장을 무조건 부정하지 말고 유년에게 말할 기회를 주어, 유년의 자존심을 높이고 지식에 대한 욕구를 만족케 해야 한다.

둘째, 양생송사를 실현하라. 양생 시 아동의 독립된 인격을 인정하여 의복, 음식, 거처에 그 정신을 실현해야 한다. 장자가 새 옷을 입으면 유자도 새 옷을 사 주어야 하고, 장자가 새 신발을 신으면 유자도 그과 같은 신발을 착용케 해야 한다. 이렇게 하여 유년의 체면을 유지하게 하고, 유년으로 하여금 자립, 청신(淸新), 희열의 느낌을 품을 수 있게 해야 한다. 또 송사의 경우에도 기존의 장례 절차에 따라 예를 갖추어 유년의 장례를 치러야 한다.

---

11 조극훈, “소춘 김기전의 동학 이해와 평등사상: 근대 계몽기 소년해방운동을 중심으로,” 『동학일보』 제41호(2016)을 바탕으로 정리함.

셋째, 유년에게 경어를 사용하여 불합리한 장유유서의 폐단을 바로잡아야 한다. 결혼 유무에 따라 소아라도 처만 있으면 경어를 쓰고, 나이가 많아도 처가 없으면 하대하는 것은 불합리하다. 경어 사용을 통해 유년도 장년과 동등하게 인격적 존재로 대우해야 한다.

넷째, 유년에서의 남녀구별을 지양해야 한다. 남자인 유년은 유년의 대우를 받지만 여자의 경우는 그렇지 못하니, 이를 해결하기 위해 남녀유년의 구별을 지양하고 인격적 존재로서 남녀유년을 대해야 한다. 아울러 성인들의 의식전환이 필요하다.

김기전은 소년을 해방해야 한다고 하면서 당시 소년은 두 가지 압박을 받고 있다고 하였다. 그 압박의 원인을 크게 윤리적 압박과 경제적 압박으로 들었다.

윤리적 압박이란 장유유서와 같은 유교 윤리의 압박을 말한다. 유교윤리가 내세우는 이데올로기로 인해 어린이의 인격과 존엄성이 대우받지 못한다는 것이 그의 설명이다. 아이들의 인격을 존중하면서 '공경'을 가져야 하는데, 어린이가 어른을 위한 도구로 전락하였다고 비판한다. 어른들에게는 아이들에 대한 '사랑'은 있을지언정 '공경'이 없다는 것이다. 공경이 뒷받침되지 않은 사랑은 수단과 도구로 전락하고 만다는 것이 그의 주장이었다. 어른들이 아이들을 사랑하는 것은 가엾기 때문에, 가련하기 때문에, 자기 소유로 보았기 때문에 사랑하는 것이 아니라 그 자체로 사랑해야 한다는 것이다. 도구적 사랑이 아니라 존재지향적인 사랑이 되어야 한다고 역설한다.

이어서 경제적 압박을 설명한다. 윤리적 압박이 어린이의 정신을 침식한다면 경제적 압박은 어린이의 '몸뚱이를 결단낸다'는 것이 그의 생각이다. 무산가정의 생활난이 가장 심각한 문제라고 지적하고 현재 사회제도에서 오는 무산가정의 생활난의 영향이 그 가정에 있는 어린이들에게 즐겁게 놀고 힘써 배울 기회를 박탈하고 노동의 현장으로 내몬다고 보았다. 어린이 노역을 어린이 압박의 가장 심각한 문제라고 진단한다. 따라서 경제적으로 힘든 사회구조의 개혁이 어린이 해방 운동에서 가장 중요하게 해결해야 할 과제라고 주장한다.

김기전의 이러한 생각은 방정환과 일맥상통한다. 방정환은 김기전의 생각을 전파하는 역할을 했다. 쉬운 문체의 글과 강연을 통해 사람들에게 큰 울림을 준 것이다. 김기전이 주로 개벽에 글을 썼다면 방정환은 주로 《어린이》에 글을 게재한다. 김기전이 주로 논설문을 통해 자신의 생각을 전달했다면 방정환은 동화 구연, 강연 등을 통해 어린이들을 직접 만나서 이야기를 전했고 어린이들이 읽을 수 있는 쉬운 글을 통해 어린이들에게 자신의 생각이 직접 다가갈 수 있도록 했다. 방정환은 특히 동화, 동요, 동극, 수필 등 다양한 장르의 글을 써서 아이들에게 다각도로 다가가려는 노력을 했다.

한편, 박승빈은 1921년 5월 출간된 계명구락부의 기관지 《계명》 창간호에 『조선어문에 관한 요구』를 게재한다. 이 글은 조선어문에 관한 박승빈의 세 가지 요구를 담고 있다. 그 첫 번째 요구가 바로 "兒童互相間에敬語(하오)를使用하게하는事"였다. 조선어문에 관한 세 가지 요구 중에서 가장 중요하게 생각한 것이 바로 아동 상호간에 경어체인 '하오' 체를 사용하게 하는 것이라고도 해석될 수 있는 여지가 있다.

박승빈이 이러한 생각을 처음 한 것은 이 글을 썼던 1921년 시점이 아닌 것으로 보인다. 계명 3호 『조선어문에 관한 요구(3)』에 따르면 1910년 이전부터 이 문제에 대해 고민했음을 적고 있다. 자신의 자녀가 보통학교에 다니게 되었을 때 느낀 바가 있어 학생 상호간에 경어를 사용할 것을 자녀가 다니던 학교에 건의하였으나 아무런 결과를 얻지 못했다는 내용이 실려 있음을 통해 짐작할 수 있다.

박승빈은 계명구락부 내에서 아동 상호간 경어 사용 문제를 본격적으로 논의한 후에 1921년 7월 조선총독부 학무국과 보통학교 교장에게 건의서를 제출한다. 건의서의 내용을 보면 아동 상호간 경어 사용을 왜 요구하는지, 그 요구를 통해 얻을 수 있는 효과가 무엇인지가 잘 정리되어 있다. (2)는 박승빈이 제출한 건의서의 내용이다.

(2) 〈건의서〉[12]
학동 호상간의 언어(조선어)에 경어를 사용하게 할 일
다음을 건의함.

이유:
모든 언어의 사용 방법의 여하는 아동 교육상 그 지능을 계발하며 덕성을 함양함에 극히 중대한 관계를 가진 것이라. 그러한데 현시 조선의 사회제도에는 아동에 대하여 절대로 경어를 사용하지 아니하여 대인의 아동에 대한 경우에는 물론이고, 아동 호상간에도 또한 그러하여 항상 애비 조폭한 언어로써 이에 대하는지라. 이는 진실로 종전의 사회제도의 결함에 기인한 것이지마는 또한 아동 교육의 방법이 그 적의(適宜)를 득하지 못한 점이 없음이 아님을 상상할지로다. 이와 같은 제도는 하루라도 일찍 개선하지 아니하지 못할 중요문제라고 믿는다. 그러한데 이것의 개선에 당하여서는 당국의 적의한 지도와 민간 식자의 절실한 도움에 기대어 그 목적을 달성함을 얻을지오. 단지 이를 교육자에게만 맡겨버릴 것이 아니지마는 우선 실행에 용이하고 또 효과의 위대한 실지 교육가의 노력에 의뢰하여 먼저 학교 아동으로 그 범위를 좁혀서 점차로 이를 일반 아동에게 미치고 상차(尙且) 대인의 아동에 대한 관계에도 보통으로 경어를 씀에 이르게 함을 희망함이라.

경어 사용의 효과로 하여 인정할 가장 중요한 것을 열거하면 다음과 같다.
1. 아동으로 자중심(自重心)을 함양하게 함.
2. 아동 호상간에 예의의 습성을 순치(馴致)함.
3. 사교상 친애의 정을 양성함을 얻음.

12 시정곤, 『훈민정음을 사랑한 변호사 박승빈』, 박이정, 2015, 129쪽에 수록된 것을 재수록함.

4. 사교의 도를 실지로 수득함을 얻음.
5. 종전의 문벌적 계급제도에 기초한 폐풍을 교정하여 인류 평등의 관념을 조장함의 효력이 있음.

건의서의 내용은 박승빈이 개벽 창간호에 실었던 『조선어문에 관한 요구』(1)에 해당하는 "兒童互相間에敬語(하오)를使用하게하는事"의 요지를 정리한 것이라고 할 수 있다. 학교에서 학생들에게 상호간 경어 사용을 지도하여 아동들이 자중심(자존감)을 가지고 예의의 습성을 지니며 사교상 친애의 정과 사교의 도리를 습득하게 함은 물론, 문벌적 계급제도의 구습을 타파하고 인류 평등의 관념을 가질 수 있도록 하자는 것이다. 지금처럼 어른들이 아이들에게 반말을 사용하고, 아이들 상호간에도 반말을 사용하면 아이들이 성장하는 과정에서 늘 반말만 듣고 자라게 된다. 아이들이 이렇게 성장 과정에서 항상 좋은 말을 듣지 못하고 비루하고 거친 표현만 듣게 되어 문제가 있다는 것이다.

김기전, 방정환, 박승빈은 모두 아동 상호간에 경어를 사용하는 것은 물론, 아동에게 경어를 사용하자는 데 의견을 같이하고 있다. 김기전과 방정환이 어린이운동의 입장에서 아동에 대한 경어 사용을 촉구했다면, 박승빈은 언어를 통해 계급 의식을 철폐하고 평등을 실현하고자 하는 출발을 아동 상호간의 경어 사용을 통해 이루고자 한 것으로 보인다. 이들은 이론적인 면뿐만 아니라 실천적인 면모도 갖춘 지식인이었다. 이들에 대한 회고담을 통해 우리는 이들이 실제로 아동에게 존댓말을 사용하였다는 것을 확인할 수 있다. 방정환의 아들인 방운용은 김기전과의 만남에 대해 다음과 같이 회고한다.

(3) 방정환의 장남 방운용의 회고담 중에서(《한국의 독립운동가들》 방정환 편 중에서)

"소춘 선생님은 어린이들을 만나실 때면 언제나 '우리 소년들' 하시며 일일이 주문을 외우시고 염주 대신으로 어린이들의 손을 잡고 기도를 했지. (중략) 사실 경어쓰기운동을 펼친 분도 우리 아버지와 소춘 선생이셨는데 아버님은 위로 어른을 모시고 살았기 때문에 집에서는 존댓말을 쓰지 않으셨지. 하지만 소춘 선생은 달랐어. 집에서도 꼬박꼬박 존댓말을 썼으니 정말 대단한 실천가였지"

한편, 박승빈의 실천력 또한 대단했다. 차손인 박찬기가 한 2001년 10월호 『신동아』 인터뷰를 보면 잘 드러난다.

(4) 박승빈의 차손 박찬기 인터뷰(2001년 10월 『신동아』 게재) 중에서

"우리 집안은 아이들을 학대하지 않는다는 전통이 있어요. 그래서 어른들이 아이들을 부를 때 모두 경칭을 쓰지요. 어머니도 나를 부를 때 '찬기씨' 했지. 이것은 조부가 계명구락부를 창설하면서 내린 지침이에요. 아이들을 학대하지 말라. 애들도 인격이 있나니, 그들을 누르니 노예가 된다는 취지였어요. 우리가 일본의 노예가 되고 말았는데 독립만 해서 뭘 하나, 내적으로 독립을 맞이할 준비를 해야 한다는 것이고, 그런 뜻에서 아이들에게 희망을 걸어야 한다는 것이 할아버지의 뜻이었던 것 같습니다."

또한 시정곤(2015)[13]에는 셋째 손자인 박찬도의 회고도 실려 있다. 그의 회고에 따르면 할아버지를 찾아가서 인사를 드리면 자애로운 표정으로 "찬도씨 왔어요"하고 말씀하던 기억이 난다고 회고했다고 한다.

이처럼 김기전, 방정환, 박승빈은 모두 아동에 대한 경어 사용을 강조했다. 그리고 아동 상호간에도 경어를 사용할 것을 주장했다. 특히 박승빈은 아동 상호간 경어 사용과 아동에 대한 경어 사용을 통해 경어 사용을 보편화하여 구시대의 폐습을 교정하고 평등한 사회를 이루고자 하였

13 시정곤, 『훈민정음을 사랑한 변호사 박승빈』, 박이정, 2015.

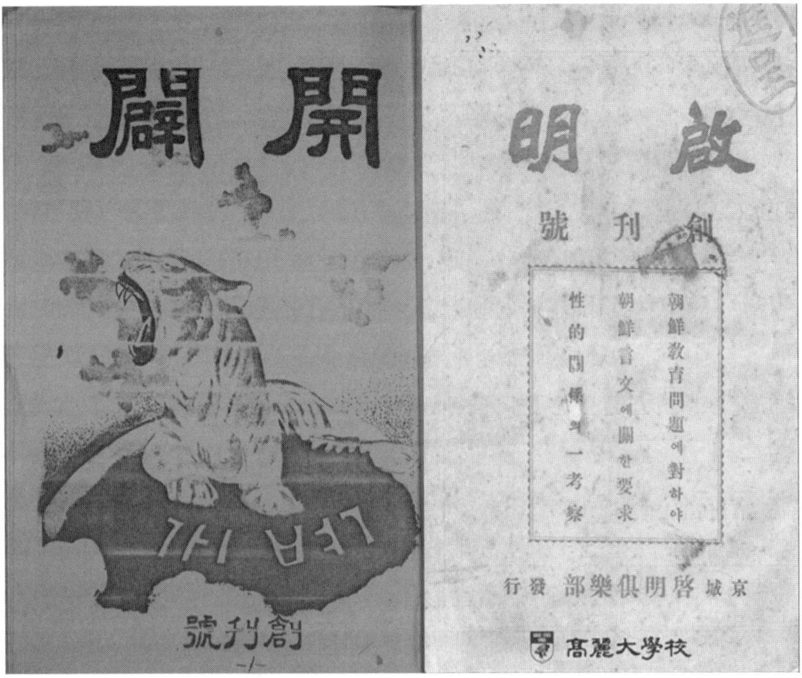

[그림 5] 《개벽》과 《계명》의 창간호 표지

다는 점에서 주목할 필요가 있다.

언어 습관의 변화를 통해 인간 존중과 평등 의식을 이룰 수 있을 것으로 생각했던 이들의 철학은 오늘을 사는 우리에게도 큰 울림을 준다. 최근 한국어의 높임법이 가져오는 말로 매겨지는 서열과 불평등에 대한 담론이 활발하게 이루어지고 있는 점을 생각할 때 이 시기 선각자들의 말에 귀를 기울일 필요가 있어 보인다.

2. 방정환이 발굴하고 보급한 '어린이'의 의미

방정환은 흔히 '어린이'라는 단어를 만든 사람이라고 알려져 있다. 하지만 어린이라는 단어는 방정환이 처음 사용했던 시기보다 6년 앞선

1914년 최남선이 간행한 《청춘》이라는 잡지의 창간호에 실린 권두시에 먼저 등장한다. [그림 6]에서 보듯이 권두시의 제목은 '어린이의 꿈'으로 권두시의 제목에 '어린이'라는 단어가 쓰이고 있음을 알 수 있다. 이 권두시의 작자가 누구인지 밝혀져 있지는 않지만, 이 책을 만든 최남선의 시로 추정하는 것이 일반적이다.

방정환이 처음 '어린이'라는 단어를 쓴 것은 1920년 8월 25일 번역 동시 '불 켜는 이'에서였다. 방정환은 이 시를 '어린이 노래'라고 소개하고 있다([그림 7] 참조). 결국, 《청춘》에 실린 권두시를 지은 사람이 최남선이든 아니든 방정환이 쓴 것보다 6년 먼저 '어린이'라는 단어가 문헌에 등장한다는 것을 확인할 수 있다. 즉, 어린이라는 단어가 방정환이 만들어서 쓴 단어라는 말은 사실이 아니다.

또한 '어린이'라는 단어의 어원을 연구한 이기문(1997)[14]은 어린이라는 단어가 1914년 이전에도 사용되었음을 고문헌을 통해 확인하였다. 연구에 따르면 '어린이'는 17세기부터 언해본에 등장하였고, 18세기에도 문헌에서 확인된다. 하지만 19세기에는 사용된 예를 거의 찾을 수 없다고 한다. 하지만 1914년 조선총독부에서 간행한 《보통학교 수신서 권2 교사용》에 일본어 번역에 '어린이'라는 단어가 쓰이고 있음이 확인된다. 1914년은 최남선의 《청춘》의 권두시에 '어린이'라는 단어가 사용된 해와 같다.

이처럼 어린이라는 단어는 방정환이 처음 만들어 사용한 단어라고는 할 수 없다. 그보다는 어린이라는 단어가 방정환에 의해 재정의되었고 널리 보급되어 일상에서 사용되게 되었다고 하는 편이 더 사실에 가깝다. 이에 대해서는 누구도 이견을 달지는 못할 것이다. 방정환은 기존의 말 대신에 '어린이'라는 새로운 말, 혹은 숨어 있던 말을 발굴하여 사용하고 그 사용을 통해 널리 전파하였다.

---

14 이기문, "어원 탐구 1: 어린이," 『새국어생활』 7권 2호(1997).

[그림 6] 1914년 최남선이 간행한 《청춘》의 표지(좌)와 권두시

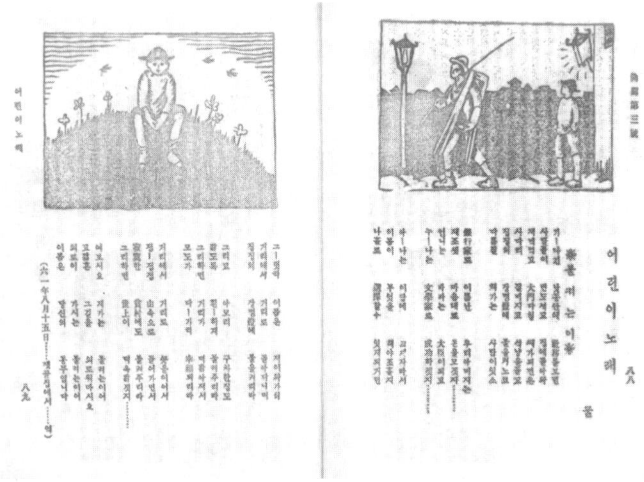

[그림 7] 방정환의 번역 동시 1920년 8월 25일 《개벽》 3호

방정환의 어린이는 두 가지 면에서 기존의 '어린이' 혹은 기존의 어린이에 해당하는 말들과 차이를 보인다. 첫째는 방정환의 어린이는 인격을

가진 존중의 대상이라는 점이다. 기존의 전통 사회에서 아이들은 독립된 인격체로서 대접을 받지 못했다. '동몽(童蒙)'이라는 단어가 말해 주듯이 아동이란 '도리를 모르는 무지몽매한 존재'로 인식되었다. 하지만 방정환은 '어린이'라는 단어를 가지고 기존의 생각과는 다른 차원의 의미를 규정하고자 한다. 개벽사에서 1922년 출판된 방정환의 동화집『사랑의 선물』의 서문을 보면 이러한 사실이 잘 드러난다. [그림 8]에 보인 것처럼 방정환은 서문에서 "학대받고 짓밟히고 차고 어두운 속에서 우리처럼 또 자라는 불쌍한 어린이들을 위하여 첫 선물로 나는 이 책을 짰습니다"라고 쓰고 있다.

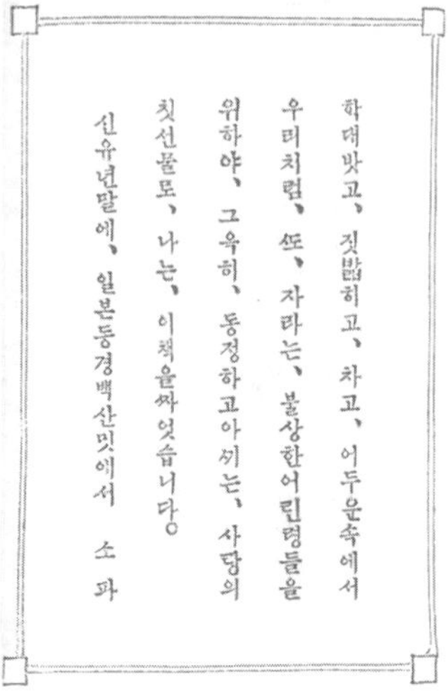
학대밧고、짓밟히고、차고、어두운속에서
우리처럼、또、자라는、불상한어린령들을
위하야、그윽히、동정하고아끼는、사랑의
첫선물로、나는、이책을짜엇습니다。
신유년말에、일본동경백산밋에서 소파

[그림 8] 1922년 개벽사에서 출간된 방정환의 동화집『사랑의 선물』서문

방정환의 여러 수필들을 보면 방정환이 왜 신어 혹은 당시에 잘 사용하지 않았던 단어인 '어린이'를 사용하게 되었는지가 잘 드러난다. 방정환은《어린이》8권 3호에 어린이 창간 7주년을 기념하는 글을 쓰면서 왜 '어린이'라는 새말을 사용하였는지를 기술하였다.

> (5) '애녀석', '어린애', '아해놈'이라는 말을 없애 버리고 '늙은이', '젊은이'란 말과 같이 '어린이'라는 새 말이 생긴 것도 이 때부터의 일이요, 어린이 보육, 어린이의 정신 지도에 유의하여 여러 가지 노력이 생기기 시작한 것도 그 때부터의 일입니다. (『小波 方定煥 文集』下, 1349쪽)

(5)를 통해 알 수 있듯이 방정환은 어린이들을 가리키는 기존의 단어들과 결별하기 위해 의도적으로 '어린이'라는 새말을 사용하였다는 점을 강조한다. 아이들을 하대하던 기존의 생각과 결별하고 아이들에 대한

새로운 생각을 심기 위해 '어린이'라는 말을 선택하였다는 것이다. 결국, 언어가 담고 있는 기존의 이데올로기에서 벗어나 새로운 이데올로기를 심기 위해 새로운 단어를 의식적으로 사용하였음을 확인할 수 있다.

그렇다면 왜 하필 '어린이'였을까?

앞서 논의했던 바와 같이 김기전과 방정환은 천도교적 세계관을 가진 인물들이다. 이들은 인간에 대한 차별과 불평등에 저항한다. 앞서 살펴본 바와 같이 모든 사람이 '한울님(천주天主)'을 모신 존재이기 때문에 모두 존귀한 존재라는 것이 천도교 사상이다. 따라서 남녀노소, 빈부귀천의 차이가 존재할 수 없다. 모든 인간은 평등한 존재라는 믿음에서 출발하는 것이 바로 천도교 사상이다. 이러한 천도교 사상은 삼강오륜으로 대표되는 기존의 유교 사상과는 대척점에 있다고 해도 과언이 아니다. 방정환에게 있어서 '어린이'는 당시의 '젊은이'와 '늙은이'에 대응되는 해당 연령의 집단을 묶는 말로 여겨진 것이다. 나이에 기반하여 집단을 묶었을 뿐 능력이나 지위에 의해 집단을 묶은 것이 아니라는 것을 '어린이'라는 단어를 통해 드러내고자 했던 것이 아닌가 생각한다.

당시 사용되고 있던 '소년'이라는 단어가 있었지만, 방정환은 두 가지 이유로 '소년'이라는 단어 대신에 '어린이'라는 단어를 사용하고자 한 것이 아닌가 생각한다. 첫째는 '소년'이라는 기존의 단어로는 새로운 생각을 담을 수 없었기 때문이었을 것이다. 둘째는 '소년'은 기본적으로 남성의 연소자를 지칭하는 단어이면서 동시에 남녀 연소자를 통칭하는 말이기도 하다. 즉, 한쪽 성별로 전체를 나타내는 단어다. 여성을 특정하는 경우에는 '소녀'라는 단어를 쓰게 된다. 이렇듯 '소년'이라는 단어는 '소녀'를 소외시킬 수 있다는 점이 고려되어 '어린이'라는 단어를 사용한 것이 아닌가 생각해 볼 수 있다.

실제로 책자형으로 출판된 《어린이》 잡지의 상단에는 '소년소녀잡지'라는 문구가 박혀 있다. 소년과 더불어 소녀를 언급한 것이 홍미롭다. 당시의 상황에서는 일반적인 표현이라고 보기 어렵다. 실제로 방정환이

《개벽》, 《어린이》, 《학생》을 비롯하여 다양한 매체에 쓴 글을 잘 읽어 보면 '조선의 소년 소녀', '남녀 학생', '청춘 남녀', '젊은 남녀'와 같은 표현이 자주 등장한다. 특히 《어린이》에 실린 글을 잘 읽어 보면 잡지의 독자를 지칭하거나 어린이 집단을 지칭할 때는 그냥 '조선의 소년'이라고만 표현하는 법이 거의 없다. 언제나 '조선의 소년 소녀'와 같이 '소녀'를 반드시 함께 쓰는 경향이 있다. '소녀'를 함께 쓰지 않고 '소년'만을 사용하는 경우는 '소년 문제'나 '소년 운동', '소년회' 등과 같은 표현에 한정되는 듯하나.

그리고 《어린이》에 이어 1929년에는 《학생》이라는 잡지도 출간하게 된다. '학생' 역시 '소년'이나 '청년'과는 달리 특정 성별만을 지칭하는 용어가 아니라는 점이 흥미롭다. 또한 [그림 9]에서 보듯이 《어린이》의 표지에는 남자 어린이만이 아니라 여자 어린이의 모습이 자주 등장한다는 점도 주목할 필요가 있다. 이는 《학생》에서도 관찰되는 바이다. 당시 잡지들의 경우 여성을 특정하여 만들어진 잡지가 아닌 경우에는 여성이 표지에 실리는 일이 드물다는 점을 고려한다면 주목할 필요가 있다고 생각한다.

[그림 9] 어린이 잡지의 표지

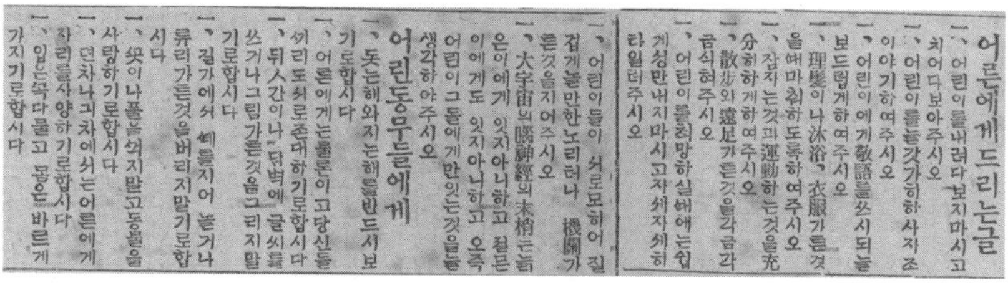

어른에게 드리는 글
一、어린이를 내려다 보지 마시고 치어다 보아 주시오
一、어린이를 늘 갓가히 하사 자조 이야기하여 주시오
一、어린이에게 敬語를 쓰시되 늘 보드럽게 하여 주시오
一、理髮이나 沐浴, 衣服 가튼 것을 때마춰 하도록 하여 주시오
一、잠자는 것과 運動하는 것을 充分히 하게 하여 주시오
一、散步와 遠足 가튼 것을 각금각금 식혀 주시오
一、어린이를 책망하실 때에는 쉽게 성만 내지 마시고 자세자세히 타일러 주시오
一、어린이들이 서로 모혀 어 질겁게 놀만한 노리터나 機關 가튼 것을 지어주시오
一、大宇宙의 腦神經의 末梢는 늙은이에게 잇지 아니하고 절믄이에게도 잇지 아니하고 오즉 어린이 그들에게만 잇는 것을 늘 생각하야 주시오

어린동무들에게
一、돗는 해와 지는 해를 반드시 보기로 합시다
一、어른에게는 물론이고 당신들끼리도 서로 존대하기로 합시다
一、뒤ㅅ간이나 담벽에 글씨를 쓰거나 그림 가튼 것을 그리지 말기로 합시다
一、길가에서 떼를 지어 놀거나 류리 가튼 것을 버리지 말기로 합시다
一、꼿이나 풀을 꺽지 말고 동물을 사랑하기로 합시다
一、뎐차나 긔차에서는 어른에게 자리를 사양하기로 합시다
一、입은 꼭 다물고 몸은 바르게 가지기로 합시다

[그림 10] 1923년 5월 1일 동아일보에 실린 기사 중, 어린이날 어른과 어린이들에게 드리는 글

아울러 《어린이》 표지에 식물과 동물도 등장한다는 점에도 주목할 필요가 있다. 그 이유를 필자는 방정환의 다음과 같은 생각과 연결하여 짚어보고자 한다. [그림 10]은 1923년 5월 1일 동아일보에 실린 어린이날 기사 중 어른과 어린이에게 어린이날 보내는 글(호소문)이다. 방정환이 쓴 것으로 알려진 글이다. 호소문 중에는 어린 동무들, 즉 어린이들에게 '꽃이나 풀을 꺾지 말고 동물을 사랑하기로 합시다'라고 호소하는 내용이 포함되어 있다. 이러한 점들을 고려할 때 잡지의 표지에 등장하는 여자 어린이들의 존재는 방정환이 '어린이'라는 단어를 발굴하여 '소년'을 대체한 이유를 설명해 주고 있는 것이 아닌가 추측해 본다.

김기전은 물론, 방정환 또한 시대를 앞선 여성주의적 관점을 지니고 있던 인물들이라는 점들을 고려한다면 특히 '어린이'라는 단어를 발굴하여 쓰고자 하였던 이유에 대한 필자의 추측이 그리 억지스러워 보이지는 않는다.

'소년'이라는 단어는 1900년대 최남선에 의해 널리 보급된 단어이다. 최남선이 《소년》을 창간했을 때 '소년'은 '노인'에 반대되는 개념의 단어였다. 최남선이 《소년》 창간호 권두사에서 "대한으로 하여금 소년의 나라가 되게 하라"고 한 것을 보면 이러한 사실을 확인할 수 있다. 당시의 소년은 지금의 청년을 포함한 연소자 전체를 아우르는 개념이었다고 할 수 있다. 그러다 1910년대 이후로 '청년'이라는 단어가 새로 만들어져 유행하기 시작한다. 1910년대 이후로 중등 교육을 받은 후 고등 교육을 받는 집단이 대거 생긴 것과 관련이 있는 것으로 보인다. 청년의 부상으로 인해 기존의 '소년'은 '소년'과 '청년'으로 분화된다. 고등 교육을 받는 집단이 '청년'으로 독립되면서 '소년'으로 지칭되는 연령층은 대체로 중등학교 이하의 연령층을 포괄하게 된다.

하지만 방정환은 기존에 '소년'으로 통합되어 있던 보통학교와 중등학교 정도의 연령층의 연소자들을 '어린이'라는 단어를 통해 다시 분리하였다. 보통학교 정도의 연령층을 기존의 '소년'이라는 표현에서 독립시켜 '어린이'라는 단어를 통해 표현하고자 한 것으로 보인다. 뿐만 아니라 특정 성별을 나타내는 '소년'이라는 단어를 지양하고 성별을 통칭할 수 있는 '어린이'라는 단어를 발굴하여 표현한 것으로 보인다.

방정환은 천도교 사상에 입각하여 언어를 통해 성평등 의식을 실천하고자 노력한 것으로 보인다. 최남선이 '소년'과 '청년'을 통해 남성 중심의 세계관을 표현했다면 방정환은 '어린이'와 '학생'을 통해 남녀 평등의 세계관을 표현하고자 한 것으로 해석해 볼 수 있다.

3. 경칭의 문제 및 2인칭 대명사 사용의 문제: 박승빈

박승빈의 제안 중에는 경칭 문제와 2인칭 대명사 문제가 있다. 경칭 문제와 2인칭 대명사 문제는 김기전이나 방정환에게서는 찾아볼 수 없다.

먼저 경칭의 사용 문제부터 살펴보자. 아래 [그림 11]에 보인 글은 《계명》 창간호 연구란에 실린 박승빈의 글이다. 박승빈은 한국어의 경우 계급제도를 극단적으로 숭상한 결과, 언어에도 이러한 상황이 반영되어 있다고 지적한다. 따라서 전통 사회에서는 문벌의 계급, 남녀의 계급, 관작의 계급, 연령의 계급에 따라서 언어의 사용이 달랐는데, 이는 평등제도를 이상으로 하여 무차별을 요구하는 현 사회에는 무용하다고 진단한다. 그리고 현 사회의 각 계급에 두루 사용할 수 있는 용어가 필요하다고 역설한다. 그런데 현재 사용할 수 있는 언어가 없음으로 인해 사교상의 불편함이 심각하다는 진단에 기초한 주장이었다.

박승빈은 계명구락부가 이러한 문제를 보완하기 위해 언어 개선의 연구를 착수하였고, 그 결과 성 또는 성명의 아래 사용할 수 있는 보편적인 경칭어로 '씨'를 사용하기로 결정하였다고 기술한다. 그는 '씨'가 신분 관등, 남녀 및 연령을 막론하고 언어생활에서 보편적으로 사용할 수 있는 경칭이라고 주장하면서 이를 사용할 것을 촉구한다. 실제로 계명구락부의 회의록에 따르면 조사와 토의를 거친 후 1921년 1월 16일 정기총회에서 '씨'의 사용을 결정하였다는 내용이 기록되어 있다. 1930년 5월 1일 발행된 《별건곤》 제28호의 '관상자 名士奇癖展覽會'라는 기사에 따르면 박승빈을 비롯하여 계명구락부의 회원들은 다 박승빈의 제안을 받아들여 성명이나 호를 부르지 않고 모두 '씨'를 붙여서 서로를 부른다고 기록하고 있다. 실제로 앞서 기술한 바와 같이 가족들의 증언에 따르면 박승빈은 손자를 부를 때도 이름 아래 '씨'를 붙여서 '찬도 씨'와 같이 말했다고 하는 것을 통해 계명구락부 내에서뿐만 아니라 가정에서도 이러한 언어 개선 운동을 실천하였다는 것을 알 수 있다.

박승빈은 더 나아가 대화 상대자에게 사용할 수 있는 경어 2인칭 대명사 '당신'을 제안한다. 한국어는 대화 상대자를 부를 때 2인칭 대명사

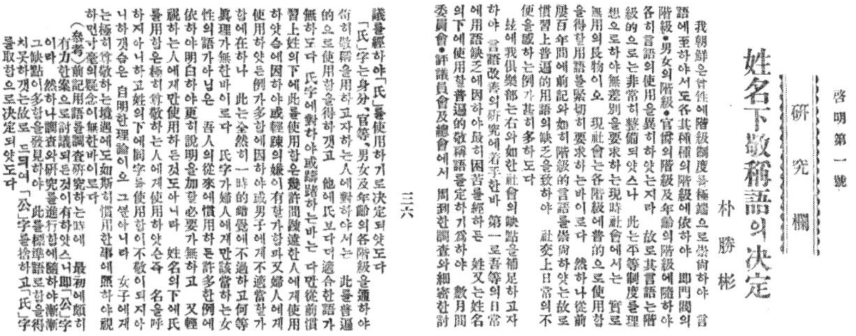
啓明第一號
研究欄
姓名下敬稱語의決定
朴勝彬
我朝鮮은曾往에階級制度를極端으로崇尙하야 言語에至하야서도各其種種의階級에依하야 即門閥의階級·男女의階級·官爵의階級及年齡의階級에隨하야各히言語의使用을異히하얏는지라 故로其言語는階級的으로는非常히發備되얏스나 此는平等制度를理想으로하야無差別을要求하는現時社會에서는 實로無用의長物이오 現社會는各階級에普的으로使用할을得할用語를緊切히要求하는바이로다 然하나從前屢百年間에前記와如히階級的言語를崇尙하얏는故로慣習上普遍的用語의缺乏을致하야 社交上日常의不便을感하는例가甚히多하도다
玆에我俱樂部는右와如한社會의缺點을補足하고자하야 言語改善의研究에着手한바 第一로吾等의日常에用語缺乏에因하야最히困苦를經하는 姓又는姓名의下에使用할普遍的敬稱語를定하기爲하야 數月間委員會·評議員會及總會에서 周到한調査와細密한討
三六
議를經하야「氏」를使用하기로決定되얏도다
「氏」字는身分,官等,男女及年齡의各階級을通하야尙히敬稱을用하고자하는人에對하야서는 此를普遍的으로使用함을得하겟고 他에氏보다더適合한語가無하도다 氏字에對하야或躊躇하는바는 다만從前慣習上姓의下에此를使用함은幾許間疎遠한人에게使用하얏슴에因하야或輕疎의嫌이有할가함과又婦人에게使用하얏든例가多함에因하야或男子에게不適當할가함에在하나 此는全然히一時的錯覺에不過하고何等眞理가無한바이로다 氏字가婦人에게만該當하는女性의語가아님은 吾人의從來에慣用하든許多한例에依하야明白하야更히說明을加할必要가無하고 又輕視하는人에게만使用하든것도아니라 姓名의下에氏를用함은極히尊敬하는人에게使用하얏슨즉 名을呼하지아니하고姓의下에同字를使用함이不敬이되지아니하겟슴은 自明한理論이오 그뿐아니라 女子에게는極히尊敬하는境遇에도如斯히慣用한事에照하야觀하면寸毫의疑念이無한바이로다
(參考)前記用語를調査研究하는時에 最初에頗히有力한案으로討議되든것이有하얏스니即「公」字이라 然하나調査와研究를進行함에隨하야漸漸그缺點이多함을發見하야 此를標準語로함을得치못하겟는故로 드듸여「公」字를捨하고「氏」字를取함으로決定되얏도다

[그림 11] 《계명》 창간호 연구란에 실린 '姓名下敬稱語의 決定'

를 사용하지 않고 호칭어를 부르는 것이 영어나 일본어와 다르다고 지적하면서 이는 유치한 것이라고 비판한다. 그리고 그 원인을 사용할 수 있는 보편적인 용어가 준비되어 있지 않기 때문이라고 진단한다. 그리고 조사와 토의를 거쳐 '당신'을 사용하는 것이 적절하다고 결정하였다고 기술한다.

사실 2인칭 대명사의 문제와 호칭의 문제는 밀접한 관계를 가지고 있다. 한국어는 공손한 상황에서 2인칭 대명사의 사용을 꺼리는 몇 안 되는 언어 중 하나다. 진 세계 207개 언어를 분석한 결과, 한국어와 같이 공손한 상황에서 2인칭 대명사의 사용이 제한되는 언어는 7개에 불과한 것으로 나타났다.[15] 대화 상황에서는 대화를 하기 위해서 상대를 불러야 한다. 그런데 공손성을 드러내야 하는 상황에서 한국어는 2인칭 대명사를 사용할 수 없으니 2인칭 대명사 대신에 상대를 부를 말, 즉 호칭어가 필요한 것이다. 한국어에 호칭어가 발달되어 있는 이유가 바로 여기에 있다.

그런데 내가 어떤 호칭어를 사용하는지는 나의 입으로 상대와 나의 관계를 실토하는 일이니 매우 조심스러울 수밖에 없다. 내가 쓴 호칭어로 인해 상대가 기분이 나빠질 수도, 좋아질 수도 있기 때문이다. 특히 상대가 기대하는 호칭어와 내가 사용한 호칭어 사이에 거리가 있다면, 말을 하기 위해 상대를 부르는 순간, 상대는 불쾌감이나 불편감을 느끼게 될 것이다. 또 사회가 요구해 왔던 호칭어가 과거의 이데올로기에 기반하여 사용하기 꺼려지는 호칭어라면 그러한 호칭어를 사용해야만 하는 사람과 대화를 하는 것이 꺼려질 수밖에 없다. 상대를 부르는 말이 불편하다면 상대와 말을 하는 것 자체가 불편해지기 때문이다.

사실 호칭어의 문제는 오랜 시간 동안 우리 사회에서 지속적으로 문제가 되어 왔다. 현대 사회로 오면서 사회적 관계가 다양해지고 변화하

15 https://wals.info/chapter/45.

는데 그 관계를 부를 수 있는 말이 없거나, 변화를 수용할 수 없는 호칭이 사용되고 있기 때문이다. 언어는 사회적 약속으로 존재하기 때문에 사회적 합의와 수용이 필요하다. 이 글을 통해 만난 100년 전 보성전문의 세 인물은 그 방법과 논리를 오늘 우리에게 들려주고 있다.

최근 가족관계 호칭을 개선하자고 요구하는 목소리가 높다. 하지만 당사자들이 아니면 왜 그러한 변화를 요구하는가에 대해 관심을 두지 않는다. 관심을 두기보다는 오히려 뭐 별것도 아닌 일에 그렇게 민감하게 구냐는 태도로 비난과 조롱을 하는 경우를 많이 목격하게 된다. 서로의 생각을 들어보고, 토론을 통해 서로 다른 생각을 치열하게 부딪혀 봄으로써 서로의 거리를 확인하고 합리적인 방향으로 좁혀 가면서 우리 사회의 문제를 해결해 본 경험이 우리에게는 풍부하지 못했다. 100년 전 김기전, 방정환, 박승빈을 통해 우리가 현재의 상황을 점검하고 미래를 조망할 수 있게 된다면 그들이 꿈꿨던 내일을 우리가 오늘로 만들 수 있지 않을까 생각해 본다. 그들이 내일을 꿈꾼 것은 우리에게 오늘이 되게 하기 위해서였으니 말이다.

V. 마무리하며

지금까지 필자는 3·1 운동 시대 보성전문과 언어 문화에 대해 논하면서 당대의 언어 문화에 큰 영향을 미친 세 인물인 김기전, 방정환, 박승빈에 대해 알아보았다. 3·1 운동 당시 보성전문의 졸업생이었던 김기전과 3·1 운동 당시 보성전문의 재학생이었던 방정환, 그리고 3·1 운동 당시에는 보성전문과 직접적인 관련이 있지는 않았지만 3·1 운동 6년 후 보성전문의 교장으로 취임하여 7년간 보성전문을 책임졌던 박승빈이 그들이었다.

3·1 운동 시대 보성전문은 3·1 운동에서만 중심적인 역할을 한 것이

아니었다. 3·1 운동 이후의 언어 문화에서도 큰 영향을 미쳤다. 3·1 운동 시대의 언어 환경을 고려할 때 김기전, 방정환, 박승빈이 당대의 언어 문화에 미친 영향은 실로 엄청난 것이라고 할 수 있다. 이들은 신분제 사회를 청산하고 대한민국이 나아가고자 하는 방향을 정확히 짚었고, 이에 적절한 언어 문화를 만들 것을 선구자적으로 역설하였다. 그들은 평등한 사회를 구현하기 위해 말의 계급을 없앨 것을 한목소리로 역설하였다. 전통사회에서 가장 소외받았던 어린이와 여성에 주목하였던 점은 100년 전의 생각이라고 믿기지 않을 정도의 이론적 깊이가 잘 갖추어져 있었다.

이러한 맥락에서 어린이에게 경어를 사용하자, 어린이 상호간에도 경어를 사용하게 하자는 이들의 공통적인 주장, 그리고 그 실천은 우연한 일이 아니다. 김기전과 방정환은 천도교 사상을 언어에서 실천적으로 구현하려 하였다. 특히 방정환은 어려운 사상을 말과 글로 쉽고 재미있게 전함으로써 실천적 지식인의 면모를 보여 주었다.

한편 박승빈은 천도교 신자는 아니었지만 법률가로서의 냉철한 이성을 통해 논리적이고 합리적인 생각, 그리고 그 생각을 실천하는 것을 주저하지 않았던 인물이었다. 더욱이 박승빈은 언어학자답게 한국어 높임법이 가져올 수 있는 차별의 문제뿐 아니라 호칭의 문제와 2인칭 대명사의 사용을 짚었다는 점이 놀랍다.

사실 지금도 우리의 언어 문화는 사회 변화의 보폭을 따라가지 못하고 있다. 100년간 평등의 실현을 위해 노력했지만, 매일매일의 말 속에서 차별과 불평등이 보이고 들리는 것이 사실이다. 그리고 언어에 대한 이론과 학문의 체계는 깊어지고 있지만, 실천적인 면에서는 100년 전보다 결코 나아졌다고 하기 어려운 측면이 있다. 더 놀라운 것은 당시에 법과와 상과만이 존재했던 보성전문의 인물들이 이러한 언어 개혁을 이끌었다는 점이다. 언어 문화에 대한 이론과 실천의 본산이 되어야 하는 문과대학은 당시에는 존재하지 않았다. 고려대학교 문과대학이 생긴 것은 해방 이후 대학교 인가가 난 1946년의 일이다.

이 연구를 수행하면서 73년이라는 길지 않은 역사를 가진 고려대학교 문과대학이 어떻게 지금의 위상을 이루고 유지할 수 있는지에 대한 해답을 나름대로 얻을 수 있었다. 보성전문의 기저에 흐르던 실천적인 인문학의 전통을 확인할 수 있었기 때문이다. 이러한 점에서 이러한 연구를 수행할 수 있는 기회를 준 모든 분들에게 감사의 마음을 표하고 싶다. 이 기회가 아니었다면 김기전, 방정환, 박승빈은 이름으로만 만난 선각자로 필자의 머릿속에 남았을 것이다. 하지만 이들에 대해 연구를 수행할 수 있는 기회를 얻게 된 덕분에 이 세 어른은 필자의 마음에 평생 남을 뜨거운 존재가 되었다.

지도로 보는 3·1운동 시대 종로의 보성전문

류성룡*

한국건축사에 있어서 보성전문학교와 고려대학교로 이어지는 건축은 1905년 이래 학교 건축의 변화 과정 전체를 오롯이 보여준다는 점에서 대단히 중요한 의미를 갖는다. 학교가 한양도성 밖으로 이전하여 현재의 안암동에 완전히 정착한 것은 1934년이었다. 따라서 개교한 후 30여 년은 도성 안 종로에 위치하고 있었다. 민족 자본으로 설립된 학교로서 일본 제국주의 아래서 시대적 부침을 겪는 것은 당연한 결과였다. 이에 따라 교사의 잦은 이전도 불가피한 것이었다. 1905년 폐교된 학교의 교사를 빌려 전동(磚洞)에서 개교하여 1911년 신축 교사를 마련하였지만 1918년 9월에 낙원동으로 옮기게 되었으며 1922년 9월에는 송현동으로 교사를 옮겨 중단 없는 교육을 지속하였다. 그때마다 건축 양식 역시 변화가 불가피하였는데, 처음 개교가 이루어졌던 박동 아어학교는 한옥이었고 새롭게 마련한 교사는 당시 유행했던 목조 건축이었으며 임대해 사용한 낙원동 교사는 벽돌 조적조였다. 마침내 한곳에 정착하게 된 안암동에서는 콘크리트 건축에 석조를 마감한 양식이 채택되었다.

* 고려대학교 건축학과 교수.

1. 보성학교가 표기되지 않은 근대 지도들(1905-1910)

1905년 보성전문학교는 대한제국 탁지대신 이용익에 의해 설립되었다. 교사는 서울 박동(礴洞)의 관립 한성 아어학교의 건물을 빌려 사용하였다. 1906년에는 아어학교 바로 옆의 김교헌의 기와집을 매입하여 학교 건물로 사용하였는데, 현재는 조계사가 되었다. 이처럼 당시 다른 건물을 빌려서 쓰는 상황이었다는 점을 감안하면 당시 제작된 지도에 보성전문학교의 위치가 표시되지 않는 것에 대한 이유가 될 수 있다. 1911년 손병희가 보성전문을 인수하게 되었고, 천도교의 지원 아래 옛 기와집을 허물고 신축 교사를 마련하였다.

1907년 『最新京城全圖』에서는 보성전문학교의 위치가 표시되어 있지 않다. 십자교계(十字橋契)[1]를 중심으로 양쪽에 송현(松峴)과 동곡(東谷)이 있는 마름모꼴 땅의 남쪽으로 보성학교가 위치하고 있었다. 지도의 해당 위치에는 영당내(影堂內),[2] 전동(磚洞), 청석동(青石洞), 수진동(壽進洞), 동정동(銅井洞), 금부후곡(禁府后谷) 등 지명만 확인된다. 서쪽에서 영당내 도로 두 줄기와 북쪽 전동의 도로가 한 줄기가 끝이 단절되지 않은 모습으로 가운데 모이는 땅이 있다. 십자교계 서측에는 수문동(水門洞)이 있고 내영당 서측으로 태복사(太僕司)가 확인된다.

한편 파고다 공원이 동측 도로를 거슬러 운현궁 방향으로 올라가면 동측에 대빈궁내(大嬪宮內)가 표기되어 있다. 서측으로는 특별한 지명이 보이지 않는데, 나중에 서북학회가 들어서는 땅, 즉 보성전문이 이전하는 위치에도 별다른 표시가 없다. 파고다 공원을 バコタ公園으로 표기하고 있는 것을 보면, 지도가 제작된 시기가 1905년 을사늑약 체결 이후

---

1 갑오개혁의 행정구역 개편에서 처음 등장한다.

2 명조의 장남 순회세자가 살았던 궁을 용동궁이라고 하였는데 13세에 요절하자 중부 수진방으로 옮겼다고 한다. 세자빈 공회빈의 속궁이 되어 관리되었다고 한다. 1908년에 엄비 소유가 되었고 숙명여학교가 설립된 자리에 해당한다.

라는 점에서 외교권을 강탈한 일제가 통감부를 설치하고 통감을 주재시켜 식민지배를 노골적으로 준비하는 상황을 보여주는 듯하다.[3]

해당 지도에는 崇禮門 一名南大門 주위로 성곽이 온전한 모습이다. 경복궁은 붉은 색으로 旧王城으로 표기되어 있으며 광화문에서 황토현길 양쪽으로 동측에는 내부(內部), 통감부(統監府),[4] 학부, 탁지부, 지계아문(地契衙門),[5] 농상공부, 기영사(耆英社)가 있고 서측에 시위제일대대(侍衛第一大隊), 헌병사령부(憲兵司令部),[6] 경부, 군부, 법부, 통신관리국 등이 있다. 통감부와 헌병사령부를 동시에 표기하고 있다는 점을 고려하면 지도 제작의 근거가 되는 시점은 1906년 2월 이후 1907년 8월 이전까지 상황이라고 볼 수 있다. 한편, 구왕성에 대응하여 경운궁에는 신왕성(新王城)의 붉은색 글씨가 추가되어 있다. 동측으로 원구단(圜丘壇)과 숭묘(崇廟)가 확인된다.

1908년 『新訂分道大韓帝國地圖』「京畿道」에는 지도 좌측 상부에 경성(京城)이 간략하게 표현되어 있는데 동 이름과 다리 이름을 중심으로 설명하고 있다. 서측에 수진방(壽進坊), 동측 위쪽에 전동(磚洞), 아래쪽에 수동(壽洞)이 있다. 우측에는 전동(典洞)이 있고 아래에는 전기회사가 표시되어 있다. 간략한 지도이지만 지도 남쪽의 남산 아래에 일본공사관(日本公使館), 일본육군병원(日本陸軍病院), 일본학교(日本學校), 일본공원지(日本公園地) 등 일본인과 관련된 시설들이 대거 등장하고 있다. 일본의 조동종 사찰 본원사(本願寺)도 확인된다.

1910년 『朝鮮交通全圖』에는 지도 우측으로 「京城及龍山」이라는 작은 지도가 포함되어 있다. 따라서 서울 시내가 간략하게 표현되기 때문

3 http://www.museum.seoul.kr/www/relic/RelicView.do?mcsjgbnc=PS01003026001&mcseqno1=015439&mcseqno2=00000&cdLanguage=KOR#none.

4 1906년 2월 설치되어 1910년 8월 폐지되었다.

5 토지소유권 이전을 증명하기 위해 설립된 부서로 1901년 10월 2일 설립되어 1904년 4월 19일 탁지부에 편입되면서 폐지되었다.

6 1900년 6월 30일 창설되어 1907년 8월 훈련원에서 군대해산 때 폐지되었다.

[그림 1] 1907년『最新京城全圖』

에 중요한 내용만 담고 있다. 보성전문 위치 주위로 수방(壽坊), 관방(寬坊), 견평방(堅平坊) 등 간략한 지명만 확인된다. 수방 아래쪽에 법부재판소(法部裁判所)가 있다. 경복궁에는 왕성(王城)을 부기하고 있고 광화문통 양편으로 동측에 내부(1895-1910), 학부(1894-1910), 탁지부(1895-1910)가 있고, 서측에 시위제1대대, 헌병사령부, 군부, 한성부, 통신관리국 등이 위치하고 있다. 경운궁(慶運宮)이 신왕성(新王城)으로 부기되어 있으며 반대편 동쪽으로 숭묘(崇廟)만 확인된다.

2. 1910년 지도에 등장하는 보성학교(普成學校)

1910년 『京城市街全圖』에 보성학교(普成學校)가 나타나고 있다. 송현(松峴)과 동곡(東谷)의 마름모 땅 남쪽에는 명신여학(明新女学)이 있는데, 길 건너 동쪽으로 보성학교가 확인된다. 손병희가 보성학교를 인수하여 교사를 새로 짓는 것이 1911년이었기 때문에 이 지도에 등장하는 보성학교는 이전 시기에 해당한다. 신축 교사를 마련하기 전이라는 점을 감안했을 때 당시에는 보성학교의 명성이 세간에 널리 알려졌음을 알 수 있다. 명신여학 서측으로 영당내(影堂內)가 있다. 명신여학은 1906년 순헌황귀비가 출자하여 용동궁(龍洞宮)[7]에 설립한 학교다. 앞서 1907년, 1908년 지도에서는 전동(磚洞)만 표기되어 있었고 명신여학, 보성학교 모두 확인되지 않았었다.

이 지도에는 1908년 설립된 서북학회(西北學會)가 확인되는데 バコタ公園 북쪽에서 운현궁으로 향하는 도로의 좌측변에 있다. 서북학회는 1908년 4월 옛 건물을 헐고 새로운 회관을 신축하게 되고 1909년 10월

---

7 용동궁은 순회세자궁이라고도 하였는데, 박동으로 이전한 후에는 박동궁(礴洞宮)이라고 하였다. 명성황후와 민겸호의 소유를 거쳐 고종이 조선말 외교 고문 묄렌도르프에게 하사하였는데 한옥을 개조하고 테니스장과 객실을 설치하여 사용하였다. 1905년 비어 있던 상황에서 순헌황귀비가 명신여학교를 설립한 것이었다.

3층 건물을 준공하게 되는데 이를 반영한 것이 아닌가 생각된다. 순수 민간에서 이룩한 건축으로 당시 장안의 화제가 되었다. 서북학회 터와 건물이 중요한 것은 서북학회가 해산당한 이후 오성학교에 이어 보성전문학교가 사용하게 되었기 때문이다.

경복궁 광화문 안에는 황궁경찰출장소(皇宮警察出張所)가 있고 서측 궁장 쪽에는 기병대가 주둔하고 있다.

광화문전로는 '光化門前通'으로 표기되어 있고 양옆으로 우측에는 내부, 내각관보과(內閣官報果), 학부, 건축소, 토지조사국, 법학교가 있으며 좌측에는 근위보병대(近衛步兵隊), 헌병제이분대(憲兵第二分隊), 친위부(親衛府),[8] 한성부, 위체저금관리국(爲替貯金管理局),[9] 통신국 등이 자리하고 있다. 통신국 아래로 서대문로와 만나는 모서리에서 淺田洋服店(아사다양복점)이 확인된다.

당시 숭례문은 북측과 남측의 성곽이 모두 훼철된 것을 알 수 있는데, 남측으로는 전차 선로가 지나가는 모습이다. 경복궁이 구왕성(旧王城)으로 창덕궁이 현황성(現王城)으로 표현되고 있다. 경운궁 터와 원구단 터는 건물이 없이 비워져 있는 모습이다. 남산쪽으로 총독부와 총독관사, 본원사, 왜성(倭城) 등이 확인된다.

1911년 『龍山合併京城市街全圖』는 1910년의 『京城市街全圖』와 흡사한 모양이다. 송현과 동곡 아래로 영당내, 명신여학이 있고 길 건너에 동측으로 보성학교가 확인된다. 보성학교 남쪽으로 종로 북측에는 고등법원공소원(高等法院控訴院), 지방재판소구재소(地方裁判所區裁所) 등이 있다. 바로 길 건너 동쪽에는 일한와사전기회사(日韓瓦斯電氣會社)가 확인된다.

バコタ公園 북쪽으로 서북학회가 확인된다. 파고다공원 인접한 동측으로 북부경찰서가 있다. 서북회관 건너에는 한양동과 궁내동이 있고

8 1909년 7월 궁궐에 배치된 보병 1개대대와 기병 1개중대를 관할하기 위해 설치.
9 1910년 개국.

[그림 2] 1910년『京城市街全圖』

북쪽으로 운현궁이 있다.

경복궁은 구왕성(旧王城)으로 창덕궁이 현황성(現王城)으로 표현되고 있다. 경운궁과 원구단 위치에는 건물이 없이 비워져 있는 모습으로 표현한 점도 같다. 창경궁, 대묘(大廟) 등의 표현도 같다.

1913년『KEIJO(SEOUL)』지도는 영문으로 기록되어 있는데 한자 지명을 일본 발음으로 하여 다시 영어로 옮긴 것이다. 경복궁을 Old Royal Palace라 하였고 경운궁을 Present Royal Palace라고 하였다. 이 지도에서는 남대문 양쪽으로 전철 선로가 지나는 것을 표현하고 있다.

3. 1914년 수송동(壽松洞) 보성사(普成社)

1914년『京城府市街疆界圖』그리고『京城府明細新地圖』등에서 보성학교는 보성사(普成社)[10]로 바뀌어 표기되고 있다.

보성사 주변으로 수송동, 견지동, 청진동 등 동(洞) 명칭이 확인되고 있다. 1910년 지도와 비교하면 보성학교와 명신여학만 있던 블록에 상당히 많은 변화가 발생한 것을 볼 수 있다. 보성학교는 보성사로 달리 표기되어 있고 명신여학은 숙명[11]여학원(淑明女學院)으로 바뀌었으며 두 학교 사이에 각황사(覺皇寺)[12]가 들어서 있다. 1910년 천도교가 학교를

[그림 3] 보성사(普成社)와 보성학교

10 기미독립선언서를 인쇄한 보성사는 보성전문의 수송동 교사 바로 옆에 있었다. 보성사 역시 보성학교와 마찬가지로 이용익이 설립한 인쇄사였다.

11 명신에서 숙명으로 바뀌는 것은 1909년 숙명고등여학교(淑明高等女學校), 1911년 숙명여자고등보통학교(淑明女子高等普通學校)로 개칭된 이후가 된다.

12 1902년 만해를 비롯한 승려들은 동대문 밖(창신동 창신초등학교 자리)에 원흥사(元興寺)를 창건하고 1908년에는 대표 65인이 종무원을 설치하였다. 1910년에는 박동(薄洞)에 있던 용동궁(龍洞宮) 터를 사서 여기에 각황사(覺皇寺)를 지었다.

[그림 4] 1914년『京城府市街疆界圖』

인수하면서 1914년에 옛 건물을 허물고 수송동 현 위치에 2층짜리 새 교사 건물을 신축하게 되는데, 당시의 '보성고등보통학교'를 설계한 건축가는 이훈우였다고 한다.[13] 숙명여학원 북쪽에는 사범학교(師範學校)가 있고 남쪽에는 종로소학교(鐘路小學校)가 있다. 보성사 동측으로 인접하여 이문당(以文堂)이란 빨간 글씨로 표기되어 있다.[14] 보성사 남쪽으로는 구병사(旧兵舍), 재판소 등이 있다. 보성사 동측으로 길 건너에는 청석동(靑石洞), 하청석동(下靑石洞) 등 지명이 표기되어 있고 시천교(侍天敎)[15], 의친왕궁(義親王宮)[16], 죽동궁(竹洞宮)[17] 등이 확인된다.

バコタ公園 북쪽에 서북학회 터 안쪽으로 오성학교(五星學校)[18]가 표기되어 있다. 오성학교 우측 길 건너에는 교동학교(校洞學校)가 들어섰다. 위쪽에 운현궁이 있고 다시 좌측으로 길을 건너면 고등여학교(高等女學校)가 있었다.

광화문 앞 도로가 태평통과 이어지게 되는데 종로와 만나는 사거리에는 도로 폭보다 넓은 광장이 조성된 것을 볼 수 있다. 당시에는 이곳을

---

13 김현경 · 유대혁 · 황두진, 「건축가 이훈우에 대한 연구」, 『건축역사연구』, 2020, 6, 37~50쪽.

14 1916년 설립되었던 서점 · 출판사였기 때문에 빨간 글씨들은 원래 지도에 추가되었음을 알 수 있다.

15 이용구는 천도교에서 나온 뒤 박형채(朴衡采) · 권병덕(權秉悳) · 송병준(宋炳畯) 등과 함께 1906년 서울 종로 견지동에 시천교를 세웠다. 시천교라는 명칭은 천도교의 주문 중 '시천주조화정 영세불망만사지(侍天主造化定 永世不忘萬事知)'에서 따온 것이라 한다.

16 의친왕 이강의 사저로 관훈동 196번지 일대에 있던 양옥 1동과 한옥 수십 동이 있던 궁집이다.

17 의친왕궁(사동궁) 남쪽에 위치한 관훈동 198번지 18호의 순조의 큰딸 명온공주(明溫公主)와 부마 동녕위(東寧尉) 김현근(金賢根)의 궁집이다.

18 서북학회가 1910년 9월 강제 해산당하고 1910년 10월 1일 오성학교(五星學校)가 되었다. 이후 1918년 4월 총독부에 의하여 폐교되었다. 그러나 건물은 오성학교 이후로 50여 년 동안 교육의 장소로 이어지게 된다. 1910년 5월에는 삼선평에서 오성학교, 보성학교, 배재학당, 중앙학교, 대성학교 등 8개교가 운동회를 개최하기도 하였다.

황토현 광장이라고 하였다.

태평로가 숭례문에 이어지는 도로 서측으로 대한문(大漢門)이 모서리에 표시된 덕수궁(德壽宮)이 있다. 덕수궁 우측 건너편에는 원구단(圜丘壇)이 표기되어 있는데 철도 호텔(鐵道 ホテル)이 병기되어 있다. 덕수궁 주변 영사관들과 함께 배재학당(培材學堂)과 이화학당(梨花學堂)이 위치하고 있다.

시대적 상황을 알려주는 모습으로 창경궁에 동물원, 박물관 등이 들어서 있으며, 숭례문과 연결되었던 성곽은 훼철의 범위가 훨씬 확대되었으며 서울역까지 가는 전철은 문의 양쪽 좌우를 지나는 모습이다.

1917년 『京城府管內圖』를 보면 지명은 검은색으로 표기하였고 궁궐이나 학교 공적인 시설과 기관은 빨간색으로 표시하고 있다. 그러나 보성사, 각황사, 숙명여학원 등은 별도의 표기가 없으며 수송동, 청진동, 중학동 등 위치만 표기되어 있다. 이와 비교하여 バコタ公園 북쪽으로 경운동과 관훈동 사이에 경성여자고등보통학교나 가회동의 경성고등보통학교 등은 빨간색으로 표기되어 있는 것으로 보았을 때, 국공립 학교와 공공 시설만 표기한 것으로 보인다.

경복궁, 경희궁, 덕수궁(德壽宮), 창덕궁, 비원(祕苑), 태묘(太廟) 등의 이름으로 표기되고 있다. 남대문에서 조선은행(한국은행)으로 진행하는 전차 선로는 양쪽으로 표현되어 있고 남대문을 중심으로 가는 방향과 오는 방향이 달랐던 것으로 보인다.

4. 1918년부터 1922년까지 낙원동

1918년 보성전문학교는 수송동에서 낙원동으로 옮기게 되어 앞서 폐교한 오성학교 교사에 들어가게 되었는데 1922년까지 4년 동안 교사로 이용되었다. 1919년 3·1운동 시기에 사용되었던 교사 건물로서 의미가 크다.

[그림 5] 1919년 지도

[그림 6] 낙원동 교사

1919년 『最新京城市街全圖』 모습은 1914년 『京城府市街疆界圖』와 유사한 것으로 보인다. 삼청동천 동쪽으로 보성사, 각황사, 명신여학원을 중심으로 사범학교, 종로소학교 등이 주마과(主馬課)와 함께 빨간선으로 한 구획 안에 묶여 있다. 빨간선으로 획정된 구획은 도로를 중심으로 하여 양편을 대체로 비슷한 면적으로 묶은 모습으로서 오성학교는 가운데 도로를 중심으로 건너편 측후소(測候所)[19]와 함께 한 구역으로 획정되고 있다.

19 1894년 갑오개혁 때 예조에 속한 관상감이 1907년 측후소(測候所)로 고쳐지고 학부 편집국에 편입되었다.

5. 1922년부터 1933년까지: 송현동(松峴洞) 보성전문학교

[그림 7] 송현동 교사

1922년 보성전문학교는 송현동으로 이전하게 되는데 천도교 중앙총부(덕성여자중학교 터)를 교사로 사용하였다. 600평 대지에 자리했던 교사는 1934년 9월까지 유지되었다. 1927년 1월 24일 사립보성전문학교로 지정되었다.[20] 1932년 인촌 김성수는 보성전문을 인수하였다.

1924년『朝鮮交通地圖』의「京城」에는 송현동 지명만 확인될 뿐 보성학교 표기는 없다. 송현동 옆에는 안국동 별궁이 표기되고 있다. 송현동 북쪽으로 중앙학교가 있다. 각황사, 숙명여학교는 원래 자리에 유지되고 있다. 파고다공원 북쪽으로는 낙원동, 경운동, 관훈동 등의 지명만 확인된다.

경복궁 근정전 전면을 가로막는 총독부신청사가 표시되어 있지만 아직 광화문이 정문으로 사용되고 있고 근정전 우측으로 미술관이 들어서 있다. 경희궁은 홍화문만 남아 있고 부속소학교, 부속중학교가 들어섰다. 서대문지라는 표현을 통해 돈의문이 헐린 정황을 알 수 있다.

경운궁이나 덕수궁이라는 표현 대신에 덕경궁(德慶宮)이라고 하였다. 남대문에서 조선은행(한국은행)으로 진행하는 전차선로 상황은 1917년과 같이 에워싼 모습이다. 종묘(宗廟)라는 표현을 사용하고 있다. 종묘 좌측으로 교통보통학교는 표기되어 있지만 パコタ公園 북쪽에는 학교 표기가 없다. 중학동 아래로 각황사, 숙명여학교가 있고 보성사 위치에

20 조선총독부관보 제20호, 昭和二年一月二十四日, 205쪽(문화체육관광부 국립중앙도서관).

[그림 8]『京城精密地圖』(1933년)

종로소학교가 있다. 길 건너 견지동에는 이강공저(李堈公邸)가 표시되어 있다. 남대문에서 올라오는 전차는 송현동 앞 삼거리에서 끝나는데 동덕여학교가 있다. 송현동, 안국동에는 학교가 표기되지 않았고 창덕궁 별궁만 표기되어 있다.

1927년『京城府管內圖』에서 경복궁 근정전 우측에 총독부박물관이 있다. 경희궁에는 경성중학교, 부속소학교가 들어서 있다. 덕수궁으로 표기되어 있다. 남대문 전차 선로는 남쪽에만 설치된 것으로 보인다. バコタ公園 북쪽으로 경운동에 신축 천도교 건물이 건립되었다. 대묘, 창덕궁이 있고 창경원에는 박물관, 동물원 그리고 북쪽에 식물원이 있다. 안국동 별궁 서측 건너편 송현동에서 북측으로 학교 범례가 보이지만 학교 이름은 표기하지 않았다.

1933년『京城精密地圖』에서 송현동 우측 상단에서 보성전문학교(普

成專門學校)가 확인된다. 길 건너 동측으로 안국동에서 창덕궁별궁(昌德宮別宮)이 보인다. 주변의 학교로 의학전문학교, 제일고등보통학교, 여자고등보통학교 등이 확인되는데 대지 규모를 비교해 보면 상대적으로 많이 작은 것을 볼 수 있는데, 교세의 위축을 예상해 볼 수 있다.

수송동에는 숙명여학교, 각황사 등이 유지되고 있고 각황사 서북쪽 인접한 땅에 중동학교(中東學校), 교원양성소(教員養成所) 등이 확인된다.

バコタ公園 북쪽으로 오성학교 위치에 협성실업학교(協成實業學校)[21]가 들어선 것으로 보인다.

경복궁 전면 중앙에 총독부전(總督府前)이라고 하여 원래 있었던 광화문이 건춘문 북쪽으로 옮겨진 것이 확인되고 건너편에 의학전문학교(醫學專門學校)와 의전부속병원(醫專附屬病院) 등이 확인된다.

경복궁, 덕수궁, 창덕궁 표기와 함께 창경원(昌慶苑)이란 표기가 사용되고 있다. 종묘로 표현하였다.

6. 1934년 종로에서 안암동으로

1933년 9월 6일 보성전문학교가 京城府 松峴洞 34번지에서 高陽郡 崇仁面 安岩里 1번지로 위치 변경이 인가되었고 그 내용은 9월 9일 고시되었다.[22] 학교 부지는 6만 2천평이었다.

1934년 『京城府管內圖』에서는 송현동에서 보성전문학교를 확인할 수 없다. 보성전문이 이전하고 난 이후에 그려진 것으로 추정해 볼 수 있다.

수송동에는 학교가 많아졌다. バコタ公園 북쪽의 낙원동 협성학교 자리에는 학교 표기만 되어 있는데 그 북쪽으로 천도교 교당이 들어서 있다.

경복궁, 덕수궁 등의 표기는 없고 창덕궁만 표기가 있으며 창경원(昌

---

21 1927년 7월 1일 협성실업학교가 되었다.

22 조선총독부관보 제2002호, 86쪽.

慶苑)이라는 표기가 사용되고 있다. 비원(祕苑), 종묘(宗廟) 등으로 표현하였다. 남대문의 전차 선로는 여전히 남쪽으로만 설치되어 있다.

1936년 『大京城精圖』를 통해 당시 상황을 자세하게 확인할 수 있다. 보성전문이 안암동으로 자리를 옮긴 이후의 상황이다. 수송동 터에는 불교중앙교무원이 들어섰다. 숙명여학교는 그대로 유지되고 있고 중동교, 여자사범교가 위치하고 있다. バコタ公園 북쪽으로 오성학교 위치에는 협성실업학교가 유지되고 있다. 송현동 터는 여러 개의 부지로 분할되었나.

7. 안암정에서 안암동으로: 고려대학교 그리고 Korea University

지금까지 일제 치하에서 민족 자본으로 설립하고 유지해 왔던 보성전문은 1932년 심각한 경영난을 겪게 되는데 인촌 김성수가 이를 인수하였다. 이곳저곳을 전전했던 종로 시대를 마감하고 새로운 터를 마련하여 영원히 정착하겠다는 야심찬 계획이 세워졌다. 마침내 1934년 희망과 포부를 안고 안암동으로 이전하였지만 시련이 바로 끝난 것은 아니었다. 1944년 5월 10일 보성전문학교와 연희전문학교의 폐지에 대한 건이 5월 30일 인가되고 6월 10일 고시되었다.[23] 총독부는 법문계(法文系) 전문학교의 종합정리안(綜合整理案)을 만들어 보성전문을 경성척식경제전문학교로 재출발하라는 계획을 시달해 왔다. 따라서 이해 4월 초에는 신교(新校)로서 첫 입학시험이 시행되어 경제과 96명, 척식과(拓殖科) 100명을 모집하게 되었다. 그러나 전세(戰勢)가 기울어지고, 형편이 점점 어려워짐에 따라 점차 학생들은 학원에서 학업을 계속할 수 없게 되었다.[24] 마침내 1945년 광복을 맞아 위기를 극복할 수 있었고 1946년 4년제 대학으로 승격하여 고려대학교가 되었으며 종합대학교로 개교하

23 조선총독부관보 제5203호, 77쪽.

24 보성전문학교 [普成專門學校] (한국민족문화대백과, 한국학중앙연구원).

였다. 1946년 『서울案內』에서 고려대 위치가 확인되는데 사회적 혼란을 반영하는 듯 안암정(安岩町) 또는 장충단 등과 같은 표기가 혼용되고 있다. 1950년대 중반 서울시가지도에는 고려대학교 한글 표기와 Korea University 영문 표기가 동시에 사용되고 있다.

고려대학교가 100년이 넘는 역사를 유지하는 동안 수많은 위기를 극복하고 현재에 이르는 것은 30여 년을 종로에서 경험했던 유목민(遊牧民)과 같은 역사에 힘입은 바 크다고 볼 수 있다. 민족의 고난과 함께 했던 보성전문의 종로시대가 고려대학교의 안암동시대를 가능하게 했던 것이다. 우리가 종로시대의 역사를 더 발전적인 방향으로 지속하기 위해서는 당시에 있었던 수많은 관계를 확인하고 심층적으로 분석함으로써 시간적, 공간적으로 연구를 확대해 나가는 것이 필요하다고 본다.

보성전문학교와 음악

—3·1운동 전후 보성전문과 천도교 그리고 음악—

민경찬*

1. 들어가는 말

1

소파(小波)가 소년 운동의 실천가였다면, 소춘(小春)은 이론가였다. 소파가 이상주의자였다면, 소춘은 현실주의자였다. 소파가 나선 운동가였다면, 소춘은 숨은 운동가였다. 그러나 두 분은 다 같이 천도교인으로『어린이』와『開闢』을 꾸며 내면서, 이론과 실천이, 그리고 이상과 현실이, 소년운동이 조화되고 中和되었다. (중략) 천도교 소년 운동의 불멸의 유산은 어린이 가슴마다 심어주는 3·1운동 정신과 민족정기요, 해마다 맞이하는 어린이날에 모든 어른이 결의를 새롭게 하는 '소년해방'의 마음가짐이다. 천도교 소년운동 만세! 어린이 3·1운동 만세! 어린이 해방운동 만세! 그리고 小波·小春 만세!

* 한국예술종합학교 음악원 교수.

이 글은 아동문학가 윤석중 선생이 쓴 「천도교 소년운동과 그 영향」의 일부이다.[1] 여기에 등장하는 '소파'는 방정환(方定煥, 1899-1931) 선생이고, '소춘'은 김기전(金起田, 1894-1948?) 선생이다. 모두 천도교도인 동시에 보성전문학교 출신이다. 그리고 한국 근대음악 발전에 적지 않은 공헌을 하였다. 3·1운동과 천도교와 보성전문학교와 한국 근대음악은 어떤 관계일까?

2

3·1운동 이후 새로운 음악운동으로 1923년 3월 16일 '색동회'가 발족하였고, 동년 5월 1일 정식으로 창립을 하였다. '색동회'는 우리나라 최초의 창작동요 단체로, 가장 큰 업적은 뭐니 뭐니 해도 '한국창작동요'라는 새로운 장르의 음악을 개척했다는 점이다. 그런데 '색동회' 멤버를 비롯하여 한국창작동요 개척자 중에는 보성학교와 보성전문학교 출신이 적지 않다. 어떻게 그게 가능했고, 또 그들은 어떤 활동을 하였을까?

3

3·1운동 직후인 1920년대 초 인촌 김성수 선생도 창가운동에 합류하였다. 음악계에서조차도 전혀 알려지지 않은 인촌 선생은 어떤 활동을 하였으며 또 그 의미는 무엇일까?

4

그 밖에도 3·1운동 전후로 '음악을 통한 구국활동'을 전개한 분들 중에는 보성학교 또는 보성전문학교 출신이 적지 않다. 그리고 그 활동은 해방 후에도 지속되었다. 어떤 사람이 어떤 활동을 하였을까?

---

1 윤석중, 「천도교 소년운동과 그 영향」, 『韓國思想』 제12집, 圓谷文化社, 1974년 11월. 『어린이』(영인본 1), 도서출판 보성사, 1977년. 1-2쪽에서 재인용.

5

그런데 음악과도 음악동아리도 없었고 기독교 계열의 학교도 아닌 보성전문학교의 학생들이 어떻게 음악을 접하게 되었고 또 음악운동까지로 확대시켜 나갔을까? 그리고 그것이 어떻게 가능했을까?

이 글은 이와 같은 질문을 바탕으로, '3·1운동'과 '천도교'와 '보성전문학교'를 키워드로, 그와 관련된 음악사적 사건과 인물을 발굴하여 정리하고 또 관련 악보를 복원하는 것을 목표로 하고 있다. 즉, 본격적인 연구에 앞서, 기존에 알려지지 않은 사실(史實)들을 발굴하여 수면 위에 드러내고 그 연구의 가능성과 함께, 비록 한정된 자료발굴과 정리라 하더라도 그것을 통하여 그동안 밝혀지지 않은 한국음악사적 의미를 타진해보는 것이 이 글의 목표이다. 그리고 역사적 사실 복원이라는 차원에서, 이 글에서 언급된 노래들 가운데, 가사만 전해 오고나 해독이 어려운 악보를 현대적으로 재구성하여 소개하고자 하는 또 다른 목표를 가지고 있다.

2. 천도교와 보성중학을 통해 음악 습득

'보성전문학교와 음악', 다시 말해 '고려대학교와 음악'. 어찌 보면 어울리지 않는 조합이다. 음악학과도 없고 기독교 계열의 학교도 아니고 그 흔한 음악동아리에 관한 기록도 없기 때문이다. 더구나 오늘날과 달리 1910년대에 음악을 접할 수 있는 층은 매우 한정되어 있었다. 그런데 보성전문학교의 학생들은 어떻게 음악을 접할 수 있게 되었을까?

그 답은 '천도교'와 '보성중학'과 '이각종'이라는 인물 등에서 찾을 수 있다.

보성전문학교 출신 중에는 천도교인과 보성중학 출신이 적지 않았다. 기독교에서 찬송가를 사용하는 것과 같이 천도교에서는 이미 서양음악을 받아들여 종교의식이나 종교행사에 활용을 하였고, 그로 말미암아 천도교인은 기독교인 못지않게 서양식의 노래를 체득하게 되었다.[2]

그런 한편, 대한제국으로부터 지원을 받고 황실학교의 성격을 띠고 개교한 보성중학교에서는 음악교육을 중시하였다. 4년제인 보성중학교에서는 1906년 개교할 때부터 정규과목으로 음악교육을 실시하였으며, 그것도 4개 학년 전 과정을 거쳐 이수토록 하였다.[3] 음악교사로는 당대 최초의 음악가이자 음악을 통한 애국계몽운동의 선구자인 김인식(金仁湜, 1885-1963)과 이상준(李尙俊, 1884-1948) 그리고 대한제국 군악대장 출신인 백우용(白禹鏞, 1883-1930)[4] 등이 활동을 하였는데, 이들은 모두 우리나라 근대음악을 개척한 선구자일 뿐 아니라 애국계몽창가를 작곡한 사람들이라는 공통점을 가지고 있다. 교사와 학생 수가 오늘날과 같이 그리 많지 않았는데도 불구하고 음악교사가 3명이나 있었고 또 전 학년을 대상으로 음악교육을 실시하였다는 사실은 그만큼 음악교육을 중시하였다는 증거이다. 그런데 당시에는 음악교과서가 없었고 또 음악시간에 무엇을 가르쳤는지에 관한 기록이 전해져 오고 있지 않다. 그렇지만 음악교사 모두가 애국계몽창가를 작곡한 사람들이기 때문에 이들이 만든 애국계몽창가를 자신들이 재직하고 있던 보성중학의 학생들에게 가르쳤을 것이라는 점은 미루어 짐작할 수 있다. 보성학교의 음악교육은 단순히 교양과 정서함양의 수준에서 실시한 것이 아니고 애국계몽활동의 일환으로 실시한 것이다. 다음 두 편의 노래는 이를 잘 대변해 주고 있다.

---

2 『天道敎會 月報』 1910년 10월호에 〈天宗新樂〉(하늘님의 덕)이라는 천도교의 노래가 수록되어 있다. 작사자와 작곡자가 미상이지만, 서양식으로 만들어진 노래이고 그 악보를 서양 악보인 오선보로 기록하였다. 1910년에 이미 서양식의 곡이 만들어졌고, 오선보로 기록을 하였고, 또 그 노래가 불린 것 등을 미루어 보아, 서양음악이 천도교 내에 널리 보급된 것으로 보인다.

3 보성중고등학교(편), 『보성80년사』, 학교법인 동성학원, 86-88쪽.

4 위의 책, 182쪽.

▸ 보성중학교교가

〈1절〉

동반구 아세주 우리 대한국 / 문명천지 우리학교 보성이로세

- 후렴 -

대목적을 가진 우리 학도들아 / 촌음을 경타말고 면려합시다

광명대로 우리 앞에 다다렀으니 / 활발히 나는 듯이 달려 나가세

〈2절〉

이천만 일심단체 자치국민이 / 교육계로 쟁진하는 기관이로다

〈3절〉

일 이점 자유경종 치는 소리에 / 태극기가 반공 중에 높이 날린다

〈4절〉

무궁화 만고춘풍 밝은 세계로 / 충군애국 일편정신 가득히 담아

〈5절〉

육대주 경쟁장 대대 활보로 / 제일 우승 목적지에 도달해 보세

한 학교의 교가(校歌)라기보다는 '충군애국'을 노래한 일종의 '애국가요'에 가깝다. 흥미로운 사실은 보성학교에서도 〈애국가〉를 만들어 불렀다는 점이다. 이 〈애국가〉는 1910년 6월 보성 중학교를 졸업한 사람들이 친목을 목적으로 만든 『普中親睦會報 1호』를 통하여 발표되었다. 스코틀랜드 민요인 〈올드 랭 사인〉(Auld Lang Syne)인 동시에 찬송가 선율에 가사를 붙여 만든 것이다. 작사자는 당시 보성중학 음악교사로 재직 중이었던 김인식이며, 가사는 다음과 같다.

▶ 애국가

〈1절〉
화려강산 동반도는 우리 본국이요
품질 좋은 단군 자손 우리 국민일세
무궁화 삼천리 화려강산
대한 사람 대한으로 길이 보전하세

〈2절〉
애국하는 의기 열성 백두산과 같고
충군하는 일편단심 동해같이 깊다
무궁화 삼천리 화려강산
대한 사람 대한으로 길이 보전하세

〈3절〉
이천만인 오직 한 마음 나라 사랑하여
사농공상 귀천 없이 직분을 다하세
무궁화 삼천리 화려강산
대한 사람 대한으로 길이 보전하세

〈4절〉
우리나라 우리 황상 황천이 도우사
만민동락 만만세에 태평 독립하세
무궁화 삼천리 화려강산
대한사람 대한으로 길이 보전하세

가사에 나오는 "本國이오"는 '내 나라이고', "稟質"은 '타고난 자질', "義氣 熱誠"은 '의로운 기백과 뜨거운 정성', "皇上"은 '황제', "皇天"은 '하느님', "萬民同樂"은 '만민이 다 함께 행복을 누림'이라는 뜻이며, 후렴은 현재의 〈애국가〉와 같아 주목을 끈다.

이 노래 역시 '충군애국'을 내용으로 하고 있다. 보성중학교에서 만든 〈애국가〉는, 1910년 한일강제병합으로 더 이상 국내에서는 부를 수 없게 되었다. 그렇지만 3·1운동 직후 만주에 설립된 독립군 양성 기관인 신흥무관학교에서는 이 노래를 〈애국가〉로 불렀다. '충군애국'의 노래를 '구국(救國)'의 노래로 부른 것이다.

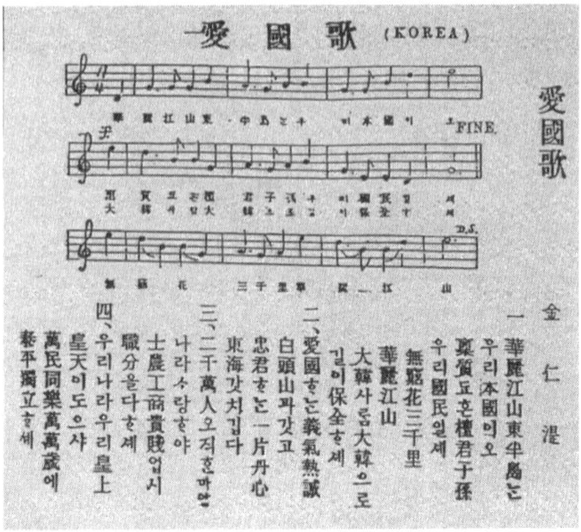

이와 같이 보성전문학교에 입학한 많은 학생들은 이미 노래에 대한 소양이 어느 정도 있었고 또 동시대가 요구하는 노래의 사회적 역할에 관해서도 잘 알고 있었을 것으로 추정된다. 원악보의 음이 원곡과 약간 다른데, 이를 수정하여 현대적인 악보로 복원을 해 보면 부록으로 수록한 〈악보 1〉과 같다.

3. 보성전문학교의 노래와 이각종의 창가운동

(1) 〈歡迎歌〉와 〈애국청년단〉

『고려대학교 100년사 I』에 보성전문학교와 관련된 노래의 가사 두 편이 수록되어 있다. 하나는 1909년 5월에 보성전문학교에서 발행한 『法政學界』 제23호에 수록된 〈歡迎歌〉라는 노래의 가사이고, 또 다른 하나는 한일강제병합 직후에 불린 〈애국청년단〉이란 노래의 가사 일부이다. 이 노래들이 '보성전문학교와 음악'의 관계를 연구하는 데 있어 단초를 제공해 줄 가능성이 있기 때문에 그 면면을 좀 더 구체적으로 살펴보도록 하겠다.

〈歡迎歌〉는 보성전문학교의 제2대 교주인 이종호 선생이 대성학교를 방문했을 때, 학교의 관계자들이 만들어 부른 노래로, 이에 관해 "이종호는 1908년 겨울 대성학교를 방문하였다. 이때 이 학교의 교강사, 학생, 유지가 성대히 환영하고, 이종호의 아호인 '月松'을 따서 '月松大人'이라는 환영가까지 새로 지어 불렀다고 한다. 이종호에 대한 환영가의 가사도 의미심장한 뜻을 담고 있다."[5]고 기록하면서 그 가사를 소개하였다.

▶ 歡迎歌

〈1절〉
즐겁도다 오날날에 귀한친구 만났서라
길고오랜 장마날에 청천백일 비최인 듯(平日 在外發外)

〈2절〉
사랑홉다 月松大人 충의 열성간절하다
모든고난 모든풍상 날로길이 받았노나 (平日 在外發外)

〈3절〉
흠도없고 티도없이 뚜렷하게 밝은마음
가을하늘 반공중에 높이빗난 망월인듯 (平日 知心如鍾)

〈4절〉
괴로우나 즐거우나 변치않는 높은절개
치운바람 찬서리에 홀로빼난 창송인 듯 (平日 如恐不及)

〈후렴〉
月松을 月松을 오늘날에 만났으니
*높은 덕을 사모하야 한곡조로 노래하세

5 고려대학교100년사 편찬위원회(편), 『고려대학교 100년사 I』, 고려대학교 출판부, 102쪽.

이 노래가 어떤 선율로 불렸는지 알 수 있는 단서는, 만주에 설립된 민족학교인 광성중학교에서 1914년에 발간한 『최신창가집』에 있다. 여기에 〈歡迎〉이란 제목의 노래가 역시 가사만 수록되어 있는데, 『고려대학교 100년사 I』에 수록된 〈환영가〉의 가사와 『최신창가집』에 수록된 〈歡迎〉의 가사는 2절에 나오는 "月松大人"이 "모대인의"로, 후렴에 나오는 "月松을 月松을"이 "모씨를 모씨를"로만 바뀌었을 뿐 나머지는 같다. 같은 가사인 것이다. 그리고 〈歡迎〉의 악보는 같은 책에 수록된 〈帝國地理〉와 동일하다고 되어 있다.[6] 그런데 〈歡迎〉과 같은 선율인 〈帝國地理〉는, 〈HAPPY DAY〉라는 찬송가[7]의 신율에 가사를 붙인 것이다. 즉, 〈歡迎歌〉는 〈HAPPY DAY〉의 선율에 가사를 붙여 노래를 부른 것이다. 〈HAPPY DAY〉는 19세기 말 선교사를 통해 우리나라에 전달된 찬송가이다. 이를 바탕으로 현대적인 악보로 복원을 해 보면 〈악보 2〉와 같다.

정리하자면, 1908년 대성학교에서 보성전문학교의 제2대 교주인 이종호 선생을 환영하기 위한 만든 노래가, 1909년 5월 보성전문학교에서 발행한 『法政學界』 제23호를 통해 보성전문학교 학생들에게도 알려졌고, 또 그 노래가 만주에까지 확산이 되어 동포들 사이에서 〈애국창가〉로 불린 것이다.

그런 한편 『고려대학교 100년사 I』에 또 다른 애국창가인 〈애국청년단〉의 가사 일부를 소개하고 있다.

▸ 애국청년가

열성 있는 청년들아 단결심으로
저 악종의 독한 세력 격파하기를
오매불망 천신으로 맹약한 후에

---

6 光成中學校. 『最新唱歌集』. 小營子: 光成中學校, 1914.
7 『21세기 찬송가』 제285장 〈주의 말씀 받는 그 날〉과 같은 곡.

대한 정신 발휘합시다

네 아무리 네 아무리 그리하여도
이 마음과 내 정신은 못 뺏으리라
네 아모리 네 아무리 그리하여도
건국 청년이 여기 있다[8]

『고려대학교 100년사 I』에 의하면, "이러한 노래는 일제 치하 국권을 상실한 강토에서도 사학과 각 지방의 서당에서도 민족교육을 통한 한민족의 존재를 보존하려고 힘쓰던 이 나라 젊은이들의 가슴 속에 민족정신의 씨앗을 뿌리는 것이었다. 특히 보전 학생들에게는 이러한 정신이 강렬하였다."[9]고 한다.

이 노래는, 〈警醒〉이란 제목으로, 앞에서 언급한 『최신창가집』에 수록되어 있으며, 전체 5절로 되어 있다. 가사 전체를 소개하면 다음과 같다.

▶ 警醒

〈1절〉
열성 있는 청년들아 단결심으로
저 악종의 독한 세력 격파하기를
오매불망 천신으로 맹약한 후에
대한 정신 발휘합시다
〈후렴〉
네 아무리 네 아무리 그리하여도
이 마음과 내 정신은 못 뺏으리라
네 아모리 네 아무리 그리하여도
건국 청년이 여기 있다

8 고려대학교100년사 편찬위원회(편), 『고려대학교 100년사 I』, 239쪽.
9 위의 책, 240쪽.

〈2절〉
우리들이 가진 바는 총검 아니고
우리 마음에 품은 것은 강포 아니고
일편단심 충의로써 모든 국적을
능히 멸할 수가 있다

〈3절〉
생사 간에 청년들아 대한혼이니
보수 사상 깊이 새겨 기회 찾아서
혈사토록 분발하여 독립하기를
잊지 말고 힘써 봅시다

〈4절〉
활발한 청년들아 의협심으로
용맹 있게 나아가서 모든 역적을
일망타진 파멸 후에 우리 통한을
상쾌하게 갚아 봅시다

〈5절〉
이십 세기 대한 청년들 의지 품어
살신성인 결정하고 실력 배워서
대소 위험 무릅쓰고 나아가면은
우리 목적을 달한다.

이 노래가 어떤 선율로 불렀는지 알 수 있는 단서 역시『최신창가집』을 통하여 알 수 있다. 이 책에도 가사만 수록되어 있는데, 이 노래의 악보는 같은 책에 수록된 〈作隊〉와 동일하다고 되어 있다.[10]

〈警醒〉 즉, 〈애국청년단〉과 같은 선율인 〈作隊〉는, 미국의 작곡가인

10 光成中學校.『最新唱歌集』, 1914.

헨리 워크(Henry Clay Work)가 작곡한 미국 남북 전쟁 때의 군가이자 찬송가의 선율[11]에 가사를 붙인 것이다. 이 곡의 선율은 20세기 초 선교사를 통해 우리나라에 전달이 되었고, 행진곡풍으로 발랄하여 찬송가 이외에도 학교의 교가, 운동가, 응원가, 독립군가 등으로도 널리 불렸다. 이를 바탕으로 현대적인 악보로 복원을 해 보면 〈악보 3〉과 같다.

이 두 노래만으로 보성전문학교와 음악과의 관계를 추론하기란 쉽지 않다. 그렇지만 적어도 애국적이고 민족적인 노래가 보성전문학교 학생들 사이에 널리 애창이 되었고, 또 몇몇 학생들은 노래운동의 중요성을 느꼈을 것이라는 점은 미루어 짐작할 수 있다.

그런데 3·1운동 이전, 보성전문학교 학생들이 비정규과목이나 동아리 활동을 통하여 음악을 배웠을 것이라는 추측은 다음과 같은 사실을 통해 할 수 있다.

(2) 이각종의 창가 운동

1908년 보성전문학교 법과를 졸업한 이각종(李覺鍾, 1888-1968)은 창가운동과 함께 1913년 『풍금독습중등창가집』이라는 책을 발간하였다. 이각종은 대한제국의 학부위원을 지냈고, 1911년부터 1917년까지는 조선총독부 학무과에서 근무를 하였다. 그리고 1912년 6월부터 1915년 2월까지 보성전문학교 법률 담당 강사를 지냈다.[12] 그러니까 『풍금독습중등창가집』을 편찬한 1913년은 조선총독부의 학무과에 재직하면서 보성전문학교 법률 담당 강사를 지낸 시기와 일치한다.

『풍금독습중등창가집』은, 노래를 통하여 학업과 일로 피로해진 심신을 회복시켜 다시금 집중하게 하고 우수와 한탄, 실의에 상심한 마음을 위로하고 어루만져 평정을 되찾게 하기 위한 목적 등으로 편찬이 되었

---

11 원래의 곡명은 〈Marching Through Georgia〉(조지아 마아치). 『21세기 찬송가』 제393장 〈우리들의 싸울 것은〉과 같은 곡.

12 고려대학교100년사 편찬위원회(편), 『고려대학교 100년사 I』, 217쪽.

다.[13] 제1편은 '가사집편', 제2편은 '악보편', 제3편은 '악전'으로 되어 있고, 제2편에는 47편이나 되는 곡이 오선악보와 함께 수록되어 있다. 작사 및 작곡자는 밝히지 않았지만, 조사 결과 대부분 보성중학교에서 음악을 가르친 바가 있는 이상준(李尙俊 1884-1948)이 작사·작곡한 신곡(新曲)이고, 몇 곡은 조선과 일본의 古歌이다. 이 중 이각종이 직접 작사를 한 것도 있는데, 〈勸學〉, 〈蓮花〉, 〈修學旅行〉 등 3편이 그것이다. 〈勸學〉의 가사를 소개하면 다음과 같다.

▶ 勸 學

〈1절〉
공부할 날 많다 하고 밀지 마시오
무정세월 물결같이 지나가네
청춘에 학문을 힘쓰지 않고
백발의 한탄을 어이 하리오
(후렴)
청년의 닦는 학업은 장래의 기도이로다
권하노라 너의 학문 힘써 하기를
청춘의 학문을 힘쓰지 않고
백발의 한탄을 어이 하리오

〈2절〉
천하의 귀한 것은 신체건강
인간의 중한 것은 덕성함양
만사에 긴한 것은 지식발달
모두 다 학문 중에 있느니라
(후렴)

13 이각종, 『풍금독습중등창가집』, 광동서국, 1913, 2쪽.

〈3절〉
잡념을 다 버리고 가르침 받아
전심과 일의로 연구하여서
착실한 정성이 있은 연후에
너의 공부 뜻과 같이 되오리라
(후렴)

〈4절〉
부모의 바람과 선생님 교훈
일야성심으로 너를 위하여
너의 학문 성취키를 원하나니
너 아니 저버리기 어려우리라
(후렴)

지식발달, 덕성함양, 신체건강 즉 '지(知), 덕(德), 체(育)'로 이루어진 학문의 성취를 권하는 내용의 가사이다. 이 가사는, 당시 일본, 조선, 중국 등에서 널리 유행했던 가미나가 료게쓰(神長瞭月) 작곡의 〈하이카라 부시〉(ハイカラ節)라는 노래의 선율에 붙인 것이다. 이 노래의 선율은 창가, 독립군가, 항일가요, 학교 교가의 선율로도 사용되었는데, 2000년 김대중 대통령이 북한을 방문했을 때 평양 공항의 환영식에서 북한군이 연주한 곡이 바로 이곡이며, 현재 전주에 있는 신흥고등학교 교가의 선율로도 사용되고 있다. 이를 현대적인 악보로 복원해 보면 〈악보 4〉와 같다.

이각종의 『풍금독습중등창가집』은 한국양악(洋樂)의 개척기에 만들어진 책으로, 한국양악의 발전에 적지 않은 공헌을 하였다는 의미를 가지고 있다. 당시 우리나라 최초의 음악교과서이자 모든 학교에서 의무적으로 사용해야만 했던 조선총독부 발행의 『보통교육창가집』[14]과 비교해 보하더라도 내용적인 면이나 규모 면에서 비교가 안 될 정도이다.

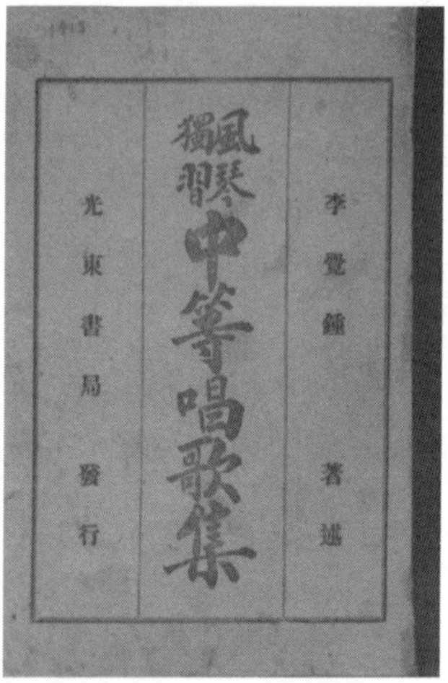

즉, 『보통교육창가집』에는 단지 27편의 노래만 수록되어 있는 데 비해 그 두 배에 가까운 47편의 노래와 함께 음악기초 이론인 악전(樂典)이 수록되어 있다. 그리고 『보통교육창가집』에는 한국 사람이 작사·작곡한 곡이 한 편도 없는 데 비해 대부분 한국 사람이 작곡한 창작곡을 수록하여 한국 창작음악 발전에 기여하였을 뿐 아니라 본격적으로 한국 사람이 만든 곡을 부르게 하였다. 그리고 여기에 수록된 '악전'은 현존하는 '악전' 중 가장 오래된 것으로, 이를 통하여 서양음악의 기초 이론을 습득하도록 하였다. 또한 이후 발행된 '창가집'의 모델로서도 역할을 하였다는 중요성을 가지고 있다.

여기에 수록된 많은 곡들이, 이후에 국내에서 발행된 창가집에도 재수록되었고, 특히 1914년 만주에서 발행한 『최신창가집』과 1916년 하와이에서 발행한 『애국창가』라는 노래집에 수록이 되어 '항일가요'로도 불렸다. 일례로, 안창호 선생이 작사한 유명한 〈거국가〉는 『풍금독습중등창가집』에 수록된 〈惜別〉을, 〈애국〉은 〈기차〉, 〈제국역사〉는 〈夏季休業〉의 선율에 가사를 붙인 것이다.

그런데 우리가 여기서 주목해야 할 것은 이각종의 『풍금독습중등창가집』이 보성전문학교의 학생들에게도 가르쳐졌을 가능성이 높았다는 점이다. 아직 그 증거가 발견되지 않아 단정하기는 어렵지만, 첫째 이각종이 보성전문학교의 강사였다는 점,[15] 둘째 이 책의 영향이 멀리는 중

14 민경찬, 『한국창가의 색인과 해제』, 한국예술연구소, 1997. 참조.
15 『고려대학교 100년사 I』 의하면 이각종은 "문필로 민중의 계정에 진력하였다"(190쪽)고 한다. 그렇지만 2005년 고려대학교 교내 단체인 일제잔재청산위원

국과 하와이에까지 끼쳤는데 저자와 가장 가까운 거리에 있는 보성전문학교 학생들에게 안 가르쳤을 리가 없었을 것이라는 점, 그리고 셋째 3·1운동 이후에 전개된 '동요운동'에 보성전문학교 출신이 주도적인 역할을 하였는데, 이들이 어디서 어떻게 서양음악을 익혔는지 전혀 알려지지 않았다는 점 등이 오히려 그 가능성을 높여 주고 있다. 현 단계에서는 추정만 할 따름인데, 『풍금독습중등창가집』을 비롯하여 보성전문학교 학생들의 음악습득 과정 및 음악활동이 밝혀진다면 한국근대음악사도 다시 쓰여야 할 것이다.

4. 한국동요의 탄생

(1) 방정환이 주도한 '동요운동'

'3·1운동'과 '천도교'와 '보성전문학교'가 한국근대음악사에 끼친 가장 큰 업적은 뭐니 뭐니 해도 '창작동요의 탄생'의 주인공 역할을 하였다는 점이다. 3·1운동은, 국외에서는 독립운동으로, 국내에서는 사회운동과 문화예술운동으로 확산이 되었다. 그 사회운동의 일환으로 전개된 것이 '어린이 운동'이었으며, 문화예술운동의 일환으로 탄생된 것이 '동요'라는 새로운 장르의 음악이었다. 그리고 '어린이 운동'과 '동요운동'을 주도한 사람이 바로 방정환과 김기전 등 보성전문학교 출신의 천도교도였다.

주지하다시피 3·1운동은 온 민족적 거사였지만, 준비 과정에서부터 전개에 이르기까지 천도교단이 중추적인 역할을 하였고, 그 안에는 보성전문학교 출신이 상당수 있었다. 이들은 3·1운동 이후 새로운 문화운동을 전개시켜 나갔다. 3·1운동 직후인 1920년 4월 25일 천도교청년회가 결성이 되었고, 그 산하에 음악부를 두었다. 그리고 1921년 5월 1일

회가 발표한 '고려대 100년 속의 일제잔재 1차 인물' 10인 명단에 포함되어 있다. 유감스럽게도 이후 친일행위를 한 것이다.

천도교청년회 산하에 천도교소년회를 두었다. 천도교소년회는 방정환과 김기전 등이 주도를 하였다.[16]

방정환은, 천도교의 중심 교리인 인내천(人乃天) 사상에서 어린이를 중시하는 가르침과 모든 인간은 존엄하며 평등하다는 가르침을 바탕으로 어린이 운동을 전개시켜 나갔다. 그러면서 자연히 새로운 어린이 노래운동에 대해서도 관심을 갖게 되었다.

원래 보성전문학교에서 법학을 전공했던 방정환은 법학도의 길을 포기하고 아동문학과 아동심리학을 공부하기 위해 1921년 일본 유학을 떠났다. 그리고 유학 중에도 천도교청년회 동경지회 실립을 추진하였고, 방학 중에는 조선을 오가면서 순회강연을 실시하는 등 어린이 운동을 주도하였다. 그러던 중 일본에서 전개된 '동요운동'을 접하게 되었다.

당시 일본에서 전개된 '동요운동'은 唱歌를 비판하는 문학가들의 문학운동으로 시작되었다. 가사가 저급하다는 점, 가사가 문어체(文語體)로 난해하게 되어 있다는 점, 가사의 내용이 도덕적 교화를 목적으로 하고 있다는 점 등이 비판의 핵심이었다.[17] 그리고 唱歌가 국가와 관에서 주도한 국가주의적인 내용을 바탕으로 하고 있다는 점, 어린이들의 정서를 무시한 어른들 시각에서의 어린이 노래라는 점 등도 비판의 대상이었다. 음악 역시 비판을 받았는데, 唱歌의 선율이 군가나 행진곡풍이라는 점, 획일적이라는 점 등이 주된 내용이었다. 그러면서 1919년부터 음악가들이 가세한 새로운 음악운동으로 확대가 되었다. 이 새로운 노래운동의 결과로 만들어진 것이 바로 童謠라는 새로운 장르의 노래이다.

일본의 동요는 관제(官製) 노래인 唱歌에 비해, 서정적이고 정서적이고 예술적이라는 특징을 가지고 있다. 그리고 보다 당시 어린이들의 정서를 잘 반영한 노래라는 특징도 가지고 있다. 방정환이 일본 유학 중이었던 1920년대 초 일본은 童謠 창작의 전성기였고, 어린이들 사이에서

16 도종환, 『정순철 평전』, 도서출판 고두미, 2011, 102쪽.
17 민경찬(외), 『동아시아와 서양음악의 수용』, 음악세계, 2008, 210쪽.

도 매우 인기가 높았다. 이에 일본의 문부성(文部省)에서는 唱歌를 보호하고 예술음악인 童謠의 발전을 억제시키기 위하여 한때 어린이들이 童謠를 부르는 것을 금지시키기도 하였다.

이러한 일본의 童謠운동을 현장에서 직접 지켜 본 방정환은 "조선이야말로 동요가 필요하다"고 생각하고 동요운동에 착수하였다. 그리고 1923년 3월 16일 동경에서 손진태(孫晋泰) · 정순철(鄭順哲) · 고한승(高漢承) · 진장섭(秦長燮) · 정병기(丁炳基) · 강영호 · 조준기 등과 함께 〈색동회〉를 조직하여 본격적인 동요운동을 전개시켜 나갔다. 그런데 주목해야 할 사실 중의 하나는 〈색동회〉 멤버 중 상당수가 보성전문학교 출신이거나 보성학교 출신이라는 점이다. 방정환과 손진태 그리고 서울에 있어 〈색동회〉 멤버로 가입하지는 않았지만 김기전 등이 보성전문학교 출신이고, 정순철, 고한승, 진장섭 등이 보성학교 출신이다.

당시 조선은 일제강점기라는 암울한 시기였고, 학교에서는 일본창가만을 가르쳤고, 학교 밖에서는 일본의 유행가와 기생들이 부르는 노래가 범람하였다. 따라서 조선의 어린이들이 부를만한 마땅한 노래가 절대적으로 부족하였다. 이에 〈색동회〉 멤버들은 "조선 어린이의 심성에 맞는 새로운 노래를 창작 보급하여, 자라나는 어린이들에게 교양을 심어주고 정서를 함양시켜 주는 동시에 노래를 통해 애국정신을 고취시키고 민족혼을 심어 주자"[18]는 데 의견을 같이하였고 또 그것을 실천으로 옮기기 시작하였다. 그리고 그 새로운 장르의 노래를 '동요'라 불렀다. 즉 우리나라의 동요운동은, 3·1 운동의 영향으로 새로운 문화예술 운동의 필요성을 자각하던 시기에, 천도교의 인내천(人乃天)사상에서 어린이를 중시하는 가르침을 배경으로, 보성전문학교 출신인 방정환의 주도로 시작이 되었고, 〈색동회〉 멤버들과 함께 그 실천 작업을 전개시켜 나갔던 것이다.

---

18 민경찬, 『청소년을 위한 한국음악사—양악편』, 두리미디어, 2006, 93쪽.

(2) 창작동요의 탄생

우리나라 음악가들에게 '동요'라는 새로운 장르의 음악을 작곡하도록 독려한 최초의 사람 역시 방정환이었다. 방정환이 일본 유학 당시 음악 전공 유학생으로는 정순철(鄭順哲, 1901-납북)과 윤극영(尹克榮, 1903-1966)이 있었다. 이 들은 모두 東京音樂學校에서 '唱歌'를 전공하고 있었다.

정순철은 천도교인이자 보성중학 출신이며, 동학 2대 교주인 해월 최시형의 외손자이고, 역시 천도교인이고 의암 손병희 선생의 셋째 사위인 방정환과는 형제처럼 지내던 사이였다. 그리고 천도교인으로서 같은 뜻을 가졌고 같은 일을 하면서 살았으며, "방정환 있는 데 정순철 있고, 정순철 있는 데 방정환 있다. 정순철은 방정환의 그림자다"[19]라는 말이 있을 정도로 친했다. 아동문학가이기도 한 방정환은 〈형제별〉이란 제목의 노랫말을 만들어[20] 정순철에게 주었는데, 그 가사는 다음과 같다.

▶ 형제별

날 저무는 하늘에 별이 삼형제
반짝 반짝 정답게 지-내더니

웬일인지 별 하나 보이지 않고
남은 별이 둘이서 눈물 흘린다

이 가사를 정순철에게 주어 만든 곡이 바로 동요 〈형제별〉이다. 정순철은 방정환이 편집을 맡고 있던 『어린이』 잡지 1923년 9월호를 통하여

19 도종환, 『정순철 평전』, 103쪽.

20 〈형제별〉의 작사를 방정환이 하였다는 것은 오랫동안 정설로 되어 왔다. 그런데 일본 동요의 가사를 번역 또는 번안한 것이라는 설이 제기가 되었다. 그러나 번역 또는 번안설을 제기한 사람 아무도 어떤 것을 번역, 번안을 하였는지 그 근거를 제시하지 못하고 있다. 본 연구자는 오래전부터 그 근거를 찾아보았지만, 아직 찾지를 못했다. 일본의 동요전문가들에게도 문의를 하여 보았지만 그들 역시 비슷한 童謠를 보지 못했다고 한다.

이 곡의 악보를 발표하였다. 우리나라에 '동요'라는 새로운 장르의 음악이 탄생되는 순간이다. 정감 어린 가사, 기존 창가에서 느낄 수 없는 신선한 느낌, 서정성을 기조로 한 아름다운 선율, 슬프면서도 아름다운 노래 … 〈형제별〉은 발표와 동시에 많은 사람들에게 사랑을 받았다. 그리고 가사에 나오는 "삼형제"는 "삼천리"로, "반짝 반짝 정답게 지-내더니"는 "정답게 살고 있었던 우리 민족"으로, "웬일인지"는 "일제의 침략"으로, "별 하나 보이지 않고"는 "독립운동을 하러 떠난 장남"으로, "남은 별이 둘이서 눈물 흘린다"는, "조국 독립을 기다리는 마음"으로 해석되면서 감정이입을 시켜 식민 치하에서 고통을 받고 있는 많은 사람들을 위로해 주었다. 그리고 해방 후에도 오랫동안 사랑을 받았다.

〈형제별〉은 우리나라 동요의 효시라는 역사성을 가지고 있다. 그렇기 때문에 1923년은 우리나라 동요가 시작한 해로 기록되어야 할 것이다. 방정환과 정순철은 그 후 〈늙은잠자리〉(『어린이』, 1923년 10월호),

〈여름비〉(정순철 동요집 『갈닙피리』, 1929년), 〈나무닙배〉(정순철 동요집 『갈닙피리』, 1929년), 〈눈〉(『어린이』, 1930년 8월호) 등의 창작 동요를 잇달아 발표하였다. 〈악보 5〉는 〈형제별〉을 새롭게 만든 것이다.[21]

방정환은 윤극영에게도 동요 작곡을 권유하였다.[22] 윤극영과 정순철은 동경 유학 시절 같은 방에서 자취를 하였고, 방정환에게 윤극영을 소개시켜 주었다. 윤극영을 만난 방정환은 동요운동과 동요작곡의 중요성을 역설하였고, 이에 윤극영은 동의를 하여 〈색동회〉에 가입을 하였고 또 동요를 작곡하여 『어린이』 1924년 2월호를 통하여 "고드름 고드름 수정 고드름 …"으로 시작하는 〈고드름〉과 "까치 까치 설날은 어저께고요 …"로 시작하는 〈설날〉을 발표하였고, 『어린이』 1924년 11월호를 통하여 "푸른 하늘 은하수 하얀 쪽배엔 …"으로 시작하는 〈반달〉을 발표하였다.

이 중 "돛대도 아니 달고 삿대도 없이 …"라는 내용의 나라 잃고 방황하는 민족적 비운과 "서쪽나라로"라는 미래에 대한 희망을 그린 〈반달〉은 잡지와 유인물을 통해 전국에 보급이 되었고, 마치 나라를 잃은 사람들의 마음을 위로하듯이 순식간에 전국 방방곡곡에서 애창이 되었다. 〈반달〉은 한국 국민이 가장 좋아하는 동요 및 한국창작동요의 모델로

21 〈형제별〉의 작곡자가 정순철이 아니라는 설이 있다. 나리타 다메소오(成田爲三)가 작곡한 동요를 번안했다는 것이다. 그렇지만 어떤 곡을 번안했는지 그 근거를 제시하지 못하고 있다. 나리타 다메소오가 작곡한 동요는 당시 우리나라에도 많이 알려졌는데, 그의 작품을 번안한 것이라면 이미 그때 알려졌을 것이다. 본 연구자는 나리타 다메소오의 전 작품을 조사해 보았지만 〈형제별〉과 유사한 작품을 찾지 못했다. 그리고 이 역시 일본 동요전문가들에게 문의를 해 보았지만 그들도 비슷한 童謠를 보지 못했다고 한다. 특히, 〈형제별〉은 3박자로 되어 있는데, 일본에는 3박자의 동요가 거의 없기 때문에 일본 사람이 작곡한 곡이라고 한다면 모를리 없다고 한다. 그토록 많은 사랑을 받았던 〈형제별〉은 현재 잘 안 불리고 있다. 그 이유 중의 하나가 바로 일본 동요의 번안설과 표절설 때문이다. 우리나라 동요의 효시이고, 우리 민족이 오랫동안 애창을 해 왔고, 아주 우수하고 예술성이 풍부한 동요인 만큼 다시 사랑을 받기를 기대한다.

22 도종환, 『정순철 평전』, 115쪽.

서의 역할을 하였다는 역사성과 상징성 그리고 중요성을 가지고 있다. 이러한 이유 등으로 말미암아 이에 앞서 몇몇 동요가 발표되었지만, 동요계에서는 〈반달〉을 한국최초의 창작동요[23] 그리고 이 곡이 발표된 1924년을 창작동요 원년으로 삼고 기념을 하고 있다.

그런 한편, 천도교청년회에서는 1923년 5월 1일을 어린이날로 제정하였다. 그리고 이듬 해 〈어린이날 노래〉를 만들어 이를 기념하였다.[24] 이 〈어린이날 노래〉[25]를 작사한 사람은 보성전문학교 출신의 김기전이다.

▸ 어린이날 노래

기쁘고나 오늘 날 5월 1일은 / 우리들 어린이의 명절 날일세
복된 목숨 길이 품고 뛰어 노는 날 / 오늘이 어린이의 날
만세 만세를 같이 부르며 / 앞으로 앞으로 나아갑시다
아름다운 목소리와 기쁜 맘으로 / 노래를 부르며 가세

이 노래는 1937년 일제의 탄압으로 말미암아 어린이날 행사가 금지될 때까지 불렸다. 그리고 이 노래를 작사한 김기전은『개벽』의 주필로 활동하였고, 또 국내에서 독립운동단체를 만들어 활동을 하기도 하였다. 〈악보 6〉은 김기전 작사의 〈어린이날 노래〉이다.

---

23 한용희, 『창작동요 80년』, 도서출판 한국음악교육연구회, 2004, 49쪽.

24 위의 책, 53쪽.

25 〈어린이날 노래〉는 세 편이 있다. 최초의 〈어린이날 노래〉는 헨리 워크(Henry Clay Work)가 작곡한 찬송가의 선율에 김기전이 가사를 붙인 것이고, 두 번째 것은 해방 후 '어린이날'이 부활되었을 때 "날아라 새들아 푸른 하늘을 …"로 시작하는 윤석중 작사, 안기영 작곡의 〈어린이 날 노래〉였다. 그런데 두 번째 〈어린이날〉의 작곡자인 안기영이 월북을 하자 금지가 되었고, 같은 가사를 가지고 윤극영이 새롭게 작곡을 하였다. 현재 불리고 있는 〈어린이날 노래〉는 윤석중이 작사, 윤극영이 작곡한 것이다.

5. 창가 활동

보성전문학교 출신 가운데는 작곡활동을 한 사람도 있었다. 유석조(庾錫祚, 1905-1987)라는 사람인데, 그는 보성전문학교를 졸업 후 야학교를 만들어 학교를 가지 못하는 학생을 가르쳤고, 1923년 출판사 광학서포(廣學書舖)를 인수하여 출판인으로 활동하면서 1927년 동 출판사에서 『소년소녀교육유행창가집』을 발간하였다. 이 창가집은 야학교와 주일학교 학생을 위해 만든 것으로 모두 36편이 곡이 수록되어 있는데 그 중 10여 편은 직접 작사를 한 것이다. 그리고 작곡을 하여 〈무궁화강산〉을 비롯하여 〈부업장려가〉, 〈음악가〉 등의 작품을 남겼다. 이 곡들은 모두 창가에 해당하는 것으로 그중 〈무궁화강산〉을 소개하면 다음과 같다.

▸ 무궁화강산

〈1절〉
무궁화 삼천리는 우리 강산 / 신성산 이천만은 우리민족 / 삼천리 이천만은 우리 조선 /
만세 만세 영원 무궁 / 성자신손 이천만 화려강산 삼천리 /
이 안에서 우리가 기쁜 노래 부르자 /
억만세 만만세 우리 이천만 동포 / 만세 만세 만만세 삼천리의 무궁화 강산 /
신성하신 단군님 사이오칠 년 전에 / 태백산에 나하사 우리의 집을 지셨네 /
육대주 오대양에 제일 좋은 동반도 / 십육억 인종 중에 신성한 우리 이천만 /
억만세 만만세 우리 이천만 동포 / 만세 만세 만만세 삼천리 무궁화 강산 /

〈2절〉
백두산 높은 봉이 없어지고 / 대동강 깊은 물이마르도록 / 삼천리 이천만은 우리 조선 /
만세 만세 영원 무궁 / 아름다운 강산에 아리땁게 집짓고 /
활발스런 이천만 희희낙락이로다 /

억만세 만만세 우리 이천만 동포 / 만세 만세 만만세 삼천리의 무궁화 강산 /
화려하다 삼천리 너는 나의 집이요 / 신성하다 이천만 나의 사랑이로다 /
향기나는 동산에 노래하는 동무야 / 활발하고 즐겁게 뛰어라 우리 이천만 /
억만세 만만세 우리 이천만 동포 / 만세 만세 만만세 삼천리 무궁화 강산/

'애국창가'의 전통을 이은 것으로, 야학과 주일 학교 학생들에게 우리 민족의 자긍심을 심어 주기 위해 만든 것이다. 이 노래는 필사본으로 전해 오고 있다. 악보 밑에 1924년 8월 14일이라고 적혀 있는 것으로 보아 이 곡을 만든 시점이 이때인 것 같다. 3·1운동 이후 보성전문학교 출신이 음악을 통한 구국활동을 전개한 또 다른 예를 볼 수 있다. 〈악보 7〉은 필사본으로 전해 온 악보를 새롭게 만든 것이다.

6. 인촌 김성수 선생과 창가

이번 연구를 통해 얻은 수확 중의 하나가 인촌(仁村) 김성수(金性洙, 1891-1955) 선생도 창가 활동을 하였다는 것을 확인했다는 점이다. 그것도 단순한 창가 활동이 아니라 음악을 통한 구국활동에 참여를 한 것이다. 시점은 3·1운동 직후인 1921년으로, 당시는 인촌 선생이 동아일보 사장으로 재직하고 있었던 시절이고 아직 보성전문학교와는 인연을 맺지 않은 시점이라 본 논문의 주제와는 다소 거리가 있을 수 있다. 그렇지만 이 단서로 말미암아 인촌 선생의 새로운 일면을 밝힐 수 있는 흥미로운 사실이라 이를 소개하고자 한다.

1921년 광문서시(廣文書市)에서 발행한 『東西偉人唱歌』을 보면 인촌 김성수 선생이 교열(校閱)자의 한 사람으로 참여를 하였다. 이 책의 서문은 독립운동가이자 동경에서 거행된 2·8독립선언의 대표 중 한 사람인 당남 최팔용(崔八鎔, 1891-1922) 선생이 썼다. 이 중 일부를 현대문으로 바꿔 보면 다음과 같다.

> 밝은 달이 하늘가에 떠 있으나 뜬 구름이 덥힌 곳은 그 빛을 못보다. 우주가 열리니 인생이 비롯한 지 몇 만 년에 박애와 충성, 용감과 지혜 기타 모든 광명을 한 몸에 갖추고 인류사회에 나타난 달사(達士) 위인이 그 수가 적지 않도다. 그리하여 사회의 발전과 인류의 행복은 그들의 광명이 비취는 곳에야만 있었도다. 그러나 역사는 또한 우리에게 가르쳤나니. 그들 광명는 무시로 또는 값없이 함부로 비추지 않았고 다만 찾으며 구하며 사모하는 곳에만 비추었도다. 비어 묻노니 동포여 위인의 광명이 우리에게 비추임이 그 얼마나 되는고? 슬프다 무엇으로써 이에 대답하리오. 계림의 천지가 아직도 암흑한 층운(層雲) 속에 잠복하였음은 이천만 배달족이 위인의 광명을 찾지도 않고 구하지도 않고 사모하지도 않은 사실의 증명이 아니고 그 무엇이냐. 민족적 향상을 세계에 향하여 구하는 뜻있는 사람으로 어째서 이에 개탄할 바 없으리오. 때마침 학우 정경휘 군이 크게 살핀 바 있어 동서양 위인 이야기의 요점을 따서 알기 쉽고 기억하기 쉽게 노래를 지어서 암운을 헤치고 그 광명을 반도에 인도하려 하여 위인창가집을 세상에 내 놓으니 이는 진실로 우리 사회에 처음있는 시험이라. 노장(老壯)을 막론하고 이 글을 읽어서 위인의 밝은 길을 우리도 밝은 진대 계림천지에 반드시 행복의 곳이 될지라 (이하 생략)

총 23편의 노래가 수록되어 있으며, 제1장은 '동양위인 및 발명가', 제2장은 '서양위인 및 발명가', 제3장은 '자각(自覺) 및 경계(警戒)'로 되어 있다. 제1장에는 을지문덕 · 강감찬 · 양만춘 · 이순신 · 장보고 · 김유신 등 우리 민족의 위인과, 활자 · 자기 · 청자 등 우리의 자랑스러운 문화재를 예찬한 노래가, 제2장에는 카이제루 · 웰손 · 와싱톤 · 컬럼버스 등 서양의 위인과, 기차 · 무선전신 · 전화 · 현미경 · 망원경 · 시계 · 활동사진 등 서양의 발명품을 소개하는 노래가 있다. 그리고 제3장에서는 자각(自覺)과 경계(警戒)라는 제목으로 우리 민족의 새로운 각오를 다짐하게 하는 노래가 수록되어 있다. 이 창가집은 다른 노래책과는 달리 음악적인 목적보다는 가사를 쉽고 재미있게 외우기 위한 목적으로 만든 것이다. 다시 말해 음악 교재라기보다는 역사 교재로 사용하기 위하여 만든 것으로 보인다.

책의 구성은, 먼저 가사가 나오고 그 다음에 숫자보로 된 악보가 나온다. 각 곡의 작사자와 작곡자는 밝히지 않고 있으며, 정경휘 저작, 정성채와 노영호 공동 편곡으로 되어 있고, 특이하게도 교열자가 인촌 김성수 선생을 비롯하여 15명이나 된다. 주지하다시피 이 책이 발간된 1921년은 우리의 역사교육을 못하거나 일제의 식민사관에 입각한 역사교육만 해야 했던 시기였다. 그런데 국내에서 조선의 위인을 다룬 노래책을 출판했다고 하는 것은 독립운동을 하는 것과 다름이 아니다. 더구나 일제 식민지 치하에서 왜적을 물리친 이순신 장군을 예찬한 노래를 수록하였다고 하는 것은 감옥에 갈 각오를 하고 만들었다는 것을 의미한다. 앞에서 말한 바와 같이 특이하게도 교열자가 15명이나 되는데, 이는 작사자를 보호하기 위하여 교열자로 표시한 것으로 보인다. 어떤 것을 어떤 사람이 만들었는지의 여부는 알 수 없지만, 교열자 즉 작사자 전원이 이 책 출간의 취지에 동의했을 것임에는 틀림이 없을 것이다. 이 창가집에 나오는 〈이순신〉의 가사를 소개하면 다음과 같다.

▶ 이순신

〈1절〉
장하도다 이순신의 높은 지혜여 / 전 세계가 암흑하여 혼돈할 시에
철갑으로 거북선을 처음지어서 / 온 천하에 군함제조 모범되었네

〈2절〉
망망대해 풍파 상에 꺼릴 것 없고 / 왕래 상에 사용함이 편리하도다

조선의 이순신은 해군에 으뜸 / 그의 지은 철갑선은 군함에 원조

〈3절〉
서양의 영길리(英吉利)도 처음 발명해 / 넬손으로 해군대장 삼아있도다
군함을 새로 짓고해전(海戰)할 때에 / 이순신의 철갑선을 원조를 삼네

〈4절〉
장하도다 그 성공이 아름다워서 / 삼백여년 옛 사업을 오늘까지도
그 성명과 그 성공이 아울러 살아 / 영원토록 오래도록 전해 오도다

숫자보로 된 이 곡의 악보를 현대 악보로 복원해 보면 〈악보 8〉과 같다.

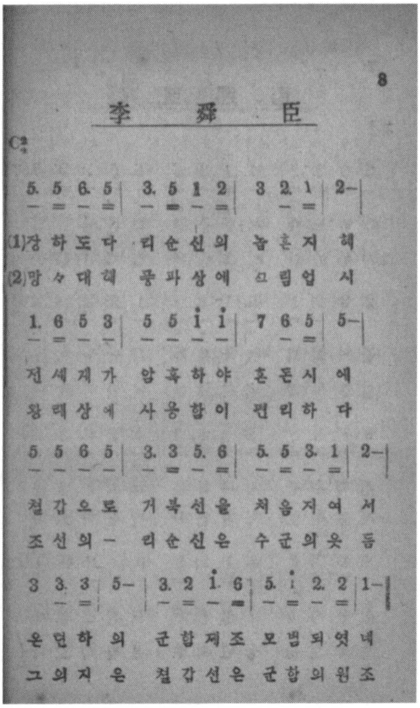

인촌 김성수 선생이 관여한 노래집은 현재 한 권만 발굴이 되었는데, 더 있을 것으로 추정된다. 나아가 작사를 한 것도 있을 것으로 추정된다. 이 점에 관해서는 계속 관심을 갖고 연구를 하도록 하겠다.

7. 조지훈의 〈3·1절 기념가〉와 〈선열추모가〉

3·1운동 관련 노래는 해방 후에도 이어졌다. 그 대표적인 것이 조지훈이 작사한 〈3·1절 기념가〉와 〈선열추모가〉이다.

해방 후 삼일절과 관련한 노래는 여러 편이 만들어졌다. 각 기관과 단체에서 각기 다른 노래를 만들어 부르다가 1950년부터는 국가에서 정한 〈삼일절 노래〉(정인보 작사, 박태현 작곡)로 통일이 되어 오늘에 이르고 있다.

조지훈이 작사한 〈3·1절 기념가〉는 전국문화단체총연합회에서 제정한 노래로, 이유선이 작곡을 하였다. 1947년 2월에 제정되었고 1950년부터는 전국적으로 오늘날과 같은 〈삼일절 노래〉를 부른 것으로 보아 1947년부터 1949년까지 3년간 불린 것으로 추정된다. 가사는 다음과 같다.

▸ 3·1절 기념가

〈1절〉

이날이 돌아 왔네 삼일절이 돌아 왔네
총칼 앞에 일어서서 온 겨레 한소리로
부르짖든 독립만세 귀가에 사무치네.
자유 없인 못살리라 총칼 앞에 뿌린 피가
다시 돌아 꽃이 피는 삼일절이 돌아 왔네

〈2절〉

이날이 돌아 왔네 삼일절이 돌아 왔네

> 죽은 듯이 잠자다가 깨어나 외치니
> 들던 소리 독립만세 가슴에 사무치네
> 자유 없인 못살리라 총칼 앞에 뿌린 피가
> 다시 돌아 꽃이 피는 삼일절이 돌아 왔네

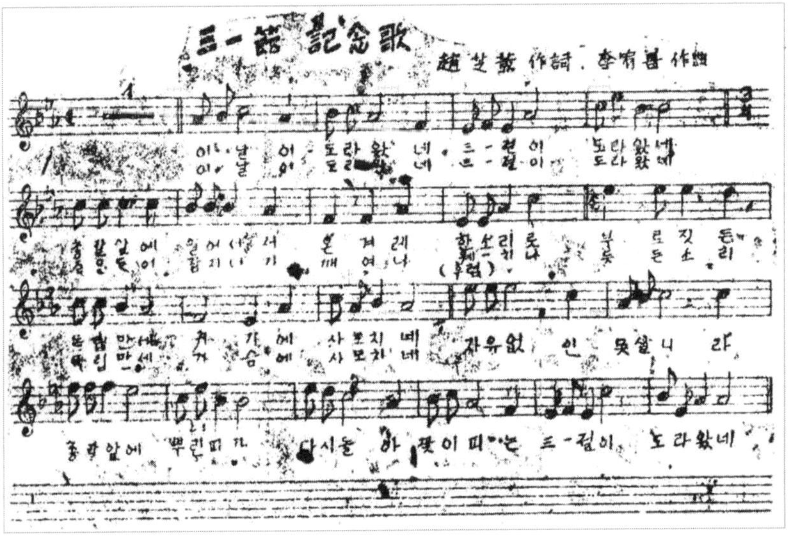

이 노래의 악보는 1947년 3월 1일자 『동아일보』를 통해 발표되었다. 『동아일보』에 발표된 악보를 보면, 조표에 ♭이 세 개가 되어 있는데, 내림바장조의 곡이기 때문에 ♭이 네 개가 붙은 것이 맞다. 그리고 가사는 당시의 맞춤법으로 되어 있는데 이를 현대 맞춤법으로 바꿔 보면 악보 9와 같다.

〈선열추모가〉는 3·1운동을 하시다 돌아가신 선열을 추모하는 노래이다. 해방 후에 만들어졌으며 조지훈이 작사를 하였고 채동선이 작곡을 하였다.

▸ 선열추모가

〈1절〉
이 겨레 모두 다 잠자는 밤에
홀로 일어나 횃불을 들고
가시밭 헤치며 뿌리는 핏방울
그 뜨거운 가슴에 새싹이 트네
영원한 사랑은 눈물로부터
그립다 그 모습 그 音聲이여

〈2절〉
온 백성 깨어나 외치는 날에
모두 다 오시려나 조국의 품으로
자랑 않는 공로와 말없는 기쁨
이 빛나는 하늘에 새꽃이 피네
거룩한 정신은 사랑으로부터
그립다 그 마음 그 손길이여

8. 나가는 말

보성전문학교와 한국근대음악과의 관련한 연구는 아직 없다. 그렇지만 본문에서 살펴본 바와 같이 3·1운동의 영향으로 전개된 '동요운동'과 '한국동요'라는 새로운 장르의 근대 노래 탄생 그리고 노래를 통한 계몽활동과 구국활동 등에 보성전문학교 출신들이 결정적인 역할을 하였다. 그런 한편, 보성전문학교 출신들이 관여한 적지 않은 노래들이 독립운동의 현장에서 독립군가와 독립운동가 등으로 불렸고, 만주에 설립된 민족학교의 교재로도 사용되었고 또 항일노래로도 불렸다. 이외에도 우리가 몰라서 그렇지 보성전문학교와 그 출신들이 한국근대음악사에 끼친 영향은 매우 클 것으로 사료된다.

이 글은, 보성전문학교와 한국근대음악과의 관련한 연구가 가능하고 또 의미가 있는지의 여부를 타진해 보기 위한 목적을 가지고 출발하였다. 즉, 관련 연구의 완성이라기보다는 시작이라는 의미를 가지고 있었다. 그런데 그 답은 '반드시 해야 할 연구'라는 것이다. 지금까지 숨겨져 있던 보성전문학교 출신들의 제반 음악활동이 밝혀진다면 한국근대음악사가 다시 쓰여야 할 정도로 중요하기 때문이다.

이 글의 '들어가는 말'에서 "천도교 소년운동 만세! 어린이 3·1운동 만세! 어린이 해방운동 만세! 그리고 小波 · 小春 만세!"라는 윤석중 선생의 글을 인용하였다. 그런데 윤석중 선생은 小波와 小春 선생을 비롯하여 이 운동을 주도한 사람 중 상당수가 보성전문학교 출신이라는 점을 몰랐을 것이다. 알았다면 이렇게 기록했을 것이다.

> "천도교 소년운동 만세! 어린이 3·1운동 만세! 어린이 해방운동 만세! 小波 · 小春 만세! 그리고 보성전문학교 만세!"

악보 1

애국가

김인식 작사의 〈애국가〉. 스코틀랜드 민요인 〈올드 랭 사인〉(Auld Lang Syne)인 동시에 찬송가 선율에 가사를 붙여 만든 것이다. 1910년 6월 『普中親睦會報 1호』를 통하여 발표되었다. 3·1운동 직후 독립군 양성학교인 신흥무관학교의 〈애국가〉로도 불렸다.

악보 2

환영가

작사자 미상. 〈HAPPY DAY〉라는 찬송가에 가사를 붙인 것. 보성전문학교의 제2대 교주인 이종호 선생이 대성학교를 방문했을 때, 학교의 관계자들이 만들어 부른 노래. 원가사는 1909년 5월 보성전문학교에서 발행한 『法政學界』 제23호에 수록되었다. 이후 만주에 설립된 민족학교에서 이 노래를 '애국창가'로 가르쳤다.

악보 3

애국청년단

작사자 미상. 헨리 워크(Henry Clay Work)가 작곡한 미국 남북 전쟁 때의 군가이자 찬송가의 선율에 가사를 붙인 것. 국권을 상실했을 때 보성전문학교 학생들이 불렀던 '애국창가'. 만주에 설립된 민족학교에서 이 노래를 '애국창가'로 가르쳤다.

악보 4

권학

보성전문학교 졸업생이자 동교의 법률 담당 강사로 재직 중이던 이각종이 작사한 것. 당시 유행했던 일본창가인 〈하이카라부시〉에 가사를 붙인 것으로, 1913년 이각종이 편찬한 『풍금독습중등창가집』을 통해 발표되었다.

악보 5

형제별

방정환 작사 · 정순철 작곡. 우리나라 창작 동요의 효시. 우리나라의 동요운동은 3·1운동의 영향으로 보성전문학교 출신인 방정환에 의해 시작되었고, 그 결과 동요라는 새로운 장르의 음악이 탄생되었다. 동요운동에 참여한 사람 중에는 보성전문학교 출신이 적지 않다.

악보 6

어린이날 노래

김기전 작사. 헨리 워크가 작곡한 미국 남북 전쟁 때의 군가이자 찬송가의 선율에 가사를 붙인 것. 최초의 〈어린이날 노래〉. 김기전은 보성전문학교 출신으로, 방정환과 함께 동요 운동을 주도하였다.

악보 7

무궁화 강산

유석조 작사 · 작곡. 1924년에 작사 · 작곡한 '애국창가'. 유석조는 보성전문학교 출신으로 3·1운동 이후 국내에서 창가운동을 전개한 사람이다. 특이하게도 작곡도 할 수 있어 직접 작곡한 작품도 여러 편 남겼다.

악보 8

이순신

작사 · 작곡 미상. 인촌 김성수 선생이 교열자로 참여한 『東西偉人唱歌』(1921년)을 통해 발표한 곡. 일제 식민지 치하임에도 불구하고 왜적을 물리친 이순신 장군을 예찬한 노래를 만들어 불렀다는 것이 특이하다. 인촌 선생도 '애국창가운동'에 참여했다는 것을 증명해 주는 자료이다.

악보 9

3·1절 기념가

조지훈 작사 · 이유선 작곡. 1947년 2월 전국문화단체총연합회에서 제정한 3·1절 기념 노래. 1947년부터 1949년까지 3년간 불린 것으로 추정된다.

악보 10

선열추모가

조지훈 작사 · 채동선 작곡. 3·1운동을 하시다 돌아가신 선열을 추모하는 노래이다. 해방 후에 만들어졌다.

〈저자 약력〉

명순구

프랑스 Paris 1 대학교(법학박사)
고려대학교 법학전문대학원 교수

구자훈

고려대학교(문학박사)
고려대학교 도서관 고서 전문사서

김성철

미국 Michigan State University (Mass Media 박사)
고려대학교 미디어학부 교수

김자중

고려대학교(교육학박사)
가천대학교 강사

류성룡

고려대학교(공학박사)
고려대학교 건축학과 교수

민경찬

동경예술대학교(음악학석사)
한국예술종합학교 음악원 교수

배종석

미국 University of Illinois at Urbana-Champaign (Ph.D., 인사/고용관계)
고려대학교 경영대학 교수

신지영

영국 런던대학교(언어학박사)
고려대학교 국어국문학과 교수

이신화

미국 Univ. of Maryland at College Park (국제정치학박사)
고려대학교 정치외교학과 교수, 평화와 민주주의연구소장

장영수

독일 Frankfurt/M.대학교(법학박사)
고려대학교 법학전문대학원 교수

한민섭

고려대학교(문학박사)
고려대학교 도서관 고서 전문사서

한용진

고려대학교(교육학박사)
고려대학교 교육학과 교수

파안연구총서 공감 03

1919년 보성전문, 시대 · 사회 · 문화

-

초판 인쇄 2020년 12월 21일

초판 발행 2020년 12월 31일

-

저 자 명순구 · 구자훈 · 김성철 · 김자중 · 류성룡 · 민경찬 · 배종석 · 신지영 · 이신화 · 장영수 · 한민섭 · 한용진

발행인 이방원

-

발행처 세창출판사

신고번호 제300-1990-63호

주소 03735 서울시 서대문구 경기대로 88 냉천빌딩 4층

전화 02-723-8660 팩스 02-720-4579

이메일 edit@sechangpub.co.kr 홈페이지 www.sechangpub.co.kr

블로그 blog.naver.com/scpc1992 페이스북 fb.me/sechangofficial 인스타그램 @sechang-official

-

ISBN 979-11-6684-006-7 93360